Sœur Faustine

Ewa K. Czaczkowska

Sœur Faustine

Biographie d'une sainte

Traduit du polonais
par Sebastian Piotrowski

SALVATOR
103, rue Notre-Dame-des-Champs
F-75006 Paris

Ouvrage initialement paru sous le titre : *Siostra Faustyna. Biografia Świętej*
Cette traduction est publiée avec l'accord de Spoleczny Instytut Wydawniczy ZNAK Sp.z.o.o., Cracovie, Pologne.
L'édition polonaise a reçu l'*imprimatur* № 223/2012 du 14 février 2012, signé par: archevêque card. Stanisław Dziwisz, métropolite de Cracovie, abbé Piotr Majer, chancelier de la Curie, abbé professeur Jan Machniak, censeur.

Yves Briend Éditeur, SA
103, rue Notre-Dame-des-Champs F-75006 Paris
www.editions-salvator.com
contact@editions-salvator.com

Maquette intérieure : Atlant'Communication
Maquette de couverture : Isabelle de Senilhes
Illustration de couverture : © Congrégation de Notre-Dame de la Miséricorde, rue Żytnia 3/9, 01-014 Varsovie, Pologne.

ISBN : 978-2-7067-1030-8

Introduction

De la musique de la discothèque à la symphonie céleste de la chapelle Sixtine

« À un certain moment, j'étais au bal avec une de mes sœurs. Pendant que tout le monde s'amusait beaucoup, mon âme éprouvait des tourments intérieurs. Au moment où je commençais à danser, j'aperçus soudain près de moi Jésus […] qui me dit ces paroles : « *Jusqu'à quand vais-je te supporter, et jusqu'à quand vas-tu me décevoir ?* » À ce moment la charmante musique cessa pour moi » (PJ 9[1]).

C'était en 1934. Si le silence était nécessaire pour parler à Dieu, son irruption lors d'un bal où la musique profane est arrière-fond du Verbe prouve bien que Dieu nous devance toujours sur notre chemin de vie.

« L'homme, seule créature que Dieu a voulue pour elle-même, ne se trouve pleinement que dans le don désintéressé de lui-même[2]. » Helena Kowalska, une humble Polonaise d'origine modeste, témoin privilégié des grâces particulières reçues du Seigneur, s'ouvre à la miséricorde de Dieu et en sera transformée. Entrée au couvent, elle prend le nom de Faustine et entendra la voix de Jésus : « *Dis à l'humanité douloureuse de se blottir dans mon cœur miséricordieux et je la comblerai de paix* » (PJ 1074).

Faustine s'est faite solidaire de la souffrance ultime, absolue de l'homme, confrontée à sa solitude ontologique face à la mort : cette porte par laquelle l'homme doit passer seul. Son approche des questions cruciales de l'existence humaine témoigne d'une

---

1. Les numéros correspondent aux paragraphes du *Petit journal* de Sœur Faustine.
2. Constitution pastorale *Gaudium et Spes*, 24.

expérience accumulée lors de la vie de prière, de souffrance et d'extase car la sainteté s'acquiert par la souffrance et l'humilité. « Je veux être semblable à Toi, Jésus crucifié, supplicié, humilié. Jésus, imprime en mon âme et en mon cœur Ton humilité. Je T'aime, Jésus, à la folie » (PJ 267). La contemplation de la Croix la conduit à une invitation nouvelle : « *Ma fille, aide-moi à sauver les pécheurs* » (PJ 1645).

Faustine nous rappelle trois moyens pour exercer la miséricorde envers le prochain : « le premier – l'action, le deuxième – la parole, le troisième – la prière » (PJ 742). Pour Dieu, c'est l'amour et la fête de la Miséricorde, le premier dimanche après Pâques en honorant l'icône, qui en sont une preuve ; « il doit y avoir aussi l'action », « il n'en sera rien sans l'action » (PJ 742). Pour soi-même, on est invité à réciter le chapelet : « *Par ce chapelet tu obtiendras tout, si ce que tu demandes est conforme à Ma volonté* » (PJ 1731 et PJ 474-476), et à pratiquer l'heure de la Miséricorde (*cf.* PJ 1320).

C'est pourquoi la miséricorde resplendit particulièrement sur le visage du Christ en sa Passion :

> Tu t'es épuisé mortellement.
> Ils t'ont mortellement détruit.
> Cela s'appelle la Miséricorde.
> Et pourtant tu es resté beau.
> Le plus beau des enfants de l'homme.
> Une telle beauté ne s'est plus jamais reproduite.
> Oh, quelle beauté difficile !
> Cette beauté s'appelle Miséricorde[1].

Dans *Mémoire et identité*, Jean-Paul II souligne qu'« il est significatif que Sœur Faustine ait vu le Fils comme Dieu miséricordieux, le contemplant cependant, non pas tant sur la Croix que dans sa condition ultérieure de ressuscité dans la gloire[2] ». C'est dans le mystère de Pâques et dans le témoignage de la résurrection du Seigneur que se manifeste au plus haut point la Miséricorde divine. L'image du Christ miséricordieux, c'est le Christ ressuscité, plein de joie et de confiance.

---

1. Karol Wojtyła, *Poèmes – Théâtre – Écrits sur le théâtre*, Cana/Cerf, Paris, 2008, p. 334.
2. Jean-Paul II, *Mémoire et identité*, Flammarion, Paris, 2005, p. 70.

Il y a un constat surprenant, non seulement en France, mais dans le monde entier. Nous pouvons dire que « malgré la méchanceté de Satan, la Miséricorde divine va triompher sur le monde entier » (PJ 1789).

Et la symphonie céleste se fait mieux entendre dans la communion des saints : de la modeste musique du bal en Pologne, jusqu'aux chants mélodieux de la Chapelle Sixtine lors de sa béatification et puis au moment de sa canonisation. Aujourd'hui, que les chants en toute langue, exécutés sur balafons, tam-tam ou autres instruments, nous donnent la possibilité d'entendre la voix de la Miséricorde, la terre et le ciel, le purgatoire et l'enfer visités par Faustine, sont une invitation à œuvrer pour la miséricorde. « La limite imposée au mal, dont l'homme est l'auteur et la victime, est en définitive la Divine Miséricorde[1]. »

Soixante-dix ans après l'exposition du tableau d'Adolf Hyła qui représente le Christ miséricordieux et quarante ans après la publication de l'ouvrage de Maria Winowska : *Droit de la Miséricorde. La mission de Sœur Faustine* aux éditions du Dialogue, le public français reçoit une belle biographie de cette figure exceptionnelle qu'est Sœur Faustine Kowalska. Ewa Czaczkowska, journaliste, historienne, auteur de plusieurs livres en particulier sur le cardinal Wyszyński, nous y offre un itinéraire inédit, non intellectuel, mais plutôt mystique de son héroïne.

En quoi ce nouveau livre nous interpelle-t-il ? Il nous parle avant tout des révélations privées confirmées par le pape Jean-Paul II.

Mais Ewa Czaczkowska nous rappelle aussi que Faustine témoigne d'un lien particulier avec la question de la fin des temps.

Comment le temps qui passe – *chronos* –, celui de la vie ordinaire d'une jeune fille, d'une religieuse, a-t-il été traduit par l'historien ? La biographie fait revivre l'histoire de la Pologne avant la Seconde Guerre mondiale.

Comment le temps prophétique – *kairos* – indique-t-il un événement inattendu confirmé par les signes donnés par le Christ ? « Avant de venir comme Juge équitable, je viens d'abord comme Roi de Miséricorde » (PJ 83). Ce livre se situe dans la

1. *Idem*, p. 71.

lignée d'une annonce eschatologique. La conjonction des deux temps conduit à l'espérance chrétienne sans équivoque.

Les pages émaillées de citations du *Petit journal* sont à nouveau une sorte de porte-parole du Christ et de Faustine : « l'exhortation à la confiance en la miséricorde de Dieu ». La familiarisation avec ce livre nous mène à un constat : il s'agit bien d'un mysticisme féminin, un cadeau gratuit de la Miséricorde divine pour chacun d'entre nous. De plus, c'est le génie de Faustine en tant qu'écrivain, et en tant que religieuse, que de provoquer l'éternelle question des hommes d'Église : « Ils s'étonnaient que Jésus parlât à une femme » (Jn 4, 27).

Sans appel intérieur, rien de grand ni de beau ne peut s'accomplir. Dieu transparaît dans toute la vie de Faustine. Il l'a cherchée au bal, au couvent, dans sa souffrance et dans ses interrogations. Il est en même temps le commencement, le chemin et le but.

Aux lecteurs croyants, ce livre va rappeler que « croire signifie s'en remettre à un amour miséricordieux qui accueille toujours et pardonne, soutient et oriente […]. La foi consiste dans la disponibilité à se laisser transformer toujours de nouveau par l'appel de Dieu[1] ».

Ceux qui se déclarent croyants non pratiquants, qu'ils sachent que « la foi est un don gratuit de Dieu qui demande humilité et courage pour avoir confiance et faire confiance[2] ». La confiance et le courage sont renforcés par l'Esprit saint qui rend la foi la plus parfaite[3]. Dieu vous fait confiance, faites-en autant, surtout dans les œuvres de miséricorde.

À ceux qui sont tentés de se prendre pour des dieux, d'être « comme Dieu » en reniant Dieu, ce livre propose humblement de se jeter avec confiance dans les bras de la miséricorde. « Faites confiance à Dieu ! Il vous aime et il ne se fatigue jamais de vous pardonner », comme le rappelle le pape François. Ce livre pourrait être la route qui vous guidera vers Dieu. Et si vous faites du bien, vous vous approchez déjà de Dieu.

1. Lettre Encyclique *Lumen Fidei*, 13.
2. *Idem*, 14.
3. *Cf.* la constitution dogmatique *Dei Verbum*, 5.

Je suis persuadé que ce livre pourra susciter une nouvelle imagination de la miséricorde dans nos simples milieux de vie. Il ne s'agit pas là d'une jolie formule. Certains pourraient avoir la nostalgie de l'ancienne forme de spiritualité, sans avoir le courage de reconnaître la nouvelle. Il ne faut pas voir seulement dans les formes du culte proposé par Faustine une œuvre humaine, le produit d'une époque révolue, celle d'avant la Seconde Guerre mondiale, de la culture polonaise d'une religieuse. Cette spiritualité est traversée d'éléments dont la durée est déterminée. Nous ne devons pas renoncer à croire en l'immortalité de cette spiritualité. Faustine est une mystique, un relais de la parole de Dieu. Son aventure personnelle de la révélation de la Vérité qu'elle a reçue personnellement vivifie la foi. Chez elle, le cœur qui parle est ce qui nous permet d'atteindre directement l'essence du Dieu miséricorde. Sa béatification, son élévation sur les autels, l'apport inestimable du pape Jean-Paul II ont fait qu'elle est pour nous à la fois un défi et une chance. Un défi, parce qu'il faut dépoussiérer ce culte de toute polonité, une chance, parce que le Christ se révèle dans la personne du pauvre, du mal-aimé et du souffrant.

Qui sont les Pallottins ?

Les Pallottins œuvrent en France depuis 1931, surtout dans les milieux polonais, pour faire connaître l'amour miséricordieux de Dieu et propager le message de Faustine, et ils le font également pour les francophones depuis plus de vingt ans. Certains étaient persuadés que Sœur Faustine les avait fait sortir des camps de concentration. Ce fut le cas du père Cegiełka, prisonnier à Dachau. À la demande de la Supérieure générale Kłobukowska, le Père supérieur général Adalbertus Turowski a nommé en 1951 comme postulateur et adjoint, les pères Suwała et Misiak, prêtres pallottins, en vue du procès d'information pour la cause de béatification de Sœur Faustine. Le mérite leur revient d'avoir publié la traduction en français du *Petit journal* de Sœur Faustine en 1997, d'avoir organisé en 1995 un pèlerinage qui se tient depuis lors chaque année à Osny (Val d'Oise), et un congrès à Paris pour approfondir la spiritualité de la sainte. Ils ont créé l'association de la Miséricorde divine, laquelle, en communion avec les évêques de France, a pour objet de faire connaître le message du Christ relatif à la Miséricorde divine. Les Pallottins n'ont jamais douté de la véracité du message et ils ont également publié les ouvrages des pères Sopoćko et Cegiełka. Ils ont mis en place en Pologne plusieurs sessions théologiques du vivant du père Sopoćko, en présence du cardinal Karol Wojtyła. Aujourd'hui, ils travaillent avec le même élan dans divers pays : Brésil, Corée du Sud, Rwanda, Mexique, Slovaquie, Tchéquie, Ukraine, Biélorussie… Ils se réjouissent que les papes Jean-Paul II, Benoît XVI et François mettent en évidence l'amour miséricordieux de Dieu dans la vie de l'Église.

Leur contribution au culte de la Miséricorde est remarquée par tous. Ils n'ont pas eu peur du mot « miséricorde ». Ils le doivent peut-être à leur fondateur, saint Vincent Pallotti, qui lui-même déclarait être un miracle de la Miséricorde divine. Il demandait à chacun de ses fils spirituels de devenir un instrument de la Miséricorde divine. « Si, parfois, l'homme contemporain n'a pas le courage de prononcer le mot "miséricorde", ou si, dans sa conscience privée de tout sens religieux, il n'en trouve pas l'équivalent, il est d'autant plus nécessaire que l'Église prononce ce mot, pas seulement en son propre nom, mais aussi au nom de tous les hommes de notre temps[1]. »

Les Pallottins se réjouissent de voir naître des groupes, des mouvements qui vivent leur spiritualité selon le message transmis par Faustine, corroboré par l'acte de consécration à la Miséricorde divine fait par le pape Jean Paul II à Łagiewniki, le 17 août 2002. Grâce à lui ce message a déjà touché le cœur de millions d'hommes et de femmes sur la face de la terre.

Père Alexandre PIETRZYK
Supérieur des Pallottins de France[2]

---

1. Lettre encyclique *Dives in Misericordia*, 15.
2. Province des Pères Pallottins, 25 rue Surcouf, 75007 Paris.

« Es-tu mon Dieu ou quelque fantôme ? »

« Tout était encore supportable. Mais lorsque le Seigneur exigea que je peigne ce tableau, on se mit à parler de moi et à me regarder vraiment comme une hystérique et une illuminée » (PJ 125), écrivait Sœur Faustine dans son *Petit journal* à propos de ses expériences vécues en 1931. Une « illuminée », ou plutôt quelqu'un de fantasque, de bizarre, une hallucinée, une miséreuse. Combien d'épithètes ne lui a-t-on pas infligées au cours de sa vie ?

Et tout cela à cause d'une révélation du Christ, qui lui avait ordonné de peindre un tableau, aujourd'hui connu dans le monde entier, avec au-dessous cette simple inscription : « Jésus, j'ai confiance en Toi. » Ainsi commencera sa mission d'annonce au monde de la miséricorde de Dieu. Durant deux ans, Sœur Faustine ne rencontrera personne pour lui dire que l'apparition de Jésus n'était pas le pur produit de son imagination. Ce fut une période très difficile pour elle, peut-être la plus difficile de toute sa vie.

Tout commença le 22 février 1931. Sœur Faustine, entrée chez les Sœurs de Notre-Dame de la Miséricorde depuis six ans, habitait la maison de la congrégation de Płock. C'était le premier dimanche du carême. Un soir. Faustine venait de retourner dans sa cellule. Le dîner pris et les prières récitées à la chapelle, elle s'apprêtait à se coucher, quand, tout à coup, elle aperçut Jésus dans sa cellule.

> « Une main [était] levée pour bénir, écrira-t-elle, la seconde touchait son vêtement sur la poitrine. De la tunique entrouverte sur la poitrine sortaient deux grands rayons, l'un rouge, l'autre pâle. En silence, je fixais mon regard sur le Seigneur, mon âme était saisie de crainte, mais aussi d'une grande joie. Après un moment Jésus

> me dit : *Peins un tableau selon l'image que tu vois, avec l'inscription : Jésus, j'ai confiance en Toi. Je désire qu'on honore cette image, d'abord dans votre chapelle, puis dans le monde entier. Je promets que l'âme qui honorera cette image ne sera pas perdue. Je lui promets aussi la victoire sur ses ennemis dès ici-bas, et spécialement à l'heure de la mort. Moi-même, je la défendrai, comme ma propre gloire* » (PJ 47).

Les sœurs qui passaient près du bâtiment avaient aperçu une lumière à la fenêtre, plus intense que celle d'une lampe à huile – Sœur Klawera Wolska, jusqu'il y a peu mère supérieure de la maison de religieuses de Płock, témoigne encore de ce fait étrange.

La rencontre dans la cellule n'était pas une hallucination. Sœur Faustine en était convaincue. Elle avait déjà vu le Seigneur plusieurs fois auparavant. Il lui parlait déjà avant qu'elle ne rejoignît le couvent, en l'encourageant à franchir le pas, et plus tard, quand, au cours de sa formation de religieuse, elle avança sur la voie de la vie mystique. Après avoir purifié ses sens et son esprit pendant ce que l'on appelle le passage de la « nuit obscure » – que seuls les mystiques connaissent – Faustine, au cours de moments qui furent de plus en plus fréquents et dans lesquels son âme reçut la lumière de Dieu, fit la connaissance de Sa nature et vécut une union étroite avec Dieu dans l'amour. Pour elle, qui ne connaissait rien auparavant à la vie mystique, il s'agissait d'expériences à la fois intenses et difficiles. Tant que tout cela se déroulait dans son âme et ne concernait qu'elle, c'était d'abord une joie pour son cœur. Mais ce dimanche-là, le 22 février 1931, la situation changea. Ce jour-là, Jésus lui confia la mission de porter le message sur la miséricorde de Dieu au monde entier. La première partie de la mission consisterait à peindre le tableau.

Quatre ans plus tard, Jésus dit à Faustine de préparer le monde à son ultime venue. Néanmoins, déjà à ce moment-là, à Płock, elle se sentait effrayée par la grandeur de la tâche qui, avec le temps, deviendrait encore plus importante.

Et on ne peut s'en étonner. Faustine ne pouvait pas peindre le tableau seule, parce qu'elle ne disposait pas du savoir-faire nécessaire pour le faire. Jésus lui avait dit de transmettre tout ce qu'il lui disait à ses supérieures. Mais celles-ci ne la crurent pas : « Elles me témoignaient de la pitié, comme si j'étais dans l'illusion ou bien sous l'influence de mon imagination » (PJ 38), se plaindra-t-elle en son âme à Dieu, notant cela dans son *Petit journal* plusieurs années plus tard. Elle espérait que ses supérieurs, plus avertis à ses yeux de la vie spirituelle, lui fourniraient de l'aide. En vain.

Son confesseur fut la première personne à qui Faustine parla de l'apparition de Jésus. Malheureusement, on ne saura jamais son identité. À cette époque-là, trois prêtres confessaient à la maison des Sœurs de Notre-Dame de la Miséricorde de Płock : Adolf Modzelewski, Ludwik Wilkoński et Wacław Jezusek. Celui-ci, après la Seconde Guerre mondiale (il est mort en 1950) parlait beaucoup et avec émotion aux séminaristes de Płock des apparitions vécues par Sœur Faustine, ce qui ne veut nullement dire qu'il ne fut pas par ailleurs critique à l'égard des expériences de la religieuse. On sait en effet que le confesseur à qui Faustine a parlé de l'apparition de Jésus a accueilli la nouvelle avec une grande réserve. Il a *de facto* nié l'ordre de Jésus en lui répondant : « Cela concerne ton âme. […] Peins l'image de Dieu dans ton âme. » Quand, apaisée par une telle interprétation, Sœur Faustine a quitté le confessionnal, elle a entendu ces paroles de Jésus : « *Mon image est en ton âme.* » Et après un instant Jésus a ajouté : « *Je désire qu'il y ait une fête de la Miséricorde. Je veux que cette image, que tu peindras avec un pinceau, soit solennellement bénie, le premier dimanche après Pâques, ce dimanche doit être la fête de la Miséricorde* » (PJ 49). Il a dit aussi que ce jour-là les prêtres devaient proclamer aux gens Sa « *grande miséricorde […] envers les âmes pécheresses* » (PJ 50).

Puis Jésus formula un autre souhait : instituer une fête de la Miséricorde de Dieu. Le culte de Jésus dans son tableau et la fête de la Miséricorde de Dieu sont les deux premières formes d'une nouvelle pratique religieuse pour la réalisation desquelles Faustine dut désormais se battre. Jésus lui révéla à son tour ce qu'était la Miséricorde de Dieu.

Ne parvenant pas à être comprise par son confesseur, Faustine exposa l'apparition de Jésus à la mère supérieure de sa congrégation de Płock, Róża Kłobukowska. Mais celle-ci ne fut pas non plus disposée à la croire, comme on peut le lire dans le *Petit journal*.

> Quand j'ai dit à la mère supérieure que Dieu me l'avait ordonné, elle m'a répondu qu'il fallait que Jésus le fasse clairement connaître par un signe. Quand j'ai demandé à Jésus de donner un signe pour témoigner que Tu étais mon Dieu et Seigneur et que c'était de Toi que provenaient ces demandes, j'ai entendu alors une voix intérieure : *Je le donnerai aux supérieures par les grâces que j'accorderai par l'intermédiaire de cette image* (PJ 51).

Jésus exigeait, mais ne facilitait pas la réalisation de la tâche. Après des années seulement, Faustine comprit ce que Jésus lui dirait clairement : des difficultés sont nécessaires pour confirmer la véracité d'une apparition. En outre, ce qui est le plus important pour Dieu ce n'est pas l'effet de l'ordre de l'action de l'homme, mais l'intention avec laquelle il l'accomplit, ainsi que des souffrances qui y sont rattachées.

À ce moment-là, en 1931, Faustine était désorientée et confuse : « […] Je passais ainsi des supérieures au confesseur et du confesseur aux supérieures, sans trouver d'apaisement » (PJ 122).

Quant aux supérieures de Faustine, elles aussi se montraient confuses. En effet, elles devaient être fort troublées et saisies de peur le jour où cette jeune religieuse de second rang leur annonça que Jésus lui était apparu et lui avait ordonné de peindre un tableau religieux de type nouveau. De plus, Jésus avait demandé que l'Église instituât une nouvelle fête religieuse. Aux yeux de ses supérieures, Faustine était certes pleine de bonté et d'humilité, unie à Jésus, mais en même temps très simple et peu éduquée, une simple professe qui n'avait pas encore prononcé ses vœux perpétuels. Pourquoi, se disaient-elles, Jésus était-il apparu justement à elle ? Pourquoi devait-il transmettre son message à elle ? Que pouvait-elle connaître au mysticisme ? Et où devait-elle vivre ces expériences spirituelles ? Derrière le tiroir-caisse d'une boulangerie ? Ou près d'un four de cuisine ?

Il est délicat de traiter des révélations privées. Tant qu'elles sont destinées à un individu et concernent la conversion ou la croissance de la foi de celui-ci, elles ne constituent pas un problème. Elles commencent à le devenir lorsque le voyant proclame qu'il a reçu une mission consistant à transmettre au monde la parole de Dieu, de Marie ou de saints. Pour l'Église, c'est le Christ, Fils de Dieu, qui est la seule et ultime révélation de

Dieu lui-même. C'est cette Révélation qui est la plus importante, celle qu'on appelle publique et qui est contenue dans la Bible. L'Église ne rejette pas les révélations privées, à condition qu'elle obtienne la certitude, à l'issue d'un procès long et rigoureux, que celles-ci n'élargissent pas, ne dépassent pas et ne changent pas la Révélation publique, mais qu'elles en mettent en lumière des aspects oubliés ou peu accentués, qui sont importants dans une époque donnée. On doit par ailleurs s'assurer que le voyant ne cherche pas la gloire et qu'il n'agisse pas par égoïsme ou pour satisfaire ses propres ambitions. Quand on juge de la véracité des révélations, il est essentiel que le voyant se soumette à la discipline de l'Église et aux décisions des supérieurs, même au prix de souffrances.

Professeur de théologie spirituelle et auteur de nombreux ouvrages consacrés à Sœur Faustine, l'abbé Jan Machniak souligne que le grand danger des révélations vient du fait qu'elles se produisent dans la sphère des sens, qu'elles agissent sur la vue, l'ouïe, le toucher et l'odorat.

Tout ce qui agit sur nos sens, explique-t-il, est aussi soumis à l'action du mauvais esprit qui peut égarer l'homme. C'est pourquoi Jean de la Croix disait de rejeter toutes les révélations, y compris celles qui nous rapprochent de Dieu, pour ne pas tomber dans un piège que peut tendre le mauvais esprit.

Ce fut, entre autres, le cas des apparitions présumées de Marie à Garabandal en Espagne, sur lesquelles s'excitaient de nombreux catholiques d'Europe dans les années 1960. Les théologiens ont trouvé de nombreuses preuves qu'il s'agissait là de l'action du mauvais esprit qui tentait ainsi de détourner l'attention des fidèles des apparitions de la Vierge Marie à Fatima. Jean de la Croix, un des plus grands mystiques et docteur de l'Église, se méfiait aussi des révélations pour d'autres raisons. Selon lui, les révélations dans la sphère des sens se trouvent au début d'une voie mystique dont la plénitude n'est atteinte que dans l'union avec Dieu dans l'amour.

Les supérieures et les confesseurs de Faustine avaient encore d'autres raisons de garder une distance par rapport à ses propos. Probablement avaient-ils déjà rencontré des personnes dont les révélations étaient le résultat d'une maladie psychique. Des expériences intérieures influent fortement sur le psychisme de l'homme et il est donc parfois délicat de constater si une expérience considérée comme mystique n'est pas due à une maladie mentale. Il faut alors conserver une grande prudence ou même recourir à un examen psychiatrique. C'est ainsi que, quelques années plus tard, l'abbé Michał Sopoćko, futur père spirituel de Faustine, qui devait l'aider à divulguer le message sur la miséricorde de Dieu, demanda à ce que la future sainte fût examinée par un psychiatre.

Enfin, le père jésuite Józef Andrasz – le dernier père spirituel de Faustine – estimait que sa congrégation se méfiait de ses révélations tout simplement parce qu'elle n'en attendait pas. En effet, la congrégation des Sœurs de Notre-Dame de la Miséricorde, « formée selon les règles d'ascèse de saint Ignace », le fondateur des jésuites, « loin de toute exaltation », avait déjà ses méthodes et une direction claire du travail : « Par ses règles, ses exercices spirituels, ses retraites annuelles, ses conférences données par des prêtres et par des supérieures, [la congrégation] transmet un grand respect non pour l'extraordinaire, mais pour un travail silencieux, fondamental, en commençant par la repentance et l'humilité et en terminant sur un amour fervent et plein de sacrifices de Dieu et des âmes. […] On peut affirmer avec certitude que le milieu spirituel de la congrégation n'est nullement adapté pour y cultiver des révélations mystiques de valeur incertaine », concluait le père Andrasz qui, dans les années 1930, a bien connu la communauté.

Ainsi Sœur Faustine resta seule avec ses révélations destinées non seulement à elle, mais aussi au monde entier. Faustine fut seule parmi les gens, mais Jésus l'accompagna jusqu'à la fin de ses jours : sa présence et son amour la réconfortèrent dans l'accomplissement de sa mission. Il n'en demeure pas moins que Faustine fut souvent troublée et indécise. Ce sont ses supérieurs qui attisèrent ce sentiment de doute : ils ne la crurent pas et semèrent la confusion dans son cœur. Cette situation changea seulement au moment où Faustine rencontra des confesseurs qui découvrirent la particularité de sa vie spirituelle. Cependant, quand elle fut à Płock, tancée constamment par ses supérieurs, Sœur Faustine commença, comme elle l'avoua, à « se laisser aller un peu », c'est-à-dire à tenter d'éviter ces inspirations intérieures : « J'ai commencé à éviter les rencontres du Seigneur dans mon âme, car je ne voulais pas être victime d'illusions. » Mais en vain, parce que « la parole de Dieu est éloquente et rien ne peut l'assourdir », écrira-t-elle. Le Seigneur la poursuivit avec « Ses dons » : « Vraiment je ressentais tour à tour tourments et joie » (PJ 130). Quand elle essaya de fuir Jésus, Il l'appela avec une force accrue à agir. Sœur Leokadia Drzazga se souvenait bien après des paroles que Sœur Faustine avait prononcées à Płock : « Il faut beaucoup prier pour ces âmes qui ont des révélations et des apparitions parce qu'elles ont des expériences, des doutes et des hésitations qui risquent de les faire s'effondrer. »

Un jour, fatiguée de doutes qui s'emparaient d'elle, Sœur Faustine s'adressa ainsi à Jésus :

> Jésus, es-Tu mon Dieu ou quelque fantôme ? Car mes supérieures me disent qu'il y a des illusions et des fantômes de toutes sortes. Si Tu es mon Seigneur, je T'en prie, bénis-moi. Alors Jésus fit un grand signe de croix sur moi, et moi je me signai. Lorsque je lui demandai pardon pour cette question, Il me répondit que je ne Lui faisais aucune peine par cette question et le Seigneur me dit que ma confiance Lui plaît beaucoup » (PJ 54).

Des mois passèrent et Faustine n'arrivait à exécuter aucune des demandes de Jésus. Un jour elle confia à Sœur Damiana Ziółek, avec qui elle avait noué des relations d'amitié à Płock, qu'« une des sœurs » ayant vu « un splendide Jésus [...], tout illuminé par des rayons » voulait « peindre ce Jésus, mais elle ne savait pas ». Alors que Damiana put voir l'exaltation avec laquelle elle disait ces paroles, elle ne comprenait pas qu'il s'agissait de Faustine elle-même. Celle-ci demanda alors à d'autres sœurs de l'aider sans pour autant leur dévoiler son secret. Sœur Bożenna Pniewska racontera : « Ne sachant pas peindre les visages, et ne sachant pas qu'elle parlait d'un tableau de type nouveau, je lui ai proposé d'en choisir un parmi de nombreux modèles de tableautins de ma collection. Elle m'a remercié, mais n'a pas accepté ma proposition. »

En automne 1931, la mère supérieure de la maison de Płock, Róża Kłobukowska, informa la mère générale, Michaela Moraczewska, que Sœur Faustine était convaincue que Jésus lui avait ordonné de peindre un tableau.

La mère Michaela Moraczewska racontera :

> Malgré toute ma bienveillance à son égard, j'ai probablement dû faire souffrir Sœur Faustine. [...] Tant que ses riches expériences intérieures et mystiques ne dépassaient pas les murs du couvent, tant qu'elles étaient un mystère entre Dieu, son âme et ses supérieurs, [j'étais contente], en y voyant dans toutes ces grâces un grand don de Dieu pour notre congrégation. La situation a cependant changé quand les révélations de la Sœur ont commencé à percer à l'extérieur. J'avais alors très peur ne voulant surtout pas introduire dans la vie de l'Église la moindre forme de faux culte, parce qu'en tant que mère générale je me sentais responsable de la congrégation.

Elle avouera aussi qu'elle était hantée par l'idée qu'à l'origine des révélations de Faustine ne soient « sa fantaisie exagérée ou une hystérie, car, des fois, ce qu'elle annonçait ne se produisait pas ». La mère Moraczewska se souvenait en effet qu'un jour Faustine avait demandé à d'autres sœurs de prier pour une élève qui habitait dans un établissement éducatif appartenant à la congrégation. Cette élève, d'après Faustine, devait « éprouver de grandes difficultés pour avouer ses péchés ; cependant l'élève ne pensait pas du tout aller se confesser et elle n'avait rien dit à ce sujet ». Ainsi la mère générale admettra que, « réconfortée et de bon gré », elle écoutait quand Faustine racontait « ses pensées belles et profondes, ses révélations surnaturelles », mais cela jusqu'au moment où elle demanda « des actions extérieures ». Elle les a alors prises avec « une grande réserve ».

On ne sait pas ce que la mère Moraczewska a conseillé à la supérieure de la maison de Płock dans cette affaire. Peut-être a-t-elle dit de garder une grande prudence et de ne pas céder aux suggestions de Faustine. Quand en novembre 1932 Faustine arriva de Płock à Varsovie, elle parla personnellement à la mère générale de la demande de Jésus, et celle-ci répondit : « D'accord, je vous donnerai des peintures et une toile et vous pourrez peindre ! » Faustine repartit toute triste.

N'arrivant pas à être comprise par qui que ce fût, elle priait avec ardeur pour trouver un père spirituel qui pourrait l'aider à comprendre ce qui se passait dans son âme et qui pourrait la soutenir dans l'accomplissement de la tâche confiée par Jésus.

À cette époque-là, à Płock, commença à se répandre parmi les sœurs le bruit que Faustine avait des visions. Elles se mirent à la regarder avec curiosité et à l'observer avec une attention particulière. Comme rien ne distinguait Faustine extérieurement, si ce n'était son amour profond pour la prière, la plupart des sœurs ne croyaient pas à cette rumeur. Quelques-unes mirent Faustine en garde en disant qu'elle succombait à des hallucinations, en la traitant de fantaisiste et d'hystérique. Il y avait aussi des sœurs qui lui témoignaient leur sympathie, comme Damiana Ziółek. On ne sait pas si ce fut cette dernière qui a demandé à Faustine de se défendre contre les calomnies qui la touchaient. « Elle était sincère, et me rapportait fidèlement ce qu'elle avait entendu. Mais c'est chaque jour que je devais écouter de semblables choses » (PJ 125), écrivait Faustine. Et même si à l'intérieur elle en souffrait, elle décida de ne pas s'expliquer, mais de tout supporter en silence et avec humilité.

> Les uns étaient irrités de mon silence, surtout les plus curieux. D'autres, qui réfléchissaient plus profondément, disaient : « Pourtant Sœur Faustine doit être très près de Dieu puisqu'elle a la force de tant souffrir. » Et je voyais devant moi comme deux groupes de juges. Je m'efforçais au silence intérieur et extérieur. Je ne parlais pas de ce qui concernait ma personne, malgré les questions directes de certaines sœurs. Ma bouche devint muette. Je souffrais sans me plaindre comme une colombe. Mais certaines sœurs trouvaient, semble-t-il, du plaisir à me faire de la peine d'une manière ou d'une autre. Ma patience les irritait, mais Dieu me donnait tant de force intérieure que je supportais cela paisiblement (PJ 126).

Dans son *Petit journal,* rédigé seulement à partir de 1934, Faustine reviendra encore une fois à la situation à la maison de Płock, ce qui montre clairement qu'il s'agissait d'une époque très difficile pour elle. Après une période où sa personne fut l'objet d'une attention particulière, vint un moment d'accalmie. S'y ajoutèrent des échecs qu'elle subit à l'extérieur, pour lesquels elle ne donna aucune précision.

> Je vois désormais que je suis partout surveillé, comme un voleur : à la chapelle, pendant mon travail, dans ma cellule. Maintenant je sais que, outre la présence de Dieu, une présence humaine

> est sans cesse près de moi ; parfois cette présence humaine me fatiguait beaucoup. À certains moments, je me demandai si je devais oui ou non me déshabiller pour me laver. Mon pauvre lit, lui aussi, était souvent contrôlé. Le rire me prit quand je vis qu'on ne laissait même pas mon lit en paix. Une sœur me dit elle-même, que chaque soir, elle venait voir dans ma cellule comment je me comportais (PJ 128).

Accusée d'être hystérique, constamment sous le regard inquisiteur des supérieurs, des confesseurs et des consœurs, se méfiant parfois d'elle-même, Faustine ne cessa jamais de prier pour obtenir un guide spirituel. Ses prières furent exaucées en 1933 quand elle fit la connaissance à Vilnius avec l'abbé – aujourd'hui bienheureux – Michał Sopoćko. Un an plus tard serait réalisé le tableau de Jésus Miséricordieux. Mais il fallut encore que s'écoulât un demi-siècle pour que les révélations privées de Sœur Faustine fussent officiellement reconnues par l'Église.

Głogowiec – Świnice Warckie
« Père, jamais plus je ne vous ferai honte »
1905-1921

Marianna Kowalska avait peur de l'accouchement qui approchait. En effet, lors des deux derniers, elle avait presque failli mourir. Le 25 août 1905, à huit heures du matin, elle mit au monde sa troisième fille – Helena. Tout se passa très vite et sans complications. On ne sait pas qui a assisté à cette délivrance : peut-être une voisine de Głogowiec, expérimentée dans les accouchements, ou sa belle-mère qui pouvait arriver de Dąbie, une petite ville située non loin. Comme tous les jours, son mari Stanisław avait conduit les vaches au pré derrière la maison et il avait donné à manger aux animaux dans l'étable. Il n'avait plus de travail urgent dans les champs. La moisson avait été faite et les pommes de terre attendaient d'être ramassées. Peut-être était-il occupé avec ses deux filles : Józefa qui avait 3 ans et Ewa qui avait 2 ans et qu'on appelait Gienia à la maison. Peut-être était-il allé travailler dans son petit atelier de menuiserie près de l'étable, à l'endroit où il stockait du bois. La journée s'annonçait chaude et ensoleillée. À Varsovie, à quatre heures du matin, les thermomètres indiquaient 15 degrés Celsius.

Les temps étaient cependant agités. L'écho des conflits dans le monde parvenait aussi à Głogowiec – un village situé à l'époque à l'extrémité ouest du gigantesque Empire russe, dans le gouvernorat de Kalisz et dans le district de Turek. Toujours partagée entre trois puissances, la Pologne recouvrera son indépendance seulement treize ans plus tard. À partir de janvier 1905, la Russie impériale, secouée par une crise politique, sociale et économique sans précédent, fut le théâtre d'une révolution bourgeoise-démocrate. De Saint-Petersbourg, celle-ci s'étendit vite dans les rues des villes polonaises, notamment à Varsovie, à Częstochowa, dans la région de Zagłębie Dąbrowskie et à Łódź – située à peine à cinquante kilomètres de Głogowiec. Les ouvriers protestaient contre le despotisme du pouvoir, ils réclamaient une amélioration des conditions de vie. Dans de nombreuses villes, il y eut des bains de sang dans des affrontements avec la police et l'armée impériales : des centaines de morts et de blessés. À Łódź, où les protestations des ouvriers s'étaient transformées en combats de rue durant trois jours, on imposa la loi martiale. Le 19 août, le tsar Nicolas II convoqua la réunion de la Douma – un corps qui devait représenter la population, mais limité à un rôle consultatif, ce qui ne pouvait calmer la situation. Ainsi une nouvelle vague de grèves massives eut lieu. Le jour même de la naissance d'Helena Kowalska, le 25 août 1905, la loi martiale fut proclamée à Varsovie, située à cent quatre-vingts kilomètres de Głogowiec. Dans son édition du jour, *Le courrier de Varsovie* présenta les mesures prises par le gouverneur russe, le général Maksymowicz, que les habitants de Varsovie devaient désormais respecter sous peine de représailles.

Aux grèves sur le territoire polonais s'étaient joints les jeunes, les étudiants et les instituteurs qui, déjà depuis l'année précédente, luttaient contre la russification de l'école. Le russe y était à l'époque la langue officielle et d'enseignement. Les professeurs polonais étaient de plus en plus souvent remplacés par des professeurs russes. Une grève éclata également au séminaire formant les futurs instituteurs à Łęczyca, une petite ville située à vingt kilomètres à l'est de Głogowiec. Le mouvement contre la russification des écoles fut si important qu'à partir du mois de juin 1905, le pouvoir accepta d'introduire le polonais dans les cours de religion ; on permit aussi l'utilisation du polonais comme langue d'enseignement dans les écoles privées.

Les habitants du gouvernorat de Kalisz subissaient par ailleurs les bien pénibles conséquences d'une guerre que la Russie était en train de perdre contre le Japon. L'industrie textile de Łódź fut coupée des sources de matières premières et des marchés orientaux, ce qui conduira à l'augmentation du chômage et à une baisse de la demande des produits agricoles que fournissaient les paysans des villages environnants. Les journaux polonais informaient alors d'abord des développements de la guerre et ensuite des pourparlers russo-japonais qui, depuis le 9 août, se déroulaient dans la ville américaine de Portsmouth et qui conduiront à la signature de la paix.

Au village de Głogowiec, perdu dans les forêts d'une vaste plaine, les nouvelles du monde arrivaient avec un certain retard. Et un peu plus vite, à Świnice Warckie – un village plus grand – dont le nom provient du nom de son fondateur l'archevêque de Gniezno Jakub Świnka. Au début du siècle dernier, c'est à Świnice que se croisaient les routes vers d'importantes villes comme : Łódź, Łęczyca, Łowicz, Varsovie, Kalisz, Włocławek. Les marchands et les commerçants s'arrêtaient à Świnice pour se reposer. Ils mangeaient dans les auberges, faisaient reposer et manger leurs chevaux, partageaient les nouvelles du monde avec les habitants. Ces nouvelles arrivaient probablement aussi à Stanisław Kowalski, quand il était chez des gens pour faire des travaux de menuiserie ou quand il allait à l'église dimanche.

L'église paroissiale, dont le patron est saint Casimir, se trouve au centre du village. Il s'agit de la quatrième église à cet endroit, les trois précédentes ayant été détruites, à commencer par la première, fondée vers 1300 par l'archevêque Jakub Świnka. Modeste, avec une seule nef, l'église actuelle a été construite au milieu du XIXe siècle. Bien trop petite pour accueillir les pèlerins qui viennent de plus en plus nombreux, elle est depuis quelques années l'objet de travaux d'agrandissement. Depuis 2002, l'église s'appelle Sanctuaire de la Naissance et du Baptême de Sainte-Faustine.

L'église ressemble en grande partie à celle de 1905, lorsque, le dimanche 27 août, au début de l'après-midi, Stanisław Kowalski y arriva avec sa fille, deux jours après sa naissance. Ce jour-là, le curé de la paroisse, Józef Chodyński, baptisa l'enfant sur les fonts en bois polychrome qui s'y trouvent encore aujourd'hui. Le sacrement fut administré en latin, mais l'acte de naissance fut rédigé en alphabet cyrillique, en russe, jusqu'alors la langue officielle :

> Cela s'est passé à Świnice, le 27 août 1905, à une heure de l'après-midi. S'est présenté Stanisław Kowalski, âgé de 40 ans, agriculteur de Głogowiec, en présence de Franciszek Bednarek, âgé de 35 ans, et Józef Stasiak, âgé de 40 ans, tous les deux agriculteurs de Głogowiec, et a présenté un enfant de sexe féminin, né dans le

> village de Głogowiec le 25 août de cette année, à 8 heures, de son épouse Marianna, née Babel, âgée de 30 ans. Lors du baptême qui s'est déroulé aujourd'hui, on a donné à cette enfant le prénom d'Helena, alors que le parrain et la marraine étaient respectivement Konstanty Bednarek et Marianna Szewczyk. Le présent acte a été lu à celui qui s'est présenté[1] et aux témoins illettrés, et a été signé par nous.

« Par nous », c'est-à-dire par l'abbé Józef Chodyński et par Stanisław Kowalski qui, deux ans auparavant, au moment du baptême de sa fille Ewa, était encore illettré et mettait des croix en guise de signature. Le document porte deux dates du baptême, l'une selon le calendrier grégorien, utilisé par les Polonais, et l'autre selon le calendrier julien, utilisé par les Russes et imposé dans l'administration sur les territoires polonais occupés par la Russie. À côté de la date du 25 août (jour de naissance d'Helena), il y a la date du 12 août, et à côté de la date du 27 août (jour du baptême), celle du 14 août. Par ailleurs, à cause d'une erreur dans l'acte de naissance et des traductions erronées de celui-ci, l'âge du père d'Helena que l'on trouve dans différents ouvrages – 40 ans ou 45 ans – n'est pas adéquat. En 1905, Stanisław Kowalski n'avait que 37 ans.

Il y a dans cette église de Świnice – modeste et noble dans sa simplicité – quelque chose d'extrêmement touchant. En effet, c'est ici qu'Helena Kowalska, d'abord comme enfant, puis comme adolescente, vécut ses premières expériences spirituelles profondes. C'est ici, à l'âge de 7 ans, quand elle était en train de prier devant le saint sacrement, qu'elle entendit dans son cœur un appel à une vie plus parfaite, sans savoir encore ce que cela voulait dire. À l'âge de 9 ans, elle y reçut la première communion, elle y vint se confesser au confessionnal qui s'y trouve encore à l'heure actuelle. Elle pria Notre-Dame de Częstochowa devant la sainte icône placée dans le retable central, icône qui sera déplacée dans le retable latéral en 1983, pour faire place au tableau de Jésus Miséricordieux. C'est ici qu'elle chercha, en sondant son cœur, à comprendre ce que signifiaient tous ces états spirituels extraordinaires par lesquels elle passait, ce qu'annonçait cette clarté qu'elle voyait depuis qu'elle était enfant. C'est peut-être ici

1. Stanisław Kowalski [ndt].

qu'elle a décidé d'être cette « grande sainte ». Pendant seize ans, c'est-à-dire pendant presque la moitié de la courte vie de sainte Faustine, l'église de Świnice fut le lieu de ses prières.

Vers la fin du XIXe siècle ou le début du XXe siècle – on ne connaît pas la date exacte – Marianna et Stanisław Kowalski, les parents d'Helena, s'étaient installés à Głogowiec, village rattaché à la paroisse de Świnice. Ils étaient mariés depuis quelques années. Leur mariage avait eu lieu en 1892, quand elle avait 17 ans et lui, 24 ans. Stanisław naquit le 6 mai 1868 dans le village voisin de Kraski. Marianna, née Babel – parfois c'est le nom Bawej qui est donné –, vit le jour le 8 mars 1875 à Mniewo, un village dans les environs de Koło. Ils se sont rencontrés en 1891 à Dąbie-sur-Ner, où elle habitait avec son père et sa belle-mère, alors que lui y travaillait comme menuisier dans une brasserie. Ils se sont dit « oui » le 9 novembre 1892 à l'église de Saint-Nicolas, qui se trouve toujours à Dąbie. On ne sait pas ce qui les avait poussés à déménager à Głogowiec. Ils y avaient acheté cinq hectares de terre, dont deux étaient occupés par des prés. Ce long morceau de terrain s'étendait entre la route et la forêt. Le sol y était pauvre : on pouvait seulement y cultiver du seigle et des pommes de terre. La maison étant en très mauvais état, ils avaient décidé d'en construire une nouvelle. Pour ce faire, ils avaient choisi le matériau le moins cher : la marne calcaire – une roche dont l'extraction se faisait dans une carrière située non loin, à Rożniatów. La pierre jaune clair était découpée en morceaux rectangulaires de tailles différentes, liés avec du mortier à base d'argile peu résistant. Le toit était en chaume. Stanisław Kowalski avait fait tout seul tous les travaux de menuiserie. La maison n'était pas grande et avait été construite selon un plan typique des fermes paysannes de l'époque : deux pièces avec, au milieu, un grand vestibule. À droite se trouvait la cuisine avec un four, où, en hiver, Stanisław installait sa table de menuiserie, et à gauche une grande chambre. Une porte donnant accès à la cour intérieure se trouvait de l'autre côté de la maison. Peu de choses ont été conservées du mobilier : une table de menuiserie et trois tableaux représentant le Cœur de Jésus-Christ, la Sainte Famille et sainte Agathe. Les autres objets que l'on peut voir aujourd'hui dans la maison familiale de Faustine ne font pas partie du mobilier d'origine, mais sont néanmoins d'époque.

La maison que peuvent aujourd'hui visiter les pèlerins a un aspect légèrement différent de celle d'origine. Elle ressemble à celle d'il y a quelques dizaines d'années, mais on s'aperçoit tout de suite qu'après les travaux de rénovation terminés en 2003, elle présente une version sensiblement différente, améliorée, de la maison de l'époque. Le ravalement des façades jaune clair les a rendues impeccables, sans aucune trace de défauts dans le mortier d'argile, à la différence des murs des maisons environnantes. On a posé de nouvelles portes, de nouvelles fenêtres et le toit a reçu de nouvelles tuiles. D'autres bâtiments diffèrent également par rapport à ceux de l'époque : une vieille étable en ruine a été rasée, alors que l'ancien bâtiment de la grange a été adapté pour accueillir des pèlerins. Dans le jardin, il n'y a plus les arbres fruitiers que l'on voit sur une photo de 1935, prise lorsque Sœur Faustine avait rendu visite – la seule et unique fois – à ses parents en tant que religieuse. En revanche, devant la maison poussent toujours des roses, au même endroit, où Helena en plantait autrefois.

Dans la maison, où, en août 1905, est née la future sainte, habitait jusqu'il y a peu la famille. À la fin des années 1980, Mieczysław Kowalski, le frère d'Helena, déménagea à côté, dans une grande maison de deux étages. Quelques années plus tard, grâce à l'initiative de la paroisse, on réalisa une première fois des travaux de rénovation de la maison familiale de sainte Faustine. Le bâtiment était en effet dans un si mauvais état qu'il risquait de tomber en ruine.

Quand, vers 1900, les Kowalski terminèrent la construction de leur demeure, ils ne s'attendaient pas à ce qu'elle devînt très vite trop petite. Pendant les dix premières années de leur vie commune, ils n'avaient pas eu d'enfant. Marianna en souffrait et priait sans relâche avec son mari pour en avoir. Leur premier enfant est né en 1902, et le suivant un an plus tard. Helena qui était leur troisième enfant « a pour ainsi dire apporté la chance », racontait sa mère qui, depuis lors, a très bien supporté toutes les grossesses et tous les accouchements. En 1908 est née Natalia, en 1912 Stanisław, en 1915 Mieczysław, en 1916 Lucyna et en 1920 Wanda. Deux petites filles – Kazimiera et Bronisława – sont décédées quand elles étaient encore nourrissons. Au total, en dix-huit ans, Marianna mit au monde dix enfants. Nourrir tout ce petit monde avec à peine trois hectares de terre tenait du miracle. Le travail de menuisier, exercé de façon saisonnière par le père, ne suffisait pas non plus pour remédier aux besoins de la famille qui vivait donc dans la pauvreté. Telle était d'ailleurs la situation de la plupart des familles qui habitaient à la campagne. Des exploitations minuscules jusqu'à deux hectares, alors plus petites que celle appartenant aux Kowalski, et des exploitations légèrement plus grandes – jusqu'à cinq hectares – constituaient plus de la moitié de toutes les exploitations dans cette partie des territoires occupés par la Russie (ancien royaume de Pologne), alors que 38 % des terres agricoles appartenaient à de grands propriétaires comme Stanisław Sempołowski qui possédait quatre cents hectares à Świnice.

Dans la famille des Kowalski, c'est le père qui exerçait pleinement son autorité. « Il était dur, intransigeant, exigeant pour toute la famille. » C'est ainsi que le percevaient ses fils – Mieczysław, qui reprit l'exploitation, et Stanisław qui après la guerre jouait de l'orgue dans l'église de Świnice. Après bien des années, Stanisław se souvenait encore d'une fessée que son père lui avait donnée pour avoir cassé et emporté des branches de bouleau de chez un voisin. La mère, Marianna, s'occupait de la maison. Elle était « courageuse, travailleuse, tenace, dévouée entièrement à sa famille », et plus avenante que le père. Sur une photo de 1935, prise devant la maison des Kowalski, on peut voir les parents d'Helena : Stanisław – un homme brun, mince, avec une grande moustache – et Marianna, coiffée d'une fanchon. Stanisław était très pieux et assidu. Chaque jour, à l'aube, il chantait matines pour glorifier l'Immaculée Conception et, pendant le carême, il chantonnait les traditionnelles Lamentations. Ces pratiques de piété paternelles étaient plutôt pénibles pour la famille vivant dans une toute petite maison, où plusieurs enfants dormaient dans un même lit.

> Il se levait le premier quand la famille dormait encore et, sans faire attention ni aux enfants ni à la mère – harassée après ses journées remplies de travail auprès des enfants –, il chantait fort et avec obstination ses matines pour révérer Marie. La mère – complètement épuisée – suppliait le père, se fâchait contre lui pour l'avoir réveillé, mais en vain…

C'est ainsi qu'après des années se souviendront de leur père les frères et sœurs d'Helena. Après la guerre, le père Franciszek Jabłoński, curé de la paroisse de Świnice depuis 1937, dit que la famille Kowalski « n'était pas différente des autres paroissiens qui étaient des catholiques très ordinaires ».

On sait peu de choses sur les premières années de la vie d'Helena Kowalska avant qu'elle n'intègre la congrégation. Elle-même en parle très peu dans son *Petit journal* qu'elle commença à rédiger en 1933. Il n'est pas exclu qu'on aurait pu trouver plus d'informations dans la première version de celui-ci, mais elle fut brûlée par Helena sous l'influence d'un mauvais esprit. Quand, un an après, elle reprit la rédaction de son *Petit journal*, en essayant de reconstituer ce qu'elle avait écrit plus tôt, certains événements anciens s'effacèrent au profit de nouvelles expériences spirituelles fort intenses. Malheureusement, furent détruites également les lettres qu'Helena avait écrites des diverses maisons de religieuses et des différents endroits où elle travaillait comme aide domestique.

« On avait ses lettres, tout un tas, mais on les a brûlées », regrettera après des années Stanisław, le frère d'Helena.

Il se souvenait que les lettres « étaient très belles ». Elle écrivait sur la bonté de Dieu et elle invitait à être confiant. De cette importante correspondance, seules trois lettres adressées à la famille ont été gardées. Les autres furent brûlées pendant la Seconde Guerre mondiale par la sœur d'Helena, Gienia : « J'avais peur qu'elles ne se retrouvent entre les mains des ennemis en cas de perquisition », expliquera-t-elle. En effet, ces lettres parlaient non seulement de la famille, mais aussi de questions religieuses.

Le fait qu'on ait pu recueillir et conserver des témoignages de la famille la plus proche concernant Sœur Faustine est dû surtout à Sœur Bernarda Wilczek qui, pour le faire, viendra spécialement à Głogowiec en 1948. Ce sont ses supérieurs qui le lui demanderont, ainsi que le père Józef Andrasz, premier confesseur de Sœur Faustine, qui écrira un livre – qu'il ne fera jamais éditer – sur sa pénitente hors du commun. Sœur Wilczek, qui pendant la Seconde Guerre mondiale fit preuve d'un courage extraordinaire, en aidant des Juifs du ghetto de Varsovie, connaissait bien Sœur Faustine, parce qu'elles étaient toutes les deux ensemble au noviciat. Les témoignages de la mère, ainsi que des frères et sœurs de Sœur Faustine seront recueillis une deuxième fois en juin 1952 par le père Jabłoński, en vue d'un procès d'information qui portera sur elle. Cette fois-ci la famille témoignera sous serment. Marianna Kowalska, restant illettrée, confirmera la véracité des témoignages en signant avec son pouce trempé dans de l'encre. Malheureusement, le père de Faustine sera déjà décédé à cette époque-là. Il est mort en juillet 1946 et a été enterré au cimetière non loin de l'église de Świnice. En février 1965 les enfants ont assisté à l'enterrement de Marianna.

Les enfants des Kowalski ont commencé à travailler dès le plus jeune âge : ils emmenaient les vaches dans les prés, s'occupaient des plus jeunes frères et sœurs, aidaient les parents dans différents travaux dans les champs. Tel était à l'époque le sort des enfants vivant à la campagne. Tous les travaux étaient effectués à la main : le blé était coupé à l'aide de faucilles et battu au moyen de fléaux. C'était déjà un grand soutien si dans une ferme il y avait un cheval pour faire les travaux les plus pénibles. Lorsque pendant la Première Guerre mondiale les soldats réquisitionnèrent l'unique cheval des Kowalski, la famille, ne pouvant pas s'en offrir un autre, fut obligée d'utiliser une vache pour tirer la charrue. Dès l'âge de 9 ans, les frères d'Helena aidaient les parents à battre les céréales. Helena, elle aussi, avait des tâches à faire, et non seulement à la maison où elle gardait ses frères et sœurs plus jeunes, mais aussi à l'extérieur où elle faisait pâturer les vaches. Durant ce travail, Helena « lisait et aimait raconter ce qu'elle avait lu », racontait une voisine des Kowalski, Zofia Olejniczak. Sœur Faustine se souviendra après des années qu'il lui arrivait aussi de passer la herse, ce qui devait être un travail extrêmement dur pour une adolescente. « Elle était partante pour faire n'importe quel travail, elle ne disait jamais non », rapportera sa mère. Une des sœurs de Faustine, Natalia Grzelak, *primo voto* Olszyńska, le confirmera : « Elle était toujours prête à travailler, tout en étant joyeuse, aimable et pieuse ; c'est elle que les parents aimaient le plus et nous donnaient comme exemple à suivre. » Marianna Kowalska dira plus tard qu'Helena était « élue et la meilleure des enfants ». D'après ses frères et sœurs, elle était excitée et radieuse comme leur père dont elle était l'enfant favorite. Selon un des frères d'Helena, Stanisław Kowalski, leur père l'aimait bien parce qu'elle était la plus obéissante de tous : « Nous, on ne lui enviait pas d'avoir gagné le cœur du père, parce qu'on savait que c'était juste. Elle nous expliquait : "Soyez obéissants, vous aussi, et le père vous aimera aussi comme ça." » Cependant la mère en gardera un souvenir fort différent : « Les enfants la battaient et la malmenaient du fait qu'elle était la chouchoute de papa et maman. » En effet, Stanisław, le père, lui faisait vraiment confiance. La preuve ? Seule Faustine connaissait l'endroit où il tenait son fusil de chasse, ce que ne savaient ni sa fille aînée ni aucun de ses fils.

Il arrivait parfois que ce soit Helena qui soit réprimandée à la place de ses frères et sœurs. En effet, lorsque ceux-ci faisaient des bêtises, ils fuyaient, alors qu'elle restait docilement sur place, sans même essayer de s'expliquer. « Elle était bonne, toujours gentille, joyeuse, aimable à leur égard », écrira Sœur Wilczek à propos des relations entre Helena et ses frères et sœurs. Helena était une enfant sensible et intelligente. « Bobonne toujours apitoyée », lui disaient ses frères et sœurs pour se moquer d'elle, quand elle s'attendrissait à la vue d'une poule ou d'un chien souffrants. Une fois, elle avait mis de vieux vêtements de sa mère et, en priant, elle avait traversé tout le village telle une mendiante et avait remis au curé tout ce qu'on lui avait donné pour que celui-ci le redistribue aux pauvres. Tel était aussi l'objectif d'une loterie qu'elle avait organisée, et pour laquelle elle avait apporté des jouets qu'elle avait fabriqués toute seule avec du papier et du vieux tissu.

En 1917, Helena allait à l'école qui venait d'ouvrir à Świnice. Il n'en reste aujourd'hui aucune trace. Elle était située non loin de l'église, sur la route menant à Łęczyca. Helena, âgée alors de 12 ans, savait déjà lire, et c'est son père qui le lui avait appris. « Seuls papa et M. Bereziński savaient lire, et ils étaient abonnés à des revues », rapportera Natalia qui, comme ses frères et sœurs, en tirait de la fierté. On ne sait pas si les revues ont fait leur apparition dans la maison des Kowalski dès cette époque – alors que la vie était particulièrement dure à cause de la guerre – ou plus tard. On sait, en revanche, qu'on trouvait dans la maison des livres religieux qu'Helena lisait quand elle gardait les vaches pendant le pâturage. Helena fit à peine trois ans d'école. En 1919 ou 1920, elle termina son éducation, tout comme les autres élèves plus âgés, pour céder la place à des enfants plus jeunes. C'est la direction de l'école qui en décidait ainsi. Natalia dira à propos d'Helena : « Même si elle est allée à l'école pendant un temps assez court, elle savait beaucoup de choses et elle voulait transmettre cela aux autres. Elle faisait connaître à des enfants du village différentes choses, le plus souvent des vies de saints et des prières. »

De l'école, Helena aura à la fois de bons et de mauvais souvenirs. Un des bons souvenirs, conservé longtemps dans la mémoire de la famille, est notamment le prix qu'Helena avait eu pour la récitation d'un poème lors d'une visite d'un inspecteur. Un des mauvais souvenirs, c'est le jour où elle s'était sentie humiliée, parce que deux de ses camarades n'avaient pas voulu s'asseoir à côté d'elle à cause des vêtements de misère qu'elle portait. Le professeur – un certain M. Łaziński –, en voyant Helena pleurer lui avait dit : « Ne te tracasse pas, tu es moins bien habillée, mais tu es une bien meilleure élève. » Marianna Kowalska se souviendra que ce professeur était fort élogieux envers sa fille : « C'est une enfant élue de Kowalska, elle ne se plaint jamais. »

Dès son plus jeune âge, Helena vivait des expériences spirituelles extraordinaires. Elle avait des visions. Elle racontait par exemple à ses frères et sœurs qu'elle voyait dans ses rêves Notre-Dame. Elle la voyait belle, se promenant dans le jardin du paradis. Elle voyait aussi une clarté, un éclat extraordinaire, une lumière de Dieu. Marianna Kowalska retiendra une conversation avec Helena, âgée alors de 13 ans, qui, s'étant réveillée la nuit, disait avoir vu un éclat de lumière. « Où vois-tu ça, petite sotte ? T'as des hallucinations et après tu causes ? » C'est ainsi que sa mère la réprimandait. Et pourtant Helena continuait à se réveiller la nuit, à s'asseoir sur son lit et à prier. Et sa mère réagissait en lui disant : « Tu te lèves tout le temps, au lieu de dormir, tu vas devenir folle. Dors ! – Eh non maman, répondait Helena, je pense que c'est un ange qui me réveille comme ça, pour que je ne dorme pas, mais pour que je prie. »

Cela devait arriver assez souvent, parce que Marianna Kowalska se rappellera qu'Helena, ayant mal dormi la nuit, la priait de la laisser dormir un peu pendant la journée. Et la mère n'a pas toujours été d'accord.

Ayant grandi dans des conditions rudes, austères, Helena n'avait pas la tête dans les nuages ; elle était bien réaliste. Elle savait que ces lumières n'étaient pas des illusions, des fantasmes. Cependant, ni son père ni sa mère ne pouvaient le comprendre, parce que ce qu'elle vivait échappait à leur expérience religieuse, à leur façon populaire de vivre la foi. N'arrivant pas à être comprise par ses proches, Helena commençait à enfermer ses expériences dans son cœur. Elle cessait d'en parler à la maison. Elle considérait aussi qu'elles n'étaient pas matière à traiter durant la confession. Elle est restée toute seule avec ces expériences. Elle savait pourtant que ces expériences spirituelles étaient une invitation à une autre vie. Des années plus tard, en tant que Sœur Faustine, elle écrira dans son *Petit journal* qu'elle se sentait élue pour une vie monastique dès l'âge de 7 ans lorsqu'elle avait entendu « pour la première fois la voix de Dieu dans [son] âme, c'est-à-dire l'invitation à une vie plus parfaite » (PJ 7). Mais à cette époque-là, elle n'avait rencontré personne pour lui expliquer ce que c'était cette voix : « J'avais 7 ans lorsque j'assistai aux vêpres et le Seigneur Jésus était exposé dans l'ostensoir, pour la première fois alors l'amour de Dieu se communiqua à moi, et emplit mon petit cœur, et le Seigneur me donna la compréhension des choses divines » (PJ 1404), écrivait-elle. Décrivant la vie mystique de Sœur Faustine, Ludmiła Grygiel y voit non seulement des éléments de contemplation acquise, mais aussi « une lueur de contemplation infuse », à savoir le don de la compréhension des choses de Dieu.

En tant qu'enfant, Helena ne savait pas comment elle pouvait répondre à l'invitation de Jésus. Elle ne soupçonnait même pas qu'il existait une vie monastique. Néanmoins, elle racontait avec fascination et nostalgie à ses frères et sœurs et à ses parents des histoires à propos d'ermites « mangeant uniquement des racines et du miel sauvage ». « Elle disait dès son plus jeune âge qu'elle ne resterait pas avec nous, qu'elle irait chez des « pèlerins », parce que son père avait parlé de « pèlerins » un jour, et elle avait retenu cela au plus profond de son cœur, se souvient Natalia Grzelak. – Qui alors savait, ajoute-t-elle, qu'il existait à la campagne différentes congrégations, où pouvaient aller des filles comme notre petite Helena ? »

La future sainte pressentait donc le sort qui lui était réservé. Elle savait qu'elle quitterait un jour la maison des parents et ce désir s'est effectivement réalisé malgré l'opposition de ses parents. « Tu vas pas t'en aller », disaient le père ou la mère, quand elle parlait des « pèlerins », et plus tard, quand elle saura déjà que sa place est au couvent.

Depuis toute petite, elle aimait bien la prière. Le soir, avec ses parents et ses frères et sœurs, elle s'agenouillait pour prier. Pendant la journée, c'est elle qui invitait ses frères et sœurs à prier. C'est elle aussi qui prenait soin d'un petit autel aménagé dans la chambre : une petite croix et deux statuettes en faïence – de Jésus et de Marie – que le père avait ramenées d'un pèlerinage à Częstochowa. En quittant la maison, elle confiera le soin du petit autel à sa petite sœur Natalia. Juste avant sa mort, celle-ci offrira la petite croix et les deux statuettes aux sœurs du couvent de Łagiewniki. Cette petite croix très simple, en métal, ces statuettes réparées avec de la colle, et quelques lettres sont les seuls objets authentiques qui proviennent de la maison familiale de Faustine et qui sont gardés aujourd'hui par les Sœurs de Notre-Dame de la Miséricorde.

La première communion sera pour Helena un événement qu'elle vivra de façon très intense. C'était en 1914. À la fin du mois de juillet, la Première Guerre mondiale éclatait. En automne, la bataille de Łódź commençait – une des plus grandes opérations militaires sur le front de l'est. Huit cent mille soldats combattaient des deux côtés – des pays du centre et de la Russie. En conséquence, les Russes se sont retirés de Świnice et de toute la région de Kalisz, en cédant la place aux Allemands. L'occupation allemande y dura quatre ans, jusqu'à la fin de la guerre. La fin de la Première Guerre mondiale apporta à la Pologne l'indépendance après cent vingt-trois ans d'occupation. Helena devait se souvenir de ce temps d'occupation parce que, jusqu'à la fin de sa vie, elle resta une patriote fervente et priait ardemment pour la Pologne.

Au seuil de la guerre, en 1914, Helena avait 9 ans. Quand, après avoir reçu sa première communion, elle rentrait toute seule à la maison, Berezińska – une voisine de Głogowiec – lui demanda pourquoi elle ne rentrait pas de l'église avec d'autres filles. Helena répondit alors : « Je marche avec le Seigneur Jésus. » Marianna Kowalska rapporte : « Je me rappelle que, quand elle rentrait à la maison après avoir communié, elle avait demandé à sa copine : “Écoute, est-ce que tu es heureuse, parce que moi, je ressens quelque chose dans mon cœur, parce que j'ai Dieu dans mon cœur.” » Depuis, quand elle communiait, elle aimait bien rentrer à la maison toute seule. Elle se mettait à l'écart. Et elle voulait aller à l'église tous les jours. La mère avoue qu'elle ne le lui permettait pas, parce que dans une famille nombreuse il y avait toujours du travail à faire. « Mais dimanche, c'est elle qui se levait la première et, pour ne réveiller personne, elle sortait par la fenêtre et conduisait les vaches au pâturage. Le père se levait, il voulait emmener les vaches dehors, il regardait dans l'étable, mais ne les trouvait pas. C'était la petite Helena qui, avant l'heure d'aller à l'église, avait déjà fait paître les vaches. » Obéissant à sa mère durant la semaine, dimanche, comme on voit, elle anticipait les événements pour que rien ne l'empêche d'aller à la messe. Cependant, il arrivait que même le dimanche elle ne puisse pas aller à l'église, et c'est pour une raison qui devait lui faire mal. En effet, parfois elle n'avait pas de vêtement approprié, les sœurs ne possédaient qu'une seule jupe qu'elles se passaient l'une à l'autre. Un dimanche, quand c'était le tour de sa sœur de porter la jupe, Helena prenait un missel et se mettait à l'écart, à la maison ou au jardin, pour lire toute la messe. La mère le lui reprochait parfois, parce qu'elle aurait préféré qu'Helena l'aide un peu dans la cuisine. Et Helena expliquait : « Maman ne te fâche pas, parce Jésus aurait été encore plus fâché si je ne l'avais pas fait. » La petite Natalia s'en souviendra toujours lorsque sa sœur Helena – de trois ans son aînée – lui a expliqué un jour toutes les parties de la sainte Messe : « Fais attention à ce que fait le prêtre. Quand il entre, le Christ va prier au Jardin des Oliviers et il va suer avec du sang. Quand il commence la sainte Messe, le Seigneur Jésus est en train de prier. Maintenant le prêtre pose un baiser sur l'autel : c'est Judas qui a embrassé le Seigneur et l'a livré aux mains des Juifs. Le prêtre va au bout de l'autel : Jésus-Christ est conduit chez Ananias. Quand il dit « Kyrie eleison », Jésus est giflé, on lui crache au visage, on le ramène chez Caïphe, puis chez Pilate. Le prêtre se lave les doigts, Pilate se lave les mains. Quand il découvre le calice, il le déshabille pour la flagellation ; il se tient debout, on le flagelle. Il couvre le calice, on lui met la couronne d'épines. Quand il élève l'Hostie, on soulève la Croix avec le Christ. Quand il brise l'Hostie et la met dans le calice, Jésus est mort ... » C'est inouï cette façon dont la petite Helena a expliqué à sa sœur le sacrifice de Jésus qui se réalise pendant la messe. Quelqu'un le lui avait-il dit ? Ou est-ce son cœur qui le lui avait soufflé ?

Durant ces seize années qu'Helena aura passées à Głogowiec, il y eut un événement qui a laissé des traces dans la mémoire de la famille et qui a fortement marqué la future sainte. Il s'agit d'une soirée dansante banale, comme on en organisait beaucoup à Świnice Warckie. La date ? Personne ne s'en souvient. C'était peut-être en 1919. On sait que son but était noble : les bénéfices furent reversés à la paroisse. Józefa – la fille aînée des Kowalski – y avait été invitée. Quant aux détails, différentes versions circulent dans la famille : selon certains, ce sont les parents eux-mêmes qui y avaient envoyé Helena pour qu'elle accompagne sa sœur, selon d'autres, c'est Józefa qui avait fait venir Helena avec elle, ce dont le père n'avait pas été mis au courant, ce qui semble cependant peu probable. Les deux sœurs s'amusèrent bien et rentrèrent tard à la maison : à dix heures du soir ou après minuit, selon la version retenue. De plus, elles furent reconduites par un certain monsieur Kociurski. Stanisław Kowalski ne dormait pas, mais attendait les deux filles. « À quoi sert-elle l'éducation que je vous ai donnée, si vous m'apportez la honte et le déshonneur à la maison ? », se souviendra-t-il après des années.

Helena s'était sentie touchée à vif par cette réprimande du père. Elle savait qu'il était extrêmement déçu et fâché à cause de son comportement. Apparemment c'était pour la première fois. Plus tard, lorsqu'on l'invitera à une soirée, elle répondra qu'elle doit d'abord demander la permission à son père. Cet événement-là avait cependant un sens plus profond. C'est Helena qui l'avait dit elle-même à Gienia, lorsque celle-ci lui avait rendu visite dans son couvent à Varsovie. Elle avait avoué – rapportera Gienia après des années – que lorsque le père s'était fâché contre elle, elle s'était dit que « plus jamais elle ne ferait honte à son père, mais qu'elle ferait tout pour apporter non le déshonneur, mais la splendeur et le réconfort ».

Serait-ce à ce moment-là qu'elle aurait décidé de devenir une sainte ? Comme dans une de ces histoires que lui lisait son père à la maison ? « Depuis mon plus jeune âge, j'ai désiré devenir une grande sainte » (PJ 1372), écrira-t-elle des années après dans son *Petit journal.*

Helena avait l'intention d'obéir à son père, mais elle a dû agir contre son gré pour au moins une chose : devenir religieuse. L'ordre du cœur et l'appel de Dieu étaient plus forts que le désaccord des parents.

En attendant, Helena est partie en ville pour travailler. En effet, propriétaire de trois hectares de terre, Stanisław Kowalski non seulement n'était pas en mesure d'offrir à ses huit enfants une éducation ou une dot à ses filles, mais il n'arrivait même pas à les nourrir et à les habiller. C'est pourquoi les filles des Kowalski quittaient très tôt la maison, pour aller travailler, gagner leur vie et aider aussi la famille. Tel était habituellement le sort des enfants provenant des familles nombreuses d'origine paysanne. La campagne, à l'époque surpeuplée, n'offrait pas suffisamment de travail aux jeunes qui étaient obligés de partir, parfois même à l'étranger, par exemple en Amérique. Dans les villes polonaises, les jeunes garçons travaillaient comme des ouvriers non qualifiés, et les jeunes filles comme des aides domestiques. Les Kowalski étaient tellement pauvres qu'en 1916, ils laissèrent partir leur fille Natalia – âgée alors de 8 ans à peine – pour qu'elle garde des enfants auprès d'une famille.

Helena était plus âgée quand elle est partie travailler pour la première fois. Elle avait alors 16 ans, mais elle en avait déjà parlé à ses parents un ou deux ans auparavant. Helena prétextait que le père était surchargé de travail, qu'elle n'avait pas de vêtements pour dimanche, que sa robe n'était pas présentable. Les parents ont alors cédé et l'ont laissé partir. Janina Ługowska, qui habitait un village proche – Rogów – et qui connaissait les Kowalski, se rappelle que sa sœur, Leokadia Bryszewska, cherchait à ce moment-là une servante. Helena est donc partie travailler chez elle à Aleksandrów près de Łódź. C'était en 1921, et elle retournera à Głogowiec un an après. C'est à cette époque-là qu'elle demanda pour la première fois à ses parents de lui permettre d'entrer au couvent. « Maman, je dois aller au couvent », se souviendra Marianna Kowalska encore bien des années après.

Les parents s'y opposèrent fermement. Le père disait qu'il avait des dettes et qu'il n'avait pas d'argent pour lui offrir une dot – ce qu'exigeaient à l'époque les congrégations. Helena répondit qu'elle « n'avait pas besoin d'argent », parce que « c'est le Seigneur Jésus même qui la conduirait au couvent ». Elle n'arrivait pas à convaincre les parents qui restaient intraitables. Il est probable que ce soit le curé de la paroisse, Roman Pawłowski, qui soit intervenu auprès du père d'Helena pour le faire changer d'avis. Il l'incitait notamment à vendre une vache pour pouvoir ainsi offrir une dot à sa fille, si celle-ci souhaitait si ardemment aller au couvent. Mais le père ne voulait pas en entendre parler : « sinon comment faire nourrir une famille aussi nombreuse ? », et les vaches, il les utilisait pour labourer la terre.

***

Puisqu'elle ne pouvait pas entrer au couvent, Helena est partie à nouveau travailler auprès d'une famille, cette fois-ci à Łódź. À cette époque, entre 1922 et 1924, elle venait voir ses parents assez régulièrement. Mais dès qu'elle fut partie de Łódź pour Varsovie, en 1924, et qu'elle fut entrée au couvent, elle ne revint à Głogowiec qu'en 1935, après onze ans d'absence. À ce moment-là, elle était déjà religieuse et s'appelait Faustine. Depuis 1924, elle ne vit ses parents qu'une seule fois, lorsque ceux-ci se rendirent à Cracovie en 1928, le jour où elle prononça ses vœux simples.

Alertée par la famille à propos de l'état de santé de sa mère, Sœur Faustine a quitté son couvent de Vilnius pour partir à Głogowiec. Marianna Kowalska avait des crises de foie aiguës. Le 15 février 1935, Faustine prit le train. Le lendemain matin, elle arriva à Varsovie, et à huit heures du soir, à Głogowiec. « Elle est entrée chez moi, elle a salué le Seigneur, elle s'est mise à genoux auprès de mon lit et elle m'a dit : "Maman tu vas encore te mettre debout" », dira Marianna Kowalska en 1952, se souvenant des paroles de sa fille. À la surprise générale, Faustine s'est immédiatement assise sur son lit. « Dès que je l'ai vue, ajoutera la mère, j'ai guéri. Le lendemain c'était dimanche et elle s'est préparée pour aller à l'église. Mon mari a attelé le cheval et on est partis tous ensemble. Et jusqu'à aujourd'hui je me porte bien. »

La rencontre avec la famille fut pleine d'émotion. « Quelle joie pour mes parents et pour toute la famille, écrivait Sœur Faustine. Après nous être salués, nous sommes tous tombés à genoux pour remercier Dieu de la grâce de pouvoir nous rencontrer tous encore une fois dans cette vie » (PJ 397). « En voyant prier mon père, j'étais bien honteuse, car après tant d'années passées au couvent, je ne saurais pas prier avec autant de sincérité et de ferveur, et c'est pourquoi je ne cesse de rendre grâces à Dieu pour de tels parents » (PJ 398). Sœur Faustine regardait autour d'elle, étonnée de tout ce qui avait changé à la maison : « [Le] jardin était si petit, et maintenant que je n'arrive pas à le reconnaître, mes frères et sœurs étaient encore petits et maintenant je ne peux les reconnaître, ils sont tous adultes, et je m'étonnais de ne pas les retrouver tels que lors de notre séparation » (PJ 399).

Tout le monde voulait dire bonjour à Helena parce qu'on ne l'avait pas vue depuis longtemps. « Ces jours à la maison passaient pour moi entourée de beaucoup de monde, car chacun voulait me voir et parler un peu. Souvent je comptais jusqu'à vingt-cinq personnes » (PJ 401), écrit-elle. Sur une photo – par chance conservée – faite pendant la visite de Sœur Faustine, on voit quatorze personnes. Elles posent dans le jardin ; on y voit quelques arbres au fond. Comme le laisse supposer la photo, l'hiver n'était pas très rude cette année-là. Aucune trace de neige. Tous, y compris les enfants, posent pour la photo sans manteaux. Vêtus de leurs habits du dimanche, ils entourent Helena-Faustyna qui, assise sur une chaise, occupe une place centrale. À côté, à droite, sont assis la mère, avec une petite-fille sur les genoux, et le père de Faustine. À gauche la tante Józefa Kowalska et l'oncle Józef Kowalski. Devant Faustine sont assis deux enfants. Les messieurs portent des chemises blanches et des nœuds papillon ; les dames portent des robes avec des cols blancs ou des nœuds de ruban. Durant cette visite la future sainte n'a pas vu deux de ses sœurs, ce qui l'a profondément déçu : « Je sentis intérieurement dans quel grand danger était leur âme. Lorsque je pensais à elles, la douleur me serrait le cœur. Un jour, me sentant très près de Dieu, je priais ardemment le Seigneur de leur accorder Sa grâce – et le Seigneur me répondit : *"Je leur accorde non seulement les grâces nécessaires, mais aussi des grâces particulières."* J'ai compris que le Seigneur les appellerait à une plus grande union avec Lui » (PJ 401).

Pendant sa visite à Głogowiec, Sœur Faustine a beaucoup parlé de Dieu et de vies de saints : « J'imaginais que notre maison était une véritable maison de Dieu, parce que chaque soir on y parle uniquement de Dieu. Fatiguée de parler, cherchant la solitude et le silence, je me suis retirée dans le jardin pour parler seule à Dieu, mais je n'ai pas réussi, parce que mes frères et sœurs m'ont immédiatement rejoint […], et j'étais à nouveau obligée de parler […]. » Faustine trouvait un moment pour prier dans son cœur quand les frères, poussés par elle, commençaient à chanter. Ils avaient de belles voix. Il y en a un qui jouait du violon, un autre de la mandoline. « Je me réjouis tellement qu'il règne dans notre famille un si grand amour », note-t-elle.

On ne sait pas combien de temps Faustine a passé avec sa famille. On sait que, durant ces jours, venaient chez les Kowalski non seulement des parents plus ou moins proches, mais aussi des voisins et d'anciennes amies d'Helena qui étaient désormais des femmes trentenaires, avec des maris, des enfants, et des problèmes.

> Ce qui me coûtait beaucoup, c'était d'embrasser les enfants. Des femmes de ma connaissance venaient avec leurs enfants et me priaient de les prendre dans mes bras, ne serait-ce que pour un instant, et de les embrasser. Elles considéraient cela comme une grande grâce et pour moi c'était une occasion de m'exercer à la vertu, car plus d'un enfant était assez sale, mais pour me vaincre et ne montrer aucune répugnance, j'embrassais deux fois ces enfants sales. Une connaissance apporta son enfant, qui avait les yeux malades et purulents […]. Ma nature ressentait du dégoût, mais sans y prêter attention, je pris l'enfant dans mes bras, et je l'embrassai deux fois, juste à l'endroit purulent de l'œil, en demandant à Dieu une amélioration. J'avais ainsi beaucoup d'occasions de m'exercer à la vertu. En les écoutant tous exprimer leurs peines, j'ai remarqué qu'il n'y avait pas de cœur joyeux, car il n'y avait pas de cœur aimant sincèrement Dieu et cela ne m'a pas du tout étonnée (PJ 401).

Sœur Faustine, accompagnée de son frère Stanisław, allait tous les jours à l'église de Świnice Warckie. Elle se rappelait avec nostalgie ce qu'elle avait vécu dans cette église : « Comme il m'était bon de prier dans cette petite église ! Je me suis souvenue de toutes les grâces que j'y avais reçues, grâces que je ne comprenais pas alors et dont j'avais si souvent abusé, et je m'étonnais moi-même d'avoir pu être aussi aveugle. » Soudain, lors de ces réflexions, Jésus lui est apparu et lui a dit : « Mon élue, je t'accorderai de plus grandes grâces encore, pour que tu sois pendant toute l'éternité témoin de mon infinie miséricorde » (PJ 400). Ces paroles de Jésus sont inscrites dans l'église de Świnice Warckie.

Sœur Faustine passait beaucoup de temps avec son frère cadet. « Je sentais que cette âme était très agréable à Dieu » (PJ 400). Elle allait avec lui se promener à travers les champs, sans doute là où elle conduisait autrefois les vaches au pâturage. Quand, au moment de se dire au revoir, elle lui parla de la bonté de Dieu, il se mit à pleurer « comme un petit enfant et je n'en fus pas étonnée, car c'était une petite âme pure, elle reconnaît donc facilement Dieu » (PJ 402).

Au moment des adieux, tout le monde était en pleurs : « Mon père, ma mère et ma marraine en me bénissant, les larmes aux yeux, me souhaitèrent la plus grande fidélité à la grâce divine, ils me priaient de ne jamais oublier combien de grâces Dieu m'avait accordées en m'appelant à la vie religieuse. » Les parents, qui s'étaient opposés à ce qu'Helena devînt religieuse, en étaient contents, peut-être fiers, et ils lui donnèrent leur bénédiction. « Tous pleuraient – continue Faustine –, mais moi, je n'ai pas versé une seule larme, je tâchais d'être courageuse et je les consolais tous de mon mieux, leur rappelant qu'au ciel il n'y aura plus de séparation » (PJ 402). Elle s'est mise à pleurer seulement quand elle est montée dans la voiture : « J'ai soulagé mon cœur et j'ai pleuré aussi comme une enfant, mais de joie parce que Dieu accordait tant de grâces à notre famille, puis je me suis plongée dans l'action de grâces » (PJ 403).

Ce fut sa dernière visite à Głogowiec. Au retour, elle s'arrêta à Łódź. Elle voulait rendre visite à sa sœur Natalia qui n'était pas au courant de sa visite chez leurs parents. « Elle a attendu longtemps que je rentre du travail, comme me l'a dit une voisine ; puis elle a fini par mettre derrière la poignée de porte trois roses pour montrer qu'elle était venue », se souvient Natalia. Le soir même Sœur Faustine était déjà à Varsovie.

Aleksandrów

« Pourquoi je m'en vais, je ne le dirai pas, mais je ne peux plus rester »

1921-1922

Le rez-de-chaussée d'un bâtiment à la façade claire, avec des rideaux blancs accrochés aux fenêtres claires, ne rappelle en rien l'ancienne boulangerie des Bryszewski. Il n'y a aucun lien non plus entre ses habitants actuels et cette histoire vieille presque d'un siècle. Il y a quatre-vingt-dix ans, plusieurs boulangers venaient travailler ici chaque jour sous l'œil attentif du propriétaire Kazimierz Bryszewski. Tout juste sorti du four, le pain chaud arrivait au magasin qui se trouvait dans l'immeuble des Bryszewski au 30, rue Parzęczewska, actuellement au 7, rue 1 Maja. Dans le magasin, c'était Leokadia – la femme de Kazimierz – qui commandait en maître. Aujourd'hui, à la place de l'enseigne de la boulangerie il y a sur le bâtiment une plaque en granit avec l'inscription suivante : « Dans cette maison, dans les années 1921-1922, a habité et travaillé Helena Kowalska. »

Depuis, le bâtiment est devenu plus grand et il a changé de propriétaires. Il a été agrandi là où se trouvait l'ancien jardin, à gauche de l'entrée. Mais la partie principale de la maison est restée telle qu'elle était à l'époque où y habitait Helena. La même grande antichambre donnant accès, à droite, à la cuisine où elle travaillait et dormait sur un canapé-causeuse près de la fenêtre. Au même endroit il y a un escalier qui mène de l'antichambre à l'étage, où les Bryszewski occupaient trois chambres.

On ne sait pas grand-chose à propos du séjour d'Helena à Aleksandrów. On ne sait même pas exactement quand elle est arrivée et combien de temps elle y est restée. Dans les mémoires de Marianna Kowalska, rédigés par Sœur Bernarda Wilczek en

1948, on trouve différentes dates de départ d'Helena à Aleksandrów. Le temps et les événements ont effacé la mémoire. D'autant plus qu'Helena n'était qu'une des filles des Kowalski parties travailler auprès de familles. La mère mentionne plusieurs fois l'année 1920, et une fois l'année 1919. Helena aurait donc eu 14, 15 ans quand elle a commencé à travailler comme aide domestique. Dans les documents conservés dans les archives du couvent de Łagiewniki, Sœur Wilczek indique les années 1920-1921 comme dates du séjour d'Helena chez les Bryszewski. Cependant dans d'autres témoignages, recueillis par l'abbé Franciszek Jabłoński à Głogowiec quatre ans plus tard, on trouve une information fort intéressante. Le 6 juin 1952, Marianna Kowalska a dit sous serment qu'elle « ne se rappelait pas exactement » en quelle année Helena était partie travailler à Aleksandrów. Elle se rappelait en revanche qu'après son retour elle était restée « seulement quelques jours » et qu'elle était partie à Łódź.

La période au cours de laquelle Helena travaillait à Łódź est mieux documentée. On sait qu'elle y a vécu entre 1922 et 1924. Théoriquement ces « quelques jours » passés à la maison pouvaient tomber à la fin de 1921 et au début de 1922, et dans ce cas on peut admettre que les années 1920-1921 ont été la période où Helena travaillait à Aleksandrów. Cette hypothèse resterait fidèle à ce que Sœur Wilczek a entendu pendant son premier séjour à Głogowiec. Cependant deux autres informations la remettent en question. D'abord, selon la mère d'Helena, sa fille « n'a même pas passé une année » chez les Bryszewski, ce que confirment les témoignages d'autres membres de la famille. Ensuite, il y a un autre argument qui semble décisif. Avant de revêtir pour la première fois sa robe de religieuse, et avant de prononcer ses vœux simples et perpétuels, Sœur Faustine a témoigné lors d'un examen dit canonique qu'en 1922, à Aleksandrów, elle avait reçu la confirmation. Dans la documentation on trouve différentes dates : février 1922, mai 1922 ou simplement l'année 1922. Pour toutes ces raisons, comme on peut s'en douter, c'est la période 1921-1922 qui a été retenue comme celle durant laquelle Helena Kowalska a travaillé à Aleksandrów. Elle avait donc 16 ans ou 17 ans.

Il est certain que pour la fille sensible et intelligente qu'était Helena, cette période fut d'une grande importance. C'est pour la première fois qu'elle habitait en dehors de sa maison natale. Elle travaillait et elle découvrait la vie en ville. Mais le plus important est que c'est au retour d'Aleksandrów qu'elle a dit pour la première fois à ses parents qu'elle devait aller au couvent. Elle n'a pas dit qu'elle voulait, mais qu'elle devait y aller. Elle y a vécu des expériences intérieures fortes qui lui ont permis de tracer clairement son avenir.

Lorsque Helena est arrivée en 1921 à Aleksandrów, la ville était encore en train de guérir ses plaies après la Grande Guerre, achevée trois ans auparavant. Coupée des marchés orientaux par la Russie, après la guerre 1914-1918, l'industrie textile, qui fabriquait principalement des chaussettes et des bas, ne tournait pas encore à plein régime. La ville d'Aleksandrów comptait à l'époque huit mille habitants dont la diversité d'origines et de cultures a dû alors surprendre Helena. En effet, son village natal, tout comme la petite ville voisine de Świnice Warckie, était habité par des Polonais. Certes, elle pouvait y croiser des Juifs qui s'occupaient du petit commerce et tenaient des auberges, avant la guerre elle a peut-être vu à Świnice des employés du tsar russe, et pendant la guerre des soldats allemands, mais c'était des occupants et non des habitants de Pologne. La situation à Aleksandrów était tout autre. Ici, selon le recensement de 1921, les Allemands étaient les plus nombreux et ils représentaient 37 % de la population, les Polonais 34 % et les Juifs 29 %. Une telle répartition de la population était en Pologne centrale exceptionnelle. Les débuts de cette surreprésentation allemande remontent au milieu du XIXe siècle, lorsque le fondateur de la ville Rafał Bratoszewski fit venir des colons, des tisseurs de Prusse et de Saxe. Encore aujourd'hui on peut voir leurs maisons en bois – basses, aux fronts larges, avec des toits inclinés – qui se trouvent aussi à côté de l'immeuble des Bryszewski.

Dans les années 1920, les Allemands étaient les habitants les plus riches de la ville d'Aleksandrów. Ils étaient propriétaires de la plupart des usines de textile et de nombreuses manufactures de taille plus petite. Les Juifs à leur tour occupaient une position haute dans le commerce et dans l'artisanat. Les Polonais travaillaient principalement comme ouvriers et ils étaient aussi propriétaires de petites manufactures ou ateliers, comme la boulangerie des Bryszewski.

Les patrons d'Helena appartenaient à cette classe d'habitants polonais d'Aleksandrów qui avaient une conscience nationale et sociale fortement développée. Kazimierz était à l'époque le vice-président des sapeurs-pompiers volontaires. Il avait été ainsi honoré pour avoir commandé en 1918 un groupe de sapeurs-pompiers polonais qui avait participé au désarmement des Allemands occupant la ville. Il était également le cofondateur de l'Association des propriétaires immobiliers chrétiens.

L'immeuble des Bryszewski est situé à quelques rues du centre-ville qui comprend une vaste place Kościuszki et un parc de style anglais. On y trouvait autrefois une orangerie, un café, une maison de jardinier, un poids public et un buste du commandant d'insurrection. À cet endroit se trouve également le plus beau bâtiment d'Aleksandrów – un hôtel de ville de style classique. À l'hôtel de ville attenaient autrefois des boutiques de bouchers, où se côtoyaient toutes les fractions de la population d'Aleksandrów. À la place de ces boutiques, on trouve aujourd'hui des bureaux et des banques. Helena venait certainement ici, seule ou avec Leokadia Bryszewska qui y faisait ses courses. Le polonais, l'allemand, le yiddish et parfois le russe se mélangeaient chaque semaine lors des marchés, ou lors les foires mensuelles pour lesquelles des paysans de la région arrivaient avec des carrioles remplies de denrées alimentaires.

Après la Seconde Guerre mondiale, Sœur Bernarda Wilczek est allée à Aleksandrów voir la patronne d'Helena, mais Leokadia Bryszewska n'était pas capable de dire grand-chose à propos d'Helena, à part le fait qu'elle était bonne, aimable et diligente. Zenon Bryszewski, fils unique de Leokadia et Kazimierz, âgé de 6 ans à l'époque, a tenté de reconstituer après des années les tâches de l'employée de maison : « Elle faisait le ménage, aidait à faire la cuisine, elle devait sortir les poubelles, apporter de l'eau, parce qu'il n'y avait pas d'eau courante, servir les repas aux employés de la boulangerie, qui étaient nourris sur place, et si elle avait du temps libre, elle jouait avec moi. » Elle avait donc beaucoup de travail et l'argent qu'elle gagnait, elle l'envoyait à ses parents à Głogowiec.

Les souvenirs de Zenon Bryszewski, né en 1915, ont été notés en août 1993, c'est-à-dire quatre mois après la béatification de Sœur Faustine. Cet homme, âgé alors de 78 ans, se rappelait très bien que, enfant, il aimait bien Helena qui, dès qu'elle avait un moment libre, lui racontait des fables et « des histoires vraies de sa région natale, par exemple celle d'un riche propriétaire qui revenait d'entre les morts et aux yeux de tous ». Et voilà ce qu'il se remémorait : « Parfois, elle me prenait sur ses genoux, ou bien c'est moi qui m'asseyais sur une petite chaise à côté d'elle, et on conversait ; enfin, c'était plutôt elle qui parlait, et moi j'écoutais. » Il se rappelait aussi qu'ensemble avec Helena et les parents, ils disaient les prières du soir, et au mois d'octobre le *rosaire*.

Helena allait à la messe à l'église Saint-Raphaël, place Kościuszki, qui était à l'époque la seule église catholique d'Aleksandrów. Elle n'y rencontrait que des Polonais, parce que la structure ethnique à Aleksandrów coïncidait, comme dans toute la Pologne d'avant-guerre, avec la structure confessionnelle. Les Allemands allaient prier à l'autre bout de la même place, à l'église évangélique de la confession d'Augsbourg, construite dans un beau style classique, mais qui mérite aujourd'hui de façon urgente des travaux de rénovation. Les Juifs se réunissaient dans l'une des cinq maisons de prière ou dans une grande synagogue, dont il ne reste aujourd'hui aucune trace. Aleksandrów était à l'époque un des plus importants centres des juifs hassidiques en Pologne. L'école rabbinique des tzadik de la dynastie d'Aleksander, qui se trouvait ici, était connue dans toute l'Europe. Le tombeau du tzadik Jerachmiel Izrael Izaak Danziger, auteur du livre *Jismach*, mort en 1910, se trouve au cimetière juif d'Aleksandrów et il est régulièrement visité par des juifs hassidiques du monde entier. Arrivant avec leurs longs manteaux noirs, leurs chapeaux ornés de fourrure et leurs papillotes, ils suscitent une curiosité plus vive qu'il y a un siècle lorsqu'ils faisaient partie du monde multiculturel d'Aleksandrów.

L'église Saint-Raphaël, où venait prier Helena, a été construite en 1822 et à l'époque elle était bien plus petite : elle n'avait qu'une nef et un clocher en bois. Justement du temps où Helena travaillait à Aleksandrów, le curé Zygmunt Knapski avait initié des travaux d'agrandissement de l'église. À cette occasion, le 2 mai 1922, c'était l'évêque de Łódź Wincenty Tymieniecki qui était arrivé pour bénir la pierre angulaire. Serait-ce à ce moment-là qu'Helena Kowalska aurait reçu la confirmation ? Hélas, on ne le sait pas. Dans la documentation de l'archidiocèse de Łódź, on trouve une information concernant la bénédiction de la pierre angulaire, mais la confirmation n'y est pas mentionnée. On ne sait pas non plus si l'évêque a administré ce sacrement en février 1922 ou, comme le soutiennent certains auteurs (dont, entre autres, Sophia Michalenko, la sœur de l'abbé Serafin Michalenko qui était co-postulateur du procès de béatification d'Helena-Faustyna Kowalska aux États-Unis), en octobre 1921. Les travaux d'agrandissement de l'église ont commencé en 1922 et se sont terminés quatre ans plus tard. Son aspect actuel est cependant dû à une reconstruction réalisée dans les années 1990. L'église est devenue plus large, plus longue, plus haute et elle a été surmontée de deux tours. On ne sait pas si les patrons permettaient à Helena de participer tous les jours à la messe. On ne sait pas non plus si elle prenait le tramway pour aller à Łódź, éloignée de douze kilomètres, et ainsi voir son oncle Michał Rapacki ou une de ses sœurs qui travaillaient là-bas. Le voyage durait une heure et était assez cher pour la poche d'une employée de maison. En 1937, un tel billet coûtait soixante-dix centimes, alors qu'un kilo de pain coûtait trente centimes. On peut supposer que dans les années 1920, les proportions étaient équivalentes.

Le séjour à Aleksandrów a été pour Helena un événement important, notamment dans la perspective d'aller à Łódź – une ville de quelques centaines de milliers d'habitants –, puis à Varsovie. Malgré cela, ce laps de temps, tout comme toute la période précédant sa vie de religieuse, a été traité de façon marginale dans son *Petit journal*. Et pourtant, c'est à Aleksandrów qu'il s'est passé quelque chose qui l'a poussée à demander aux parents la permission d'aller au couvent. Différents membres de la famille s'en souviennent, et même si leurs souvenirs divergent sur certains détails, ils se rejoignent sur l'essentiel. Alors, un jour, Helena vit dans la cour de l'immeuble des Bryszewski une grande clarté. Peu importe qu'elle l'ait vue de la fenêtre de la cuisine, selon une version, ou en sortant dans la cour avec des seaux, comme le veut une autre version, ce qui est important, c'est que la clarté était si intense qu'Helena, effrayée, pensait que c'était un incendie. Elle commença à crier que la cour était en flammes (selon une version) ou que « les entrepôts » avaient pris feu (selon une autre version). Occupés à ce moment-là à mettre le pain au four, les travailleurs de la boulangerie se précipitèrent pour regarder, mais ils ne virent rien. Et cela n'est pas surprenant, parce que, comme l'a expliqué après des années Natalia, c'est « le Seigneur Jésus qui est apparu » à Helena. On ne sait pas si c'est Helena elle-même qui le lui a dit, ce qui est peu probable, ou si elle l'a déduit à partir d'autres visions et apparitions notées dans le *Petit journal*, et notamment celle où Helena a vu Jésus une autre fois à Łódź, vision qui l'a poussé à franchir le pas. Le fait qu'Helena n'ait pas vu uniquement la clarté paraît certain. Quand elle était petite, elle avait déjà vu dans sa maison natale une lumière, une clarté intense, et elle en avait parlé à ses parents. À Aleksandrów, la clarté devait être différente pour avoir tellement frappé Helena. Car – répétons les paroles de Natalia – c'est « le Seigneur Jésus qui est apparu » à Helena.

Inquiets pour l'état mental d'Helena, les Bryszewski ont appelé un médecin qui lui a prescrit un médicament contre les maux de tête. Ils ont par ailleurs averti les parents que leur fille était devenue folle. Les Kowalski ont alors envoyé à Aleksandrów leur fille aînée Józefa pour qu'elle vérifie ce qui se passe. Józefa a bien retenu ces paroles qu'elle a eu du mal à obtenir d'Helena : « J'ai vu une clarté. Dis cela, que maman ne s'inquiète pas. Je ne suis pas folle, mais je n'en dirai pas plus. Je ne resterai pas ici bien longtemps. »

Helena ne voulait pas parler de cela, ou plutôt de celui qu'elle avait vu. Elle savait que personne ne la croirait, que personne ne comprendrait. Elle est donc restée seule avec cela. Elle savait que ce n'étaient pas des illusions, des hallucinations. Elle était trop lucide et trop réaliste pour cela. Selon Marianna Kowalska, Helena avait à Aleksandrów d'autres visions de la clarté. La dernière vision l'a décidé à quitter le service et, en suivant sa voix intérieure qui, à l'âge de 7 ans déjà, l'appelait à une vie plus parfaite, à aller au couvent. Elle était sûre que c'était là-bas qu'était sa place. Elle est donc partie à Głogowiec pour demander aux parents la permission.

« Pourquoi tu t'en vas, reste ! », lui demanda Leokadia qui essayait encore de la faire changer d'avis. « Pourquoi je m'en vais, je ne le dirai pas, mais je ne peux plus rester », entendit-elle.

Łódź

« Jusqu'à quand vas-tu me décevoir ? »

1922-1924

C'était dimanche. Il faisait tiède en cet après-midi de juin 1924. Dans le parc Wenecja, en bordure de la ville de Łódź, on organisait des festivités. Les uns tentaient leur chance dans une loterie, d'autres participaient à la démonstration des feux d'artifice, d'autres encore regardaient des tours d'adresse de magiciens. Enfin, il y en avait qui se promenaient sous les châtaigniers, entre les étangs et les canaux remplis d'eau de la Jasień – une rivière voisine. On ne sait pas si c'était pour montrer son courage devant les dames qu'un des jeunes garçons avait décidé de sauter d'un haut pylône, à travers le feu, dans l'étang. En revanche, ils étaient nombreux quand il s'agissait de grimper sur un mât pour décrocher le lot qui se trouvait à son bout – une bouteille de vodka. Il ne manquait pas non plus d'amateurs du tir à l'arc. Les plus nombreux étaient ceux qui, aux pieds d'une scène, s'apprêtaient à danser. Des jeunes garçons faisaient passer en cachette à des jeunes filles inconnues des billets secrets. Un orchestre jouait, des bruits de conversations joyeuses se faisaient entendre partout.

À un moment donné, quatre jeunes filles entrèrent dans le parc : trois sœurs Kowalski – Gienia, Natalia et Helena – et Lucyna Strzelecka, une camarade commune. Avec ses cheveux tressés, une robe à volant rose, Helena n'était pas à l'aise. Elle n'avait pas envie de venir ici, mais elle s'était laissé convaincre par ses sœurs. Gienia lui avait même payé l'entrée. Un jeune garçon s'approcha d'Helena. Il voulait la faire danser. La jeune fille tenta de lui expliquer qu'elle ne savait pas danser, mais il insista. La danse commença, mais pas pour longtemps. Soudain la jeune fille s'arrêta. Elle laissa sur la piste le jeune garçon sidéré, puis, sous le prétexte qu'elle avait mal à la tête, elle quitta la compagnie. « Au moment où je commençais à danser, j'aperçus soudain près de moi Jésus », notera Faustine dans son *Petit journal* quelques années après. Un Jésus du chemin de croix : exténué, privé de tunique, couvert de blessures. À la manière d'un jeune homme jaloux, il lui avait demandé sur un ton remontreur : « *Jusqu'à quand vais-je te supporter, et jusqu'à quand vas-tu me décevoir ?* » (PJ 9).

En un instant, tout avait changé. La rencontre avec le Christ l'avait profondément bouleversée. Une rencontre inopinée et évidente à la fois. Désormais, « il ne restait que Jésus et moi » (PJ 9), notera-t-elle des années plus tard.

Ce jeune garçon du parc Wenecja n'a probablement jamais su qui lui avait fait « perdre » cette danse et qui était cette jeune fille qui avait eu une conduite si déconcertante.

Helena habitait à Łódź depuis deux ans. Elle était arrivée ici en 1922, après un court séjour à Głogowiec, où elle avait demandé, en vain, à ses parents de pouvoir devenir religieuse. Elle travaillait comme employée de maison. À Łódź – à l'époque deuxième ville de Pologne de presque cinq cent mille habitants – elle s'était arrêtée chez des parents qui habitaient rue Nowo-Krótka (actuellement Krośnieńska), à quelques dizaines de mètres du parc Wenecja. Dans cet immeuble sans eau courante habitait Michał Rapacki, un cousin du père d'Helena, qui en 1919 avait quitté Świnice Warckie. Une plaque en granit, accrochée à droite de l'entrée d'un bâtiment de deux étages, enveloppé de vigne grimpante, rappelle qu'Helena logea ici. À l'intérieur, on peut voir une cage d'escalier délabrée, un escalier en bois crotté. Le tout donne l'impression d'avoir été laissé à l'abandon depuis l'époque où Helena y habitait. Au rez-de-chaussée, à droite, il y a les deux fenêtres de l'ancien appartement des Rapacki. Derrière les vitres sales, on aperçoit un intérieur abandonné, avec un morceau de bois contreplaqué pourri à la place d'une porte d'entrée. L'appartement des Rapacki avait au moins deux pièces et un couloir. Trois personnes y vivaient : Michał Rapacki avec sa femme Stanisława et leur fille Zofia.

C'est probablement Michał Rapacki qui a aidé Helena à trouver du travail. Elle s'est fait embaucher par trois tertiaires – des chanoinesses séculières du Tiers Ordre de saint François – en tant qu'aide. On ne sait pas où habitaient ces trois femmes. On sait en revanche que le Tiers Ordre avait une pharmacie à l'angle des rues Nowo-Pabianicka (actuellement Sanocka) et Pabianicka, alors non loin de la maison des Rapacki. Helena travaillait donc chez les tertiaires tout en habitant chez son oncle.

La famille garde en mémoire l'information qu'Helena a exigé que ses patronnes lui permettent de participer tous les jours à la messe, de pouvoir se confesser chez le père spirituel permanent des tertiaires et d'aller visiter des malades et des mourants. Il faut admettre que pour une fille de 17 ans, Helena posait des conditions qui témoignaient d'une grande maturité. Et celles-ci laissaient deviner ce vers quoi elle s'orientait et quel était le but de sa vie. Helena non seulement était sensible aux souffrances physiques des malades et des mourants, mais elle sentait aussi dans son cœur combien étaient importants les derniers moments de la vie. Plus tard, Jésus lui dictera les paroles du chapelet à la Miséricorde divine, dont une récitation pieuse est liée à des promesses à l'égard des mourants. Helena pressentait déjà aussi combien il était important d'avoir un père spirituel permanent. Elle en parlera plus tard dans son *Petit journal*. Selon le père Józef Andrasz, c'est l'abbé Wacław Wyrzykowski qui était le père spirituel permanent des tertiaires. C'est donc bien lui qui était le confesseur permanent d'Helena quand elle habitait à Łódź. On peut supposer qu'elle a continué à se confesser chez lui quand elle a changé de travail. L'abbé Wyrzykowski était, depuis longtemps, curé à la paroisse de la cathédrale. Fondateur d'une association des ouvriers chrétiens, il était bien connu dans la ville pour son engagement social.

Les ouvriers qui, à l'époque de l'entre-deux-guerres, représentaient jusqu'à 70 % de la population active de Łódź, constituaient un grand défi pour l'Église. D'abord, ils avaient besoin d'aide pour s'organiser et pouvoir présenter collectivement leurs revendications à des propriétaires d'usines. Ensuite, ils avaient besoin d'aide sociale, à cause d'un chômage très important, et d'aide spirituelle. Le nombre de salariés à Łódź atteignit le niveau d'avant la Première Guerre mondiale une seule fois, et cela pour une période très courte. C'était en 1922, au moment de l'arrivée d'Helena, lorsque Łódź comptait environ cent mille salariés ouvriers. La baisse de la production et donc la baisse du nombre d'ouvriers n'étaient pas seulement dues aux effets de la guerre, mais aussi à la politique de la Russie. En effet, lorsqu'en novembre 1918 la Pologne a recouvré son indépendance, la Russie a décidé de fermer à l'industrie textile polonaise tous les marchés de l'est, alors qu'avant 1914, 80 % de la production des usines de Łódź y était exportée. Même si dans les années suivantes la production industrielle a sensiblement crû, elle n'a jamais atteint, dans l'entre-deux-guerres, un niveau comparable à celui de 1914. À des problèmes liés aux marchés orientaux perdus est venue s'ajouter une grande crise économique. En conséquence, il y a eu à Łódź, tout au long de l'époque de l'entre-deux-guerres, un chômage chronique qui provoquait une grande pauvreté et augmentait sans cesse le nombre de sans-abri. La tuberculose se répandait et devenait un grand problème social et sanitaire. Depuis le XIXe siècle, Łódź était le grand centre de l'industrie textile polonaise qui, comme la « terre promise » décrite par Władysław Reymont, attirait d'un côté ceux qui voulaient faire de grandes fortunes et de l'autre des paysans cherchant du travail, arrivant d'une campagne surpeuplée. Ceux qui n'avaient pas de racines spirituelles fortes dégringolaient souvent au plus bas de la détresse humaine : dans la prostitution, l'alcoolisme, le banditisme.

Dans l'entre-deux-guerres, Łódź était une ville de très grandes disparités sociales. On y trouvait des gens vivant dans la pauvreté extrême, des richissimes propriétaires d'usines, comme Izrael Poznański, Karol Scheibler et Ludwik Grohmann, ainsi que des dizaines de patrons de manufactures de tailles diverses. De ces énormes fortunes il reste encore aujourd'hui des traces : de grands complexes résidentiels et industriels composés de bâtiments d'usines, de maisons d'ouvriers et des palais grandioses. S'étalant sur trente hectares, rue Ogrodowa, le complexe des Poznański est l'un des plus magnifiques de Łódź : un palais rappelant Le Louvre et des bâtiments industriels qui, après de vastes travaux de rénovation, sont devenus un centre commercial appelé *Manufaktura*. La plupart des usines, des commerces et des banques de la ville appartenaient à des minorités : les Juifs représentaient un tiers de la population de Łódź, les Allemands 7 %. Ils avaient leurs propres organisations, associations, partis politiques, écoles, lieux de culte et cimetières, magasins et journaux.

Durant les deux années passées à Łódź, Helena a pu voir de près ces grandes inégalités, notamment quand elle a changé de travail et s'est installée plus près du centre-ville. On ne sait pas pourquoi elle a quitté les tertiaires. « À Łódź, elle a séjourné dans plusieurs endroits différents. Quand l'organisation et la façon de vivre dans une maison ne lui plaisaient pas, elle s'en allait ailleurs », expliquait Stanisława Rapacka, la femme de Michał. Malheureusement, Michał, qui avait un meilleur contact avec Helena n'a pas pu s'exprimer quand Sœur Bernarda Wilczek est arrivée chez les Rapacki pour chercher des informations sur Helena. Il est mort un an avant, en 1947. Quant à Stanisława Rapacka, elle ne pouvait pas dire grand-chose, parce qu'elle s'intéressait peu à Helena. Elle a ainsi raconté qu'Helena avait changé plusieurs fois de travail durant son séjour à Łódź. En réalité, Helena n'a travaillé que dans deux endroits différents.

Après avoir quitté les tertiaires, elle s'est rendue au bureau de placement, où on lui a donné les coordonnées de Marcjanna Wieczorek qui habitait au 29, rue Gubernatorska (actuellement Abramowskiego). Cette femme, âgée de 44 ans, mentalement forte, bien organisée, avait autrefois travaillé comme domestique au palais de Scheibler, un des plus grands propriétaires d'usine de Łódź, où elle a parfaitement bien appris l'allemand. Marcjanna logeait avec sa famille au deuxième étage d'un immeuble qui en avait trois. Au rez-de-chaussée se trouvait un magasin d'alimentation dont elle était la gérante. Dans le quartier, cet établissement était appelé « magasin de madame Sadowska », du nom de Wojciech Sadowski, le premier mari de Marcjanna, qui était maître maçon. Les Sadowski avaient trois enfants, mais l'un d'entre eux mourut quand il était nourrisson, et un autre fut assassiné quand il était adolescent. Peu après ce drame, en octobre 1918, c'est Wojciech Sadowski qui est décédé. Selon la journaliste Agnieszka Jarocka, six mois après la mort de Wojciech, en avril 1919, Marcjanna a épousé Antoni Wieczorek, de six ans moins âgé qu'elle et veuf d'Antonina, née Kłosińska, avec qui il avait eu deux enfants : Stanisława et Bolesław. Alors, quand, en février 1923, Helena se présenta au 29, rue Gubernatorska, elle y a trouvé trois enfants : Józefa, âgée de 12 ans, appelée Jutka, la fille de Marcjanna du premier mariage, et deux enfants d'Antoni Wieczorek.

La rue Gubernatorska se trouvait au centre-ville, à quelques centaines de mètres de la rue Piotrkowska – une artère où était concentré l'essentiel des activités commerciales et culturelles de Łódź. Jusqu'à aujourd'hui on y trouve des immeubles splendides, éclectiques, construits dans un style art nouveau, qui appartenaient à d'anciennes grandes familles de Łódź. Les plus belles résidences sont celles de Karol Scheibler, celle de Juliusz Heinzl ou celle des frères Karol et Emil Steinert.

Helena Kowalska est arrivée au « magasin de madame Sadowska » le vendredi 2 février 1923, donc le jour de la Chandeleur.

Marcjanna Wieczorek raconte : « Je ne voulais pas l'accepter comme domestique, parce qu'elle était tellement bien habillée, trop bien habillée pour une employée de maison. Je lui ai proposé une somme bien inférieure à ce qu'elle demandait, parce que je voulais qu'elle parte, mais elle a accepté la proposition. »

Helena était donc bien mise. C'était un changement ; quelques années plus tôt, elle n'avait pas de robe pour aller à l'église le dimanche. D'après la description fournie par Marcjanna Wieczorek, Helena était même trop bien habillée, du moins pour une aide domestique. Lorsqu'un an plus tard, Helena se réfugia au couvent, elle dit à son oncle de distribuer ses vêtements à des parents : sa robe rose, celle qu'elle avait portée au mariage d'un voisin à Głogowiec et au parc Wenecja, fut donnée à sa sœur Gienia ; sa robe noire fut offerte à sa sœur aînée Józefa Jasińska, et sa jupe noire à sa mère Marianna. Elle a sans doute laissé quelque chose à Natalia qui, elle aussi, travaillait comme domestique à Łódź. Peut-être ce manteau noir qu'elle portait lorsque Marcjanna Wieczorek l'avait vue pour la première fois en février. C'était toute sa garde-robe qui avait été distribuée, tout ce qu'elle avait rapporté de chez elle et ce qu'elle avait acheté quand elle travaillait comme aide domestique. Le peu de choses qu'il lui restait, elle l'avait mis dans un petit sac et l'avait emporté à Varsovie. « Cela me suffit, ce que je porte sur moi, Jésus me donnera tout ce qu'il faut », avait-elle dit à son oncle au moment de partir.

Helena n'avait pas beaucoup d'argent pour ses propres dépenses. L'essentiel de ce qu'elle gagnait, elle l'envoyait à ses parents à Głogowiec. Et puis, en tant que domestique, elle gagnait peu. On peut admettre que les salaires étaient plus ou moins les mêmes dans toute la Pologne, mais il est difficile de donner une somme exacte. Les premières années après la guerre, quand Helena a commencé à travailler chez Marcjanna Wieczorek, la Pologne était confrontée à une hyperinflation. Après les réformes et la dévaluation de 1924, le salaire d'une employée de maison était de 20 à 30 zlotys. Helena devait gagner peu, si Marcjanna Wieczorek a dit, elle-même, qu'elle avait baissé son salaire. Les salaires des employés de maison se situaient de toute façon en bas de l'échelle. Un ouvrier non qualifié gagnait entre 60 et 80 zlotys par mois, un ouvrier qualifié 150 zlotys, un agent de police 300 zlotys, un employé 180 à 420 zlotys, un comptable 600 zlotys. Pour entretenir une famille de quatre personnes, il fallait à l'époque au minimum 150 zlotys. Un kilo de sucre coûtait 1 zloty, un litre de lait 0,25 zloty, un kilo de viande de porc 1,20 zlotys. Louer une chambre, sans cuisine et sans salle de bain, coûtait à Łódź 17 zlotys. Le salaire d'une aide domestique ne permettait donc pas grand-chose, même si Helena ne payait pas pour sa chambre – elle avait un lit chez ses employeurs – et pour ses repas.

Et pourtant, selon les propos de Marcjanna Wieczorek, Helena donnait l'impression d'une fille très élégante. Dans diverses publications consacrées à sainte Faustine, on voit souvent la photo d'une jeune femme portant une veste à carreaux qui représente, dit-on, Helena en 1923 ou 1924, c'est-à-dire à l'époque où elle travaillait chez Marcjanna Wieczorek. Cette photo a été offerte aux sœurs de Notre-Dame de la Miséricorde de Biała, près de Płock, par Natalia Grzelak, une des sœurs de Helena-Faustyna, dont la congrégation s'était occupée au cours des dernières années de sa vie (Natalia est morte à Biała en 1997). Sur cette photo on voit trois jeunes femmes : à côté d'une fille portant une veste à carreaux, il y a une blonde souriante et une brune aux traits bien saillants. Il s'agit probablement des sœurs d'Helena – Józefa et Gienia Kowalski. Au fond, on peut apercevoir des drapeaux et des panneaux. La photo a été prise au printemps ou en début d'automne. Les filles étaient peut-être venues assister à des festivités. Mais la fille à la veste à carreaux est-elle effectivement Helena Kowalska ?

Une première comparaison de cette photo avec une photo sans retouches de Sœur Faustine du temps de son noviciat, et avec une autre photo de 1935, quand elle est venue à Głogowiec voir ses parents, laisse planer des doutes. La jeune femme de la photo prise à Łódź est bien proportionnée. Elle a un visage agréable, elle a un sourire large et sincère, mais elle semble plus mûre, plus âgée qu'aurait pu l'être Helena, âgée à l'époque de 18 ans. La photo permet aussi de voir que ses cheveux ne sont pas aussi épais que ce que décrivait Natalia : « Elle avait une tresse comme un bras. » Il n'empêche que la fille est coiffée comme Helena : des cheveux tressés, noués haut, à la manière d'une couronne.

Pour pouvoir être sûre qu'il s'agisse effectivement d'une seule et même personne, je me suis adressée à des spécialistes de l'Association polonaise de criminologie. L'expertise a été réalisée par le professeur Bronisław Młodziejowski qui travaille comme anthropologue judiciaire. Le professeur Młodziejowski a fait une analyse détaillée des traits morphologiques de la tête et du visage de la femme de la photo de 1923 ou 1924 et celle des traits morphologiques de Sœur Faustine qui, dans sa robe de religieuse, apparaît sur six photos différentes : trois photos du temps du noviciat et trois photos des années 1930, 1933 et 1935. Les photos en question ont été comparées et, au professeur Młodziejowski de conclure : « les traits les plus importants sont communs et ils se caractérisent par un haut degré de correspondance. » Selon le professeur Młodziejowski, plusieurs traits ont été impossibles à interpréter du fait que Sœur Faustine portait un voile. Il a également relevé l'existence de quelques traits divergents à cause d'un large sourire d'Helena sur une des photos, « ce qui change la netteté des traits et leurs proportions ». N'est pas sans importance « le temps écoulé qui fait que certains traits deviennent plus saillants, que d'autres apparaissent, en documentant ainsi une ontogenèse caractéristique d'une personne ». En somme, le résultat est positif : on peut dire avec une très grande probabilité que sur la photo de 1923 ou 1924, et sur les photos ultérieures, se trouve une seule et même personne : Helena Kowalska.

Comment était-elle ? Sur sa carte d'identité, délivrée le 2 mars 1931, Sœur Faustine a été décrite de la façon suivante : « Taille moyenne, cheveux blonds, visage ovale, yeux gris, pas de traits spécifiques. »

Des personnes qui la connaissaient personnellement décrivent Helena d'une façon plus précise.

Ainsi, selon Aldona Lipszyc chez qui Helena travaillait dans les années 1924-1925, elle avait « des cheveux lisses, légèrement roux, une grande tresse, un visage agréable, clair, calme, avec quelques taches de rousseur ».

Sa supérieure à la maison de la congrégation de Vilnius, Sœur Borgia Tichy, décrit Faustine de la façon suivante :

> Une fille aux cheveux bruns et roux, une carnation typique pour les personnes rousses ; notamment au printemps et en été son visage est couvert de taches de rousseur, et cela jusqu'à tel point que même sur l'iris de ses yeux gris-vert apparaissent de petites taches jaunes. Les prunelles de ses yeux sont le plus souvent sensiblement agrandies. Elles deviennent flamboyantes dans des moments de joie ou d'excitation, ce qui donne l'impression que les yeux sont noirs. Ses prunelles s'agrandissent facilement, ce qui est typique pour des personnes susceptibles et nerveuses. Un visage contracté, traits réguliers, lèvres assez larges, mais proportionnelles. […]. Avec son sourire, elle accentuait son état intérieur joyeux.

Selon Natalia Grzelak, « c'était une fille svelte et joyeuse, elle pouvait plaire ». Sœur Kajetana Bartkowiak raconte : « Sœur Faustine était de taille moyenne, mince, assez jolie. Elle avait des yeux gris-vert qui riaient toujours, qui attiraient l'attention par leur clarté extraordinaire et qui lui donnaient encore plus de charme. »

Cependant, force est de constater que sur ses portraits, dont certains sont réussis, d'autres moins, Faustine – d'abord la bienheureuse, puis la sainte – est représentée d'une façon fort idéalisée : une beauté angélique, surnaturelle, privée de traits intérieurs spécifiques.

« Elle n'était pas comme ça », dit d'un air convaincu Maria Nowicka, la fille aînée d'Aldona et Samuel Lipszyc, qui a aujourd'hui 90 ans et qui a gardé une excellente mémoire. Maria regarde de temps en temps le portrait de sainte Faustine, accroché au mur dans son appartement du quartier de Żoliborz à Varsovie, mais elle n'arrive pas à y trouver une ressemblance quelconque avec cette fille-là qui avait travaillé dans sa maison natale. Et même si sa mémoire lui joue des tours – elle avait à l'époque 5 ou 6 ans – ce portrait ne rend absolument pas ce que sa mère Aldona lui racontait à propos d'Helena. Quand j'ai montré à Maria Nowicka des reproductions en noir et blanc des photos sans retouches d'avant-guerre, représentant Sœur Faustine, qu'on publie depuis quelques années, elle s'est écriée sans cacher sa joie : « Eh oui, c'est bien Hela ! »

Peu de photos de Sœur Faustine sont conservées, mais sur celles qui ont été prises dans la première période de son séjour au couvent on voit son caractère serein, sa joie intérieure, et même une certaine coquetterie dans son sourire et dans ses yeux. Marcjanna Wieczorek disait à propos de son ancienne domestique qu'elle était « débonnaire et joviale ».

Sur une photo ultérieure, faite en 1935 dans la maison des parents à Głogowiec, Sœur Faustine est différente : l'air grave, les yeux rivés au lointain, comme si elle se trouvait au-delà du moment présent. Son visage est changé, lui aussi. Cette photo a été prise trois ans et demi avant sa mort. À ce moment-là, elle était déjà malade, mais la tuberculose dont elle était atteinte n'était pas encore diagnostiquée.

Marcjanna Wieczorek qui regardait d'abord d'un mauvais œil l'apparence élégante d'Helena, qui, selon elle, n'était pas appropriée pour une aide domestique, a finalement été contente de son travail. Après la guerre, elle a dit à Sœur Bernarda Wilczek : « Elle était aimable, charmante, serviable, généreuse. [...] On pouvait lui faire totalement confiance. Quand je partais, j'étais tranquille, parce que ma présence n'était pas nécessaire. Elle s'occupait de la maison mieux que moi. [...] Elle était perspicace et rapide au travail : quand je voulais faire quelque chose, il s'avérait qu'elle l'avait déjà fait. » Helena travaillait à la maison et peut-être aussi au magasin tenu par Marcjanna. Elle jouait aussi avec les enfants de sa patronne. Elle leur racontait des histoires. D'après Marcjanna Wieczorek, Helena jeûnait très souvent : chaque mercredi, chaque vendredi et chaque samedi. Et pendant le carême, elle jeûnait tous les jours de la semaine : « Le mercredi des Cendres, elle ne mangeait rien, après elle jeûnait, et seulement dimanche, lundi, mardi et jeudi, elle mangeait des produits à base de lait. » Cela veut dire que tout au long du carême, Helena ne consommait ni viande, ni matières grasses d'origine animale. Seulement certains jours de la semaine, elle s'autorisait à prendre des produits à base de lait. « En gros, je ne peux dire rien de mauvais à propos d'elle. […] Helena m'a beaucoup apporté sur le plan religieux », dit Marcjanna. En effet, Marcjanna Wieczorek allait désormais plus souvent à la messe, elle se confessait et communiait plus souvent.

Ayant vécu dans une grande pauvreté, Helena était très sensible au sort des gens démunis. Elle en a beaucoup vu aussi à Łódź. Dans l'immeuble, où elle travaillait, vivait un homme, seul et malade. Il habitait dans une loge adossée à l'escalier. Natalia Grzelak raconte :

> Helena lui apportait à manger ; elle le lavait, lui parlait de Dieu ; finalement, elle a ramené un prêtre pour que cet homme puisse se confesser et communier. […] J'y étais à ce moment-là, lorsque le prêtre est venu ; cet homme avait l'air misérable et Helena était contente parce qu'il a juste eu le temps de se réconcilier avec Dieu ; en effet, il est mort le lendemain. Elle voulait toujours amener les gens vers Dieu.

Helena pouvait voir aussi beaucoup de pauvres de l'autre côté de l'immeuble, où elle travaillait, du côté impair de la rue Gubernatorska. Il y avait là des taudis qu'on appelait « catacombes ». Construites avec divers matériaux grossièrement assemblés, ces huttes de douze à quinze mètres carrés, sans électricité ni eau courante, abritaient des familles entières. Il n'en reste aujourd'hui aucune trace. Elles ont été démolies dans les années 1950. À la place des « catacombes », les locataires des immeubles ont creusé une fosse et y ont construit de petites cabanes à charbon, bois et pommes de terre. Grâce à cette fosse, les cabanes étaient enfoncées et ne voilaient pas la vue sur le parc que les habitants avaient de leurs fenêtres. À l'époque actuelle, les habitants n'ont plus besoin de petites cabanes : la fosse semble abandonnée et la vue est bien surréaliste.

Lors de son séjour à Łódź, Helena n'arrêtait pas de penser à devenir religieuse. Sœur Bernarda Wilczek affirme que lorsque la future sainte travaillait chez les tertiaires, elle a écrit à ses parents en leur demandant la permission d'entrer au couvent. Mais les Kowalski ont à nouveau catégoriquement refusé. Juste après,

Helena a quitté les tertiaires et elle a commencé son service chez Marcjanna Wieczorek. Dans son *Petit journal,* Sœur Faustine a cependant écrit qu'elle avait demandé la permission d'entrer au couvent quand elle avait 18 ans. Or, elle est devenue majeure le 25 août 1923. On ne sait pas si Helena pensait à une date concrète ou simplement à l'année 1923. On ne sait pas non plus si elle a formulé sa demande une ou deux fois au cours de la même année. Il est probable qu'en quittant les tertiaires, donc fin 1922, début 1923, elle ait prié ses parents d'accepter son rêve d'entrer au couvent. Puisqu'ils n'ont pas donné leur accord, elle a commencé son service chez Marcjanna Wieczorek. À ses 18 ans, elle a peut-être pu leur poser la question une nouvelle fois. L'oncle Rapacki riait parfois à propos des projets de la jeune fille lorsque celle-ci allait le voir au 9, rue Nowo-Krótka. Il disait que ses parents ne voulaient même pas en entendre parler. « Entrer au couvent ? Je lui ferai sortir cette idée de la tête », disait la mère d'Helena dans une conversation avec Rapacki.

Une telle fermeté des parents surprend. Les Kowalski étaient en effet des gens croyants et pratiquants. Ils avaient huit enfants, dont six filles. Sœur Wilczek demanda un jour à la mère d'Helena pourquoi ils étaient si opposés au projet de leur fille, pourquoi, « en ayant six filles, elle était si avare à l'égard de Dieu, et ne voulait pas en laisser une entrer au couvent ». « Parce que c'était notre enfant préféré, le plus aimé, si obéissant et laborieux, et qui nous aimait le plus », reçut-elle pour réponse.

Il y a néanmoins d'autres raisons. Les parents ne voulaient pas donner leur accord parce qu'ils savaient qu'il fallait donner au couvent une dot. Or, ils ne pouvaient pas se permettre d'en offrir à leur fille. Au contraire, c'est Helena qui les aidait et leur envoyait de l'argent en travaillant en ville comme employée de maison. Son entrée au couvent les aurait privés de cette aide substantielle. Helena avait encore cinq frères et sœurs plus jeunes qu'elle. La plus jeune Wanda est née en 1920. Les besoins de la famille étaient donc importants.

En dépit d'un désir profond de répondre à l'appel de Dieu, Helena ne pouvait pas imaginer s'opposer à la volonté de ses parents. Quand elle entendit une nouvelle fois « non », elle essaya de refouler son désir de devenir religieuse. « Après ce refus je me suis adonnée aux vanités de la vie, ne faisant aucune attention à la voix de la grâce, bien que mon âme ne trouvât contentement en rien. Cet appel constant était un grand tourment pour moi, je tâchais pourtant de l'assourdir par des divertissements. J'évitais intérieurement Dieu et me tournais de toute mon âme vers les créatures » (PJ 8), écrivait-elle au cours de cette période-là. Cette « vanité de la vie » et le fait de « se tourner vers les créatures » correspondaient à ce que vivaient d'autres filles de son âge. C'est sans doute à ce moment-là, après un nouveau refus des parents, qu'elle a acheté un nouveau manteau ou une nouvelle robe qu'elle avait mis quand elle était allée voir pour la première fois Marcjanna Wieczorek.

Dieu lui a offert une vocation puissante, mais il ne lui a pas aplani le chemin. De même, après son entrée au couvent, Jésus lui donnait des tâches importantes, mais il ne lui facilitait pas leur exécution. Helena devait se battre pour sauver sa vocation, y compris en s'opposant à la volonté de ses parents.

En 1924, découragée par l'intransigeance de sa mère et de son père, elle tenta de vivre comme ils l'auraient souhaité, eux, même si elle n'y trouvait aucun plaisir. C'est dans cet état d'esprit qu'elle a décidé d'accompagner ses sœurs, et d'aller danser au parc Wenecja. Sa sœur aînée Gienia « aimait bien sortir et s'amuser quand elle avait un moment libre » et c'était elle qui avait poussé Helena à aller au parc, en disant qu'elles auraient peut-être l'occasion de gagner à la loterie, de danser. Comme Helena n'était pas trop décidée, Gienia lui avait acheté le billet d'entrée. Un billet qui n'était pas bon marché pour le salaire d'une aide domestique. Dans les années 1920, à l'époque donc où les deux sœurs Kowalski habitaient à Łódź, l'entrée au parc Wenecja coûtait cinquante centimes les jours de festivités et vingt centimes les autres jours.

Le parc actuel lui-même ne rappelle en rien l'ancien parc célèbre pour ses soirées dansantes, ses petits billets envoyés en secret à des jeunes filles, ses concerts et spectacles. Il n'y a plus de restaurant, de salle pour danser, ni de salle de spectacle. Il n'y a plus aucune trace des anciens étangs et canaux. Du coup, même le nom du parc a été changé, l'ancien nom ne correspondant plus à la réalité[1]. Sur le terrain de jeux, on voit des enfants jouer sous

1. Le nom du parc – Wenecja – signifie Venise [ndt].

l'œil attentif de leurs mères. Attablés devant des échiquiers, de vieux messieurs réfléchissent lentement à leur prochain coup. Il n'y a que des châtaigniers qui fleurissent follement en mai comme autrefois. Un d'entre eux se distingue par sa taille et doit se rappeler cette soirée dansante voilà presque un siècle. Et l'apparition de Jésus à une jeune fille. Cet arbre est devenu pour des habitants de Łódź un lieu de culte spontané. On y a accroché une croix, des icônes de Jésus Miséricordieux, celles de sainte Faustine. Il y a des fleurs et des bougies. À proximité, on a installé une grosse pierre avec une plaque informant qu'à cet endroit Jésus était apparu à Helena Kowalska, future sainte Faustine.

Après cet événement, Helena a quitté très rapidement la compagnie de ses sœurs et est allée à l'église la plus proche. Il s'agit d'une très grande église, Saint-Stanislas Kostka, dont la construction s'est terminée en 1912 et dont la tour, haute de plus de cent mètres, reste encore la plus haute construction de Łódź. Helena connaissait bien cette église qui, quelques années auparavant, avait été élevée au rang de cathédrale. Elle y venait à la messe, seule ou avec ses sœurs, aussi bien lorsqu'elle habitait chez son oncle que lorsqu'elle logeait chez les Wieczorek. Le curé de cette cathédrale était alors Wacław Wyrzykowski.

> L'heure commençait à prendre une teinte grise, il y avait peu de personnes dans la cathédrale ; ne faisant attention à rien de ce qui se passait autour, je suis tombée les bras en croix devant le Très saint sacrement et demandai au Seigneur qu'Il daigne me faire connaître ce que je dois faire (PJ 9). Tout à coup j'entendis ces paroles : *« Pars tout de suite pour Varsovie, là tu entreras au couvent. »* Je me levai après cette prière, je rentrai à la maison et je réglai les choses nécessaires. Je confiai comme je le pus à ma sœur ce qui s'était passé dans mon âme, je lui demandai de dire adieu à mes parents […] » (PJ 10).

Helena a encore couru dire au revoir à son oncle et à sa tante, rue Nowo-Krótka. « Helena, que fais-tu ? Ton père et ta mère vont mourir de chagrin », aurait réagi Michał Rapacki à ce que venait de leur annoncer Helena. « Alors, oncle, ne dites rien à mes parents, peut-être plus tard, quand vous irez les voir un jour », a-t-elle répondu, étant sans doute surprise par elle-même. Helena était à la fois décidée et troublée. Elle allait à l'encontre de la volonté de ses parents. Elle ne partait pas de sa maison natale, mais elle avait l'impression de la fuir, de fuir aussi sa famille. Elle pleurait à chaudes larmes, « elle a tremblé de tout son corps », se rappelait Stanisława Rapacka, la femme de Michał. Helena a acheté à son oncle « un peu de vodka et des gâteaux » et elle lui a demandé de la conduire à la gare. Même quand elle était déjà assise dans son wagon, elle a continué à pleurer, « c'était dur de la regarder comme ça ». « Si le train s'était arrêté, je l'aurais sans doute reconduite à la maison, mais il ne s'est pas arrêté », dira-t-il plus tard à sa femme. Peut-on en être surpris ? Helena n'avait que 19 ans. Elle partait vers l'inconnu. Elle suivait l'appel de Jésus, en lui faisant entièrement confiance.

Les trains en direction de Varsovie partaient à cette époque-là de la gare Łódź Fabryczna et le voyage durait deux heures et vingt minutes. Puisque, à son arrivée à Varsovie, Helena a tout de suite commencé à chercher un endroit où passer la nuit, on peut supposer qu'elle était partie de Łódź dans la soirée. Mais quel jour ? Dans divers écrits traitant la question, on parle de juillet 1924, et plus précisément du 1er juillet. Cette date a été donnée par Marcjanna Wieczorek quand elle a parlé avec Sœur Bernarda Wilczek en 1948. Elle a dit en outre : « Elle est partie je ne sais où. Elle devait partir plus tôt, mais elle a attendu mon accouchement. Voilà combien elle était serviable. »

Presque un quart de siècle plus tard, Marcjanna Wieczorek se souvenait encore avec précision des dates relatives au début et à la fin du service d'Helena chez elle. Marcjanna Wieczorek se rappelait qu'Helena était restée chez eux jusqu'à l'accouchement. Agnieszka Jarocka, citée déjà ici, a pu établir que le fils de Marcjanna et Antoni Wieczorek est né le dimanche 8 juin 1924. Malheureusement, il est décédé au bout d'une heure. Marcjanna Wieczorek se souvenait aussi qu'Helena devait partir plus tôt, avant l'accouchement. Quelle en était la cause ? On ne sait pas. Peut-être, n'arrivait-elle pas à s'entendre avec sa patronne ? Peut-être à cause des mauvaises conditions financières, ou à cause du piètre état du logement qu'on lui a proposé ? Si elle devait partir plus tôt, et si elle est restée à cause de l'accouchement, ce n'est pas l'événement au parc Wenecja qui en était la cause. Dans la cathédrale, Helena a bien entendu dans son cœur ces paroles : « Pars tout de suite pour Varsovie. » C'était pour elle une expérience si forte qu'on peut supposer qu'elle est partie sans tarder à Varsovie. Son intention de changer de travail plus tôt a donc dû être provoquée par autre chose. À supposer que Marcjanna Wieczorek avait une excellente mémoire, et qu'après l'apparition de Jésus plus rien ne pouvait retenir Helena à Łódź, on peut établir que sa vision au parc Wenecja a eu lieu après le 8 juin. En tant que domestique, Helena avait du temps libre le dimanche, jour où l'on organisait des soirées dansantes au parc Wenecja. Après le 8 juin, les autres dimanches du mois tombaient les 15, 22 et 29. Si l'on admet que Jésus lui est apparu le 29 juin, alors Helena a pu se retrouver à Varsovie le lundi 30 juin ou le mardi 1er juillet 1924. Elle n'a pas pu partir tout de suite, le dimanche 29 juin, parce que dans la cathédrale, où elle s'est rendue après avoir quitté le parc, elle s'est retrouvée à la tombée du jour.

D'autres dates de son départ pour Varsovie apparaissent encore dans les mémoires. La mère Michaela Moraczewska, la supérieure de la congrégation des Sœurs de Notre-Dame de la Miséricorde à Varsovie, qui a accepté qu'Helena entre au couvent (à condition d'apporter la dot nécessaire), dira qu'elle avait parlé à Helena pour la première fois « un matin de printemps, en 1924 ». Il est cependant notoire que la mère Michaela avait une mauvaise mémoire. Quand Helena eut économisé suffisamment d'argent pour la dot, et quand elle s'est présentée au couvent, la mère supérieure n'arrivait pas à se rappeler de qui il s'agissait. Sœur Bernarda Wilczek, qui en 1948 recueillait des informations concernant Faustine, a écrit à propos de la période entre son travail à Łódź et son entrée au couvent : « mai 1924 – 1er VIII 1925 – service chez madame Lipszyc à Ostrówek, district Wołomin », où la future sainte avait travaillé pour avoir la dot. Ailleurs elle a noté qu'Helena avait travaillé chez les Lipszyc « un an et trois mois, et après, avec la dot nécessaire, elle est entrée au couvent à Varsovie en 1925 ». Quant à Aldona Lipszyc, la patronne d'Helena, elle se rappelait que celle-ci était arrivée chez eux en été 1924. Mais ce qui est important, c'est que Sœur Faustine, elle-même, a noté dans son *Petit journal* qu'après avoir trouvé un couvent qui voulait bien l'accepter, elle devait « pour plusieurs raisons rester [encore] dans le monde [...] pendant plus d'une année » (PJ 15). En effet, Helena est entrée au couvent le 1er août 1925.

Varsovie

« C'est très dur pour moi, mais je sens une grande grâce de Dieu, que je peux tout supporter »

1924, 1925-1926, 1928, 1929, 1932-1933, 1935, 1936

Varsovie a fortement effrayé Helena. Quand elle est descendue à la gare de chemin de fer, elle s'est retrouvée au milieu d'une ville de plus d'un million d'habitants. Elle y venait pour la première fois. Elle ne connaissait personne. « Quand [...] je vis que chacun des passagers prenait sa route, la frayeur me saisit : que faire ? Où m'adresser ? » (PJ 11), rapportera-t-elle après des années.

La sortie principale du somptueux bâtiment de la gare, dessiné au milieu du XIXe siècle par le célèbre architecte Henryk Marconi, donnait sur l'avenue Aleje Jerozolimskie. À l'époque, c'était un des plus beaux endroits de Varsovie. De chaque côté de l'avenue, large de quarante mètres, poussaient des peupliers d'Italie. Au milieu, il y avait une bande de verdure séparant deux voies destinées à la circulation des tramways, des automobiles et des fiacres. Du côté sud de l'avenue, il y avait des immeubles de style art nouveau, et vis-à-vis de la gare l'hôtel Polonia Palace construit dans un style de l'école des Beaux-Arts de Paris. Des voies de raccordement et des rampes de chemins de fer occupaient l'autre côté de l'avenue.

Helena est venue à Varsovie parce que Jésus le lui avait dit dans la cathédrale de Łódź, où elle avait couru après sa vision au parc Wenecja. Saisie de peur, sans savoir que faire, elle s'est adressée à Marie : « Marie, conduis-moi, guide-moi. Aussitôt j'entendis dans mon âme ces paroles : que je devais quitter la ville pour un village, où je passerai la nuit en sûreté, ce que je fis et je trouvai tout comme la Mère de Dieu me l'avait dit » (PJ 11).

Puisque dès son arrivée à Varsovie, Helena a commencé à chercher un endroit où dormir, on peut supposer qu'elle est venue à Varsovie dans la soirée. Peut-être à 17 h 35, car à cette heure-là arrivait le train de Łódź, selon l'horaire des trains de 1924. Par contre, on ne sait pas comment s'appelait le village où elle a passé la nuit. D'après des indications laissées dans son *Petit journal,* on peut cependant apprendre dans quelle direction elle s'était rendue et comment.

Helena a noté que lorsqu'elle est revenue le lendemain dans la capitale, elle est entrée dans la première église qu'elle avait aperçue. C'était l'église Notre-Dame de l'Immaculée-Conception dans la paroisse Saint-Jacques-Apôtre, place Narutowicza, dans le quartier Ochota situé à l'ouest de la ville. Alors, la veille, elle devait se rendre dans cette direction-là. Il est donc faux qu'Helena ait pu prendre un train EKD qui assurait un lien entre Varsovie et Grodzisk Mazowiecki, ce qui a été rapporté dans certains écrits. En réalité, ce type de train fut mis en service seulement le 11 décembre 1927, c'est-à-dire trois ans après l'événement qui nous intéresse ici.

Alors, comment a voyagé Helena et où est-elle allée pour chercher un endroit où elle pouvait passer la nuit ? On peut admettre deux hypothèses.

La première est qu'à la gare Dworzec Wiedeński, Helena aurait repris un train qui allait à l'ouest, en direction de Łowicz et qu'elle serait descendue à une station à proximité de la ville. Cette hypothèse semble cependant peu probable car, en voyageant en train, elle aurait eu du mal à apercevoir l'église d'Ochota. Et cela d'autant plus qu'à l'époque, en 1924, cette église néo-romane n'avait pas encore sa grande tour carrée. En outre, après avoir regagné la gare, elle aurait été obligée de faire encore quelques kilomètres, à pied ou en tram, pour arriver à cette église-là, alors que plusieurs autres églises du centre-ville étaient plus proches. Une telle hypothèse est donc à écarter.

Une autre hypothèse me semble alors plus probable : à son arrivée à Varsovie, Helena aurait quitté la gare et se serait dirigée vers une station de tramway. Là-bas elle aurait sûrement demandé à quelqu'un comment faire pour aller en dehors de la ville. Selon le plan de Varsovie de 1924, où sont marquées les stations de tramway, il y avait, à proximité de la gare, une station de la ligne 7. Le tramway circulait de la rue Radzymińska, dans le quartier de Praga, vers le quartier Ochota, en passant par l'avenue Aleje Jerozolimskie. Il passait ensuite par la rue Grójecka, où se trouve la place Narutowicza avec l'église Notre-Dame de l'Immaculée Conception, et continuait jusqu'au carrefour avec la rue Opaczewska. Là, aux frontières de la ville, se trouvait la dernière station de la ligne 7. Mais un an auparavant, à cet endroit-là, on avait mis en service une nouvelle ligne de tramway – ligne A – qui assurait un lien avec la banlieue. Elle partait du carrefour de la rue Grójecka, passait par la rue Opaczewska et allait jusqu'à Okęcie, où était prévue la construction d'un aéroport. Le tramway passait par les villages suivants : Szczęśliwice, Zosin, Raków, Okęcie. Aujourd'hui ils font tous partie de la ville de Varsovie. C'est dans un de ces villages qu'Helena aurait trouvé un lit. Le lendemain matin, elle serait retournée à Varsovie. Elle aurait pris les mêmes lignes de tram, les seules qui assuraient une liaison avec la capitale. En prenant le tramway A, elle serait arrivée rue Grójecka, pavée à l'époque avec des pierres naturelles, et ensuite, elle aurait pris la sept pour rejoindre la place Narutowicza. Cette place, aménagée seulement un an auparavant, a pris le nom du premier président de la Deuxième République de Pologne, qui fut assassiné en 1922. En voyageant en tram, Helena aurait vu, peut-être déjà la veille, une église qui y était située. C'est là qu'elle serait descendue.

Une telle version paraît la plus probable. Ce qui arrive après, on le découvre en lisant le *Petit journal*. Elle est entrée dans l'église et elle a commencé à prier. L'église Notre-Dame de l'Immaculée Conception était un des plus grands chefs-d'œuvre du modernisme polonais. Sa construction, qui avait commencé en 1919, n'était pas encore terminée. Même aujourd'hui, au lieu d'être couronnée par un toit conique, sa tour possède un toit plat. Une plaque dans la nef principale et un portrait de sainte Faustine rappellent au visiteur qu'Helena y priait en 1924.

Ne sachant pas ce qu'elle devait faire, Helena demanda à Jésus qu'il lui donne des indications. « Les saintes messes se succédaient. Pendant l'une des messes, j'entendis ces paroles : *"Va trouver ce prêtre et dis-lui tout, et il te dira ce que tu dois faire."* » (PJ 12). Ce prêtre s'appelait Jakub Dąbrowski et il était curé de la paroisse depuis six ans. Ce même prêtre, des années plus tard, mourra de gangrène, suite à une blessure à la jambe causée par la chute d'une bombe sur l'église en septembre 1939. Après la messe, Helena entra dans la sacristie. « [J'ai] raconté tout ce qui s'était passé dans mon âme et j'ai demandé de m'indiquer dans quel couvent je devais entrer » (PJ 12). On ne peut qu'imaginer combien le prêtre, âgé alors de soixante-deux ans, devait être étonné, et c'est Helena, elle-même, qui en parle. Il avait sûrement vu des choses dans sa vie, mais cela, c'est la première fois que ça lui arrivait. Devant lui se présentait une jeune fille, un peu perdue, avec un petit sac en main. Alors, au lieu de lui indiquer dans quel couvent aller, il lui donna l'adresse d'une « dame pieuse » (PJ 13), chez qui elle devait s'arrêter, et il la réconforta en disant que Dieu lui montrerait le chemin.

Cette « dame » c'était Aldona Lipszyc, née Jastrzębska, la femme de Samuel Józef, ingénieur agricole et fonctionnaire d'État. Elle s'est rappelée après des années que l'abbé Dąbrowski lui avait envoyé Helena Kowalska avec une lettre dans laquelle il l'informait qu'il « ne la connaissait pas et qu'il espérait qu'elle serait apte au travail » comme domestique. C'était en juillet 1924.

« Maman avait besoin d'aide, alors mon père a demandé au curé de nous envoyer une personne convenable, s'il en trouve une », explique Maria Nowicka, la fille aînée des Lipszyc.

L'abbé Dąbrowski connaissait le père de Maria du temps où il était curé à Klembów, une localité située à un peu plus de trente kilomètres au nord-est de Varsovie. À la paroisse de Klembów appartenait alors le village d'Ostrówek, où Mejer Lipszyc, le père de Samuel, avait acquis en 1913 une résidence secondaire. C'était une de ces datchas typiques, en bois, que faisaient construire, à partir du milieu du XIXe siècle, des employés du tsar de Russie, un des trois occupants de la Pologne.

« Mon père était une personne distinguée, le seul dans tout Ostrówek qui faisait partie de l'intelligentsia », raconte Maria Nowicka, née en 1919, une dame dotée d'une excellente mémoire. De temps en temps, le soir, il rendait visite à l'abbé Dąbrowski. Ils parlaient philosophie, théologie, ils jouaient aux échecs. Ils sont devenus amis.

En septembre 1918, l'abbé Dąbrowski – qui était déjà curé à Varsovie – a d'abord baptisé Samuel Józef Lipszyc, âgé alors de 28 ans, et il a ensuite consacré son mariage avec Aldona Jastrzębska, âgée alors de 22 ans. Après le mariage, le couple s'est installé dans la datcha en bois à Ostrówek. L'abbé Dąbrowski a baptisé leurs enfants successifs. En 1924, au moment, où Helena s'était présentée chez eux, les Lipszyc avaient eu cinq enfants : les jumeaux Maria et Tadeusz (nés en 1919), Zofia (née en 1921), Leopold (né en 1923) et Nina qui est venue au monde en 1924. Plus tard sont nés encore Wisna (née en 1926) et Jadwiga (née en 1928).

« Chaque fois que maman était sur le point d'accoucher, elle quittait Ostrówek et arrivait à Varsovie. Elle s'arrêtait à ce moment-là chez sa sœur Weronika Jastrzębska, au 30, rue Smolna. Après un certain temps, tout le monde rentrait à Ostrówek », se rappelle Maria Nowicka.

C'était pareil en 1924. Le 21 avril, Aldona Lipszyc a mis au monde Nina, son cinquième enfant. Maria Nowicka ne se rappelle pas combien de temps ses parents sont restés à Varsovie, après la naissance de sa sœur. Peut-être quelques semaines, peut-être quelques mois. Les sœurs Weronika et Aldona étaient très proches. Leur mère est décédée quand Aldona avait 5 ans. C'est alors Weronika qui, en tant qu'aînée – à l'époque elle avait 17 ans –, a joué le rôle de mère auprès de ses frères et sœurs. Après des années, elle a fait venir à Varsovie Aldona et deux autres de ses frères et sœurs. Aldona s'est installée avec Weronika, rue Smolna, pas très loin de l'école privée pour filles (fondée par Jadwiga Kowalczykówna et Jadwiga Jawurkówna), qu'elle fréquentait, rue Wiejska. Dans le quartier de Praga, un peu plus loin, se trouvait la gare Dworzec Wileński, lieu d'où elle partira, plus tard, après avoir épousé Samuel Lipszyc, pour se rendre à Ostrówek.

Dans différents écrits consacrés à Sœur Faustine, c'est la date du 1er juillet 1924 qui est donnée comme celle du début de service d'Helena chez les Lipszyc à Ostrówek. Cependant, il est presque certain qu'Helena Kowalska s'est présentée avec la lettre de recommandation de l'abbé Dąbrowski dans l'appartement situé rue Smolna, à Varsovie. Elle a fait une bonne impression. Aldona se souvient d'une fille « lumineuse, saine, sereine, voire joyeuse ». Elle a donc été acceptée comme aide domestique.

Pendant un certain temps, elle est restée avec les Lipszyc à Varsovie. Maria Nowicka en est convaincue.

« Helena n'aurait pas pu venir à Ostrówek toute seule », dit-elle sans hésitation. C'est très probable, parce qu'en arrivant là-bas en voiture, il n'est pas facile de retrouver l'ancienne maison des Lipszyc, située au bord d'une réserve forestière. S'il est difficile de retrouver la maison aujourd'hui, en 1924 ça l'était encore plus. De Varsovie on y arrivait par le train jusqu'à Tłuszcz (la station de Klembów a été construite plus tard), et puis il fallait marcher encore six kilomètres, dont deux en pleine forêt. On pourrait supposer que, munie de la lettre de recommandation de l'abbé Dąbrowski, Helena soit allée voir Samuel Józef Lipszyc, qui travaillait à ce moment-là – et là, Maria Nowicka a du mal à trancher – ou bien au ministère de l'Agriculture et des Réformes Agraires, ou bien à l'administration de la voïvodie, et qu'elle soit allée avec lui à Ostrówek. Cependant, comme s'en souvient Aldona Lipszyc, c'est elle qu'Helena a d'abord rencontrée quand elle s'est présentée avec la lettre.

Un autre argument soutient la version selon laquelle Helena, avant de rejoindre Ostrówek, aurait d'abord habité pendant un certain temps avec les Lipszyc à Varsovie. En effet, on sait qu'Helena devait chercher seule un couvent parce que, lors de leur première conversation, l'abbé Dąbrowski ne lui en avait indiqué aucun. Trouver un couvent approprié n'était pas une chose aisée à l'époque, parce que les congrégations se montraient très réticentes à accepter des filles sans dot. Après avoir noté dans son *Petit journal* qu'elle avait été bien accueillie par Aldona Lipszyc (dont le nom, comme de bien d'autres personnes, n'apparaît cependant pas dans le *Petit journal*), Faustine a écrit : « je cherchais un couvent, mais à chaque porte où je frappais, partout on me refusait. La douleur serrait mon cœur et je dis au Seigneur Jésus : Aide-moi, ne me laisse pas seule. Enfin, je frappai à notre porte » (PJ 13), c'est-à-dire à celle de la congrégation de Notre-Dame de la Miséricorde.

Helena n'aurait pas pu voyager en train entre Ostrówek et Varsovie pour se chercher un couvent. « Chez nous, elle était employée de maison et elle travaillait dur, dit Maria Nowicka. Même dimanche, on avait besoin d'elle pour faire des travaux domestiques. »

D'après Maria, la seule possibilité pour Helena de chercher un couvent c'était lorsqu'elle habitait avec les Lipszyc à Varsovie.

Il y a encore un autre fait qui prouve qu'en 1924 les Lipszyc, avec leurs enfants, se sont arrêtés à Varsovie, rue Smolna, et non, par exemple, chez les parents de Samuel – Mejer et Chaia Sura Lipszyc –, rue Koszykowa (leur maison, située rue Pilicka, a été construite plus tard). Il s'agit des informations concernant le baptême de Nina (qui a eu lieu un an plus tard, en mai 1925), qu'on trouve dans le registre de la paroisse saint Jacques, où l'abbé Dąbrowski a indiqué que les parents de l'enfant baptisé étaient domiciliés au 30, rue Smolna.

La maison, ou plutôt un immense bâtiment, où habitait la sœur d'Aldona Lipszyc, se trouve en centre-ville. Son vaste appartement était situé au sixième étage. Le même bâtiment abritait aussi le collège Jan Zamoyski, qui compte parmi ses anciens élèves plusieurs grands intellectuels de Varsovie : Tadeusz Kotarbiński, Melchior Wańkowicz, Stefan Kieniewicz, Jerzy Andrzejewski, Witold Małcużyński. Au printemps 1924, quand Helena est venue dans l'appartement de Weronika Jastrzębska, c'étaient Jerzy Giedroyć et Stanisław Żeleński qui passaient leur bac (ce dernier habitait d'ailleurs, au 13, le vis-à-vis de l'appartement de Weronika Jastrzębska) au collège Zamoyski. Aujourd'hui, il y a encore là-bas un lycée, un collège et un internat, mais le bâtiment ne ressemble plus à celui de 1924. Il a brûlé pendant l'insurrection de Varsovie en 1944. Il a été reconstruit, mais sans sa belle façade de style art nouveau et sans le sixième étage, où, avant la guerre, se trouvait l'appartement de Weronika Jastrzębska.

Il y a cent ans, tout comme aujourd'hui, la rue Smolna se trouvait dans le centre de Varsovie. Après 1918 – année, où la Pologne a recouvré son indépendance – la ville est à nouveau devenue le siège des plus hauts organes du pouvoir de la république. Le principal rôle des institutions d'État consistait à rassembler en un seul organisme le pays qui durant cent vingt-trois ans était resté divisé et occupé par trois puissances : la Russie, l'Allemagne et l'Autriche. À peine recouvrée, l'indépendance du pays a été mise en danger deux ans plus tard, lorsque l'armée bolchevique s'est rapprochée de Varsovie. Le 15 août 1920, lors de la grande bataille de Radzymin, appelée « miracle sur la Vistule », les troupes bolcheviques furent sèchement battues.

L'armée polonaise repoussa ainsi le danger communiste et, de plus, elle arrêta la marche de l'Armée rouge vers l'Occident. Les premières années de l'indépendance de la Pologne ont été une période politiquement instable ; c'était un temps de grands défis, de problèmes, mais aussi un temps, où le pays a connu un développement considérable.

À regarder le centre de Varsovie, on pouvait parfaitement bien s'en apercevoir. La population rassemblait surtout des gens aisés : petite et grande bourgeoisie, intellectuels, artistes. Les Branicki étaient propriétaires de quelques magnifiques immeubles et d'un palais situé à l'angle des rues Smolna et Nowy Świat. Le long de la rue Smolna, contrairement à la situation d'aujourd'hui, on trouvait de hauts immeubles, construits étroitement les uns à côté des autres. Au carrefour des rues Nowy Świat et Aleje Jerozolimskie se trouvait Gastronomia – un restaurant huppé avec des vérandas vitrées (le restaurant portant le même nom, qui s'y trouve à l'époque actuelle, n'a rien à voir avec l'ancien). La rue Nowy Świat, où on a surtout construit des immeubles de style néo-classique et quelques palais appartenant à de riches aristocrates, était un endroit connu pour ses commerces et ses distractions. Au rez-de-chaussée des immeubles. On trouvait des magasins, des salons de thé, des cafés, des restaurants et des cabarets, très à la mode à l'époque. Dans des clubs on dansait le tango et l'immortel charleston. Des cours d'immeubles abritaient des cinémas, des théâtres d'opérette et des comédies musicales. Voisine de la rue Smolna, la rue Foksal était célèbre avant la guerre pour ses splendides jardins, où, en été, des troupes de théâtre présentaient des spectacles.

À l'image du reste de la population, celle de Varsovie était fort contrastée du point de vue social et économique. On y trouvait, par exemple, des ouvriers qui occupaient de petits appartements rudimentaires, dans des immeubles locatifs, au centre ou à la périphérie de la ville. Arrivant dans la capitale des campagnes surpeuplées des régions de Mazovie et de Podlasie, ils travaillaient surtout dans l'industrie du métal et dans l'industrie alimentaire qui prospéraient dans les années 1920. Selon le recensement de 1921, presque un tiers de la population active de Varsovie travaillait dans l'industrie et dans l'artisanat, un peu moins de 20 % dans le commerce et 8 %, dont faisait partie

Helena Kowalska, comme employés de maison. Les fonctionnaires publics (comme Samuel Józef Lipszyc) représentaient jusqu'à 16 % de la population active. Les Juifs – la plus grande minorité ethnique et religieuse –, qui habitaient dans les quartiers nord de la ville, représentaient un tiers de la population de Varsovie avant la guerre. Il est probable qu'en cherchant un couvent, Helena soit passée par des quartiers juifs et, peut-être, a-t-elle vu l'un des plus bels exemples de l'architecture de Varsovie du XIXe siècle, c'est-à-dire la grande synagogue que les Allemands ont fait sauter pendant la Seconde Guerre mondiale.

On ne sait pas quelle église fréquentait Helena. Celle qui était la plus proche de la rue Smolna, c'était l'église saint Alexandre, située place Trzech Krzyży. En se dirigeant vers la rue Nowy Świat, Helena devait apercevoir le dôme de cette église qui, à l'époque, était nettement plus grande et plus haute que celle d'aujourd'hui. En revanche, en allant à droite, vers la place centrale de la vieille ville, Helena passait d'abord à côté de l'église baroque de la Sainte-Croix. Sœur Faustine ne précise pas dans son *Petit journal* combien de couvents elle a visité. Il y en avait certainement plusieurs, puisqu'elle a écrit : « À chaque porte où je frappais, partout on me refusait » (PJ 13). On ne sait pas si quelqu'un lui avait indiqué où se trouvaient des congrégations et lesquelles. C'était peut-être l'abbé Dąbrowski qui l'aidait dans ses recherches (ce que supposait l'abbé Sopoćko) ou les Lipszyc. La raison pour laquelle on lui refusait l'admission était toute banale et cruelle : elle n'avait pas de dot et elle n'avait pas fait d'études. D'un point de vue matériel, elle ne pouvait rien apporter à la congrégation. Elle n'était pas une bonne candidate. Bref, « rien d'extraordinaire », comme l'a dit la mère Małgorzata Gimbutt, après sa première conversation avec Helena.

Bien des congrégations n'acceptaient pas de filles « modestes par leur origine », sans formation et sans dot. En faisait partie, par exemple, la congrégation des Sœurs franciscaines de la Sainte-Famille, dont la maison se trouve rue Żytnia à Varsovie. Comme c'est à côté de la maison de la congrégation des Sœurs de Notre-Dame de la Miséricorde, il est fort probable qu'Helena s'y soit rendue, là aussi. Jusqu'à aujourd'hui, les sœurs de cette congrégation, dit-on, regrettent de ne pas avoir reconnu une future sainte.

En revanche, les Sœurs de Notre-Dame de la Miséricorde acceptaient toutes les filles, quelle que soit leur origine sociale. Les filles y étaient néanmoins divisées en chœurs, et l'appartenance à tel ou tel chœur dépendait de la formation reçue par la candidate. La congrégation s'occupait de la réinsertion sociale et de la formation de jeunes filles, c'est pourquoi elle favorisait celles, parmi les sœurs, qui étaient diplômées. Comme à l'époque une bonne formation était réservée à des filles qui venaient des milieux aisés, le premier chœur était très sélectif. En revanche, dans le second on trouvait des sœurs moins bien formées et peu diplômées, ce qui était lié à leur origine sociale et au fait qu'elles n'avaient pas apporté de dot. L'obligation d'apporter une dot à la congrégation ne pouvait être levée que par le Saint-Siège. C'était le cas d'Helena Kowalska qui est entrée au second chœur, et non sans problèmes.

Helena a probablement frappé à la porte de la congrégation au 3/9 rue Żytnia, dans le quartier Wola de Varsovie, en juillet 1924. Elle s'y est présentée un matin, selon la mère Michaela Moraczewska, ou vers midi, selon les propos de la mère Borgia Tichy. C'était un jour de printemps (d'après la mère Michaela), ou d'été (d'après la mère Borgia c'était en juillet). La sœur tourière Klara Himmer annonça à la mère générale Leonarda Cielecka – le couvent étant à l'époque le siège de la direction générale de la congrégation – qu'une « nouvelle vocation » venait de se présenter. Pour un entretien avec Helena, la mère supérieure envoya la mère Małgorzata Gimbutt. D'après celle-ci, Helena n'aurait pas fait bonne impression. « Effacée, un peu trop âgée, simple, c'est une servante, cuisinière de profession, elle n'a pas de dot, matériellement, elle n'a rien à apporter. » C'est ainsi que la mère Małgorzata devait caractériser la candidate, selon la mère Borgia Tichy. Il est fort probable que même là – chez les Sœurs de Notre-Dame de la Miséricorde – on aurait fermé la porte à Helena, si la mère Moraczewska – la supérieure de la maison, rue Żytnia, et bientôt (à partir de 1928) la mère générale de toute la congrégation – n'avait pas dit son mot. Celle que Sœur Faustine décrira plus tard comme « imprégnée de la lumière de Dieu et amoureuse de Dieu », était une personne parfaitement bien formée, connaissant plusieurs langues, diplômée de conservatoire de musique. La mère Moraczewska a donc souhaité voir personnellement la candidate. Après des années, elle a avoué qu'à première vue, Helena n'avait pas fait bonne impression : « À cause de son aspect extérieur un peu négligé, je me suis dit : ce n'est pas pour nous ... » Elle voulait la renvoyer tout de suite, mais elle s'était dit « qu'à cause de l'amour du prochain, il serait plus approprié de lui poser d'abord quelques questions et seulement après la remercier ». Pendant la conversation, elle a remarqué : « La candidate gagne beaucoup quand on l'approche, elle a un sourire agréable, un visage sympathique, elle a beaucoup de simplicité, de franchise et de bon sens quand elle s'exprime. » Elle a donc changé d'avis et elle a décidé de l'accepter. La mère Moraczewska n'a pas dit ce qu'Helena a noté dans son *Petit journal* :

> Après une brève conversation, elle[1] me dit d'aller chez le Maître de la maison demander s'Il me recevrait. Je compris tout de suite que je devais le demander au Seigneur Jésus. Je suis allée à la chapelle[2] avec grande joie et demandai à Jésus : Maître de cette maison, est-ce que Tu me reçois ? C'est ce qu'une de ces sœurs m'a ordonné de demander. Et tout de suite j'entendis une voix : « *J'accepte, tu es dans mon cœur.* » Quand je revins de la chapelle, la mère supérieure me demanda : « Eh bien, est-ce que le Seigneur t'a reçue ? » Je répondis que oui. « Si le Seigneur t'a reçue, moi aussi je te reçois » (PJ 14).

Dans son ouvrage intitulé *Prawo do Miłosierdzia*[3], Maria Winowska soutient que la mère Moraczewska a envoyé Helena à la chapelle pour gagner du temps, pour réfléchir si elle devait l'accepter ou pas. Il y a eu cependant un problème majeur : la pauvreté d'Helena. « Sans parler de dot (le Saint-Siège levait facilement cette obligation), elle arrivait sans aucun apport financier, et nous, on n'avait pas de fonds pour y remédier », se souvenait la mère Moraczewska. Helena était donc obligée de gagner l'argent nécessaire. Elle a convenu avec la mère supérieure qu'elle apporterait en dépôt au couvent ce qu'elle gagnerait.

La mère Michaela Moraczewska avoue qu'après l'entretien avec Helena, elle l'avait oubliée. Elle fut donc surprise, quelques

1. La mère Moraczewska [ndt].
2. On ne sait pas s'il s'agit d'une chapelle qui se trouvait au premier étage du couvent, ou de la chapelle qui se trouve dans la cour de l'église actuelle.
3. *Le droit à la Miséricorde* [ndt].

mois plus tard : « Une personne a déposé soixante zlotys, comme c'était convenu. Seulement quand j'ai réfléchi un peu, je me suis rappelée de qui il s'agissait. À partir de ce moment-là, le dépôt devenait de plus en plus important et, après un an, il y a eu quelques centaines de zlotys, ce qui était modeste, mais suffisant comme apport pour une sœur. »

En frappant à la porte du couvent, rue Żytnia, Helena ne savait probablement rien à propos de la congrégation. Fondée au milieu du XIXe siècle, elle était relativement jeune. De nombreuses congrégations religieuses féminines virent le jour en Pologne à cette époque-là, et leur mission était de remédier à des problèmes sociaux. Dans ce cas-ci, il s'agissait d'apporter de l'aide à des femmes vivant en marge de la société, comme on dirait aujourd'hui, notamment à des prostituées qui souhaitaient de changer leur vie. C'est pourquoi la congrégation des Sœurs de Notre-Dame de la Miséricorde était appelée « des madeleines », du nom de Marie-Madeleine – une pécheresse repentie –, et ses protégées « des repenties ». La prostitution était au XIXe siècle un grand problème social en Pologne. De nombreuses filles, sans aucune formation, fuyaient la compagne surpeuplée pour s'installer en ville, où, très souvent, elles n'avaient aucune chance de gagner leur vie de façon honnête. C'est à des filles comme celles-ci qu'a décidé de venir en aide Ewa Karolina Teresa Antonina Potocka, née princesse Sułkowska, qui, après dix-sept ans de mariage, est devenue veuve sans enfants. Pendant huit mois, elle a séjourné dans la communauté de la mère Thérèse Rondeau de Laval, en France, où elle a observé les méthodes de travail dans un milieu du même type. La mère Teresa Potocka – parce qu'elle s'appelait désormais comme ça dans son nouveau rôle de fondatrice de la congrégation – a emprunté à la communauté de Thérèse Rondeau la constitution, ainsi que les grandes directions de la spiritualité et du travail apostolique. C'est pourquoi la mère Thérèse Rondeau est considérée comme une cofondatrice de la congrégation. Et toutes les deux – Teresa Potocka et Thérèse Rondeau – se sont fortement inspirées de l'œuvre de Marie-Thérèse de Lamourous, une aristocrate française qui, après la Révolution, avait créé à Bordeaux, en 1801, une « maison de la miséricorde » destinée à accueillir des prostituées qui espéraient changer de vie. Comme le note Joachim R. Bar, auteur d'un ouvrage consacré à l'histoire de la congrégation des Sœurs de Notre-Dame de la Miséricorde, ni la mère Potocka en Pologne, ni la mère Rondeau en France ne voulaient, dans un premier temps, « fonder de congrégation religieuse, mais juste servir les femmes de mauvaise vie ». Il va cependant de soi que de telles initiatives, réunissant d'abord quelques femmes et amies qui avaient des idéaux et des objectifs communs nobles, devaient prendre, tôt ou tard, des formes organisationnelles plus formelles.

La date de création de la congrégation des Sœurs de Notre-Dame de la Miséricorde c'est, admet-on, le 1er novembre 1862, lorsque la mère Potocka, avec des collaboratrices, a ouvert à Varsovie, rue Żytnia, la première maison de la miséricorde. Celle-ci a été créée dans l'ancienne résidence secondaire du directeur du Théâtre National Wojciech Bogusławski, grâce à une donation de l'archevêque de Varsovie Zygmunt Szczęsny Feliński. Cette résidence de plain-pied était dans un très mauvais état, pratiquement en ruine, et ce n'est que beaucoup plus tard que les sœurs ont pu construire au même endroit une maison entièrement neuve.

Les deux communautés – celle de la mère Rondeau à Laval et celle de la mère Potocka à Varsovie – fonctionnaient de façon autonome. Ce n'est qu'en 1878, après la mort de la mère Rondeau et à la demande des sœurs de France, qui voulaient que le Saint-Siège confirme la création d'une congrégation, qu'elles se sont rapprochées. Presque un demi-siècle plus tard, il y a eu une nouvelle séparation et le retour à la pleine autonomie des couvents polonais appartenant à la congrégation, ce que le Saint-Siège a confirmé par un décret datant de mai 1922. En 1927, le Vatican a approuvé les nouvelles constitutions de la congrégation, d'abord pour la durée de sept ans, et il les a définitivement confirmées en 1935. Dans un premier temps, les maisons de la miséricorde n'étaient ouvertes qu'à des femmes adultes qui désiraient changer de vie. « On y voyait arriver des prostituées, des vendeuses de fleurs dans la rue, des filles renvoyées de leurs écoles et en quête d'aventures. Il y avait aussi des parents qui y conduisaient leurs filles qui leur posaient de graves problèmes d'éducation », écrit le père Bar.

À l'époque de l'entre-deux-guerres, quand Helena était là, la congrégation a élargi son champ d'activité. Dans ses établissements de formation, elle a commencé à accueillir non seulement des femmes « de mauvaise vie », mais aussi des filles mineures provenant de milieux défavorisés, menacées par toutes sortes de pathologies et ayant besoin de renouveau moral. Il y avait aussi de plus en plus de filles qui y étaient envoyées par les curateurs et les tribunaux. Les sœurs ont commencé à accepter aussi des femmes condamnées à des peines de prison. « Les maisons de notre congrégation doivent être ouvertes à toutes les filles et femmes, de mauvaise vie ou abandonnées à leur sort, quelle que soit leur détresse morale, à condition qu'elles promettent de travailler sur leur renouveau et de se soumettre au règlement de l'établissement », disait un des points de la constitution de la congrégation des Sœurs de Notre-Dame de la Miséricorde.

En 1928, trois ans après l'entrée au couvent de Sœur Faustine, la congrégation comptait 221 religieuses, et en 1939 il y en avait 306. Les repenties étaient, selon le père Bar, nettement plus nombreuses. En 1928, il y en avait 820 dans tous les établissements gérés par la congrégation, et en 1939, il y en avait 1032. Les Sœurs de Notre-Dame de la Miséricorde n'étaient pas les seules à l'époque qui s'occupaient des femmes de mauvaise vie. Il y avait aussi d'autres congrégations, qui ont vu le jour en Pologne au cours du XIXe siècle, qui avaient le même objectif. Il s'agit notamment de la congrégation des Sœurs de la Divine Providence, créée par Antonina Mirska, de la congrégation des Sœurs du Bon Pasteur de la Divine Providence, fondée par la bienheureuse Maria Karłowska, et de la congrégation des Sœurs Servantes de Notre-Dame du Bon Pasteur (sœurs sans habit religieux), créée par le bienheureux Honorat Koźmiński, Małgorzata Moriconi et Helena Bułharowska. Toutes ces congrégations ont été créées pour accueillir des femmes et ont été fondées par d'autres femmes – saintes et fortes – qui avaient des cœurs sensibles, des femmes qui étaient persuadées qu'elles avaient des obligations morales à l'égard de la société.

***

Le samedi 1er août 1925 était une belle journée d'été. À Varsovie, les thermomètres indiquaient dans l'après-midi 20 degrés Celsius. Les plages au bord de la Vistule formaient « le quartier le plus peuplé de la capitale », notait dans son édition du dimanche « Kurier Warszawski », en illustrant le texte avec de nombreuses photos présentant des habitantes de Varsovie en maillots de bain dernier cri. La ville entière était émue par deux catastrophes : l'une ferroviaire, à proximité de la gare centrale, et l'autre aérienne – celle d'un avion Breguet XIV –, qui s'était soldée par la mort de deux pilotes : le lieutenant Karol Fijałkowski et Antoni Heidler.

Pour Helena Kowalska, il s'agissait d'un des plus importants jours de sa vie. Le soir, la veille de la fête de Notre-Dame des Anges, elle franchit la porte du couvent. Après des années de tergiversations, quand elle essayait d'obtenir – en vain – la permission des parents, elle put enfin réaliser son rêve et devenir religieuse. Elle entra dans la congrégation des Sœurs de Notre-Dame de la Miséricorde. Trois semaines après, le 25 août, elle termina ses vingt ans. « Je me sentais extrêmement heureuse, il me semblait que j'étais entrée au paradis. Seule jaillissait de mon cœur une prière d'action de grâce » (PJ 17).

Le couvent se situe toujours au même endroit, de même que la chapelle qui remplit la fonction d'église paroissiale. Et pourtant les bâtiments ne sont plus comme ceux de 1925. Ayant brûlé pendant l'insurrection de Varsovie en 1944, ils ont subi d'importantes transformations lors de leur reconstruction. Le couvent, construit en brique rouge, avait à l'époque un seul étage. Deux bâtiments annexes y étaient accolés. Comme dans d'autres couvents, la chapelle était de dimensions modestes, avec une seule nef et une entrée côté cour. En 1938, le couvent a reçu un étage supplémentaire. La chapelle a été agrandie, elle aussi. On y a ajouté un clocher et une nef latérale ; on a agrandi le presbytère. Après la Seconde Guerre mondiale, le pouvoir communiste a bloqué jusqu'aux années soixante-dix toute reconstruction des bâtiments, très endommagés, du couvent et de la chapelle. Entre-temps, la parcelle de terrain appartenant aux sœurs a été divisée entre la congrégation, la paroisse et le Secrétariat de la conférence épiscopale polonaise qui y a fait construire son siège. Le couvent a aujourd'hui trois étages et il est plus grand qu'avant la guerre. La chapelle a été érigée en église paroissiale et a pris le nom de la Miséricorde divine et de sainte Faustine. Dans le retable principal, l'icône de la Vierge Noire a cédé la place à Jésus Miséricordieux ; dans la chapelle latérale, on trouve un tableau présentant sainte Faustine. Dans l'église on a entrepris, depuis 2003, d'importants travaux de rénovation et de reconstruction, vu que, jusque-là, elle était aménagée de façon provisoire pour remplir ses fonctions liturgiques. Hélas, lors de ces travaux on a effacé des traces de destruction datant de l'insurrection de Varsovie, qui faisaient partie intégrante de l'histoire de l'église. Cependant, peu d'habitants de Varsovie connaissent cet endroit, et non parce que l'église n'est pas bien visible du côté de la rue, mais simplement parce que peu de personnes savent que c'est ici qu'a commencé la vie religieuse de sainte Faustine et que c'est ici également que Jésus lui est apparu.

Après avoir franchi la porte du couvent, le 1er août 1925, Helena est devenue postulante. Elle a été reçue par « deux sœurs plus âgées dont la tâche était de vérifier s'il n'y avait pas d'obstacles [à l'entrée au couvent] et si elle possédait les qualités d'âme et les capacités physiques nécessaires pour supporter les difficultés de la vie au couvent », écrivait le père Józef Andrasz qui fera la connaissance d'Helena à Cracovie, quelques années plus tard. Helena a réussi ce premier examen et elle est devenue postulante. Elle a revêtu une tenue sombre – pas encore un habit – et un petit voile pour couvrir la tête. Elle s'est installée dans une pièce, où habitaient plusieurs autres sœurs. Toutes les sœurs dormaient à l'époque dans ce type de salles. Dans la pièce il y avait une armoire-penderie où les sœurs mettaient leurs habits. Les lits étroits en métal étaient séparés les uns des autres par des paravents avec des rideaux blancs, fort amidonnés et pliés en accordéon. Derrière le paravent, à part le lit, se trouvaient une petite table de nuit, un bassin pour se laver, une cruche pour l'eau chaude et une autre pour l'eau froide. C'était tout. Parfois on y trouvait un bureau et une chaise, mais il est bien peu probable que de tels objets se trouvent dans une pièce occupée par des postulantes. Cet espace séparé par un paravent s'appelait cellule. Quelques années plus tard, c'est dans des cellules comme celles-ci, dans différents couvents, qu'Helena, assise sur son lit ou à la petite table, écrira son *Petit journal*.

Le postulat qu'Helena a commencé en août 1925 n'était qu'une des étapes qu'elle devait franchir pour devenir une religieuse accomplie. Cette étape durait entre trois et six mois et ne pouvait être prolongée qu'une seule fois pour une période ne dépassant pas six mois. L'étape suivante c'était le noviciat qui durait deux ans. Après, la candidate prononçait les vœux pour un an et devenait professe temporaire. Les vœux étaient renouvelés chaque année sur une période de cinq ans. Une sœur pouvait prononcer ses vœux perpétuels seulement après avoir franchi toutes ces étapes. Désormais, elle pouvait jouir de l'ensemble des droits et obligations dans la congrégation. Helena-Faustyna a prononcé ses vœux en 1933, c'est-à-dire huit ans après son entrée au couvent. Au départ, le chemin à parcourir devait lui sembler bien long.

Pour l'instant, elle se trouvait au seuil de sa vie de religieuse. Le postulat était pour les deux parties une période de reconnaissance : les supérieurs devaient reconnaître si la candidate avait effectivement une vocation ; la candidate devait, à son tour, reconnaître si la congrégation, où elle se trouvait, était effectivement faite pour elle. Helena se familiarisait donc avec la spiritualité du couvent, avec ses mœurs, sa discipline, sa mission et le caractère du travail qu'elle serait amenée à effectuer.

Au début, Helena a été envoyée par ses supérieures au travail en cuisine. Sœur Sabina Tronina rapporte : « Helena me demandait souvent dans la journée : "Sœur, je voudrais aller à la chapelle." Parfois je n'étais pas d'accord. Je lui expliquais qu'elle n'était pas encore religieuse et qu'elle n'était donc pas obligée d'avoir des prières spécifiques. Il suffisait qu'elle soit à la chapelle le matin et le soir. »

Helena était fort déçue, parce que, selon elle, le temps que les postulantes et les sœurs pouvaient consacrer à la prière était trop limité. Les constitutions de la congrégation régulaient très précisément la vie des sœurs. Le matin, avant d'aller à la messe, elles avaient une demi-heure pour la méditation. Dans la journée, les sœurs avaient le temps pour des lectures spirituelles d'un quart d'heure, pour un recueillement d'une demi-heure, pour dire un chapelet de rosaire et pour chanter ensemble des matines consacrées à l'Immaculée Conception. Deux fois par jour – midi et soir – les sœurs étaient obligées de faire un examen de conscience. Elles se confessaient une fois par semaine ; une fois par mois, elles avaient une journée de recueillement et un peu plus de temps pour la prière et la méditation ; deux fois par an, elles faisaient des retraites : une de huit jours et une autre de trois jours. Les sœurs étaient incitées à consacrer plus de temps à la prière personnelle, mais à condition que cela ne gêne en rien l'exécution des tâches quotidiennes.

Les charges que les sœurs devaient assumer étaient nombreuses, notamment pour les sœurs de second chœur, auquel appartenait Helena, qui travaillaient dur, pratiquement toute la journée. Helena avait une âme contemplative et elle se serait probablement mieux retrouvée dans un couvent cloîtré. Coupées du monde, les religieuses, qui se trouvent dans de tels couvents, passent la plupart de leur temps à prier. Helena était en train de se poser la question si elle avait bien choisi la congrégation. Elle aurait préféré, écrivait-elle, être dans un couvent régi par une règle plus stricte, où l'activité physique occupe moins de place que la prière. En bref, elle se sentait désorientée. Elle était dans une congrégation qui avait bien voulu l'accueillir. C'est pour pouvoir y entrer qu'elle a dû faire des sacrifices et travailler dur pendant un an pour sa dot. Mais elle se rendait compte que ce n'était pas l'endroit dont elle rêvait. Et la responsable du postulat, la mère Janina Bartkiewicz, ne facilitait pas les choses. Ancienne économe de la communauté, c'était une personne énergique, mais aussi très autoritaire. « Elle montrait beaucoup de sensibilité à l'égard des jeunes sœurs, mais elle commandait avec une main de fer et inspirait de la peur. » Voilà la caractéristique de la mère Bartkiewicz, que l'on trouve dans les notes qui se trouvent à la fin du *Petit journal*. On comprend qu'Helena, elle aussi, devait éprouver de la peur.

En conséquence, trois semaines après son entrée au couvent, elle a « décidé fermement de le quitter ». Elle voulut faire part de sa décision à la mère Moraczewska, la supérieure de la congrégation à ce moment-là, mais les circonstances n'étaient pas favorables pour initier la conversation. Un soir, note-t-elle dans son *Petit journal*, quand elle était en train de prier dans la petite chapelle qui se trouvait au premier étage du couvent, elle se promit d'informer le lendemain la mère supérieure de sa décision. « J'entrai dans ma cellule, les sœurs étaient déjà couchées – la lumière éteinte. [J'étais] pleine de tourment et de mécontentement. Je ne sais que faire de moi », relate-t-elle.

> Je me jetai à terre et commençai à prier avec ferveur pour connaître la volonté de Dieu. [...] Après un moment, ma cellule s'éclaira et sur le rideau j'aperçus le visage très douloureux du Seigneur Jésus. Des plaies ouvertes sur tout son visage, et de grosses larmes tombaient sur mon couvre-lit. Ignorant la signification de tout ceci, je demandai à Jésus : Jésus, qui T'a fait une telle douleur ? Et Jésus me répondit : *« C'est toi qui me causeras une telle douleur, si tu quittes ce couvent. C'est ici et non ailleurs que je t'ai appelée et je t'y ai préparé de nombreuses grâces. »* (PJ 19).

Suite à cette réponse, Helena demanda pardon à Jésus et elle revint sur sa décision de quitter le couvent. Le lendemain, pendant la confession, elle dit au prêtre ce qui s'était passé. Celui-ci lui répondit qu'il y avait là « une bien claire volonté de Dieu », et qu'elle ne devait même pas penser changer de couvent. « Depuis ce moment, je me sens toujours heureuse et satisfaite » (PJ 19), écrira-t-elle après des années. Vers la fin de sa vie, elle pensait à nouveau quitter son couvent, mais pour une tout autre raison : c'est de cette façon qu'elle a interprété la demande de Jésus de créer une nouvelle congrégation dont la mission serait de prier pour la miséricorde à l'égard du monde.

Les paroles de Jésus : « Je t'ai appelée ici [...] et je t'y ai préparé de nombreuses grâces » se trouvent aujourd'hui sur le mur du couvent de la congrégation des Sœurs de Notre-Dame de la Miséricorde à Varsovie. Avec le temps, Faustine a appris à concilier le travail physique avec la prière et même la contemplation. Ainsi, sans mener une vie cloîtrée proprement dite, elle a atteint des sommets de la vie mystique. Depuis qu'elle avait compris que l'endroit le plus propice pour rencontrer Dieu était son âme, elle passait chaque instant de sa vie avec Lui, même quand elle travaillait. Pour rester constamment avec Dieu, elle n'était pas obligée d'aller à la chapelle ni de partager son temps entre le travail et la prière. Il est à souligner que Jésus a choisi pour elle une congrégation dont le nom, la mission et la spiritualité sont indissociablement liés à la miséricorde. En accueillant avec un amour miséricordieux les filles et les femmes qui espéraient un renouveau moral, le couvent témoignait chaque jour de la Miséricorde divine. En choisissant une des sœurs de cette congrégation pour porter le témoignage de la Miséricorde divine, Jésus voulait peut-être que les sœurs entourent de sa miséricorde non seulement ces femmes repenties, mais chaque personne, le monde entier.

Alors que sa vie au couvent n'était pas des plus faciles, Helena est pourtant restée dans la congrégation. Il n'empêche que son état de santé s'est sensiblement détérioré, sans doute à cause de divers tourments spirituels qu'elle vivait. Les supérieures ont alors décidé de l'envoyer pour un certain temps dans une petite résidence d'été, que la congrégation possédait près de Varsovie, à Skolimów. En automne 1925, c'est Aldona Lipszyc qui a rendu visite à Helena dans son couvent, rue Żytnia.

> Helena était très contente de me voir […], elle avait vraiment envie de me parler face à face – relatera, des années plus tard, l'ancienne patronne d'Helena. En profitant d'un moment où on était seules, elle me disait, en me conduisant à la porte du couvent, que sa vie n'était pas facile ; elle se lamentait notamment du règlement qui l'obligeait à garder le silence et à marcher lentement ; elle disait qu'elle ne pouvait se défendre lorsqu'on lui reprochait injustement quelque chose. Elle m'a raconté aussi qu'elle avait été humiliée en présence de tous, qu'elle avait été punie pour quelque chose qu'elle n'avait pas fait. Tout cela était bien affligeant et j'avais l'impression qu'ils étaient en train de casser cette fille d'un tempérament simple et joyeux. Je lui ai dit : « Helena, comment est-ce possible, tu t'es mise au service de Dieu et tu ne peux pas être toi-même, tu ne peux même pas dire la vérité. Laisse tout ça et reviens. » À ce moment-là, nous ne pouvions pas parler plus longuement.

Le fait d'avoir été « humiliée en présence de tous » fait peut-être référence à ce qu'Helena a décrit dans son *Petit journal* : un jour, la cuisinière Sœur Marcjanna Oświęcimska lui ordonna de faire la vaisselle après le déjeuner. Plus tard, quand elle revint, le travail n'était pas encore fait. Helena n'avait pas pu faire ce travail à temps parce qu'il y avait des sœurs qui arrivaient en retard et elle devait d'abord leur servir à manger. Très mécontente, Sœur Marcjanna lui infligea une punition : Helena était obligée de s'asseoir sur une table, alors que Sœur Marcjanna faisait seule tout le travail. « Les sœurs venaient et s'étonnaient de me voir assise sur la table, chacune disait son mot. L'une que je suis fainéante, une autre – quelle extravagante. […] D'autres disaient – quelle sœur fera-t-elle ? […] Vraiment Dieu seul sait combien d'actes d'abnégation je fis alors. Il me semblait brûler de honte. » Faustine a écrit ces paroles à peu près huit ans après cet événement. Elle avait donc une certaine perspective qui lui permettait d'apercevoir que Dieu rend possible ce genre de situations pour la « façonner ». Après cet événement, note-t-elle, « Il me récompensa de cette humiliation par une grande consolation ». Il est apparu à Helena dans la chapelle « dans une grande beauté » et lui a dit : « Ma fille, n'aie pas peur des souffrances, je suis avec toi » (PJ 151). C'était donc pour la deuxième fois qu'Helena a vu Jésus dans son couvent de Varsovie.

« C'est très dur pour moi, mais je sens une grande grâce de Dieu, que je peux tout supporter », disait-elle à Aldona Lipszyc lors de leur dernière conversation. C'était juste avant le départ d'Helena à Cracovie, le 23 janvier 1926, où elle devait terminer son postulat. Helena rendit visite à Aldona quand, accompagnée d'une sœur responsable des affaires sociales, elle rentrait de chez le dentiste. Les Lipszyc habitaient à ce moment-là à Varsovie, rue Rakowiecka, dans l'appartement de Stanisław Meller qui venait d'épouser la sœur d'Aldona Lipszyc Weronika Jastrzębska (les Lipszyc ont emménagé dans leur appartement dans le quartier de Żoliborz en 1928). Aldona raconte :

> Helena est venue chez nous et elle a tout de suite commencé à raconter de vive voix ce qu'elle était en train de vivre. [...] Je voyais qu'elle avait beaucoup changé et qu'elle avait du mal à supporter tout ça. Je lui ai proposé de revenir chez nous si elle sentait que ce n'était pas sa voie. [...] Elle a expliqué qu'elle allait à Cracovie pour faire son noviciat. Elle a dit aussi que si elle n'arrivait pas à endurer la vie au couvent, elle reviendrait chez moi. Elle a dit qu'elle avait travaillé en cuisine, qu'elle avait beaucoup appris et qu'elle pourrait cuisiner aux enfants plein de bonnes choses si elle revenait.

Maria Nowicka avait à l'époque 6 ans à peine, mais elle se souvient très bien de cette visite :

> La sœur qui accompagnait Helena est restée avec nous dans une chambre, alors que maman et Helena se sont enfermées dans une autre. Je me souviens que toutes les deux étaient en larmes quand elles sont revenues. Helena nous a dit au revoir et les deux sœurs ont quitté notre appartement. Et nous, les enfants, avons demandé

> à maman pourquoi Helena n'était pas restée avec nous, pourquoi elle n'avait pas joué avec nous, pourquoi elle n'était pas souriante et pourquoi elles avaient pleuré toutes les deux ? Maman a répondu en quelques mots qu'Helena était un peu triste et que c'est à cause de cela qu'elle avait fondu en larmes. À plusieurs reprises, maman revenait encore à cette visite, c'est pourquoi je m'en souviens tellement bien. Maman disait qu'Helena avait une vie dure au couvent. Elle disait à maman qu'elle n'était pas comprise, mais qu'elle supporterait tout, parce que Jésus le lui avait ordonné. Elle disait qu'elle supporterait toutes les souffrances, qu'elle serait obéissante, parce que c'était son désir et son but dans la vie.

En tant que religieuse de second chœur, Helena devait remplir des fonctions d'assistance par rapport à la tâche principale dont se chargeait la congrégation, à savoir prendre en charge des femmes perdues et les amener à emprunter le bon chemin. Les sœurs de second chœur s'occupaient du fonctionnement matériel de la maison : elles faisaient la cuisine, lavaient le linge, faisaient le ménage, cultivaient la terre, s'occupaient du jardin et des animaux. Les sœurs de premier chœur s'occupaient à leur tour de la gestion de la congrégation, et avant tout de la formation et de l'éducation des femmes qui leur étaient confiées. Les sœurs de second chœur avaient, elles aussi, une certaine influence sur la formation de leurs protégées. En effet, elles étaient souvent amenées à travailler ensemble à la maison ou dans le jardin.

Comme le remarque le père Joachim R. Bar, depuis sa création, la congrégation appliquait à l'égard de ses protégées quatre principes mis en place par la maison à Laval : séparer du mauvais milieu, offrir un toit, fortifier dans le bien et protéger du retour à l'ancienne vie. Les repenties avaient donc l'interdiction de parler de leur passé. Et les sœurs veillaient à ce que ce principe soit strictement observé. Pour que les filles puissent oublier plus vite leur passé, les sœurs leur donnaient de nouveaux prénoms, comme cela se passe dans les couvents. Un nouveau prénom devait en quelque sorte apporter une nouvelle identité. Aujourd'hui, les psychologues considèrent que refouler les événements passés dans l'inconscient est la pire façon de résoudre les problèmes, mais autrefois, on croyait en l'efficacité de ce genre de thérapie. Les sœurs veillaient aussi à ce que leurs protégées n'aient pas de contacts avec le monde extérieur sans leur permission. Elles avaient peur que les repenties ne soient tentées d'intégrer leurs anciens milieux. C'est d'ailleurs pour cette raison-là que les chapelles, construites avec des portes côté cour intérieure et non côté rue, étaient fermées aux personnes extérieures au couvent. Elles ne deviendront accessibles qu'au moment où éclate la Seconde Guerre mondiale. Fortifier dans le bien consistait notamment à faire apprendre aux protégées la prière et les pratiques religieuses. Toutes les repenties étaient obligées d'apprendre le catéchisme. Ce qui devait les protéger du retour à l'ancienne vie, c'était d'acquérir des habiletés permettant de gagner leur vie. Les sœurs de premier chœur leur enseignaient donc la lecture, l'écriture, les calculs, ainsi que les bases en histoire, géographie et sciences naturelles. Les protégées avaient également l'occasion d'apprendre à dessiner, broder et à couper le tissu. Avec le temps, les sœurs avaient créé des écoles qui offraient des cours correspondant aux programmes de l'école primaire et d'écoles professionnelles. Le renouveau moral passait aussi par le travail. Les jeunes filles et les femmes apprenaient à effectuer des tâches ménagères, à s'occuper de la ferme. On leur enseignait la régularité au travail. Le travail des repenties – dans des blanchisseries, ateliers de couture, boulangeries, jardins, fermes – était également une source importante de revenus pour les congrégations.

Selon le père Bar, qui a eu accès aux archives de la congrégation, les trois quarts des protégées environ « ont vécu un renouveau spirituel et ont persisté sur le bon chemin ». Dans les établissements gérés par les sœurs, elles restaient le plus souvent trois ans. Celles qui n'avaient pas de famille restaient plus longtemps, parfois pour la vie entière. C'est par exemple le cas de Kamila – c'est-à-dire Maria Olszewska de Walendów – qui a aujourd'hui plus de quatre-vingt-dix ans et qui était orpheline quand elle est arrivée chez les sœurs. Un des principes forts adoptés par les sœurs était que les protégées, même les plus douées, les mieux formées et les plus pieuses, ne pouvaient devenir religieuses dans leur congrégation.

Helena a fait son postulat sous la direction de la mère Bartkiewicz qui l'a décrite comme celle qui est « très fortement liée à Jésus Christ », celle qui « a sa vie intérieure, à propos de laquelle elle n'aime pas trop parler » et enfin celle qui

« a des contacts avec des âmes de morts ». En se souvenant d'Helena, du temps de son postulat au couvent de Varsovie, la mère Borgia Tichy a admis que même si « en apparence elle n'était pas très séduisante, il y avait dans sa façon d'être une certaine finesse et une certaine délicatesse qui la rendaient supérieure aux autres ».

***

Sœur Faustine est venue à Varsovie plusieurs fois, à différentes étapes de sa vie de religieuse : en 1928, 1929, fin 1932 et début 1933, en 1935 et 1936. Au couvent, rue Żytnia, elle s'arrêtait pour quelques semaines, quelques mois, parfois pour quelques jours. C'était pour faire une pause quand elle se déplaçait entre différentes maisons de la congrégation, où elle était envoyée par ses supérieures. En somme, elle a passé à Varsovie environ deux ans.

Une fois partie du couvent de la rue Żytnia, en janvier 1926, elle y est retournée seulement trois ans après, le 31 octobre 1928. Elle est arrivée de Łagiewniki. Elle avait déjà fait son postulat, son noviciat et elle avait prononcé ses vœux temporaires six mois auparavant. Elle s'appelait désormais Sœur Faustine et elle portait un habit et un voile. Elle est arrivée à Varsovie pour y passer quatre mois. Sa tâche : travailler dans la cuisine qui servait des repas aux pensionnaires de l'établissement tenu par les sœurs. Le travail n'était pas facile parce que l'établissement comptait à ce moment-là plus de deux cents filles. Comme celles-ci étaient amenées à donner un coup de main aux sœurs, Faustine en profitait pour leur parler de Dieu et les fortifier dans le bien. Selon la mère Michaela Moraczewska : « Les jeunes filles qui y travaillaient avec elle, avaient pour elle beaucoup de respect […]. La sœur leur parlait des choses qui les fortifiaient et elle les incitait à faire de petits sacrifices pour Dieu. »

Par rapport à 1926, Faustine a sensiblement avancé sur la voie de la vie mystique. Comme l'a écrit le père professeur Stanisław Urbański – auteur de nombreux ouvrages sur la mystique, dont ceux sur la spiritualité de sainte Faustine –, cette vie mystique consiste dans « l'union de l'homme avec un seul Dieu en trois personnes par l'amour ». À une telle union, qui est une véritable

« participation dans la vie de Dieu », mène un long chemin – celui d'un développement de la vie intérieure, rendu possible par la grâce divine. Sœur Faustine, une des plus grandes mystiques de l'histoire, atteindra les sommets d'une union amoureuse de l'âme à Dieu. L'aboutissement de cette union se traduira par les épousailles spirituelles des cœurs, où l'âme s'unit à Dieu de la façon la plus complète qui soit ici sur terre. Mais cela aura lieu seulement quelques années plus tard. Pour l'instant, en 1928, Sœur Faustine était toujours sur le chemin qui devait la conduire vers le summum de son union avec Dieu.

Elle est arrivée à Varsovie du couvent de Łagiewniki où, durant dix-huit mois, elle a vécu la nuit obscure des sens et de l'âme. La nuit obscure est une des premières étapes de la vie mystique, lorsque l'âme est purifiée de tout ce qui – comme l'a écrit Saint Jean de la Croix – n'est ni pureté ni amour, c'est-à-dire de tout ce qui n'est pas Dieu, pour qu'elle soit mieux préparée à une union plus étroite avec Lui. Dieu a préparé Sœur Faustine à une union plus étroite avec Lui pour lui faire connaître un de ses attributs – la Miséricorde, dont la proclamation deviendra la mission de la future sainte. Et même si, plus tard, Sœur Faustine devait encore connaître des périodes d'obscurité, à présent, après avoir vécu de grandes souffrances spirituelles, son âme « se repose dans l'amour » (PJ 115).

Faustine vivra de plus en plus souvent et de façon de plus en plus intense des moments de contemplation infuse et des actes d'union de l'âme à Dieu. Désormais, son âme ayant été « purifiée par Dieu seul », elle pouvait parler « au Seigneur sans passer par les sens », et Lui la remplissait de sa lumière. « L'âme est unie à Dieu de la façon la plus étroite, elle est plongée dans la Divinité, sa connaissance est complète et parfaite, non plus partielle, comme auparavant, mais totale et entière » (PJ 115), écrira-t-elle dans le *Petit journal* quelques années plus tard. C'est d'habitude dans un acte de contemplation infuse – lorsque Dieu, en un éclair, lui faisait connaître plus profondément Sa nature – que Faustine vivait cette union à Dieu, qu'elle désignait à l'aide des termes suivants : « sombrer en Dieu », « plonger dans la Divinité », « s'enfoncer en Dieu ».

La contemplation infuse, qui est un don de Dieu, a reçu dans la littérature du domaine diverses définitions. Faustine l'appelle « un recueillement plus profond » et écrit à son propos : « En un instant l'esprit discerne plus que durant de longues années de réflexions approfondies et de méditations, en ce qui concerne l'essence de Dieu, de même en ce qui concerne les vérités révélées ainsi que la connaissance de ma propre misère » (PJ 882). Alors que l'esprit y accède à une connaissance claire, une telle connaissance n'est pas de type intellectuel, mais elle passe par l'amour ; elle n'est en aucune façon construite ou acquise par l'homme, mais reçue comme un don de Dieu. Seule la contemplation acquise, c'est-à-dire la prière supérieure qui vient après la prière réfléchie et la prière émotive, peut être considérée comme une forme de contemplation « construite » par l'homme. La contemplation acquise est accessible à tous ceux qui mènent une vie spirituelle approfondie. Faustine a eu sa première expérience de contemplation infuse – du moins des lueurs de celle-ci – bien avant son entrée au couvent, sans doute à l'âge de sept ans lorsqu'elle a entendu un appel à une vie plus parfaite. Maintenant, après avoir passé la nuit obscure de l'esprit et des sens, elle vivait ces moments de contemplation infuse bien souvent.

Sœur Faustine ne connaissait pas la théorie de la mystique. De la mystique elle ne savait rien d'autre que ce qu'elle avait vécu elle-même et ce que lui en avaient dit plus tard ses pères spirituels – l'abbé Michał Sopoćko et le père Józef Andrasz. Faustine n'a pas lu de textes des grands mystiques, notamment ceux de saint Jean de la Croix – qui a systématisé et décrit les différentes étapes de la vie mystique – ou ceux de sainte Thérèse d'Ávila. Quand elle décrivait ces états où son âme « croisait » Dieu, comme elle disait, lors des « visites particulières » (PJ 6), elle le faisait avec des mots simples, comme elle le pouvait, en déplorant que les mots ne rendaient pas compte de ce que l'âme avait vécu. Paradoxalement, grâce à son manque de culture mystique, son *Petit journal* revêt une valeur spéciale. Dans son ouvrage intitulé *Zawierzyć Bożemu miłosierdziu*[1], Ludmiła Grygiel constate : « Le fait que Faustine n'était pas cultivée et ne savait donc pas bien rédiger un texte sont en quelque sorte des atouts. En effet, cela aide à saisir

1. *Faire confiance à la Miséricorde divine* [ndt].

l'essentiel de l'expérience mystique qu'elle décrit d'une façon extrêmement simple et directe, sans essayer de la systématiser ou de la théoriser. Le fait qu'elle n'avait pas de connaissances particulières en la matière a permis à Faustine de mettre en relief la spécificité de son expérience mystique, ainsi que la spécificité du savoir qu'elle avait acquis lors de cette expérience. » Faustine a regretté plusieurs fois dans son *Petit journal* qu'il soit impossible de décrire avec le langage des sens ce qui se passe dans le domaine de l'esprit. Tout comme Faustine avait du mal à expliquer ses expériences mystiques, les gens qui n'ont jamais vécu d'expériences pareilles et qui en ont juste le pressentiment, ont du mal à comprendre ce qui se cache précisément derrière les mots des mystiques. C'est pourquoi, pour ceux qui écrivent à propos de Sœur Faustine, il est plus facile de ne décrire que ses visions extérieures et intérieures, ses apparitions, ce qui touche au domaine des sens, que de rendre avec des mots ce qui constitue le sens le plus profond de sa vie spirituelle, à savoir une union amoureuse de son âme à Dieu. Non seulement Faustine voyait Jésus, mais elle s'unissait à Lui, elle s'unissait à Dieu-Amour par amour. Elle vivait donc dans une sphère où les sens n'agissent plus.

Dans la vie spirituelle de Sœur Faustine, on peut noter bien des phénomènes mystiques (qui reçoivent dans la littérature du domaine des appellations diverses), comme le fait d'avoir des visions extérieures et intérieures ou le fait d'entendre – extérieurement et intérieurement – des mots. Elle avait aussi bien des charismes, comme le don de pénétrer dans les cœurs, le don de prophétiser ou le don de « blottir » sa tête contre les cœurs de Jésus et Marie. Elle a vécu aussi des expériences dans la sphère psychophysique : elle a reçu des stigmates intérieurs et le don de la bilocation. Faustine a noté dans son *Petit journal* que ce qui rend notre âme sainte et parfaite, ce ne sont « ni les grâces, ni les apparitions, ni les ravissements, ni aucun don accordé » – ces choses ne sont que la parure de l'âme –, mais le fait d'unir notre volonté avec la volonté de Dieu. La seule chose qui rend notre âme parfaite, c'est d'être uni à Dieu. « Ma sainteté et ma perfection consistent en une étroite union de ma volonté avec celle de Dieu » (PJ 1107), écrivait-elle.

Revenons cependant à cette période de quelques mois, entre 1928 et 1929, lorsque Sœur Faustine est arrivée à Varsovie. Dans sa vie spirituelle, après des « épreuves de feu » (la nuit des sens et de l'esprit), c'était pour elle un temps où elle pouvait « se reposer dans l'amour » de Dieu. C'est le temps, relatera-t-elle après des années, où l'âme « se réjouit d'une étroite union avec Dieu. Elle a un grand nombre de visions sensibles et spirituelles, elle entend un grand nombre de paroles surnaturelles, et parfois des ordres précis » (PJ 121). Selon saint Jean de la Croix, ce type d'expériences dans la sphère des sens est caractéristique de la période initiale de la vie mystique. Dieu, explique-t-il, « perfectionne l'homme en le considérant d'un point de vue humain, en commençant par ce qui est le plus ordinaire et externe, et en terminant par ce qui est le plus sublime et interne ». Il le fait graduellement, en fonction du degré de préparation de l'âme. Faustine le savait de sa propre expérience parce que, vers la fin de sa vie, elle écrivait qu'elle avait moins de visions extérieures, que « les sens [restaient] assoupis » (PJ 882), et que son union à Dieu était purement spirituelle. Néanmoins, Jésus lui apparut jusqu'à la fin de ses jours, celui qui était son Maître et qui lui a confié la mission de proclamer au monde la Miséricorde divine.

Au cours de ce séjour à Varsovie, Sœur Faustine a eu quelques visions de grande importance, qu'elle a décrites dans son *Petit journal*. L'une d'elles concernait sa future canonisation. Cette scène qu'elle avait vue avait eu lieu dans une « grande » chapelle monastique, c'est-à-dire dans l'actuelle église paroissiale. « À un certain moment, j'ai vu – écrit-elle – une multitude de personnes dans notre chapelle, devant notre chapelle et dans la rue, car ils ne pouvaient pas tous entrer. » Quand elle passait par la cour, les gens commençaient à lui jeter tout ce qu'ils avaient sous la main :

> de la boue, des pierres, du sable, des balais, n'importe quoi, si bien qu'au premier moment, j'hésitais à avancer […]. Lorsque je passai le seuil de la chapelle, les supérieures, les sœurs, les élèves, et même les parents commencèrent à me frapper avec ce qu'ils avaient sous la main, si bien que, bon gré mal gré, je dus vite monter à la place qui m'était destinée sur l'autel. […] Dès que j'eus occupé cette place, cette même foule, les élèves, les sœurs, les supérieures et les parents, tous commencèrent à tendre leurs mains en demandant des grâces […]. Alors mon âme fut inondée d'un bonheur inconcevable, et

> j'entendis ces mots : « *Fais ce que tu veux, distribue les grâces comme tu le veux, à qui tu le veux et quand tu le veux* » (PJ 31).

Le chemin menant à la béatification de Sœur Faustine a été long et difficile. Peut-être, ces images qu'elle avait vues, avant de prendre la place dans le retable, annonçaient déjà ces difficultés. Faustine fut déclarée bienheureuse en 1993, et sainte en 2000, par le pape Jean-Paul II. C'est ainsi que se réalisa son rêve d'enfance de devenir une grande sainte, c'est-à-dire d'aimer Jésus d'un très grand amour comme « personne ne [L'a] jamais aimé » (PJ 283).

Dans une autre vision, Faustine a vu la destruction de Varsovie. Dans son *Petit journal,* elle ne donne pas le nom de la ville, mais il ressort clairement de sa description qu'il s'agit justement de Varsovie. Vers la fin de sa vie, Faustine prédira qu'une nouvelle guerre terrible éclaterait, mais à ce moment-là elle n'en parlait pas encore. En revanche, elle a noté ce que Jésus lui avait dit, « qu'il punirait une ville, celle qui est la plus belle de toute la Patrie. Cette punition serait pareille à celle infligée par Dieu à Sodome et Gomorrhe ». Faustine a donc prié pour Varsovie et pour la Pologne, comme Jésus le lui a demandé : « *Unis-toi étroitement à moi pendant le saint sacrifice et offre au Père céleste mon sang et mes plaies pour obtenir le pardon des péchés de cette ville* » (PJ 39). Dans ces paroles, où on évoque le sacrifice du Christ comme réparation des péchés des gens, on entend déjà l'annonce du chapelet à la Miséricorde divine, que Jésus dictera à Faustine quelques années plus tard. À ce moment-là, dans la chapelle de rue Żytnia, Faustine a offert – durant sept jours, pendant la messe – « le sang et les plaies » du Christ en réparation des péchés des habitants de Varsovie. Le septième jour des prières pour la patrie, elle eut une vision : « Jésus m'apparut dans une nuée lumineuse et je commençai à Lui demander de jeter un regard sur cette ville et sur notre pays tout entier. » Elle priait ardemment pour une bénédiction. « Alors Jésus dit : *"Pour toi, je bénis le pays tout entier"*, et Il fit de la main un grand signe de croix sur notre Patrie » (PJ 39). C'était en automne 1928. Faustine ne dira jamais de quels péchés il s'agissait précisément. Ni à ce moment-là ni plus tard, quand elle déplorera le sort de Varsovie et les péchés commis dans la patrie. Cependant l'abbé Michał Sopoćko, son directeur spirituel, dont elle fera connaissance à Vilnius, s'était souvenu qu'il lui avait posé la question, à savoir quels péchés seraient punis par Dieu. Faustine devait répondre : « Particulièrement le péché d'assassiner des enfants non nés, parce que c'est le péché le plus grave. »

À cette époque-là, Faustine eut une autre apparition qui devait annoncer sa mission. Un jour, elle fut appelée intérieurement au Jugement de Dieu. « Aussitôt, je perçus exactement l'état de mon âme, telle que la regarde Dieu. Je vis clairement tout ce qui déplaît à Dieu. J'ignorais que l'on doive rendre compte même de ces petites ombres », écrira-t-elle. Jésus lui a dit qu'elle « [était] redevable d'un jour au feu du purgatoire ». Elle voulut « tout de suite [se] jeter dans les flammes du feu du purgatoire », mais Jésus la retint et lui demanda : « Que veux-tu, souffrir maintenant un jour ou pendant un court espace de temps sur la terre ? » Faustine était prête à supporter l'un et l'autre, mais Jésus lui dit : « Un seul suffit. Tu descendras sur la terre et tu vas souffrir intensément mais pour peu de temps, tu accompliras ainsi ma volonté et mes souhaits, et mon fidèle serviteur t'aidera à la réaliser. » Et il ajouta : « Sache que tu devras beaucoup, beaucoup souffrir, mais que cela ne t'effraye pas, je suis avec toi » (PJ 36). Ces paroles, « je suis avec toi », Faustine les entendra encore bien des fois lors de moments de souffrance.

Les souffrances de Faustine ont duré jusqu'à sa mort, en 1938, c'est-à-dire dix ans. C'est beaucoup pour une vie humaine, alors que c'est certainement « un temps bref » dans l'optique éternelle de Dieu. Faustine a noté que, peu après cette apparition, sa santé s'est dégradée. Ce n'était pas encore la tuberculose, mais un épuisement général de l'organisme. Mais sa souffrance n'était pas que physique. Elle devait supporter aussi des souffrances psychiques – peut-être plus douloureuses – de la part des sœurs qui ne prenaient pas au sérieux son état. Comme le médecin ne détecta aucune maladie, elles pensaient que Faustine feignait une maladie pour ne pas travailler en cuisine. « Parfois la plus pure intention est mal interprétée par les sœurs » (PJ 38), écrivait-elle. Mais elle comprenait aussi qu'il s'agissait là d'« instruments », que Dieu laissait faire pour lui apprendre l'humilité et purifier son âme de ses attaches avec les gens. Jésus avait en effet annoncé qu'elle ne trouverait « ni soulagement, ni aide, ni réconfort » nulle part, sauf en Lui.

Pendant longtemps Faustine n'arrivait pas à comprendre une chose : alors que Jésus lui avait demandé de parler à ses supérieurs de tout ce qu'elle était en train de vivre, de ses conversations avec Lui, de ses illuminations, ses supérieures ne la croyaient pas quand elle leur en parlait. « [Elles] me témoignaient de la pitié, comme si j'étais dans l'illusion ou bien sous l'influence de mon imagination » (PJ 38), écrivait-elle à ce propos. Même son confesseur lui avait dit que ce qu'elle était en train de vivre pouvait provenir de Dieu ou, au contraire, être une illusion ou un ouvrage du mauvais esprit. Dieu mettait Faustine à l'épreuve et il testait son obéissance, alors qu'elle était exposée à bien des ennuis de la part des sœurs. Sœur Samuela Wasilewska raconte : « Un jour, après avoir vécu toutes sortes d'ennuis, elle m'a dit qu'elle sortait pour quelques instants de la cuisine, et elle est allée à la chapelle. Sans qu'elle me voie, j'y suis entrée moi aussi. Elle était à genoux, les mains croisées, et elle priait en pleurant fort. »

Sœur Samuela – une postulante travaillant à l'époque dans la cuisine avec Faustine – a été témoin d'une autre scène encore :

> Un jour, une sœur revenait de la ville, elle portait des bottes de caoutchouc, toutes couvertes de boue, et elle était fâchée contre Sœur Faustine. Dans l'agitation, elle ne s'est même pas aperçue qu'elle avait enlevé ses bottes sales. Sœur Faustine a ramassé ces bottes, elle m'en a donné une à laver et elle a lavé l'autre sur l'évier. Après, je lui ai demandé pourquoi elle avait fait cela pour une sœur qui était si insupportable. Et elle m'a répondu : « C'est pour l'amour du Seigneur Jésus. »

L'objectif de Faustine était d'accomplir toutes les demandes de Jésus et l'obéissance aux supérieurs en faisait partie. Mais comme ses supérieurs mettaient en doute ses visions, voire les rejetaient, il arrivait que Faustine soit déchirée entre l'obéissance à Jésus et l'obéissance à ses supérieurs qui était exigée par Jésus. Ainsi, elle essayait sur le moment d'« éviter intérieurement Dieu ». Cependant, écrit-elle, quand précisément elle voulait se défendre de l'union à Dieu, elle sentait sa présence encore plus fortement.

Il y a dans la congrégation une tradition bien établie : après une retraite de huit ou trois jours, les sœurs renouvellent leurs vœux d'obéissance, de pauvreté et de chasteté. Ce fut justement un de ces jours-là, en 1929, que Faustine eut une vision pendant la messe dans la chapelle de Varsovie : « Soudain Jésus parut à côté de moi, portant une tunique blanche et une ceinture d'or et me dit : *"Je t'accorde un amour perpétuel, pour que ta pureté soit sans tache, et comme preuve que tu n'éprouveras plus de tentation contre la pureté."* Jésus ôta sa ceinture d'or et m'en ceignit. » Quelques années après cet événement, Sœur Faustine écrira : « À partir de cet instant, je ne ressentis plus aucune tentation contre cette vertu ni dans mon cœur ni dans mon esprit. J'ai compris plus tard que c'est l'une des plus grandes grâces que m'avait obtenue la Très Sainte Vierge Marie, car je la lui avais demandée pendant de nombreuses années » (PJ 40).

C'est probablement pendant ce séjour dans la capitale que Faustine a montré à Sœur Samuela Wasilewska, originaire de la région de Suwałki, quelques églises de Varsovie. Faustine, elle-même, les a visitées quand elle habitait chez les Lipszyc, rue Smolna, et cherchait un couvent, ou peut-être déjà au cours de son postulat. Sœur Samuela raconte : « Nous sommes entrées, entre autres, dans une église orthodoxe parce qu'elle voulait me la montrer. Elle s'est mise à genoux et elle a prié. Elle disait, plus tard, que Dieu était partout et qu'il fallait le louer en tous lieux. Elle parlait aussi de la réunification des Églises, que cela devait arriver un jour. »

Parmi les trois églises orthodoxes qui se trouvaient à l'époque à Varsovie, on ne sait pas laquelle les sœurs ont visitée. La quatrième, la grande église Saint-Alexandre Newski – située place Saski – église qui était le symbole du pouvoir russe régnant en Pologne durant deux siècles – a été démantelée deux ans auparavant, en 1926. Les sœurs ont donc pu visiter l'église Saint-Jean Klimak, construite en début de siècle dans le quartier de Wola. Ou, plus près du couvent, la petite église de la Sainte-Trinité, qui se trouve à Podwale, dans le centre historique de la ville. Elles ont aussi pu prendre le tramway et aller sur la rive droite de la Vistule, à Praga, où se trouve la magnifique église Sainte-Marie-Madeleine. C'est le principal lieu de culte de la communauté orthodoxe de Varsovie, qui avant la guerre comptait cinq mille personnes. Faustine a sans doute dû voir plusieurs fois cette église quand elle prenait le train à la gare Wileński pour aller à Ostrówek.

« Dieu est partout. » Ces paroles de Faustine, adressées à Sœur Samuela pendant la visite de l'église orthodoxe, sont assez étonnantes pour l'époque. On est à quelques dizaines d'années du concile Vatican II, au moment où l'œcuménisme faisait à peine ses premiers pas. Avant son entrée au couvent, quand elle habitait à Aleksandrów, Łódź et Ostrówek, Sœur Faustine a eu l'occasion de connaître des gens de religions, de confessions et de cultures différentes, pour qui elle a eu beaucoup de respect. Mais ses paroles à propos de la réunification des Églises ont sans doute été bien plus qu'un simple désir du cœur.

***

Le 21 février 1929, Sœur Faustine a quitté Varsovie pour aller à Vilnius. Mais déjà quatre mois plus tard, le 11 juin, elle est à nouveau venue dans la capitale. Elle y est restée très peu de temps, parce que le 7 juillet elle est partie au couvent de Kiekrz près de Poznań. À Varsovie, elle a passé ce mois de juin non dans la maison, rue Żytnia, mais dans sa filiale se trouvant dans le quartier de Grochów, au 44 rue Hetmańska. En 1929, c'était une périphérie lointaine de la capitale, mais facilement accessible. En effet, la rue Hetmańska arrive jusqu'à une grande artère du quartier de Praga – rue Grochowska –, et celle-ci était desservie, à partir de 1925, par une ligne de tramway. Grochów a été rattaché à la ville de Varsovie à peine quelques années auparavant, en 1916. Avec ses grands jardins, ses terrains agricoles, son air pur, la rue Hetmańska était à l'époque un espace vert de la capitale. C'est pourquoi les sœurs du couvent de la rue Żytnia avaient décidé d'y acheter, en 1926, une parcelle de plus de deux hectares. Un an plus tard, elles y ont fait construire une maison en bois, une serre chaude et elles y ont créé un jardin. Ce coin vert est devenu par la suite un endroit où les sœurs, ainsi que leurs protégées, venaient se reposer. Cet endroit a été appelé « Józefinek », du nom d'un des patrons de la congrégation Saint-Joseph. Juste à côté du terrain appartenant aux sœurs se trouvait – et ce jusqu'à aujourd'hui – la maison de l'écrivain Jan Dobraczyński. Sœur

Faustine est arrivée pour la première fois à « Józefinek » en 1928, pendant la fête de Noël. Elle y est venue pour peu de temps, pour rendre visite aux sœurs qui y séjournaient. Alors quand elle y est revenue six mois plus tard, en juin 1929, la maison lui était déjà connue. La cellule de Faustine se trouvait dans un pavillon en bois rudimentaire. Celui-ci est resté sur place jusqu'en 1975 – l'année où il a été démoli. En 1929, dans la maison, rue Hetmańska, il y avait peu de sœurs qui y habitaient. Le travail en cuisine n'était donc pas très pénible pour Faustine, et un grand jardin, où elle travaillait sans doute aussi, était dès lors un endroit propice pour se donner une récréation. La mère Moraczewska se rappelait que Faustine avait laissé de bons souvenirs aux pensionnaires qui y séjournaient, si bien que lorsqu'elle fut sur le point de partir, elles « firent leurs sacs et annoncèrent qu'elles la suivraient ».

En octobre 1929, Faustine est venue encore une fois à Varsovie, cette fois-ci elle s'est arrêtée dans la maison de la congrégation, rue Żytnia. On ne sait pas combien de temps elle y est restée. Peut-être jusqu'à mai 1930, quand elle est partie pour le couvent de Płock.

À l'époque où Sœur Faustine y était, la congrégation possédait onze maisons : à Varsovie, Cracovie, Vilnius, à Walendów, près de Varsovie, à Płock, Częstochowa, Radom, Kalisz, Kiekrz, Lviv et à Supraśl. Certaines maisons avaient aussi des filiales : la maison de Varsovie en avait fondé une dans le quartier de Grochów, la maison de Cracovie à Rabka-Zdrój et la maison de Walendów à Derdy. Sœur Faustine changeait souvent de résidence et elle a donc été amenée à séjourner plus ou moins longtemps dans chacune de ces maisons. Au total, au cours des treize années qu'elle a vécues dans la congrégation, elle a séjourné dans dix maisons ou filiales différentes. Mais il n'y a que dans quatre de ces endroits qu'elle a habité plus d'une année.

Un jour, Sœur Ludwina Gadzina a demandé à la mère Józefa Brzoza – la supérieure de la maison de Varsovie –, pourquoi Sœur Faustine était mutée si souvent d'une maison à une autre. En réponse, elle a entendu qu'il y avait deux types de mutation : certaines sœurs étaient mutées à cause de leur caractère, d'autres à cause de besoins spécifiques de la congrégation. Dans le second cas, bien souvent cela se passait non sans difficultés, mais Faustine n'a jamais posé de problème.

Cela ne veut pas dire que, pour Faustine, ces déplacements constants allaient de soi, mais pour elle, la volonté des supérieurs était une chose sainte. Cependant, comme elle se laissait tout le temps muter sans se plaindre, certaines sœurs avaient fini par lui coller l'étiquette de « bonasse ». « En gros, ce n'est pas un qualificatif noble – écrivait le père Józef Andrasz. Elle a été appelée comme ça non parce qu'elle n'était bonne à rien, mais, au contraire, parce qu'elle se distinguait par son assiduité et sa diligence dans toutes les tâches qu'on lui confiait. » Le père Andrasz remarque que grâce au fait que Faustine ait vécu dans pratiquement toutes les maisons de la congrégation, un nombre plus important de sœurs ont eu l'occasion de faire sa connaissance. Néanmoins, ces changements constants avaient aussi leurs mauvais côtés. Il ne s'agissait pas seulement du fait que Faustine était obligée de s'adapter tout le temps à des conditions nouvelles, d'apprendre à exécuter de nouvelles tâches. Chaque couvent, écrivait-elle, était comme un petit noviciat. Ces changements signifiaient avant tout qu'elle devait souvent changer de confesseur. Chaque fois, Faustine était obligée de dévoiler à nouveau sa vie spirituelle, ce qui n'était facile ni pour elle ni pour le confesseur qui naturellement manquait de temps pour l'appréhender correctement.

Ce qui ressort d'une lettre que Sœur Faustine a écrite en octobre 1929 à une amie, Sœur Justyna Gołofit, c'est qu'elle était à l'époque très heureuse d'être dans la maison de Varsovie. Elle y souligne qu'elle souffre, mais qu'elle est heureuse parce qu'elle peut servir Jésus : « Plus je souffre, plus grand est mon désir de souffrir, et quand je sais que la souffrance est offerte par Celui que j'aime, cette souffrance cesse d'être une souffrance, elle est jouissance et bonheur. » Elle fait savoir à Justyna qu'elle fait la cuisine pour les sœurs : « Vous savez très bien, chère sœur, comment on travaille dans la cuisine, toujours vite et jamais on n'est prêt à temps. » Elle préparait des repas en travaillant avec Jacenta Mesjasz – une sœur plus âgée et plus expérimentée qu'elle – et deux postulantes. Elle était en outre chargée d'autres tâches. Cette lettre avait été écrite une nuit où elle était de service et surveillait la maison.

***

Faustine a de nouveau séjourné dans la maison de la congrégation à Varsovie, rue Żytnia, entre novembre 1932 et avril 1933. Elle y est venue pour se préparer, avec quatre autres sœurs, à prononcer ses vœux perpétuels.

« Cette période de préparation aux vœux définitifs a été pour Sœur Faustine […] très lourde », se rappelait mère Michaela Moraczewska. Il y avait plusieurs raisons à cela. D'abord, Faustine se sentait physiquement très faible. Elle était tellement épuisée que Sœur Zuzanna Tokarska, qui était amenée à travailler avec Faustine dans le vestiaire – endroit où l'on réparait les vêtements des sœurs –, se plaignait de ne pas pouvoir « lui confier un travail sérieux, parce qu'elle allait se coucher, ne pouvait rien faire, car elle était consumée par une maladie ». Le diagnostic n'était pas encore posé à ce moment-là, mais on sait que Sœur Faustine souffrait déjà de tuberculose. « Sœur, je ne trouve rien dans vos poumons », a déclaré Janina Kozińska-Sobierajska, médecin de la congrégation, après avoir examiné Faustine dans le dispensaire de la maison. Sœur Adalberta Banach témoigne : « J'ai remarqué chez Sœur Faustine un petit air d'incrédulité, parce qu'elle était bien pâle et très affaiblie, mais elle a répondu tranquillement : "Et pourtant j'ai mal", et, résignée, elle a quitté le dispensaire. »

Mère Michaela Moraczewska a admis après des années que le diagnostic émis ce jour-là était erroné. Les sœurs, dont Zuzanna Tokarska, répétaient quant à elles que l'analyse des crachats de Sœur Faustine n'avait rien montré. Il y a peut-être une explication à cela : la maladie en était encore à un stade initial, donc caché.

À côté des souffrances physiques, Faustine a connu aussi des souffrances spirituelles à cette époque. Celles-ci étaient liées à une apparition de Jésus, que Faustine avait eue à Płock deux ans auparavant, en 1931. Lors de cette apparition, Jésus lui avait dit de peindre un tableau et de mettre en dessous l'inscription « Jésus, j'ai confiance en Toi ». Il avait aussi souhaité que soit instaurée une fête spéciale consacrée à la Miséricorde divine. La nouvelle, qui s'est d'abord répandue dans le couvent de Płock et était à l'origine de bien des souffrances de Faustine, est parvenue jusqu'à la maison de Varsovie.

« Sœur, soyez raisonnable, le Seigneur Jésus ne vous aurait pas parlé si intimement, vous qui êtes si misérable, si imparfaite.

Retenez bien cela : le Seigneur Jésus ne s'unit qu'à des âmes saintes. » Voilà comment une des mères plus âgées « fulminait » contre Faustine, en lui faisant comprendre que le Seigneur Jésus ne pouvait apparaître à des cuisinières de second chœur. Dans le *Petit journal* on ne trouve pas le nom de cette religieuse, mais dans la congrégation on savait qu'il s'agissait de Janina Bartkiewicz. « J'ai reconnu qu'elle avait raison, car je suis misérable, mais néanmoins confiante en la miséricorde divine » (PJ 133), écrivait Sœur Faustine. Ce n'est pas la première fois qu'elle a été humiliée par la mère Janina qui s'occupait d'elle pendant son postulat et lui disait à ce moment-là qu'elle « devait être une petite âme agréable à Dieu ». Selon Michaela Moraczewska, « Sœur Faustine était très sensible et vivait très mal ces réprimandes qu'on lui adressait ».

Faustine s'en souvenait effectivement fort bien parce qu'elle en parle dans son *Petit journal* à trois reprises. À souligner aussi que la mère Janina Bartkiewicz, sans que son nom soit évoqué par Faustine dans ce contexte, était fermement opposée à ce que Faustine fasse sa préparation aux vœux perpétuels. Mais il y avait aussi, dans le couvent à Varsovie, des sœurs qui avaient bien reconnu le caractère des expériences vécues par la jeune religieuse. Faustine avait ainsi le soutien de la mère Małgorzata Gimbutt, la même qui, en 1924, lui avait parlé quand elle était venue pour la première fois frapper à la porte du couvent. « Cette sainte mère », comme l'appelait Faustine, lui avait dit : « Si vous continuez à collaborer ainsi avec la grâce de Dieu, vous ne serez, ma sœur, qu'à un pas de l'intime union avec Dieu. Vous comprenez, ma sœur, ce que je veux dire. Que votre trait caractéristique soit la fidélité à la grâce du Seigneur. Dieu ne mène pas toutes les âmes par ce chemin » (PJ 204).

Durant toute la période de probation, Faustine s'efforçait de trouver le calme, d'être intimement unie à Dieu. À l'instant même, où elle vécut un moment de contemplation infuse, elle comprit ce que Jésus attendait d'elle : « Le Seigneur m'a fait comprendre que je Lui fasse don de moi, pour qu'il puisse faire ce qu'il veut avec moi. Je dois toujours me présenter devant Lui en tant qu'offrande », a-t-elle noté. À son image, elle devait devenir une offrande faite à Dieu en réparation des péchés des gens. Le lendemain, au cours d'une contemplation infuse, lorsque « la présence de Dieu a traversé » Faustine et que son esprit a été illuminé en un instant, elle a compris en quoi consisterait son offrande.

> Devant les yeux de mon âme passa une vision, comme pour Jésus au jardin des Oliviers. D'abord les souffrances physiques et toutes les circonstances qui les augmentent ; les souffrances spirituelles dans toute leur étendue et celles aussi dont personne ne saura jamais rien. Tout entre dans cette vision : les soupçons injustes, la perte de la bonne renommée. Je l'ai écrit en résumé, mais cette connaissance était si nette, que ce par quoi je suis passée plus tard, n'était en rien différent au moment où je l'ai connu. Mon nom doit être « sacrifice ».Quand la vision fut finie, une sueur froide inonda mon front (PJ 135).

Quand Sœur Faustine a accepté « par sa volonté et dans son cœur » être une offrande, quand elle a dit : « Fais ce qu'il Te plaît de moi, Seigneur. Je me livre à Ta volonté » (PJ 136), elle était en train de vivre des moments de contemplation infuse, et tout de suite après, elle a vécu l'expérience d'une union à Dieu si étroite qu'il est impossible de l'exprimer avec le langage des sens.

> Je sentis que Sa majesté m'entourait. J'étais étrangement unie à Dieu. Je voyais en moi la grande prédilection de Dieu, et en retour mon esprit sombra en Lui. Consciente de cette union avec Dieu, je sens que je suis particulièrement aimée et, en retour, je L'aime de toute la force de mon âme. Un grand mystère eut lieu pendant cette adoration, un mystère entre moi et le Seigneur ; il me semblait que j'allais mourir d'amour dans Son regard. Je parlai longtemps avec le Seigneur, mais sans un mot. Et le Seigneur me dit : « *Tu es le délice de mon cœur.* » À ce moment-là, je me sentis consacrée. L'enveloppe du corps reste la même, mais l'âme est autre, Dieu demeure en elle avec toute sa prédilection. Ce n'est pas un sentiment, mais une réalité consciente que rien ne peut assombrir. Un grand mystère s'est accompli entre Dieu et moi » (PJ 137).

Sœur Faustine sentait qu'elle était consacrée : « Je désire passer en Jésus, pour pouvoir me donner parfaitement aux âmes […]. J'absorbe Dieu en moi pour le donner aux âmes » (PJ 193). Dans son ouvrage sur Sœur Faustine, Maria Tarnawska remarque que ce moment, où Faustine a accepté d'être une offrande, et où Dieu a accepté qu'elle soit unie à Lui comme un don offert pour les pécheurs, a été crucial pour sa vie mystique. Désormais, Dieu l'introduisait « de plus en plus profondément dans la substance de cette relation » et développait « en elle une aptitude au sacrifice sans réserve ». Sœur Faustine offrira donc toutes ses souffrances physiques et morales en réparation des péchés des autres. Elle apprendra à supporter, sans dire un mot, des humiliations, des jugements injustes portés sur elle par les sœurs, à apporter de l'aide à autrui, même au prix de sa santé. « On sait que le milieu religieux n'a pas identifié de traces d'égoïsme chez Sœur Faustine, mais on sait aussi qu'elle menait une lutte intérieure pour faire face à ce qui lui arrivait – écrit Tarnawska. – Bien des fragments de son *Petit journal* en parlent. Elle était serviable, aimable, toujours prête à aider, mais combien de fois, désemparée, elle se plaignait à Jésus de l'ingratitude, d'une exploitation bête et égoïste par les autres, du manque de ses propres forces. » On ne peut guère s'en étonner. Faustine était très sensible et elle ressentait profondément toutes les injustices qu'elle supportait. À l'extérieur elle était calme, mais à l'intérieur, elle devait se débarrasser de tout cela pour pouvoir se mettre à aimer d'un amour pur même les personnes qui étaient insupportables ou désobligeantes avec elle.

Selon l'abbé Stanisław Urbański, au début de l'année 1933, dans la vie mystique de Sœur Faustine commence une étape qu'on appelle « fiançailles spirituelles » : « Si auparavant les grâces mystiques n'ont été que temporaires, à l'étape des fiançailles spirituelles, l'union mystique à Dieu devient de plus en plus durable, mais n'est pas encore permanente. » Par « l'action de l'amour et de la lumière », Dieu se donne intensément à l'âme qui, malgré la passivité des forces humaines, ressent une paix intérieure parce qu'elle sent la présence de Dieu et elle a la certitude qu'elle s'unira d'une façon encore plus intense à Dieu. Faustine a atteint cette étape en 1937 par l'acte d'épousailles spirituelles, à savoir une union définitive de l'âme à Dieu. Sur le moment, en 1933, à l'étape de ses fiançailles spirituelles, Sœur Faustine – selon l'abbé Urbański – « entrait de plus en plus étroitement en contact avec Dieu et avait une certitude de plus en plus grande quant à la présence de Dieu dans sa vie intérieure ».

À cette époque, il y avait encore des moments où Faustine, découragée par le scepticisme de son milieu à l'égard de ses visions, voulait renoncer à ce que Jésus lui avait dit de faire, parce qu'elle pensait que c'était au-dessus de ses forces. Ainsi, pendant la période de probation, elle avait l'intention de renoncer à l'idée de peindre le tableau que Jésus lui avait demandé. Mais en vain, comme elle l'a vite constaté. Un jour, elle alla à l'adoration du saint sacrement dans un couvent voisin, chez les Sœurs de la Sainte-Famille. Pendant la prière, elle vit Jésus qui lui dit : « *Sache que si tu négliges la peinture de ce tableau et toute l'œuvre de la miséricorde, tu devras rendre compte, au jour du jugement, d'un grand nombre d'âmes.* » Faustine écrit plus loin : « À ces paroles du Seigneur, une sorte de frayeur entra dans mon âme. Je n'arrivais pas à me tranquilliser. À mes oreilles sonnaient ces mots : ainsi, je ne devrai pas répondre seulement pour moi-même au jour du jugement de Dieu, mais aussi pour d'autres âmes. » Secouée dans son cœur, Faustine revint à son couvent. Elle entra dans la chapelle et elle dit à Jésus : « Je ferai tout mon possible, mais je T'en supplie, sois toujours avec moi et donne-moi la force d'accomplir Ta sainte volonté » (PJ 154). En même temps, elle priait toujours pour trouver un directeur spirituel qui pourrait la comprendre et la guider.

Durant ce séjour au couvent de Varsovie, Jésus dicta à Faustine une prière qu'elle devait offrir pour les pécheurs : « Ô Sang et Eau, qui avez jailli du Cœur de Jésus comme source de miséricorde pour nous, j'ai confiance en Vous » (PJ 187). Il lui annonça aussi que si elle récitait cette prière « pour un pécheur d'un cœur contrit et avec foi » (PJ 186), il lui offrirait la grâce de la conversion.

Faustine avait le don de lire dans les cœurs et le don de savoir à quelles tentations étaient exposées certaines personnes. En tant qu'« offrande », elle priait pour ces personnes-là et s'appropriait leurs souffrances. Elle sentait par exemple la tentation de suicide, à laquelle était exposée une des pensionnaires de la maison. Durant sept jours, Faustine a assumé ses souffrances et a prié ardemment pour elle. Une telle richesse de la vie intérieure a aussi eu un impact sur la façon dont Faustine exécutait ses tâches au couvent.

Ainsi, selon la mère Michaela Moraczewska, « très absorbée par son intérieur, la sœur aidait une autre sœur au vestiaire avec moins de zèle que d'habitude ».

Au couvent, le « vestiaire » désignait un endroit où étaient stockés et réparés les vêtements des religieuses. Les vêtements arrivaient là directement de la blanchisserie et ensuite ils étaient distribués aux sœurs.

Sœur Zuzanna Tokarska parle aussi de cette période :

> À ce moment-là, elle avait déjà la tête ailleurs, elle s'occupait d'apparitions et d'ordres de Jésus et ne s'intéressait pas du tout au travail, même quand il y en avait vraiment beaucoup. Elle mettait un temps considérable pour faire quoi que ce soit, mais quand on la sollicitait pour donner un coup de main ou remplacer quelqu'un, elle acceptait. Alors quand elle arrivait au vestiaire tard, je n'étais pas contente et je me plaignais qu'elle vienne si tard, alors qu'il y avait tant de travail à faire. Elle m'écoutait tranquillement, parfois avec sourire, ce qui m'agaçait parce que j'avais l'impression qu'elle ne se sentait pas concernée. Et peu après, comme si de rien n'était, elle disait : sœur, je m'en vais faire des exercices. Je sentais alors que les bras m'en tombaient et j'allais me plaindre auprès des supérieures, mais en vain, parce que les mères étaient au courant de ses expériences intérieures et elles ne prenaient jamais position en ma faveur. Alors je ne disais plus rien et j'attendais que cette période de probation se termine au plus vite pour que je puisse me débarrasser d'elle.

Le travail au couvent apportait à Faustine bien des souffrances ou, comme elle le disait, beaucoup d'occasions pour s'exercer aux vertus. « Parfois, il fallait aller trois fois chez certaines sœurs avec le linge, et encore on ne pouvait pas les satisfaire. Mais j'ai découvert aussi les grandes vertus de certaines sœurs, qui demandaient toujours de leur donner ce qu'il y avait de pire dans tout le vestiaire. J'admirais cet esprit d'humilité et de mortification » (PJ 179), avoue-t-elle.

Faustine avait également beaucoup d'occasions pour pratiquer l'humilité, notamment en faisant le ménage dans la chambre d'une sœur. C'était une des supérieures ou la sœur directrice qui était vieille et malade. Elle n'était jamais contente et elle faisait tout le temps des remarques, comme quoi le ménage était mal fait : « ici une poussière, là une petite tache sur le plancher.

À chacune de ses remarques, je corrigeais un détail, refaisant jusqu'à dix fois la même chose dans le but de la satisfaire », écrira Faustine. En vain, la sœur a tout rapporté à la mère Małgorzata Gimbutt, en disant : « qu'est-ce que cette sœur si peu soigneuse ? Elle ne sait pas se dépêcher. » Faustine ajoute : « Le lendemain je suis allée faire la même besogne sans protester. Lorsqu'elle s'en prit à moi, j'ai pensé : Jésus, on peut être une martyre silencieuse – ce n'est pas le travail qui m'affaiblit, mais ce martyre » (PJ 181). Elle a aussi noté une remarque d'ordre général : « Je me suis aperçue que certaines personnes ont un don particulier pour embêter les autres. Elles s'y emploient de leur mieux et la pauvre âme qu'elles ont sous la main n'y pourra rien, les meilleures choses seront déformées » (PJ 182).

Durant la période de probation, Sœur Faustine avait encore un autre devoir qu'elle considérait comme une distinction : elle accompagnait le prêtre qui apportait la communion à des sœurs malades. Elle portait la lumière. « Comme chevalier de Jésus, je tâchais toujours de me ceindre d'une ceinture de fer, car avancer tout simplement auprès du Roi, cela ne se fait pas » (PJ 183). La ceinture métallique, que les sœurs portaient directement sur le corps, sous leurs habits, était faite avec du fil de fer barbelé très fin. Chaque mouvement du corps provoquait donc une douleur. Le port d'une ceinture ou d'un bracelet en fer était un type de pratique pénitentielle. Faustine offrait ses mortifications pour les malades.

En mars 1933, Faustine a reçu, à son couvent de Varsovie, la visite de sa sœur cadette Wanda, âgée alors de 13 ans. D'après le *Petit journal,* elle a passé deux semaines à la maison, rue Żytnia. « Quand elle me fit part de ses projets – je fus effarée, est-ce possible. Cette petite âme, si belle devant Dieu, et cependant environnée de telles ténèbres qu'elle ne savait comment se tirer d'affaire. Elle voyait tout en noir », a noté Faustine. Pendant les deux semaines, elle a « travaillé » sur elle, elle a prié. « Pour aucune âme, je n'ai porté devant le trône de Dieu autant de sacrifices, de souffrances, de prières que pour elle. » Elle sentait que ses prières avaient été exaucées, qu'elle avait « obligé Dieu » à offrir à Wanda les grâces nécessaires. « Quand je réfléchis à tout ceci, j'y vois un vrai miracle » (PJ 202), a-t-elle écrit. En effet, le changement était si considérable que, quelques années après, Wanda a décidé d'entrer au couvent. Sœur Faustine voulait qu'elle choisisse la même congrégation qu'elle, mais Wanda a finalement opté pour les Ursulines. C'était juste avant la guerre et elle n'y est pas restée longtemps. Pendant l'occupation, elle a été déportée vers le *Reich*. Après la guerre, elle a épousé un Anglais et s'est installée en Europe de l'Ouest.

***

Sœur Faustine s'est arrêtée encore deux fois au couvent de Varsovie, situé rue Żytnia. La première fois, elle y a passé une nuit, en février 1935, au cours de son voyage de Głogowiec à Vilnius. Elle avait l'intention de rencontrer la mère générale. Elle arriva dans la soirée, et le matin, elle alla à la maison de la congrégation située rue Hetmańska, dans le quartier de Grochów, où séjournait à ce moment-là la mère Moraczewska. Le couvent avait bien changé depuis sa dernière visite. Entre 1933 et 1934, les sœurs y avaient fait construire une maison en brique de trois étages, où elles avaient installé un centre spécialisé – l'établissement de protection Notre-Dame – pour y accueillir des filles de 12 à 18 ans.

Dans la chapelle de Grochów, Faustine participa à une prière communautaire consacrée au Cœur de Jésus. Pendant l'adoration du saint sacrement, elle eut une apparition : « je vis le Petit Jésus sortir de l'Hostie, et venir Lui-même reposer dans mes bras. Cela dura un court instant ; une joie incommensurable inondait mon âme » (PJ 405-406). Faustine parla longtemps à la mère générale, qu'elle décrivait comme « pleine de bonté, de paix et d'esprit divin » (PJ 405). Elle ne précise pourtant pas sur quoi portait la conversation.

Cette chapelle, où Faustine avait prié à ce moment-là, n'existe plus. Le bâtiment qui l'abritait a été reconstruit après la guerre. À la place d'un ancien baraquement en bois, où en 1929 habitait Faustine, il y a aujourd'hui un pavillon en brique. Là où avant la guerre se trouvait un grand jardin potager, il y a aujourd'hui un parc où se reposent les pensionnaires d'un établissement d'hébergement pour malades chroniques géré par les sœurs. Après la guerre, en 1950, l'établissement appartenant aux sœurs a été repris par l'Association de catholiques Caritas. Cette association, qui venait d'être nationalisée, a changé le caractère de l'établissement qui, en 1955, a cessé d'un être un centre de formation pour jeunes filles et est devenu une structure d'accueil pour femmes malades chroniques. Malgré l'arrivée d'un nouveau propriétaire, les sœurs ont continué à y travailler. Elles ont récupéré leur propriété dans les années 1990 et ont commencé la construction d'un nouveau bâtiment. Aujourd'hui, cette structure – Établissement d'aide sociale pour femmes Saint-Joseph – héberge une centaine de pensionnaires qui exigent des soins et l'assistance d'un personnel qualifié. Dans la chapelle de l'établissement, il y a le portrait de canonisation de sainte Faustine, peint par Helena Tchórzewska. Le couvent possède un autre tableau de valeur : une icône de Jésus Miséricordieux, peinte par Ludomir Sleńdziński en 1954. Ce tableau a été à l'époque officiellement dédié au culte public par la Conférence des évêques de Pologne, mais il n'a jamais été aussi connu et adoré que l'œuvre d'Adolf Hyła de Łagiewniki.

En 1936, Sœur Faustine s'est arrêtée à Varsovie pour la dernière fois. C'était au mois de mars, quand elle fut rappelée de la maison de la congrégation de Vilnius. Durant tout le voyage à Varsovie, elle fut accompagnée par un ange – et ce n'était pas la première fois –, qui disparut dès son arrivée au couvent, rue Żytnia. Elle y resta quatre jours et, le 25 mars, elle partit au couvent de Walendów. Le matin de son départ – la fête de l'Annonciation de la Vierge Marie – Faustine eut, pendant la méditation, une apparition de la Mère de Dieu. Celle-ci lui rappela son devoir de parler de la Miséricorde divine et de préparer le monde à la seconde venue de Jésus Christ qui « viendrait non comme Sauveur miséricordieux, mais comme juste Juge ». La Vierge Marie avertit aussi Faustine : « Parle aux âmes de cette grande miséricorde, tant que c'est le temps de la pitié ; si tu te tais maintenant, tu répondras en ce jour terrible pour un grand nombre d'âmes » (PJ 635).

Lorsque, quelques semaines plus tard, Sœur Faustine a quitté Walendów et sa filiale de Derdy pour se rendre à Łagiewniki, elle est passée par Varsovie. On ne sait pas si elle s'est arrêtée à la maison, rue Żytnia, ou si elle s'est tout de suite rendue à la gare de chemin de fer. Elle n'est plus jamais revenue à Varsovie.

Ostrówek

« À la maison, elle était comme quelqu'un de la famille »

1924-1925

L'ancienne maison des Lipszyc à Ostrówek ressemble aujourd'hui à celle qu'on voit sur les photos des années 1920 : construite en bois de mélèze, elle possède un étage, quatre grandes vérandas et un balcon. Seule la couleur de la façade a changé. À l'époque elle était de couleur brun rouge, aujourd'hui elle est blanche. On ne sait pas en quelle année le bois a été repeint en blanc. Sinon, la maison est exactement la même, c'est-à-dire au moment où – entre juillet 1924 et août 1925 – Helena Kowalska y habitait et travaillait, juste avant d'entrer au couvent.

La Providence a veillé sur cet endroit. La maison n'a pas été détruite pendant la guerre, et, après celle-ci, les propriétaires n'ont rien modifié à l'intérieur.

« Ici rien n'a été changé, raconte Sœur Dominika Steć de la congrégation des Sœurs de Jésus Miséricordieux, pendant la visite de la maison. Ce sont les mêmes planchers, poêles, portes, fenêtres. Les meubles originaux, en revanche, n'ont pas été conservés, et ceux qu'on voit sont de l'époque. »

Aujourd'hui l'endroit s'appelle maison Sainte-Faustine. En 2009, le bâtiment a été racheté par la curie du diocèse de Varsovie. Depuis, l'intérieur a été rénové et la maison est devenue un centre de prière pour les vocations monacales et sacerdotales.

« On l'a appelé maison Sainte-Faustine, parce qu'Helena Kowalska y était traitée comme un membre de la famille », explique Sœur Dominika, dont la congrégation – la première parmi toutes les communautés religieuses fondées selon le désir communiqué à Sœur Faustine par Jésus – s'occupe de cet endroit.

Au rez-de-chaussée, dans la véranda, sont accrochées des photos d'Aldona et Samuel Lipszyc et celles de leurs sept enfants. Il y a donc les jumeaux Maria et Tadeusz, puis Zofia, Leopold, Nina, Wisna et Jadwiga. À côté, il y a une photo de l'année 2009 : ils sont six assis devant la maison Sainte-Faustine. Au moment où la photo a été prise, Leopold était décédé, et les plus âgés parmi les enfants des Lipszyc – Maria et Tadeusz – avaient 90 ans.

Helena Kowalska est arrivée à Ostrówek en été 1924. Située dans un endroit presque désert, la maison était appelée « manoir d'enfants » par les amis des Lipszyc, et ce parce que la famille s'agrandissait rapidement. À l'époque, Ostrówek était composé de plusieurs résidences d'été bâties par des fonctionnaires du tsar. Les premières datchas y ont été construites en 1862, juste après la mise en service de la ligne de chemin de fer Varsovie – Saint-Petersbourg. Une des plus importantes stations se trouvait à six kilomètres de là, à Tłuszcz. C'était pareil en 1924, mais les horaires des trains de cette année-là montrent que le train s'arrêtait aussi – sur demande – à Klembów, situé à deux kilomètres d'Ostrówek. À cause de petites dunes qui s'y étaient formées, les Lipszyc appelaient cet endroit *Górki*[1]. Aujourd'hui, Ostrówek compte nettement plus de maisons et d'habitants. Nombre d'entre eux travaillent à Varsovie, mais ils n'hésitent pas à faire chaque jour trente kilomètres parce qu'au retour ils retrouvent des sapins dans leurs jardins et de l'air pur à donner le vertige aux habitants de la capitale.

L'ambiance particulière qui régnait dans l'ancienne maison des Lipszyc n'était pas seulement due au microclimat de la réserve naturelle Dębina qui fait partie de la forêt primaire de Mazovie avec des chênes âgés de quelques centaines d'années. C'était aussi, ou avant tout, dû à cet étrange aura qui enveloppait cet endroit que Dieu avait choisi pour Helena. C'est ici, à Ostrówek, loin du vacarme de la ville, entourée des gens bienveillants, qu'elle se préparait à entrer au couvent.

« J'étais émue de la bonté de Dieu qui, pour cette période unique de sa vie, entre la maison natale et le couvent, a bien voulu confier Helena-Sœur Faustine à Aldona – une personne pure, honnête, loyale, proche de Dieu, même si elle ne

1. « Buttes » [ndt].

pratiquait pas », écrivait après la guerre une amie d'Aldona, Sœur Katarzyna Steinberg de la congrégation des Sœurs Franciscaines Servantes de la Croix, de Laski, près de Varsovie. Quand elle a connu Helena, en 1924, elle n'était pas encore religieuse. Zofia Steinberg, appelée « *Czarna Zośka*[1] » par ses amis avait à ce moment-là 26 ans et terminait ses études de médecine à l'université de Varsovie. C'est dans sa maison, en 1917, qu'Aldona a fait connaissance de Samuel Józef Lipszyc, appelé par sa famille et ses amis Mutek : un ingénieur agricole distingué qui a passé quelques années en Amérique. Après leur mariage, le jeune couple s'est installé au rez-de-chaussée de la maison à Ostrówek. Ils avaient donc à leur disposition une cuisine, trois chambres et deux vérandas qui étaient habitées en été. Devant la maison il y a encore un puits, un peu oublié et couvert de mousse. Quelques années auparavant il y avait là aussi des toilettes sèches, appelées ironiquement par les sœurs de Samuel « Maisonnette suisse », où elles avaient accroché une tablette avec le vers suivant : « Ici on fait du phosphate unique pour une flore magnifique. On prépare de l'engrais pour une moisson plus étoffée. » L'étage de la maison appartenait à Mejer Lipszyc, le père de Samuel, qui, avec sa femme Chaja Sura et ses filles, venait de la capitale pour des séjours plus ou moins longs. Mejer était un homme fortuné. D'abord un simple garçon de bureau, il est devenu par la suite directeur et actionnaire de l'usine Meisel, Steinberg, Rittenberg, située rue Mokotowska à Varsovie et spécialisée dans les rubans de soie. Il était propriétaire d'un grand appartement situé au centre-ville, rue Koszykowa, et, plus tard, d'une villa dans le quartier de Mokotów, située rue Pilicka.

« À la maison de Górki, au rez-de-chaussée – là, où on habitait – les conditions étaient très modestes, raconte Maria Nowicka, la fille aînée des Lipszyc. La plupart des meubles – l'armoire, la table, la commode, les bancs et les tabourets – ont été fabriqués en bois de pin par un ébéniste du village, dénommé Wierzbicki. Les lits étaient en métal, avec des matelas remplis de paille qu'on remplaçait de temps en temps. Les grands-parents avaient des meubles de bien meilleure qualité : des tapis, des fauteuils, des

1. Sophie la Noire [ndt].

tapisseries. Ils nous aidaient financièrement, mais comme la famille s'agrandissait, les besoins étaient de plus en plus grands aussi. »

Et ce n'était pas facile d'y faire face, même avec un bon salaire de fonctionnaire public perçu par le père. Celui-ci était appelé par ses enfants « Salaam aleikum », parce qu'il avait l'habitude d'utiliser cette formule musulmane – qui veut dire « Paix avec vous » – pour dire bonjour.

Helena, appelée « Hela » par les Lipszyc, travaillait et habitait au rez-de-chaussée.

« Elle était domestique et elle travaillait dur dans des conditions spartiates, sans eau courante ni électricité, se souvient Maria Nowicka. Elle travaillait avec maman. Toutes les deux, elles s'occupaient de tout à la maison. Même si c'est Helena qui était domestique, maman ne la laissait pas faire tout toute seule », assure-t-elle.

Helena se levait tôt. Elle allumait le poêle à la cuisine et, en hiver, elle chargeait les poêles en faïence dans les chambres. Elle apportait de l'eau du puits. Elle lavait le linge dans une bassine, à l'aide d'une planche à laver – ce qui n'était pas fréquent à la campagne –, elle faisait du repassage avec un fer chauffé au charbon, elle nettoyait les sols en bois. « Elle était très appliquée, autonome, elle exécutait toutes les tâches sans y être poussée », dit Aldona Lipszyc.

Bien des choses séparaient Helena Kowalska et Aldona Lipszyc : leur origine sociale, leur position sociale, leur spiritualité. Certainement pas l'âge, parce qu'Helena avait seulement neuf ans de moins qu'Aldona. Et pourtant, malgré toutes ces différences, un lien s'était tissé entre ces deux femmes, un lien d'intimité, de bienveillance. Leur relation était bien plus qu'une simple relation entre une patronne et une servante.

« Maman traitait Helena comme sa propre fille. Elle l'aimait vraiment », dit Maria Nowicka, qui a plusieurs fois parlé avec sa mère de leur ancienne domestique.

Dans ses mémoires, Aldona Lipszyc a écrit à propos d'Helena : « À la maison elle était comme quelqu'un de la famille : on l'aimait vraiment bien et tout le monde la respectait. » Aldona Lipszyc était – selon l'expression de Sœur Katarzyna Steinberg – un génie de la maternité. « Ni les difficultés matérielles, ni le fait qu'elle avait de plus en plus d'enfants à sa charge, ni le travail à la maison ou dans le jardin, rien ne pouvait altérer sa volonté de venir en aide aux autres ; et pour le faire, elle trouvait toujours du temps et de l'énergie », se souvient Sœur Katarzyna. Ainsi, alors qu'elle était fatiguée après un accouchement, Aldona allaitait le nourrisson d'une amie qui était malade, ou encore elle embauchait comme servante une fille enceinte qui vivait seule, pour ensuite l'aider à s'occuper du bébé.

« Maman était une fanatique de la maternité. Pour elle, il n'y avait jamais trop d'enfants », raconte sa fille Maria. C'est de cet amour maternel qu'elle a entouré aussi Helena – âgée alors de 19 ans – dans un moment difficile de sa vie, quand elle a fui la famille et a décidé d'entrer au couvent. Toutes les deux aimaient les enfants.

Aldona Lipszyc dit : « Elle était sereine, aimait les enfants, jouait avec eux. Je me souviens qu'elle avait organisé pour eux un jeu de déguisement. Elle-même s'était déguisée à ce moment-là et jouait comme un enfant. Je me souviens de son rire tonique et radieux. » Quant à Maria Nowicka, elle a surtout retenu du personnage d'Helena sa couronne tressée et son amour des enfants. « On l'aimait, mais je pense qu'elle nous l'aimait, elle aussi, dit-elle. C'était une fille paisible, pondérée, charmante. »

Helena aidait Aldona à s'occuper de ses quatre enfants les plus âgés : elle leur donnait à manger, les habillait. Quand elle avait du temps, elle jouait avec eux : elle faisait avec eux des promenades jusqu'à Dębina, elle leur racontait des histoires, les emmenait faire de la luge en hiver.

> On avait toujours plein d'idées, de plans et de tâches à réaliser. Le soir, on regrettait d'être obligés d'aller se coucher et de reporter jusqu'au lendemain toutes ces activités importantes qui nous attendaient : faire une promenade dans la forêt ou au bord de Struga, aller faire du patin ou de la luge en hiver, dresser une tente, couper et sécher de l'herbe pour en faire des matelas, […] faire des meubles, cueillir des myrtilles, des mûres, des champignons, faire la cuisine sur notre propre petite plaque en métal, faire des flûtes, des cannes, faire du modelage en argile, fabriquer des panaches « indiens » ou des jupes africaines en jonc. Puis on allumait aussi

un feu de camp, on y faisait braiser des pommes et des pommes de terre, et surtout on chantait.

C'est de cette façon que Maria Nowicka raconte son enfance dans ses mémoires intitulées *Biało-zielono, biało-zielono*...[1]

Non seulement les enfants aimaient chanter, mais aussi Aldona et Helena. Alors qu'ils chantaient tous ensemble des chansons populaires ou patriotiques, Helena – quand elle était seule – chantait surtout des chants religieux. Elle commençait sa journée par le chant *Kiedy ranne wstają zorze*[2], puis elle entonnait des chants dédiés à la Vierge Marie. Aldona Lipszyc, qui avait de l'oreille et une belle voix, se rappelait qu'Helena chantait beaucoup, le plus souvent le chant « *Jezusa ukrytego*... [3] ». Des années plus tard, quand Aldona apprit ce qu'était devenue Helena-Faustine, elle comprit que « ce chant était le contenu même de sa vie ».

À part le fait qu'Helena murmurait des chants religieux pendant le travail, Aldona n'a pas remarqué chez elle d'autres signes de dévotion. En effet, Helena respectait les convictions des Lipszyc et manifestait sa piété de façon plutôt discrète. Les Lipszyc n'étaient pas religieux. Le père de famille Samuel était un Juif baptisé. Quant à Aldona, née Jastrzębska, elle a été élevée dans une famille catholique à Tbilissi, mais, comme le rapporte Sœur Katarzyna, « encore en Caucase, elle a cessé de pratiquer à cause de problèmes inconnus ou parce qu'elle avait été déçue par quelque chose ; et comme c'était une personne intègre, même à l'école, elle a été dispensée de l'obligation d'aller à confesse ».

« Maman ne pratiquait pas, ne jeûnait pas, ne priait pas, n'allait pas à l'église, mais il est certain qu'elle croyait en Dieu, affirme Maria Nowicka. C'est avec toute sa vie qu'elle montrait sa foi chrétienne. »

Helena, elle-même, en fut le témoin puisqu'elle écrira plus tard dans son *Petit journal* qu'Aldona était « pieuse », même si, au sens strict du mot, elle ne l'était pas. Une telle description signifie probablement qu'Helena appréciait très fortement l'intégrité

1. *Blanc-vert, blanc-vert*... [ndt]..
2. *Lorsque le jour se lève* [ndt].
3. « Je dois louer mon Jésus dans l'eucharistie, Lui tout donner, vivre Son amour... » [ndt].

du caractère d'Aldona. Et ce malgré le fait qu'Aldona était aussi à l'origine de quelques souffrances spirituelles qu'Helena a dû supporter. Elle a ainsi écrit à propos d'Aldona : « Cette personne, bien que très pieuse, ne comprenait pas le bonheur de la vie religieuse et très honnêtement, elle commença à élaborer d'autres projets pour ma vie, et malgré tout, je ressentais que mon cœur était si grand que rien ne pourrait le combler » (PJ 15).

« Maman considérait que mettre au monde des enfants était la plus grande et la plus belle mission de la femme. Elle pensait donc que la meilleure solution – à la fois pour Helena et pour le monde – était de fonder une famille heureuse et d'élever bien les enfants », explique Maria Nowicka.

Alors qu'elle traversait un moment difficile, Helena a vécu une présence forte de Dieu dans sa vie. C'était probablement à l'église de Klembów, où elle se rendait le plus souvent accompagnée de Franciszka Rybakowa, dont le mari cultivait un morceau de terre des Lipszyc, ou d'Apolonia Kurkowa qui habitait dans un village voisin dénommé Lipka. Fondée par le général Franciszek Żymirski, un héros de l'Insurrection de novembre 1830, l'église néo-classique se présente aujourd'hui exactement comme il y a un siècle. Dans le retable principal se trouve une icône bien particulière de la Vierge avec l'Enfant Jésus, qui date du XVIIe siècle. Cheveux noirs et traits du visage assez masculins, la Vierge a une oreille découverte : elle a l'air d'écouter ce avec quoi viennent les gens. Helena a-t-elle, elle aussi, parlé à la Vierge « qui écoutait » les désirs de son cœur ? C'est probablement devant cet autel qu'Helena a fait en privé un vœu de chasteté. C'était durant l'octave de la Fête-Dieu, c'est-à-dire entre le 18 et le 25 juin 1925. « Dieu a rempli mon âme d'une lumière intérieure permettant de Le connaître plus profondément comme le bien et la beauté suprêmes. J'ai éprouvé combien Dieu m'aime. Son amour pour moi est éternel », notera-t-elle après des années. Plus tard, à une certaine distance des événements passés, elle expliquera que c'était à ce moment-là qu'elle avait vécu pour la première fois – pendant un instant – la grâce de « s'enfoncer en Dieu ». Elle relate : « Par des mots tout simples sortis du cœur, je fis à Dieu vœu de chasteté perpétuelle. Depuis ce moment, je sentis une grande intimité avec Dieu, mon Époux. Depuis ce moment je fis une petite cellule dans mon cœur, où je demeurai toujours avec Jésus » (PJ 16). Ce bref moment où elle « s'enfonçait en Dieu », quand Dieu lui donnait la lumière permettant de « Le connaître plus profondément », c'est-à-dire quand il lui a fait connaître des choses de Dieu, était un éclair d'une contemplation infuse qui est un premier degré de la vie mystique. Faustine ne décrira jamais un tel état ou d'autres expériences de ce type avec des termes savants, parce qu'elle n'en connaissait pas. En revanche, elle connaissait parfaitement leur contenu.

Helena avait l'intention ferme d'entrer au couvent. Personne ne pouvait l'en empêcher, ni Aldona Lipszyc, ni sa sœur Gienia qui était venue exprès à Ostrówek lorsque, six mois après avoir quitté Łódź, Helena avait écrit à sa famille pour l'informer où elle se trouvait et ce qu'elle comptait faire. Les parents avaient mandaté Gienia pour qu'elle dissuade Helena d'entrer au couvent et pour qu'elle la ramène à la maison. En 1948, Gienia a raconté à Sœur Bernarda Wilczek, qu'elle « avait sincèrement essayé de la convaincre », mais qu'elle n'avait rien pu faire. Elle a donc passé une nuit à Ostrówek et, le lendemain, elle est rentrée à Głogowiec. Pendant ce temps, Helena travaillait et économisait de l'argent pour pouvoir offrir sa « dot » à la congrégation. Tout son salaire y était consacré. Elle n'achetait rien pour elle. Lorsqu'elle s'était présentée chez Aldona, celle-ci lui avait donné une robe pour le travail et du linge de corps. Cela lui suffisait.

Dès le début Aldona savait que le séjour d'Helena dans sa maison était temporaire. Et pourtant, son départ a été pour elle un moment d'une « grande émotion ». Quand elle est allée rendre visite à Helena dans son couvent, elle s'est trompée de porte et s'est retrouvée chez les Sœurs de la Sainte-Famille – une congrégation qui n'avait qu'un seul chœur et qui n'acceptait pas de candidates-servantes.

Aldona Lipszyc dit :

> La sœur qui parlait avec moi s'est offusquée d'apprendre que la candidate leur avait menti en cachant qu'elle était servante […]. J'ai donc essayé d'expliquer qu'Hela n'était pas une servante de profession, mais juste une fille de la campagne qui travaillait chez nous pour économiser pour sa dot. Quand j'ai entendu à nouveau

qu'elle avait menti, j'ai protesté et j'ai dit : « Non, Hela n'aurait jamais menti. Je me suis probablement trompée de maison, non, elle n'est pas là. »

Cette scène montre à quel point les deux femmes – Helena et Aldona – étaient proches. Après son entrée au couvent, Helena se confiait à Aldona en lui racontant ses difficultés et ses souffrances vécues pendant le postulat.

Quand après la guerre Sœur Katarzyna Steinberg a appris ce qu'était devenue Helena, elle a été frappée par le fait qu'au moment même où Helena était à Ostrówek et se préparait à entrer au couvent, elle-même vivait une période de conversion. Un an après le départ d'Helena, en 1926, elle fut baptisée. Elle n'arrivait pas à se rappeler si elle avait parlé à Helena, mais elle a affirmé qu'elle avait toujours entendu « beaucoup de bien » à son propos dans la maison des Lipszyc. Helena lui a fait une bonne impression : « Elle était paisible, posée, sereine. Il y avait en elle quelque chose qui suscitait le respect, quelque chose que je pourrais appeler dignité. »

En revanche, Sœur Bronisława Bojanowska, une voisine des Lipszyc à Ostrówek, qui deviendra plus tard ursuline du Cœur de Jésus Agonisant, se souvient très bien d'Helena à cette époque-là : « Je ne l'ai jamais vue fâchée, énervée. Elle était toujours constante, paisible, parfois elle paraissait flegmatique à cause d'un manque de réaction. Je n'aurais jamais cru que cette paix, cette maîtrise de soi, c'était pour attirer l'attention vers ce qu'il y avait à l'intérieur. »

Helena a passé une année à Ostrówek. C'est d'ici qu'elle est partie le 1er août 1925 pour Varsovie, rue Żytnia, pour rejoindre la congrégation des Sœurs de Notre-Dame de la Miséricorde. Sœur Katarzyna Steinberg était convaincue qu'Helena-Faustine avait obtenu par ses prières « la bénédiction » pour la famille des Lipszyc et qu'elle « veillait sur elle ». Elle a dit qu'Aldona, elle aussi, était convaincue d'avoir obtenu des preuves de l'action de la Providence. Samuel Józef Lipszyc est mort une semaine après le décès de Sœur Faustine, en octobre 1938, c'est-à-dire un an avant la guerre. Aldona et les enfants s'en étaient sortis indemnes, bien que leur nom de famille eût sonné comme une condamnation à mort. Agent de liaison dans l'armée nationale

(AK), Maria Nowicka a plusieurs fois évité – à son grand étonnement – d'être capturée par les Allemands.

Les Lipszyc ont non seulement échappé à l'holocauste, mais ils ont offert un abri à treize Juifs pour des périodes plus ou moins longues, à Ostrówek et dans leur maison dans le quartier de Bielany à Varsovie. En 1996, l'Institut Yad Vashem a octroyé à Aldona Lipszyc le titre de Juste parmi les Nations.

En se demandant parfois pourquoi elle vit si longtemps, Maria Nowicka se dit : « C'est probablement pour parler d'Hela. »

Skolimów

« Je me suis retrouvée dans un endroit brumeux, rempli de feu… »
1925

Vers la fin du mois d'août 1925, le village de Skolimów, près de Varsovie, se vidait petit à petit de ses habitants. Les vacanciers faisaient leurs valises, fermaient leurs villas et disaient adieu à l'été qui s'en allait. Ils rentraient dans la capitale. Ceux qui le pouvaient restaient pour plus longtemps. C'était pareil dans la villa que les Sœurs de Notre-Dame de la Miséricorde louaient pour l'été, où les conditions étaient loin d'être excellentes et la maison était toujours archipleine. De l'air pur, une forêt de pins et une petite rivière, la Jeziorka, c'étaient les atouts de Skolimów, qui permettaient aux sœurs et à leurs protégées de se reposer et de reprendre des forces. En automne, comme il ressort des mémoires de la supérieure de la congrégation mère Michaela Moraczewska, « il y restait juste une sœur convalescente, accompagnée d'une personne », pour lesquelles une jeune postulante, qui n'était autre qu'Helena Kowalska, faisait la cuisine. Hélas, on ne connaît ni la date de son arrivée, ni la date de son départ. Selon la mère Moraczewska, Helena a été envoyée à Skolimów « peu après » son entrée au couvent. Dans son *Petit journal,* Sœur Faustine note que c'était juste au moment où, après avoir choisi la congrégation, elle se sentait déboussolée et qu'« en peu de temps » son état de santé s'était dégradé, si bien que la mère supérieure l'avait envoyée « non loin de Varsovie », à Skolimów, « en vacances » (PJ 20). Helena est entrée au couvent le 1er août 1925. Trois semaines plus tard, elle a décidé d'informer la supérieure de son intention de quitter la congrégation. Jésus ne le lui a pas permis. Épuisée psychiquement, Helena s'est sentie aussi épuisée physiquement. Tout cela se passe sûrement après le 20 août. Les mots « peu après », utilisés par la mère Moraczewska pour désigner le départ d'Helena à Skolimów, renvoient donc à fin août et pas avant. Quant à la formulation « en vacances », à laquelle a recours Sœur Faustine, elle peut désigner à la fois la période et le caractère du départ.

Malheureusement, on ne sait ni où se trouvait la villa que les sœurs louaient, ni à qui elle appartenait, ni comment elle était. On ne sait pas non plus si elle existe encore. On ne trouve d'informations à ce sujet ni dans les chroniques de la paroisse de Skolimów, ni dans les archives de la maison générale de la congrégation.

Aujourd'hui, Skolimów fait partie de Konstancin-Jeziorna, une petite station thermale réputée et un endroit où sont installés de nombreux hommes d'affaires et artistes. C'était pareil il y a un siècle. À l'époque, Skolimów était encore un village où l'on venait passer l'été. Dès la fin du XIXe siècle, l'endroit attirait des gens qui recherchaient la tranquillité et voulaient profiter du bon air. Sur de grandes parcelles dispersées dans la forêt, de riches habitants de Varsovie faisaient construire des villas, des résidences secondaires ou des pensions bourgeoises où venaient pour l'été des élites financières et artistiques de la capitale. Les maisons des riches bourgeois avaient été dessinées par les meilleurs architectes de l'époque. Nombre d'entre elles, surtout celles construites en bois, n'ont malheureusement pas été conservées. En 1914, on comptait à Skolimów cent trente-cinq villas et pensions bourgeoises, construites sur de vastes parcelles de six mille mètres carrés chacune.

Une maison typique pour l'architecture de Skolimów possédait notamment des vérandas avec des détails sculptés type « dentelle » propres au style de Zakopane, comme la villa « *Mucha*[1] » qui appartenait à Władysław Buchner, propriétaire d'un journal satirique du même nom, très populaire avant la guerre. Encore aujourd'hui on peut admirer une pension bourgeoise « Odpoczynek », construite dans un beau style « art nouveau », ou un petit château « Zagłobin », construit dans

1. « Mouche » [ndt].

un style éclectique, qui appartenait à Hugon Seydel, consul honoraire de la Serbie et propriétaire d'un établissement de phytothérapie « Hugonówka ».

Aujourd'hui à Skolimów – associée souvent à une maison d'acteur fondée ici en 1927 – les vieilles villas cohabitent avec des résidences nouvellement construites. Restaurées ou en attente de rénovation, les premières suscitent de l'admiration grâce à leur architecture. Les secondes, quant à elles, témoignent souvent d'un certain mauvais goût de leurs propriétaires.

Il y a à Skolimów un endroit où Helena venait souvent, sans doute tous les jours, et cet endroit c'est l'église Notre-Dame-des-Anges. Deux ans à peine avant l'arrivée d'Helena, en 1923, on a créé ici une paroisse. L'église a été construite plus tôt, en 1906, selon un projet audacieux réalisé par Bronisław Brochwicz-Rogóyski et Władysław Kossowski. Elle se caractérise notamment par une façade originale et deux tours élancées, ornées de nombreux pinacles. L'église a été fondée par de riches habitants de Skolimów, parmi lesquels il n'y avait pas que des catholiques, mais aussi des protestants et des juifs. L'église avait été agrandie après le départ d'Helena : la nef principale avait été rallongée et on y avait ajouté deux nefs latérales. Dans le retable principal – construit en bois et élancé comme les tours – il y avait toujours le même tableau de la Vierge Marie entourée d'Anges. Un portrait de Sainte-Faustine et une icône de Jésus Miséricordieux rappellent qu'Helena Kowalska venait ici pour prier.

Dans son *Petit journal,* Helena ne mentionne Skolimów qu'une seule fois : lorsqu'elle décrit le purgatoire, dont elle a eu la vision ici. Il s'agit là d'une expérience forte, puisque Faustine a décidé de la décrire des années après l'avoir vécue. « En un instant je me suis retrouvée dans un endroit brumeux, rempli de feu ; il y avait là une multitude d'âmes qui souffraient. Ces âmes prient ardemment, mais sans aucun effet pour elles ; il n'y a que nous qui pouvons leur venir en aide », écrit-elle dans son *Petit journal* relatant ce voyage-là, où l'a amenée l'Ange Gardien. Elle ajoute : « Et j'ai demandé à ces âmes quelle est la plus grande souffrance qui les touche. Et elles ont répondu que leur plus grande souffrance c'est la nostalgie de Dieu. »

De cette façon Jésus a montré à Helena pour qui elle devait prier. Il lui a dit aussi : « Ma miséricorde ne veut pas cela, mais la justice l'exige » (PJ 20). Depuis ce moment-là, Helena a été plus étroitement liée à des âmes souffrantes. Et Jésus la préparait à sa grande mission : proclamer la miséricorde de Dieu.

Cracovie Łagiewniki I

« Je ne saurai vivre un seul moment sans Toi, Jésus »
1926-1928, 1933, 1935

« D'ici jusqu'au couvent s'étendait un jardin », explique Sœur Elżbieta Siepak, dessinant avec sa main un grand arc entre l'énorme basilique de la Miséricorde divine, construite en 2002, et l'ensemble des bâtiments du couvent datant du XIXe siècle. Avant la Seconde Guerre mondiale il y avait là des légumes et des arbres fruitiers. On y plantait des choux, des carottes, des concombres…

Dans ce jardin travaillait aussi Sœur Faustine Kowalska – alors religieuse de second chœur, dont les portraits ornent l'intérieur de la nouvelle basilique et celui de la vieille chapelle du couvent. À proximité il y avait des serres chaudes, où les sœurs cultivaient des légumes primeurs, ainsi que des étables pour les chevaux, les vaches et les cochons. Avec une exploitation agricole de plusieurs hectares, tout cela constituait une base alimentaire pour le couvent et l'établissement éducatif géré par la congrégation des Sœurs de Notre-Dame de la Miséricorde.

Telle était donc la situation lorsque Sœur Faustine, ou plutôt Helena Kowalska, est arrivée pour la première fois à Łagiewniki le 23 janvier 1926, c'est-à-dire six mois après être entrée au couvent à Varsovie. Elle a passé presque trois ans à « Józefów » – appellation qu'a reçue au sein de la congrégation le couvent de Łagiewniki. Elle y retournera encore à plusieurs reprises. La dernière fois, en mai 1936, pour y rester jusqu'à sa mort. En somme, c'est à Cracovie qu'elle aura passé le plus de temps – plus de cinq ans – durant les treize années de sa vie de religieuse.

En janvier 1926 Helena Kowalska est arrivée à Łagiewniki directement de Varsovie. Elle devait y achever son postulat et faire son noviciat. Elle n'est pas venue toute seule. Elle était accompagnée d'une professe – une sœur qui avait déjà prononcé ses vœux – et peut-être d'autres postulantes. Le couvent de Łagiewniki se trouve à cinq kilomètres de la gare centrale de chemin de fer de Cracovie. Les sœurs ont dû alors prendre un autre train en direction de Zakopane ou Oświęcim pour arriver, quelques minutes plus tard à la station Borek Fałęcki, aujourd'hui Łagiewniki. Ou peut-être y sont-elles allées en carriole. Si c'est le cas, en prenant la rue Sainte-Gertrude, Helena Kowalska a dû apercevoir les murs du château royal de Wawel, dont la cathédrale abrite depuis des siècles les sarcophages des rois de Pologne. Ancienne capitale de la Pologne, Cracovie comptait à l'époque environ deux cent mille habitants. Cette ville, riche de grandes traditions historiques, scientifiques, littéraires, artistiques, politiques, cédait petit à petit sa place à la capitale. Néanmoins, dans l'entre-deux-guerres, Cracovie était un centre artistique important, notamment avec son théâtre Juliusz Słowacki et ses cafés littéraires, où se retrouvaient des écrivains, des acteurs, des peintres. C'était aussi un grand centre de la recherche avec l'université Jagellonne, la plus ancienne de toutes les universités polonaises, et la PAU, une école qui jouissait d'une excellente notoriété à l'époque. Un cinquième des habitants de Cracovie appartenait, à l'époque de l'entre-deux-guerres, à l'intelligentsia. Enfin, Cracovie se situait parmi les plus grands centres industriels du pays, notamment grâce à son industrie textile, agroalimentaire, sidérurgique et de construction.

Se trouvant sur la route de Zakopane, Łagiewniki a fait partie de la ville de Cracovie seulement à partir de 1941. En 1926, c'était une commune de plus de mille habitants, qui, à partir de la fin du XIXe siècle, a connu un développement industriel dynamique grâce à la découverte d'argile schisteuse et de gypse. À ce moment-là, on a commencé à y installer des briqueteries, des moulins, des boulangeries ; à Borek Fałęcki, un village à côté, on a construit une usine de fabrication de la soude Solvay où a travaillé Karol Wojtyła pendant la guerre. Vers la fin du XIXe siècle, on a construit à Łagiewniki la maison et l'établissement éducatif de la congrégation des Sœurs de Notre-Dame de la Miséricorde. Dessiné par l'architecte Karol Zaremba et construit dans un style néo-gothique, le bâtiment du couvent en brique rouge est bien connu des adorateurs de la Divine Miséricorde.

La chapelle, le couvent et la grande maison de deux étages pour les pensionnaires ont gardé leur aspect d'autrefois. Vus de l'extérieur, les bâtiments sont exactement les mêmes que le jour où Helena Kowalska les a vus pour la première fois, à savoir le 23 janvier 1926. À peu de choses près. En effet, à la place d'une ancienne dépendance, près du portail, on a construit un bâtiment qui abrite aujourd'hui l'association Faustinum, la maison d'édition Misericordia et des chambres pour les pèlerins. Quant à l'inscription « Józefów », qui se trouvait au-dessus du portail, elle a été enlevée. À noter que les sœurs ont appelé leur site « *Józefów* » à la gloire de saint Joseph. Elles étaient en effet persuadées que c'était grâce à ce saint qu'elles avaient trouvé cet endroit pour la construction de leur maison. Dans le retable principal de la chapelle du couvent, il y a toujours la même statue de Notre-Dame de la Miséricorde. Par contre, dans le retable latéral, à gauche, à la place d'une icône du Cœur de Jésus, il y a aujourd'hui une icône de Jésus Miséricordieux, connue pour des miracles, et un petit sarcophage de sainte Faustine, ainsi que son portrait peint par Waldemar Szajkowski. L'environnement du couvent a en revanche complètement changé. Les bâtiments anciens se trouvent aujourd'hui à l'ombre d'une nouvelle basilique. Dessinée par Witold Cęckiewicz, la basilique de la Miséricorde divine a été consacrée en 2002 par le pape Jean-Paul II.

Le couvent de Łagiewniki a été construit à la fin du XIXe siècle grâce à une donation du prince Aleksander Ignacy Lubomirski. Richissime, celui-ci a fait fortune grâce aux actions de la Compagnie de Suez. La congrégation des Sœurs de Notre-Dame de la Miséricorde a ouvert sa première maison à Cracovie dès 1868, et c'était leur deuxième maison après celle de Varsovie. Au début, les sœurs habitaient dans le presbytère de l'église de la Divine Miséricorde, rue Smoleńsk, et depuis 1871, dans une maison située au coin des rues Straszewskiego et Zwierzyniecka. Au moment où elles ont été obligées de quitter cette maison, c'est le prince Lubomirski qui leur est venu en aide. Il habitait en France depuis des années, mais il n'a pas oublié Cracovie. Il a fondé ici, entre autres, une maison de refuge pour les garçons, rue Rakowicka, où se trouve aujourd'hui le siège principal de l'université d'économie, et il a offert un million de francs pour la construction d'un nouveau bâtiment du couvent des Sœurs de Notre-Dame de la Miséricorde. En 1889, la congrégation a acquis à Łagiewniki le terrain nécessaire pour la construction. En somme, les sœurs ont acheté dix hectares de terre à Samuel et Bernard Wohlfeld et cinq hectares de terrains contigus à des paysans. Deux ans plus tard, certains bâtiments étaient déjà prêts, par exemple la chapelle Saint Joseph, qui a été consacrée par le cardinal Albin Dunajewski. Le dernier des bâtiments – le couvent – a été achevé en 1893.

En 1904, la revue *Architekt* a décrit le complexe des bâtiments de la façon suivante :

> L'établissement est situé sur un terrain en pente, comme il y en a beaucoup autour de Cracovie, et il possède une belle vue sur la ville et ses environs. Au milieu se trouve la chapelle, l'aile gauche de l'ensemble est occupée par les religieuses et l'aile droite est occupée par les pensionnaires de l'établissement. Dans l'aile gauche au premier étage se trouvent les chambres à coucher des sœurs et des novices, une infirmerie et une cuisine ; au rez-de-chaussée il y a l'appartement du chapelain, le parloir des sœurs et des pensionnaires, un réfectoire, une cuisine et une chambre de récréation. Dans l'aile droite au premier étage il y a les chambres à coucher des pensionnaires, une infirmerie, une pharmacie et une cuisine ; au rez-de-chaussée se trouvent des salles de cours, des salles de travaux pratiques et de chant, ainsi que de grands réfectoires ; la blanchisserie se trouve en sous-sol.

Entouré d'une clôture, le bâtiment n'était pas accessible à des personnes venant de l'extérieur. Ceci pour une raison simple : comme dans tous les établissements gérés par la congrégation, on ne voulait pas que les filles en période de rééducation puissent rencontrer des personnes de leurs anciens milieux. Au moment où la Seconde Guerre mondiale a éclaté, les sœurs ont finalement ouvert leur chapelle aux gens de l'extérieur. C'est ainsi que le jeune Karol Wojtyła passait là pour prier quand il allait au travail chez Solvay. Quant au mur qui sépare aujourd'hui la chapelle et le couvent de l'établissement de rééducation, il date seulement de 1962, époque où le pouvoir communiste a confisqué aux sœurs le bâtiment de l'établissement et une partie de la parcelle.

Elles ont récupéré leur bien avec la chute du communisme en Pologne en 1989. Dans le bâtiment se trouve aujourd'hui un centre pour filles en insertion sociale. Ainsi, à côté de la gestion du sanctuaire – visité chaque année par plus de deux millions de pèlerins – les sœurs accomplissent aussi un travail qui était à l'origine de la fondation de leur congrégation.

Depuis l'ouverture de la maison à Cracovie, c'est-à-dire depuis la seconde moitié du XIXe siècle, les sœurs de Notre-Dame de la Miséricorde n'ont jamais manqué de candidates pour leur établissement. Des femmes et des jeunes filles, seules ou poussées par leurs familles, se présentaient là parce qu'elles y voyaient une chance pour changer de vie. Régulièrement il y avait plus de candidates que de places disponibles. À l'époque de l'entre-deux-guerres, l'établissement de Łagiewniki accueillait environ cent soixante filles. Elles y apprenaient la reliure, la broderie et le tricot. En outre, elles apprenaient à travailler dans le jardin et dans l'exploitation agricole. La vente de produits et de services (notamment la blanchisserie), ainsi que les frais d'inscription symboliques perçus par les sœurs, étaient les principales sources de revenus qui permettaient à l'établissement de fonctionner.

Et pour faire fonctionner un établissement de cette taille, il fallait un nombre considérable de sœurs. Avant la guerre, il y en avait à Łagiewniki entre trente et quarante, parfois plus. D'après l'Annuaire statistique de Vatican, en 1926, au moment où Helena Kowalska est arrivée à Łagiewniki, il y avait ici cinquante-trois sœurs – « membres de la congrégation », comme on disait, c'est-à-dire des professes – et aussi, très probablement, des novices. En ce qui concerne le nombre de religieuses, la congrégation de Sœurs de Notre-Dame de la Miséricorde se plaçait en sixième position parmi les vingt communautés religieuses féminines qui existaient à l'époque à Cracovie. Les congrégations qui comptaient le plus de religieuses étaient celles des Sœurs de la Charité de Saint-Vincent-de-Paul, les Ursulines, les Sœurs de Saint Félix de Cantalice et les Sœurs Servantes des Pauvres. Selon le même annuaire, le nombre de sœurs à Łagiewniki était de soixante-huit en 1934 et de soixante-quinze en 1939. Cracovie était alors un centre religieux important. Et il ne s'agit pas seulement du fait que la ville comptait de nombreuses congrégations religieuses féminines et masculines ou des centaines d'églises et de chapelles d'une grande valeur artistique. Cracovie rayonnait surtout grâce à des personnages extraordinaires qui y habitaient à la fin du XIXe siècle et au début du XXe siècle, parmi lesquels il y avait aussi des saints : Adam Chmielowski, Urszula Ledóchowska, Józef Sebastian Pelczar, et des bienheureux : Bernardyna Jabłońska, Aniela Salawa, Angela Truszkowska.

Le 23 janvier 1926, c'est-à-dire le jour même où Sœur Faustine est arrivée à Łagiewniki, est décédée Henryka Łosińska, une des religieuses, âgée de 29 ans, travaillant au couvent comme cordonnier. Quelques jours plus tard, la nuit, elle rendit visite à Helena pour lui demander une faveur. Helena était chargée de transmettre à la maîtresse générale, Małgorzata Gimbutt, la demande suivante : que l'abbé Stanisław Rospond, futur évêque, célèbre une messe et fasse trois oraisons jaculatoires pour la paix de l'âme de Henryka. Comme Helena n'était pas sûre qu'il s'agisse d'un rêve ou d'une réalité, elle ne répondit pas tout de suite à cette demande. C'est seulement lorsque Henryka lui a encore rendu visite à deux reprises qu'elle a tout dit à la maîtresse. « La mère répondit qu'elle réglerait cette affaire, a noté Faustine dans son *Journal*. – Le calme envahit immédiatement mon âme et trois jours après, cette sœur vint me dire : "Que Dieu vous le rende." » (PJ 21).

C'est à peu près tout ce que l'on sait sur ce qui se passait dans la vie et dans le cœur de Sœur Faustine quand elle terminait son postulat. C'était probablement une période heureuse, parce que Sœur Joachima Głuc se souvient que Faustine était très joyeuse, que parfois on avait l'impression « qu'elle n'arrivait pas à retenir sa joie d'avoir été appelée par Dieu ». « Parfois elle donnait même l'impression d'être distraite, tellement elle était souriante et rayonnante. La maîtresse nous la montrait comme exemple à suivre et voulait qu'on soit aussi joyeuses et contentes de notre service à Dieu que Sœur Faustine. Même quand elle était très fatiguée, on ne voyait pas qu'elle était accablée ou triste. Elle rayonnait de joie », se rappelle Sœur Joachima.

La période de postulat, c'est-à-dire la première période d'essai, se terminait par la prise d'habit religieux. Helena, avec quatre autres postulantes, a fait à cette occasion une retraite de huit jours. Le vendredi 30 avril 1926, dans la chronique de la maison, on a noté : « Aujourd'hui ont eu lieu : le renouvellement des vœux sous la direction du père Kotowicz, puis la prise d'habit par cinq postulantes, les vœux de cinq novices et les vœux perpétuels de cinq sœurs. » Une note bien courte, mais la journée était riche d'événements. La cérémonie de la prise d'habit religieux et de la prononciation des vœux se déroulait au couvent de Łagiewniki deux fois par an. À cette occasion le couvent accueillait de nombreux invités. Ce fut le cas cette fois-là. Déjà quelques jours plus tôt, était arrivée de Varsovie la mère générale Michaela Moraczewska. Ami du couvent, l'évêque Paweł Kubicki qui présidait la célébration était venu de Sandomierz. Il y avait aussi des familles des sœurs qui prononçaient leurs vœux temporaires ou perpétuels, et de celles qui, comme Helena, prenaient leurs habits religieux.

Décorée de fleurs, la chapelle de Łagiewniki était entièrement remplie. « Les postulantes se présentent auprès de l'autel vêtues en blanc, comme des jeunes épouses, avec des voiles en tulle et des cheveux ornés de guirlandes de myrte », écrivait le père Józef Andrasz à propos de la cérémonie de la prise d'habit par Sœur Faustine. Ce n'est qu'en 1933 que le père Andrasz est devenu confesseur permanent des sœurs de Łagiewniki, mais dès 1926 il venait une fois par mois au couvent pour faire des homélies. Il n'est donc pas exclu qu'il ait personnellement assisté à la cérémonie de la prise d'habit par Faustine. Lors d'une messe solennelle, les postulantes demandaient à l'évêque Kubicki de les admettre à la congrégation. L'évêque bénissait l'habit de chacune d'elles en disant : « Que le Seigneur te donne l'habit d'un homme nouveau qui est créé selon Dieu dans la justice et dans la sainteté de la vérité. » Ensuite, les postulantes quittaient pour un moment la chapelle pour mettre leurs habits religieux. Sœur Klemensa Buczek dut aider Faustine à mettre son habit : « Je lui ai dit : Helena, il faut se dépêcher pour mettre l'habit. Helena s'est évanouie. J'ai couru chercher de l'eau de Cologne pour qu'elle retrouve connaissance... Plus tard, je me moquais d'elle en disant que c'était le signe qu'elle regrettait le monde. Ce n'est qu'après sa mort que j'ai appris que la cause de cet évanouissement n'était pas le regret du monde, mais autre chose. »

Helena-Faustine décrira ce moment des années après : « Au moment de ma prise d'habit, Dieu me fit connaître combien je souffrirais. Je voyais clairement ce à quoi je m'engage. C'était une minute de cette souffrance. Mais de nouveau, le Seigneur inonda mon âme de grandes consolations » (PJ 22).

Ensuite, vêtues de leurs habits, les sœurs sont retournées à la chapelle et l'évêque a béni leurs voiles. En mettant le voile sur la tête de chacune des novices, il disait : « Prend ce voile en signe de chasteté pour pouvoir traverser cette épreuve de noviciat le cœur pur, pour que le Christ, Époux des vierges, te trouve digne de Sa face très pure ». Est arrivé alors le moment de donner aux sœurs leurs nouveaux prénoms. « Désormais on ne t'appellera plus par ton prénom du monde, mais Marie Faustine », a dit l'évêque à Helena Kowalska. Le prénom de Marie – à la gloire de Notre-Dame – était donné à chaque sœur de la congrégation, mais Sœur Faustine a rajouté le prédicat « du saint sacrement », et à partir d'un certain moment elle a commencé à signer de cette façon son *Petit journal* : « s. Marie Faustine du saint sacrement ». En revanche, ses lettres ont toujours été signées d'une façon très brève : « s. Faustine ».

Dans la congrégation, les prénoms de sœurs ne pouvaient pas se répéter, c'est pourquoi il fallait recourir à des prénoms rares, comme Faustine. Celui-ci est une version féminine du prénom masculin Faustin qui vient du mot latin *faustus* voulant dire « favorable » , « prospère » et du verbe *faveo, favi, fautum* qui signifie « être favorable », « réussir ». Le prénom de Faustine était par exemple porté par des femmes de la dynastie romaine des Antonins, ainsi que par des saintes et des saints (Faustin) dans les premiers siècles de la chrétienté. Aujourd'hui, le prénom de Faustine se trouve redécouvert par de nombreux parents parce que la sainte devient patronne d'un nombre de plus en plus important de filles lors des baptêmes.

La prise d'un nouveau prénom était la dernière étape de la cérémonie de la prise d'habit religieux. Sœur Faustine est ainsi devenue novice et elle a entamé une nouvelle étape de sa formation religieuse.

Après la cérémonie est arrivé le moment des congratulations, des vœux, des rencontres avec les familles. De la famille de Faustine personne n'est venu à la cérémonie. Parce que l'invitation était arrivée aux intéressés trop tard, comme l'expliquera après des années une des sœurs, ou – ce qui est plus probable – parce que les parents de Faustine n'arrivaient toujours pas à accepter le choix et la décision de leur fille. Quelques mois plus tôt, lorsqu'elle avait demandé à ses parents de lui envoyer un certificat de baptême de sa paroisse, son père avait décidé d'ignorer sa demande. Helena s'était débrouillée toute seule : elle avait écrit au curé Wacław Linowiecki et avait obtenu le document dont elle avait besoin.

Tout de suite après la cérémonie, Faustine a commencé à porter son habit religieux et son voile. Le voile était blanc dans un premier temps. Comme Faustine appartenait au second chœur (celui des coadjutrices), son habit était légèrement différent de celui porté par les sœurs du premier chœur (celui des directrices).

Sœur Amata Stryjewska de Walendów, qui faisait partie des directrices, raconte que les sœurs du premier chœur portaient des voiles plus longs et les manches de leurs habits étaient plus larges. Après les vœux, elles portaient des alliances en or. Les coadjutrices, à leur tour, avaient des voiles plus courts, et les manches des leurs habits étaient étroites près des poignets : une solution pratique qui faisait que les sœurs n'étaient pas gênées dans leur travail. Quant aux alliances des sœurs de second chœur, elles étaient en argent.

La division des sœurs en deux chœurs, qui existait dans les congrégations, n'a été supprimée qu'après la Seconde Guerre, dans la période précédant le Concile Vatican II et lors de son déroulement. Dans la congrégation de Sœur Faustine, cette division a été levée en 1962. À l'époque on a procédé aussi à des changements dans les habits des sœurs : on a renoncé à la ceinture où les religieuses accrochaient leurs longs rosaires. Cette modification s'est opérée sous l'influence des jésuites qui, dès la naissance de la congrégation, ont fortement marqué sa spiritualité. Ce sont les jésuites qui ont rédigé, à Laval, en France, les constitutions de la congrégation qui s'est implantée plus tard en Pologne. Plus tard, les jésuites ont pris la fonction des pasteurs de la congrégation et ce type de relation existe encore de nos jours.

***

Le noviciat de Sœur Faustine dans la congrégation des Sœurs de Notre-Dame de la Miséricorde a duré deux ans. C'était une période au cours de laquelle les novices, sous la direction d'une maîtresse, devaient s'initier à « comprendre la constitution, faire des réflexions pieuses, prier, comprendre tout ce qui concerne les vœux et les vertus, s'exercer à éliminer les racines du mal, maîtriser les instincts, acquérir des vertus », comme le précisait un des points de la constitution de la congrégation datant de 1927.

C'est Małgorzata Gimbutt qui était la maîtresse du noviciat de Sœur Faustine. Après sept semaines, en juin 1926, elle a été remplacée par Sœur Maria Józefa Brzoza, une femme de 37 ans originaire de Zakopane, qui venait de rentrer de la maison de la congrégation de Laval où elle observait la formation des novices. C'était une personne « gaie et pleine d'amour du prochain » (PJ 216), écrivait à propos d'elle Sœur Faustine qui était profondément reconnaissante que c'était cette sœur-là qui était sa première supérieure, celle qui a si bien identifié ce qui se passait dans son âme. Dans des moments difficiles, c'est mère Brzoza qui lui apportait son aide et manifestait son empathie. Ce témoignage de Sœur Faustine est précieux dans la mesure où certaines méthodes de travail de la mère Brzoza ne pouvaient être comprises qu'à condition de saisir l'importance – dans la vie religieuse – de la vertu d'humilité.

Sœur Ludwina Gadzina dit :

> En voulant nous inciter à pratiquer les vertus, la maîtresse du noviciat a choisi pour chacune de nous, novices, une fleur qu'il s'agissait d'imiter. En s'adressant à Sœur Faustine, elle a dit : « Vous êtes un bouquet de fleurs fanées dans un flacon, bon à jeter à la poubelle. » Cette phrase m'a profondément bouleversée parce que je la considérais comme la plus belle fleur de toute la congrégation. Elle a accueilli cela avec calme, elle ne s'est pas fâchée, elle ne s'est pas plainte.

Dans le noviciat, il y avait une tradition consistant à rattacher à une sœur jeune et peu expérimentée (appelée « âme ») un « Ange », c'est-à-dire une sœur plus âgée et plus expérimentée. L'« Ange » de Faustine s'appelait Sœur Krescencja Bogdanik. Cette dernière raconte :

> Mon rôle consistait à l'initier à la vie religieuse. J'ai eu beaucoup d'admiration pour elle, parce qu'elle comprenait tout très vite. Il

> ne fallait pas lui répéter deux fois, comme c'était souvent le cas des novices. […] Elle était consciencieuse et veillait à ce que tout soit fait à temps. Une joie d'enfant se dessinait toujours sur son visage. Sa vertu la plus manifeste c'était ce soin avec lequel elle s'acquittait de ses tâches. Quand je réfléchissais parfois comment décrire Sœur Faustine, une seule expression me venait à l'esprit : une joyeuse enfant de Dieu.

La vie dans le noviciat était divisée entre la prière, individuelle et commune, l'écoute des conférences et le travail. La journée des novices commençait très tôt par la prière dans la chapelle. La messe était précédée par l'adoration du saint sacrement et des réflexions. Après le petit déjeuner dans la grande salle du noviciat, qui se trouvait au premier étage de la maison, commençaient les cours. Historien et spécialiste de la congrégation, le père Joachim R. Bar écrit : « Chaque jour, pendant une demi-heure, on lisait un livre d'ascèse, puis deux lectures, d'un quart d'heure chacune, de *l'Imitation de Jésus-Christ* et une lecture de la vie d'un saint. En outre, la maîtresse assurait des conférences d'une demi-heure (trois fois par semaine, au sujet de la constitution de la congrégation, une fois par semaine, au sujet d'exercices spirituels, et une fois par semaine sur le catéchisme). » Les novices apprenaient aussi à faire des travaux qu'elles étaient censées effectuer plus tard dans le couvent et dans l'établissement. La règle était pourtant qu'au cours de la première année elles ne pouvaient pas exécuter des tâches engageant trop de temps ou de forces, et ce afin de leur permettre de connaître surtout la spiritualité de la congrégation. Au cours de la deuxième année, les novices étaient amenées à effectuer des travaux qu'elles étaient censées effectuer plus tard, mais toujours à condition que cela ne se fasse pas au détriment d'« exercices spirituels de noviciat proprement dits ».

La maîtresse du noviciat a envoyé Sœur Faustine travailler en cuisine où l'on préparait des repas pour les filles de l'établissement. Cette cuisine était distincte de celle qui se trouvait dans le couvent et où l'on préparait des repas pour les sœurs. Dès la première année de son noviciat, Faustine était amenée à travailler comme aide-cuisinière. Préparer des repas pour cent soixante personnes n'était pas une tâche des plus aisées. Sœur Placyda Putyra, novice à l'époque, se rappelle que Faustine attachait une grande importance à la propreté, qu'elle prenait soin à ce que les plats soient bons, qu'elle disait que les sœurs « devraient toujours cuisiner comme si le Seigneur Jésus venait pour un repas de fête ». Et Sœur Placyda ajoute : « Elle ne disait jamais que le travail était trop lourd ou qu'elle ne savait pas faire quelque chose. Elle s'acquittait toujours de tout ce qu'on lui confiait, et quand elle ne savait pas comment faire, elle disait : "Le Seigneur Jésus m'aidera, parce que c'est Lui qui veut que je le fasse." »

Quels que soient ses problèmes, y compris ceux concernant le travail dans la cuisine, Faustine les confiait à Jésus. Elle Lui parlait comme si elle parlait au Seigneur et à son meilleur ami. Elle Lui faisait entièrement confiance. Sœur Placyda se rappelle qu'un jour, en été, elles n'étaient que deux dans la cuisine, elle et Faustine, la sœur qui était chef cuisinier étant malade. Alors, on a livré dans la cuisine une demi-vache.

> J'étais inquiète, parce qu'il faisait chaud et on avait cette grande quantité de viande. Sœur Faustine a dit : « Ne soyez pas inquiète, je vais aller à la chapelle et je vais demander au Seigneur Jésus ce qu'il faut faire. Il va sûrement me donner un conseil. » Et elle est partie. Quand elle est revenue, elle a dit de mettre les morceaux les plus fermes dans une marinade, et de faire bouillir le reste de la viande pour qu'elle ne se gâte pas. Plus tard, la sœur qui était chef cuisinier avait dit toute étonnée combien cette enfant s'est parfaitement bien débrouillée.

À ce moment-là, l'état de santé de Sœur Faustine était déjà bien mauvais. C'est pourquoi, lorsque la maîtresse du noviciat l'a envoyé travailler en cuisine, elle était un peu accablée parce que, comme elle l'a avoué dans son *Petit journal,* elle n'arrivait pas à bien manier les marmites qui étaient très grandes.

> Le plus difficile pour moi était de vider l'eau des pommes de terre cuites dont la moitié parfois s'échappait. Quand je le dis à la mère maîtresse, elle me répondit que je m'habituerais petit à petit et que j'allais acquérir de l'expérience. Cependant, la difficulté demeurait car mes forces diminuaient de jour en jour, et, à cause de ce manque de force, je m'écartais lorsque venait le moment de vider l'eau des pommes de terre. Mais les sœurs s'aperçurent que j'évitais ce travail et s'en étonnèrent beaucoup ; elles ignoraient que malgré tous mes efforts et sans me ménager, je ne pouvais arriver

à les aider. À midi, pendant l'examen de conscience, je me plaignis à Dieu de mon manque de force. Alors j'entendis ces paroles dans mon âme : « *À partir d'aujourd'hui, cela te viendra avec une grande facilité. Je vais accroître tes forces.* »

Et Sœur Faustine dit plus loin :

> Le soir, lorsque vient le moment de cette tâche, je me hâte la première, confiante dans les paroles du Seigneur. Je prends la marmite avec facilité et verse l'eau parfaitement. Mais quand j'ai ôté le couvercle pour faire évaporer les pommes de terre, je vis dans la marmite à la place des pommes de terre des bottes de roses rouges si belles qu'il est difficile de les décrire. Je n'en avais encore jamais vu de pareilles. Cela m'étonna beaucoup, je n'en comprenais pas la signification, mais à ce moment, j'entendis une voix dans mon âme : « *Je change ton travail si pénible en bouquets de fleurs les plus belles et leur parfum monte jusqu'à mon trône.* » (PJ 65).

Sœur Regina Jaworska était là quand Faustine avait aperçu des roses dans une marmite de pommes de terre. Elle voulait lui donner un coup de main, parce qu'elle voyait que la novice n'arrivait pas à bien faire le travail. Mais Faustine lui dit qu'elle le ferait seule. « Et pourtant je suis restée près d'elle, se rappelle Regina, pour venir en aide au cas où. J'ai vu qu'elle l'avait fait avec facilité. Quand elle a posé la marmite et soulevé le couvercle pour faire partir la vapeur, j'ai vu chez elle un certain étonnement.» Seulement vingt ans après cet événement, après la lecture du *Petit journal*, elle a compris ce qui s'était passé à ce moment-là. « Elle a vu dans la marmite des roses, moi, je n'ai vu que des pommes de terre », a-t-elle constaté.

Le père Andrasz rappelle qu'un miracle semblable – alors que certains n'y voient qu'une légende – est arrivé à sainte Élisabeth, reine de Hongrie, qui distribuait aux pauvres du pain et de l'argent, alors que son mari le lui avait fermement interdit. Quand par un jour d'hiver, le mari l'a surprise en flagrant délit d'aller aider les pauvres, Jésus est intervenu, si bien que les morceaux de pain qu'elle avait sur elle sont apparus aux yeux du mari comme des roses.

Les roses dans la marmite de pommes de terre étaient pour Faustine une récompense pour le travail pénible qu'elle effectuait pour l'amour de Jésus. « Dès lors, je tâchais de vider l'eau des pommes de terre non seulement pendant la semaine qui m'était assignée à la cuisine, mais je tâchais de remplacer les sœurs dans ce travail durant leurs semaines. J'essayais de m'offrir la première non seulement dans cette tâche, mais aussi pour tous les travaux pénibles, car j'avais expérimenté combien cela plaît à Dieu. Ô trésor inépuisable de la pureté d'intention qui rend toutes nos actions parfaites et si agréables à Dieu » (PJ 65-66), écrivait-elle.

Faustine tâchait de s'acquitter de ses obligations et d'observer les règles monastiques de la manière la plus scrupuleuse possible. Une des vertus les plus importantes pour elle était l'obéissance aux supérieurs. C'est Jésus qui l'exigeait d'elle. Et Faustine voyait la main de Dieu dans les actions de ses supérieurs.

Sœur Regina Jaworska raconte : « Un jour, dans la cave, j'étais en train de parler avec une sœur. Tout en travaillant, on se racontait des histoires, ce qu'on avait vécu il y a des années. À un moment donné c'est Sœur Faustine qui est arrivée et elle nous a demandé si on avait la permission de parler. On a répondu que non. Elle a alors couru voir les supérieurs. Quelques instants après, elle est revenue et elle nous a dit qu'on pouvait parler tranquillement parce qu'on en avait la permission. »

Sœur Placyda Putyra déclare : « Parfois, on lui faisait des remarques ironiques, comme quoi elle était trop scrupuleuse, qu'elle relevait les plus petits vices quant au respect de la règle monastique. Elle ne s'en préoccupait pas et faisait ce qu'elle considérait comme son devoir. Quant aux moqueries, elle les supportait avec patience. »

Pour ce qui était de l'obéissance, aussi bien ici, à Cracovie, que dans d'autres maisons de la congrégation, les supérieurs présentaient Faustine comme un exemple à suivre. Cela ne veut pas dire que l'observation de toutes les règles monastiques et l'exécution de tous les ordres lui venait sans effort. Quand elle était encore novice, Sœur Faustine n'avait pas peur de dire à des sœurs plus âgées, à celles ayant déjà prononcé leurs vœux, que leur comportement était impropre. Et évidemment, les sœurs n'étaient pas contentes d'entendre ce genre de critiques. Sœur Placyda se souvient d'une conversation que trois sœurs avaient eue dans la cuisine à propos des prêtres et des directeurs de conscience :

> Ces conversations étaient loin d'être édifiantes. J'étais un peu surprise que des sœurs plus âgées parlent de cette façon et j'ai voulu quitter au plus vite la cuisine. Sœur Faustine qui était, elle aussi, dans la cuisine à ce moment-là, a dit : « Désolée, mais cela ne plaît pas au Seigneur Jésus, il faut en terminer avec ces conversations. » J'ai admiré le courage de la novice qui a su s'élever contre des sœurs plus âgées.

Quand quelque chose ne lui plaisait pas, Sœur Faustine faisait des remarques aussi bien à des supérieurs qu'à des prêtres. Il est difficile de dire aujourd'hui avec quelque certitude où la scène avait eu lieu, mais c'était probablement à la maison de la congrégation à Vilnius où Faustine a habité pendant quelques années.

Sœur Justyna Gołofit : « Je me souviens très bien d'un prêtre qui habitait et travaillait chez nous. Sœur Faustine nous demandait souvent de prier avec ferveur pour lui, parce que son âme se trouvait dans un état lamentable. Elle avait eu le courage de lui dire cela et elle l'avait réprimandé en face à face. Quand il s'agissait du péché, elle ne tenait pas compte du rang de la personne. »

Faustine a fait connaissance avec Justyna à Cracovie lors de son noviciat. Elle était son « Ange ». Dans un premier temps, Sœur Justyna, postulante à l'époque, n'était pas très contente de cet « Ange ». Au contraire, après des années, elle dira à propos de Sœur Faustine : « D'abord je ne l'aimais pas trop, par son aspect physique, elle n'était pas attirante. » Ailleurs, elle a également avoué : « Elle me faisait des remarques et me corrigeait tout le temps. » En peu de temps pourtant, les deux sœurs sont devenues amies, et cette amitié a duré jusqu'à la mort de Faustine.

Sœur Justyna Gołofit raconte :

> Dans le noviciat, elle priait constamment pour que j'aime ardemment le Seigneur Jésus et que je sois une religieuse selon le Cœur de Dieu, et elle me le répétait souvent. Un jour […] j'ai été saisie par des tentations qui allaient à l'encontre de ma vocation ; j'ai décidé de quitter le couvent le plus vite possible et pendant le travail je le lui ai dit. Sœur Faustine était affligée, mais elle m'a dit aussi que c'était une tentation satanique et qu'il ne fallait pas y céder, sinon je serais perdue pour l'éternité. Elle m'avait peint la situation de telle

> façon que j'avais pris simplement peur. Son regard perspicace lisait dans mon âme, et elle savait toujours ce qui se cachait au fin fond de mon âme, tous les péchés et toutes les chutes.

Faustine était également l'« Ange » d'une autre novice, Ludwina Gadzina. Cette dernière dit : « Elle avait une bonne influence ; après une conversation avec elle, on se sentait réconforté, car elle savait trouver le bien, même le plus petit, et élever le moral. […] J'ai toujours aimé chez Sœur Faustine son équilibre, son calme, son esprit monastique, le sens du devoir et la dévotion. Elle supportait les souffrances avec calme, sans se plaindre, mais aussi sans cacher la réalité. Je n'ai presque pas vu de défauts chez elle. »

Quand elle était encore au noviciat, Sœur Faustine parlait déjà beaucoup de la miséricorde de Dieu. Sœur Szymona Nalewajk l'a bien retenu, parce que, contrairement à Faustine, elle soulignait surtout la justice de Dieu. « Elle m'a toujours vaincu par la force de ses arguments », avoue-t-elle. Les sœurs se parlaient surtout lors des récréations, c'est-à-dire pendant un temps consacré au repos commun où elles pouvaient mieux se connaître, passer un temps ensemble.

Sœur Ludwina Gadzina raconte : « Quand elle parlait de Dieu, on voyait que son âme se sublimait. Lors des récréations, elle aimait bien parler et très vite plusieurs personnes se pressaient autour d'elle, parce qu'elle ne se cachait pas, donnait volontiers des conseils quant à la façon de travailler, montrait de la bienveillance ; en même temps, elle respectait ceux qui faisaient confiance à leur propre sagesse. »

Sœur Regina Jaworska déclare : « On aimait beaucoup Sœur Faustine, elle nous était chère, pendant les récréations on faisait un cercle autour d'elle, chacune de nous voulant être au plus près d'elle. On l'appelait avec humour « la juriste », parce qu'elle savait raconter et appuyer la parole par des gestes ; quand elle parlait, elle finissait toujours par parler de Dieu.»

Sœur Joachima Głuc dit : « Même les sœurs plus âgées aimaient converser avec elle, parce que ces conversations étaient édifiantes, agréables, traitaient de Dieu. On en tirait un grand profit. »

Un jour, pendant la récréation, Sœur Regina a sorti de la poche de Faustine un petit carnet. C'était pour s'amuser. Elle dira : « Je voulais voir ce qui était écrit dedans, mais elle m'a poursuivi à travers le jardin et ne m'a pas permis de regarder. » Ce petit carnet, ce n'était pas encore le *Petit journal* que Faustine commencera à rédiger en 1933. Mais cet épisode montre qu'elle avait déjà commencé à l'époque à écrire des notes à propos de sa vie spirituelle. La mère Michaela Moraczewska l'a confirmé. Elle se souvenait des années plus tard qu'en tant que jeune professe, Faustine lui avait montré des notes faites au crayon – « une illumination intérieure ». La mère Moraczewska avait jeté un coup d'œil rapide sur ces notes. Elle les trouvait sans intérêt. Et elle n'était pas la seule.

Faustine parlait de ses expériences intérieures à ses directeurs spirituels ; elle cherchait des conseils et surtout elle cherchait à être comprise. Pendant longtemps, elle ne trouvait personne qui puisse la comprendre. Ses expériences spirituelles, tout comme ses attentes, dépassaient ceux qu'elle rencontrait sur son chemin. C'était notamment le cas du père Teodor Czaputa qui était confesseur des novices à Cracovie. Sœur Szymona Nalewajk qui habitait pendant le noviciat avec Faustine se souvient ainsi d'une scène lorsqu'un jour Faustine est rentrée dans la chambre juste après s'être confessée.

Sœur Szymona raconte : « Elle s'est agenouillée devant sa petite table de nuit, où était posée une image sainte, a mis les mains sur la tête et a commencé à pleurer très fort. Ses pleurs étaient comme un cri. J'ai été saisie de pitié pour elle et j'ai couru voir la maîtresse pour tout lui raconter. La maîtresse s'est tout de suite dirigée vers notre chambre, et moi je suis allée dans la cuisine. Je ne sais pas de quoi elles parlaient. Au bout d'un certain temps, Sœur Faustine est arrivée, elle aussi, dans la cuisine. Ses yeux étaient encore gonflés à cause des larmes, mais elle était déjà tranquille. » Sœur Placyda s'en souvient aussi : « Je lui ai demandé pourquoi elle pleurait. Elle m'a répondu : "Oh, Jésus, même le confesseur ne me comprend pas, personne ne me comprend." »

Cela s'était déjà probablement passé pendant la nuit de l'esprit et des sens, que Faustine a commencé à vivre vers la fin de la première année de son noviciat. Un temps très important et très difficile pour elle. Un temps dont elle a vu l'importance seulement quand il a touché à sa fin. C'est dans cette perspective-là qu'elle l'a décrit dans son *Petit journal*. La nuit de l'esprit et des sens est une expérience que seuls les mystiques connaissent. C'est un temps au cours duquel l'âme choisie par Dieu est purifiée des impulsions, des instincts et des attaches terrestres. L'homme ne se purifie pas seul, mais c'est Dieu qui le fait dans son intérieur, c'est pourquoi ce processus spirituel est appelé la nuit passive des sens et de l'esprit.

Le père professeur Stanisław Urbański rappelle que selon le plus grand mystique de l'Église, saint Jean de la Croix, la nuit obscure « crée une unité organique des sens et de l'esprit, introduit un ordre intérieur, ordonne les impulsions, engendre une paix profonde, l'humilité. Elle possède aussi une dimension existentielle, fait que l'homme laisse tout, qu'il n'est absorbé que par Dieu ». Préparée de cette façon, l'âme est prête pour un amour plus grand et plus parfait. Elle est prête à s'unir à Dieu.

Le temps de purification prend parfois de longues années. Chez Faustine, il a été relativement court : plus ou moins un an et demi dans la première étape. À titre de comparaison : chez la bienheureuse Mère Teresa, la nuit obscure a duré presque un demi-siècle. Mais dans la vie de Sœur Faustine il y a eu une autre période de nuit obscure – après la purification des sens, c'était au tour de l'esprit. La nuit de l'esprit et des sens est précédée par une période d'expériences mystiques où l'homme choisi par Dieu « entre dans l'intimité » avec Lui, comme l'a noté Faustine. Dieu se fait connaître lors de brefs « éclairs, c'est-à-dire des rapprochements », dans une contemplation infuse. Bien que ces éclairs soient très brefs, « [la] lumière qui a touché l'âme est vivante en elle, et rien ne peut l'étouffer ni l'obscurcir », expliquait-elle. Cet « éclair de la connaissance de Dieu attire l'âme et allume son amour pour Lui » (PJ 95). Et tout d'un coup, l'âme est envahie par l'obscurité. Elle entre – comme l'a écrit saint Jean de la Croix – dans « un vide, dans cet isolement et dans cette indigence de toutes ses facultés » ; elle se sent rejetée, plongée dans les ténèbres. Elle se croit abandonnée par Dieu. Cependant – explique le père professeur Urbański – Dieu reste présent dans l'âme pendant la contemplation infuse. Et la lumière de Dieu est si forte que l'âme qui n'a pas encore achevé sa purification des sens et de l'esprit se trouve aveuglée. Elle voit l'obscurité à la place de la lumière.

Le processus d'une purification mystique des sens a commencé chez Faustine vers la fin de la première année du noviciat, donc probablement au printemps 1927. « Mon esprit était étrangement assombri, aucune vérité ne me semblait claire. Quand on me parlait de Dieu, mon cœur était comme de roc », dira-t-elle quand elle décrira son état après des années.

> Je ne pouvais en tirer un seul sentiment d'amour pour Lui. Lorsque je m'efforçais de rester auprès de Dieu par un acte de volonté, j'éprouvais de grands tourments et il me semblait que je poussais Dieu à une plus grande colère. Je ne pouvais plus méditer comme auparavant. Je sentais dans mon âme un grand vide et rien ne pouvait le remplir. J'ai commencé à souffrir la faim et la nostalgie de Dieu, mais je voyais toute mon impuissance. [...] L'abîme de ma misère était sans cesse présent dans mon âme. Chaque fois que j'entrais pour quelque exercice à la chapelle, j'éprouvais les pires tourments et tentations. Parfois, je devais combattre pendant toute la sainte messe des pensées de blasphèmes qui se pressaient sur mes lèvres. Je ressentais une aversion pour les saints sacrements. Il me semblait que je ne tirais aucun profit des saints sacrements. Je ne les recevais que par obéissance à mon confesseur, et cette obéissance aveugle était pour moi le seul chemin sur lequel je devais marcher, ma planche de salut (PJ 77).

Faustine qui, il y a peu de temps, goûtait aux « délices divins » et « s'enfonçait en Dieu », souffrait maintenant d'une manière atroce à cause du manque de Sa présence ; elle avait la nostalgie de Lui et de ce sentiment d'intimité qu'elle éprouvait auparavant : « Près d'une demi-année s'écoula ainsi, l'état de mon âme ne change en rien » (PJ 23). Faustine ne comprenait pas pourquoi « Dieu avait agi si étrangement » dans son âme. Malheureusement, à cette époque-là, elle n'a trouvé personne qui puisse le lui expliquer. Mais même tentée par l'incroyance, par le rejet des vérités révélées, par le rejet de l'espérance et de l'amour de Dieu, même à ce moment-là, elle n'a pas cessé de lui faire confiance. « Même si Tu me tues, j'aurai confiance en Toi » (PJ 77), répétait-elle en citant les paroles de Job. Elle implorait l'aide de Dieu : « je me jette à Ses pieds, dans la poussière, et je mendie Sa miséricorde » (PJ 23). Comme elle le dira plus tard, seule l'obéissance aux supérieurs et au confesseur – qui, malgré ses craintes, lui disait de communier – était sa seule « planche de salut » dans cette « épreuve de feu ».

La souffrance spirituelle était de temps en temps coupée par un éclair de présence de Dieu. « *Je suis toujours dans ton cœur* » (PJ 78) – c'est avec ces paroles-là que Jésus lui est apparu. Mais la joie a été de courte durée. Il est arrivé un temps qui, comme elle l'a décrit, était « l'épreuve des épreuves », un temps où Faustine avait le sentiment d'être complètement abandonnée par Dieu : « Elle[1] ne voit en elle que péchés. […] Elle se voit complètement abandonnée de Dieu, elle a le sentiment d'être pour Lui un objet de haine, elle est au bord du désespoir. […] L'âme brûle du désir d'être près de Dieu, mais elle se sent repoussée. Tous les supplices et les peines du monde ne sont rien comparés à ce sentiment dont elle est la proie – être rejetée de Dieu » (PJ 98). Faustine était fatiguée, et sa fatigue était non seulement spirituelle, intérieure, mais aussi physique. La souffrance gagnait ses sens. Elle était complètement épuisée. Le pire moment est venu, celui de l'agonie de l'âme.

> Un jour, à mon réveil […], le désespoir commença à me saisir. Obscurité extrême de mon âme. Je luttai de mon mieux jusqu'à midi. Dans l'après-midi, des frayeurs vraiment mortelles commencèrent à m'envahir, mes forces physiques commencèrent à m'abandonner. Vite j'entrai dans ma cellule et je me jetai à genoux devant le crucifix et je commençai à implorer miséricorde. Mais Jésus n'entend pas mes appels. Je sens que mes forces physiques m'abandonnent complètement, je tombe à terre, le désespoir envahit toute mon âme, j'endure de véritables douleurs infernales qui ne diffèrent en rien des supplices de l'enfer (PJ 24).

Son âme était dans un état agonal. Faustine avoue : « Je voulais mourir et je ne le pouvais pas » (PJ 23). Cela a duré trois quarts d'heure. Elle poursuit : « Je voulais aller voir la maîtresse, je n'en avais pas la force. Je voulais crier, mais ma voix s'était dérobée. Heureusement une des sœurs est entrée dans la cellule. » C'était Sœur Placyda Putyra. Elle appela vite la mère

1. L'âme [ndt].

maîtresse Józefa Brzoza. En rappelant « la sainte obéissance », cette dernière a ordonné à Faustine de se relever. « Une force m'a immédiatement relevé du sol et je me suis mise debout à côté de ma maîtresse. » Faustine se sentait comme ressuscitée. La mère Brzoza a reconnu en quoi consistaient les expériences de Faustine. Elle savait que c'était Dieu lui-même qui l'exposait à ces épreuves et la purifiait. Elle dit à la novice que Dieu l'appelait à une grande sainteté : « [...] le Seigneur veut vous avoir bien près de Lui, puisqu'Il permet de telles choses et si tôt. Soyez fidèle à Dieu, ma sœur, car c'est le signe qu'Il veut vous avoir haut dans le ciel » (PJ 102). À l'époque, Faustine ne comprenait pas ces paroles. Encore le même jour, durant la prière du soir, son âme a de nouveau « commencé à agoniser dans une terrible obscurité ». Mais elle ne cessa jamais de faire confiance à Jésus : « Jésus, j'ai confiance en Toi, en dépit de toute espérance, en dépit de ces sentiments intérieurs [...]. Fais ce que Tu veux de moi » (PJ 24). Encore pendant deux jours on voyait sur son visage les traces de l'agonie qu'elle avait vécue dans son âme. « Le visage mortellement pâle et les yeux injectés de sang. Jésus seul sait ce que j'ai souffert » (PJ 104). Elle se sentait comme si elle « revenait de l'au-delà ». Son état physique qui faisait pitié n'échappa point aux sœurs. Elles discutèrent à son propos, mais sans se douter quelle était la véritable raison de ses souffrances.

Alors que les nuits passives duraient encore, Faustine termina son noviciat et prononça ses premiers vœux religieux, les vœux temporaires. « Une des sœurs qui venait de terminer [son noviciat, nda] était si unie au Seigneur Jésus que si elle m'avait dit qu'elle Lui parlait je l'aurais immédiatement cru », a dit à des jeunes novices la mère Józefa Brzoza à propos de Faustine. Il ressort des souvenirs de Felicja Żakowiecka que les sœurs ont tout de suite deviné de qui il s'agissait et la mère Brzoza ne les a pas démenties. Cet épisode montre que la maîtresse du noviciat avait aperçu la profondeur de la spiritualité de la jeune religieuse. D'autres sœurs ont vu aussi une « altérité » spirituelle de Faustine.

La future sainte a prononcé ses vœux temporaires le 30 avril 1928 à Łagiewniki. La chroniqueuse de la maison a noté : « Assisté du père Kotowicz et du père Zieja de Radom, l'évêque Rospond a présidé la cérémonie de prononciation des vœux perpétuels et annuels, ainsi que celle de la prise d'habit religieux. Les vœux perpétuels ont été prononcés par Sœur Kaliksta et Sœur Norberta (directrices). Les vœux temporaires ont été prononcés par Sœur Renata et Sœur Bonawentura (directrices), Sœur Florentyna et Sœur Faustine (coadjutrices). Deux postulantes ont pris leur habit religieux. »

Sœur Faustine était une des quatre religieuses (en 1926, elles étaient cinq à commencer leur noviciat) qui avaient prononcé leurs vœux temporaires : vœu de pauvreté, vœu d'obéissance et vœu de chasteté. Pour un an. La cérémonie était précédée par un examen canonique. Comme chacune des sœurs, Faustine a dû répondre à quatorze questions. Celles-ci portaient sur les données personnelles : date et lieu de naissance, baptême, confirmation, apport ou non de la dot. Puis, on demandait aussi si elle était auparavant fiancée ou mariée, si elle était dans une autre congrégation, pourquoi elle est entrée dans la congrégation des Sœurs de Notre-Dame de la Miséricorde ; on demandait aussi si quelqu'un le lui avait imposé, si elle connaissait les règles de la congrégation, si elle avait des doutes avant de prononcer ses vœux, si elle voulait servir Dieu dans la congrégation d'une façon libre et sincère. Le document signé par Faustine est daté du 3 avril 1928.

La cérémonie des vœux fut longue. Elle avait commencé dans le couvent. Accompagnées de la maîtresse, les novices étaient allées en procession jusqu'à la grande salle où elles étaient attendues par les professes. Ici, les novices priaient, agenouillées, la mère générale de leur permettre de prononcer leurs vœux. Ensuite, les bougies allumées à la main, elles se dirigèrent vers la chapelle. Là elles demandèrent à l'évêque du diocèse de Cracovie Stanisław Rospond de recevoir la première profession dans la congrégation des Sœurs de Notre-Dame de la Miséricorde. « Avec la grâce de Jésus Christ, notre Sauveur et notre Dieu, nous avons à bénir les vierges ici présentes, à les consacrer à Jésus, notre Seigneur et à les faire épouser au Fils de Dieu », dit l'évêque célébrant la cérémonie, et les sœurs, agenouillées, se penchèrent jusqu'au sol. Ensuite, l'évêque bénit les voiles et les mit sur les têtes des sœurs. Il bénit aussi leurs croix et leurs longs rosaires avec un médaillon (portant l'image de saint Ignace de Loyola d'un côté et l'image de la Sainte Famille de l'autre), qu'elles avaient accrochés à la ceinture de leur habit. Ensuite, chaque sœur, la bougie allumée à la main, prononça la formule des vœux religieux : « Dieu le Tout Puissant et Éternel, moi, Sœur Faustine, indigne de se présenter devant Toi, mais confiante en Ton infinie miséricorde, poussée par le désir de Te servir, en présence de la Vierge Marie et du Glorieux Patriarche saint Joseph et de toute la cour céleste, je prononce devant Ta Majesté les vœux de Pauvreté, de Chasteté et d'Obéissance dans la congrégation de Notre-Dame de la Miséricorde. Par le Sang de notre Seigneur Jésus Christ, je prie Ton infinie Bonté de recevoir cette offrande et de m'offrir les moyens et la volonté de la remplir. Amen. »

À ce moment-là les vœux devinrent effectifs. Les parents de Faustine avaient cette fois-ci assisté à la cérémonie. Ils voyaient leur fille pour la première fois depuis quatre ans, c'est-à-dire depuis le moment où Helena était partie de Łódź pour aller chercher un couvent à Varsovie. Quand ils étaient en train de se promener dans le jardin du couvent, son père lui demanda : « Ma fille, tu ne t'ennuies pas trop ici ? » Surprise par la question, Faustine répondit qu'elle ne pouvait s'ennuyer puisqu'elle habitait « avec le Seigneur Jésus sous un même toit ». Et les parents acceptèrent enfin le choix fait par leur fille : « Il faut la laisser ici, dit Stanisław Kowalski. – C'est la volonté de Dieu. »

Sœur Faustine est donc devenue professe, c'est-à-dire une religieuse ayant prononcé ses vœux, pour l'instant des vœux temporaires. Elle a renouvelé ces vœux encore quatre fois, année après année, pour enfin, au bout de cinq ans, prononcer les vœux perpétuels. À Łagiewniki également.

Plus ou moins six mois après les premiers vœux, l'obscurité dans l'âme de Faustine prit fin. C'était probablement encore dans le couvent de Łagiewniki, en automne 1928. « Pendant la prière, Jésus a pénétré toute mon âme. L'obscurité a cédé. J'ai entendu dans l'âme ces paroles : *Tu es ma joie, tu es le délice de mon cœur* » (PJ 27), écrira-t-elle. Désormais, elle sentait que tout ce qui était terrestre et humain était comme « détaché de l'âme » (PJ 103). Elle se sentait « imprégnée de la lumière » de Dieu : « Depuis lors, mon âme est en relation intime avec Dieu, comme un enfant avec son Père bien-aimé » (PJ 27). Quelques années plus tard, Faustine comprit mieux ce qu'elle avait vécu à ce moment-là.

La nuit obscure n'avait pas apporté de purification complète des sens et de l'esprit, c'est pourquoi Faustine vivra une autre période d'« obscurité » quand son âme se perdra dans la souffrance. Mais elle saura que tout cela est l'œuvre de Dieu qui, dans les tourments spirituels de la personne choisie, est plus proche qu'il ne paraît. Quand, « foudroyée par la lumière de Dieu, elle affirmera qu'il n'y est pas », la lumière « sera si forte qu'elle se sentira aveuglée ». Elle saura qu'« [a]près ces souffrances, l'âme connaît une grande pureté spirituelle et se trouve très proche de Dieu » (PJ 109). Mais au moment où elle souffrait, elle ne comprenait pas ce qui lui arrivait : « Je n'aurais pas cru qu'on pût tant souffrir si je n'étais pas moi-même passée par là » (PJ 104).

Excepté la mère Brzoza qui connaissait la source de ses supplices, personne n'était en mesure de la comprendre ni de l'aider, y compris le confesseur. Après avoir décrit la nuit obscure, Faustine a, à deux reprises, fait référence à un prêtre qui, n'ayant pas compris ce qui se passait dans son âme, lui refusa la confession. Elle a dû vivre cela très mal. C'est sans doute pour cette raison-là qu'elle a éclaté un jour en pleurs – scène bien retenue par les sœurs Szymona et Placyda. Faustine décrira cet épisode quelques années plus tard, sans émotion, en donnant des conseils à ceux qui auraient le même type d'expériences et en fournissant des indications aux confesseurs. Il est important, souligne Faustine, que le prêtre qui ne comprend pas ce qui se passe dans l'âme de l'homme, dirige celui-ci vers un autre « confesseur expérimenté et éclairé », ou bien qu'il aille, lui-même, chercher de la « lumière pour donner à l'âme ce dont elle a besoin, mais non pas de lui refuser directement la confession ». Refuser la confession expose en effet celui qui se trouve dans l'obscurité spirituelle à un « grand danger […] de s'écarter du chemin où Dieu voulait [le] voir s'engager. C'est une chose très importante, car je l'ai moi-même expérimentée, je commençais déjà à vaciller malgré les dons particuliers de Dieu » (PJ 112).

Sœur Faustine est restée à Łagiewniki jusqu'à la fin du mois d'octobre 1928. Pendant ce temps-là, elle travaillait à la cuisine, probablement dans celle où l'on préparait des repas pour les pensionnaires. Elle a en outre supervisé le travail des novices.

Sœur Marcjanna Oświęcimska était à ce moment-là chef cuisinier de l'établissement.

Sœur Joachima Głuc affirme : « Sœur Marcjanna ne traitait pas toutes les sœurs de la même façon ; elle menait notamment la vie dure aux novices. Sœur Faustine supportait très mal l'injustice et elle a plusieurs fois dit à la maîtresse que sœur Marcjanna se comportait de façon injuste vis-à-vis de telle ou telle novice. Elle-même était bienveillante à leur égard. Elle prenait soin de leur faciliter les tâches, de leur donner des conseils si elles ne savaient pas faire quelque chose. »

Sœur Justyna Gołofit raconte :

> Si les novices faisaient une bêtise, du genre saler le thé à la place des pommes de terre et servir cela à table, Sœur Faustine devait supporter pas mal de moqueries de la part d'autres sœurs ; et pourtant elle ne s'est jamais plainte à personne, mais toujours souriante et calme, elle s'excusait de n'avoir pas été suffisamment attentive ; quant à la novice qui était responsable de la faute, Sœur Faustine lui expliquait tranquillement et avec un grand amour ce qu'elle avait mal fait. […] Elle disait souvent que chacune des sœurs qui préparait des repas pour les pensionnaires devrait spécialement veiller à ce que le repas soit bon, parce qu'il était fait pour la gloire de Dieu.

Dans la cuisine, ici à Cracovie ou ailleurs, Sœur Faustine a toujours travaillé dans son habit religieux.

Sœur Joachima Głuc dit : « Alors que d'autres sœurs lui conseillaient de changer son habit pour un vêtement de travail, elle répondait : "la bien-aimée du Seigneur doit toujours porter un habit." »

Il y avait des sœurs qui ne comprenaient pas les motifs de sa conduite. Sœur Beata Piekut se rappelle que certaines religieuses étaient choquées par la façon dont s'habillait Faustine. Elles la trouvaient « pimpante ». « Toujours impeccablement habillée, elle ne mettait jamais de vêtements de travail », disaient-elles avec jalousie. Et pourtant l'habit religieux était plus lourd à porter et moins pratique dans le travail, et dans la cuisine il faisait chaud. Pour Faustine porter son habit n'était pas seulement une forme de montrer sa fierté d'être religieuse, mais aussi une sorte de mortification. C'est pourquoi elle ne retroussait jamais ses manches quand elle travaillait.

Comme on peut le lire dans le *Petit journal*, Sœur Faustine s'infligeait toutes sortes de mortifications qui pourtant n'étaient pas obligatoires. Les constitutions de la congrégation n'imposaient pas aux sœurs des pratiques de pénitence particulières, mis à part celles prévues généralement par l'Église et le jeûne quantitatif la veille du renouvellement des vœux et lors de certaines fêtes. Le dur travail des sœurs, notamment celles du second chœur, était en lui-même une grande charge. Les constitutions incitaient en revanche les sœurs à ce que chacune d'elles s'impose des pratiques de pénitence qui « devaient notamment consister à vaincre ses désirs, son tempérament et son humeur, à supporter des désagréments liés au travail quotidien, à être patient quand on est malade, infirme, ou quand on vit des épreuves, à renoncer à soi-même ». Par ailleurs, plusieurs fois par an, notamment la veille des grandes fêtes, les constitutions recommandaient aux sœurs de demander aux supérieurs de leur imposer des pénitences qui seraient « exécutées publiquement dans le réfectoire, en expiation des fautes contre la discipline du couvent ». Pour s'infliger des pénitences et mortifications supplémentaires, il fallait avoir la permission du confesseur, et si celles-ci avaient un caractère extérieur, il fallait également avoir la permission des supérieurs. C'est ainsi qu'agissait Sœur Faustine à qui on permettait parfois de porter pendant quelques jours une ceinture en tissu rugueux ou une ceinture métallique faite avec du fil de fer barbelé très fin. Les ceintures étaient portées autour de la taille ou, si elles étaient petites, autour des poignets ou des chevilles (Faustine en portait une quand elle est venue voir sa mère à Głogowiec, en février 1935).

Faustine est partie de la maison de Łagiewniki le 31 octobre 1928. « Ce matin, Sœur Zdzisława, Sœur Aleksja et Sœur Faustine sont parties pour Varsovie », a noté la chroniqueuse du couvent. Hélas, on ne sait pas si pendant les trois années de son séjour à la maison de Łagiewniki Sœur Faustine a quitté l'enceinte du couvent, par exemple pendant la récréation ou lors d'une fête. La congrégation menait en effet une vie relativement close, et les sœurs qui travaillaient avec les pensionnaires sortaient peu en dehors des murs de l'établissement. Il est néanmoins probable que Sœur Faustine, à cette époque-là, soit allée prier dans l'église Saint-Joseph, située pas très loin du couvent dans le quartier Podgórze. Cette paroisse, à laquelle appartenait Łagiewniki, comptait alors vingt-quatre mille fidèles. Par ailleurs, grâce à son patron – saint Joseph – qui était vénéré dans la congrégation, les sœurs devaient se sentir proches de cette église qui, comme leur couvent, avait été construite vers la fin du XIXe siècle.

***

Sœur Faustine est venue pour la deuxième fois à Łagiewniki le 18 avril 1933. Ayant acquis de l'expérience dans sa vie de religieuse, elle progresse aussi dans sa vie mystique. Depuis la nuit de l'esprit et des sens vécue à Cracovie, elle a accumulé d'autres expériences mystiques. Elle a fait de courts séjours dans les maisons de la congrégation à Varsovie, Vilnius, Kiekrz, Walendów, Biała et à Płock où elle a passé deux ans. C'est là que lui est apparu Jésus qui lui a dit de peindre son icône et d'instaurer la fête de la Miséricorde divine. Sœur Faustine est arrivée à Cracovie pour une retraite spirituelle après laquelle elle allait prononcer ses vœux perpétuels. Depuis son dernier séjour ici, l'activité du couvent de Łagiewniki avait connu des changements. Notamment, depuis 1932, les sœurs avaient ouvert une cuisine servant des repas à des chômeurs de Łagiewniki ; elles commençaient aussi à organiser des retraites pour les mères de famille et l'adoration du saint sacrement pour les enfants.

Deux jours avant le début de la retraite, Sœur Faustine a passé son examen canonique : elle a répondu aux questions posées et a signé un document confirmant la véracité de ses réponses. Le 21 avril a commencé la retraite pour les sœurs. Les conférences ont été données par un jésuite, le père Antoni Bronisław Wojnar. « Il m'arrive parfois – écrivait Faustine – en écoutant la méditation qu'un mot m'introduise dans une union plus étroite avec le Seigneur et je ne sais pas ce que dit le père. Je sais que je suis auprès du Cœur miséricordieux de Jésus, mon esprit sombre tout entier en Lui, et j'apprends plus en un moment que par de longues heures de recherches rationnelles et de méditation. Ce sont des lumières soudaines, qui me permettent de connaître les choses comme Dieu les voit, tant dans le domaine du monde intérieur, que dans le domaine du monde extérieur » (PJ 733).

Dans le *Petit journal*, Sœur Faustine a fait une large place à la description des préparatifs spirituels précédant les fiançailles définitives avec Jésus. Alors qu'elle avait déjà terminé son noviciat, elle s'appela elle-même « petite novice de Jésus », parce que Jésus était son Maître. « Avec la confiance et la simplicité d'un petit enfant, je m'en remets aujourd'hui à Toi, Jésus, mon Maître ; je Te laisse la liberté complète de diriger mon âme. Conduis-moi par les chemins que Tu veux, je ne vais pas chercher à pénétrer Tes raisons. Confiante, je Te suivrai » (PJ 228), a-t-elle déclaré. Pendant ces jours-là, elle a pris aussi de nombreux engagements. Il faut en énumérer au moins quelques-uns, parce qu'ils en disent long sur Faustine elle-même. Ainsi, elle s'est engagée à faire des efforts pour s'améliorer là où elle s'opposait parfois à la règle du couvent : elle interrompait le silence, ne réagissait pas au son de la clochette, s'immisçait dans les tâches des autres. Elle a par ailleurs décidé d'éviter « les sœurs qui murmurent », de « ne pas faire attention à l'opinion des autres », mais de s'en tenir à sa propre conscience, d'« avoir Dieu pour témoin de toutes [ses] actions » ; elle a décidé aussi de garder le silence en dehors de la récréation, d'« éviter les plaisanteries et les bons mots qui provoquent le rire, rompent le silence » ; elle s'est engagée aussi à respecter la règle monastique dans les moindres détails. Elle voulait « ne pas se laisser absorber par le tourbillon du travail », mais savoir l'interrompre pour un instant pour diriger ses pensées vers Dieu, « parler peu avec les gens, mais beaucoup avec Dieu » (PJ 226). Elle a décidé de ne pas faire des confidences à propos de ce qu'elle était en train de vivre, de ne pas se plaindre dans la souffrance, mais de garder le calme et l'équilibre, d'être serviable envers les sœurs, de ne pas parler des absents, de se réjouir des succès d'autrui. « Je passerai toutes mes heures libres auprès du Très saint sacrement. Aux pieds de Jésus que je vais chercher lumière, consolation et force » (PJ 224), a-t-elle noté.

Plus le moment des vœux perpétuels approchait, plus Faustine était heureuse : « quand je me souviens que dans quelques jours je dois devenir un avec le Seigneur par les vœux perpétuels, mon âme est inondée d'une joie inconcevable, que je ne peux décrire », a-t-elle noté. Elle a noté aussi ce qu'elle a connu grâce à une vision mystique : « Dieu me donne la connaissance de toute l'immensité de l'amour dont Il m'aimait bien avant les siècles, et moi, je n'ai commencé à L'aimer que dans mon temps. Son amour était grand, pur et désintéressé, et mon amour pour Lui provient de ce que je commence à Le connaître. Plus je Le connais, plus je L'aime, et de plus en plus ardemment et fortement, et mes actes deviennent de plus en plus parfaits » (PJ 231).

Lorsque la veille de la cérémonie des vœux, elle remerciait le Seigneur pour cette grâce, elle a entendu : « *Ma fille, ton cœur est un ciel pour moi* » (PJ 238). Cette nuit-là, Faustine n'arrivait pas à dormir, tellement elle était excitée. « La joie m'a ôté le sommeil », notera-t-elle plus tard.

Enfin le moment tant attendu est arrivé, et c'était le 1er mai 1933. La cérémonie, très solennelle, eut lieu dans la chapelle du couvent et fut présidée par l'évêque Stanisław Rospond, le même qui, cinq ans plus tôt, avait reçu les premiers vœux temporaires de Sœur Faustine. La cérémonie fut longue, parce que le même jour eurent lieu la prise d'habit religieux (par neuf postulantes), les vœux annuels (prononcés par cinq sœurs) et les vœux perpétuels. Ces derniers furent prononcés par cinq sœurs : quatre du premier chœur (Bonawentura, Henryka, Bernadetta et Ligoria) et une du second chœur (Faustine). Pendant la messe, Sœur Faustine pria : « Je dépose aujourd'hui mon cœur sur cette patène où repose Ton Cœur, Jésus – et je m'offre aujourd'hui avec Toi, à Dieu, Ton Père et le mien, en oblation d'amour et de louanges » (PJ 239). Un moment fut particulièrement touchant, celui où – comme l'exige la cérémonie – Sœur Faustine se prosterna par terre, le visage tourné vers le sol. Le chœur chantait en latin le psaume 130 *De profundis* : « Des profondeurs je T'appelle Seigneur, oh Seigneur, écoute ma voix ! » Pendant ce temps-là, les sœurs se recouvrirent avec un tissu mortuaire, et les cloches sonnèrent comme pendant un enterrement. Ces signes voulaient dire symboliquement que les sœurs étaient désormais mortes pour le monde et qu'elles ne vivraient que pour Dieu. Couchée sous le drap mortuaire, Faustine priait pour bien des choses, parce qu'elle savait que ce jour-là Dieu ne lui refuserait rien. D'abord elle pria pour la victoire de l'Église, notamment en Russie et en Espagne. Dans ces deux pays – en Russie depuis la révolution de 1917, et en Espagne depuis la prise du pouvoir par les républicains en

1931 – les catholiques étaient brutalement persécutés. Faustine pria aussi pour le pape Pie XI, pour tout le clergé, pour que la lumière éclaire les prêtres qui seraient ses confesseurs, pour les sœurs, les supérieurs, les pensionnaires de l'établissement, pour toute la congrégation, pour sa famille et pour quelques personnes particulières qui ne sont pas désignées par leurs noms dans le *Petit journal,* pour la conversion des pécheurs et pour ceux qui ont le plus besoin de prière, enfin pour « la libération du purgatoire de toutes les âmes ». Et en ce moment bien singulier, elle pria pour elle-même : « Seigneur […] transfigure-moi complètement en Toi » (PJ 240). Elle pria aussi pour avoir la force de l'esprit afin de pouvoir accomplir en tout Sa volonté.

Ensuite l'évêque Rospond bénit l'alliance de Faustine, signe de fiançailles avec Jésus Christ : « Prends cet anneau en signe d'une alliance éternelle que tu noues aujourd'hui avec le Christ Époux des vierges. » Au moment où l'évêque mit l'alliance au doigt de Faustine, elle sentit que « Dieu avait pénétré tout son être ». « Jésus, désormais Ton Cœur m'appartient, et mon cœur appartient exclusivement à Toi », a-t-elle écrit, notant les paroles qu'elle avait prononcées dans son âme. Elle avoua aussi : « En vérité, je ne saurai vivre un seul moment sans Toi, Jésus. » En réponse, elle entendit dans son âme les paroles de Jésus : « *Mon épouse, nos cœurs seront unis pour tous les siècles* » (PJ 239).

Une fois la cérémonie terminée, vint le moment où l'on pouvait rencontrer la famille. Faustine n'avait pas d'invités. Personne de sa famille n'était venu pour la cérémonie. Elle se promena donc toute seule. Puis les sœurs qui avaient prononcé leurs premiers vœux temporaires se regroupèrent pour une photo. Deux supérieures – la mère générale Michaela Moraczewska et la maîtresse du noviciat Józefa Brzoza – prirent des chaises. Les cinq professes temporaires prirent place derrière elles. Et Sœur Faustine se joignit à elles. Elle se mit à côté, à droite. Grâce au fait que les sœurs aient invité Faustine à se joindre à elles pour faire une photo, on peut voir Faustine le jour où elle a prononcé ses vœux perpétuels. Sœur Kajetana Bartkowiak, qui ce jour-là a pris son habit religieux, s'est rappelé après des années que Faustine avait parlé à son père. « Elle a longuement discuté avec lui. Je n'étais pas contente parce qu'on avait peu de temps, et moi, j'aimais beaucoup mon père et je voulais passer ces moments avec lui. » Kajetana a cependant vite oublié cet accroc et depuis ses relations avec Faustine sont devenues plus étroites.

Juste avant ses vœux perpétuels – encore à Varsovie – Faustine avait répondu à l'appel de Jésus pour devenir à Son image une offrande faite à Dieu pour les fautes des pécheurs. À Cracovie, quelques jours après avoir prononcé ses vœux perpétuels, Faustine vit Jésus dans la chapelle, « couvert tout entier de plaies », et il lui dit : « *Vois, celui que tu as épousé* » (PJ 252). Quelques mois plus tard, pendant la messe, elle aura une vision semblable : « Tout d'un coup, Jésus s'est présenté devant moi, dépourvu de tunique, le corps entier couvert de plaies, les yeux baignaient dans le sang et dans les larmes, le visage défiguré, couvert de salive. Soudainement, le Seigneur m'a dit : *L'épouse doit être semblable à son Époux.* » Faustine comprendra parfaitement cette image et ces paroles. Elle écrira : « Il n'y a pas l'ombre d'un doute ici. Ma ressemblance avec Jésus doit passer par la souffrance et par l'humilité » (PJ 268).

Durant son séjour à Cracovie, Sœur Faustine a longuement parlé avec la mère Brzoza : « Elle m'a éclairée et tranquillisée en beaucoup de choses quant à ma vie intérieure, que je suis sur la bonne voie » (PJ 222). C'était important pour elle parce que pendant son séjour à Płock – lorsque Jésus lui est apparu en demandant de peindre le tableau – elle a souvent rencontré de l'incompréhension de la part des confesseurs et des sœurs. Un autre événement, sans doute plus important encore, a été une confession chez le père jésuite Józef Andrasz. Quelques années plus tard, il deviendra son directeur spirituel, à côté du père Sopoćko avec qui Faustine fera connaissance à Vilnius. En 1933, le père Andrasz avait 42 ans. Excellent théologien et intellectuel, le père Andrasz était l'auteur de nombreux articles et ouvrages sur l'ascétisme, ainsi qu'un très bon confesseur et prêtre. Faustine a écrit qu'il y avait en lui un « grand esprit de Dieu ». Il travaillait chez Wydawnictwo Apostolstwa Modlitwy[1] – une maison d'édition appartenant aux jésuites – et il était responsable d'un mensuel *Posłaniec Serca Jezusowego*[2]. En 1933, il est devenu confesseur permanent des sœurs de Łagiewniki, donc peu avant l'arrivée de Faustine. Jésus avait annoncé à Sœur Faustine qu'il

1. Éditions de l'Apostolat de la Prière [ndt].
2. Le Messager du Cœur de Jésus [ndt].

donnerait au père Andrasz la lumière nécessaire pour connaître son âme et que les paroles de ce prêtre seraient Ses paroles.

En effet, le jésuite a bien reconnu la spécificité de la vie spirituelle de Faustine. Les confessions qu'elle avait eues à Cracovie juste avant les vœux perpétuels et juste après étaient pour elle d'une extrême importance. Le père Andrasz a dit à Faustine que ce qu'elle était en train de vivre avait un caractère surnaturel, qu'il s'agissait d'une grâce octroyée par Dieu et non d'une illusion, comme le soutenaient d'autres confesseurs (excepté le père Elter) et de nombreuses sœurs. Quant aux interrogations spirituelles de Faustine, le père Andrasz lui a procuré le calme de l'esprit, lui a interdit de se dérober aux instigations intérieures et lui a dit de tout rapporter au confesseur. « Aie confiance et marche avec courage », lui a-t-il rappelé la veille du départ de Faustine de Cracovie pour Vilnius. Il lui a dit de se comporter strictement en fonction des indications fournies par les confesseurs. « Après cette confession, j'ai senti monter en moi une force particulière de Dieu. Le père a insisté sur la fidélité à la grâce de Dieu. Il a dit : "Rien ne t'arrivera de mal si, à l'avenir, tu gardes la même simplicité et la même obéissance. Aie confiance en Dieu, tu es sur la bonne voie et entre de bonnes mains – dans les mains de Dieu." » (PJ 257).

Le confesseur lui a redonné de la force morale : « Il me semblait que je ne marchais pas, mais que je courais ; les ailes déployées pour le vol, j'ai commencé à planer en plein soleil, et je ne descendrai pas jusqu'à ce que je repose en Celui en qui mon âme a sombré pour l'éternité », écrivait Faustine, toute heureuse de ce qu'elle vivait.

> Je suis un avec le Seigneur, l'abîme qui nous sépare, le Créateur et Sa créature, semble avoir disparu. Pendant quelques jours, mon âme vécut comme en une incessante extase. La présence de Dieu ne me quittait pas un instant. Et mon âme demeurait en continuelle union d'amour avec le Seigneur. Cependant cela ne m'empêchait pas d'accomplir mes devoirs. Je sentais que j'étais transformée en amour, je brûlais tout entière, mais sans dommage. [...] Si longtemps j'avais empêché la grâce divine et je la craignais, maintenant Dieu lui-même, par l'intermédiaire du Père Andrasz, éloignait toutes les difficultés (PJ 142).

Dans une lettre datée du 25 mai 1933, qu'elle avait envoyée au père Andrasz peu après son arrivée à Vilnius, elle avoue : « Après ces deux confessions [...], je me sens forte et courageuse. Je n'ai pas peur, ni de souffrances, ni d'humiliations ; non seulement je n'ai pas peur, mais je trouve dans la souffrance et dans l'humiliation de la joie et du plaisir. »

Après avoir prononcé ses vœux perpétuels, Sœur Faustine se sentait remplie de bonheur : « Mes relations avec Dieu sont depuis ces vœux perpétuels si étroites, que je n'en ai jamais connu de telles auparavant. Je sens que j'aime Dieu et je sens qu'Il m'aime » (PJ 254). Elle ajoute : « Je Lui suis continuellement unie. Je vois que c'est comme si Jésus ne pouvait pas être heureux sans moi, ni moi sans Lui. Je comprends bien cependant qu'étant Dieu Il est heureux en Lui-même, et que pour son bonheur Il n'a besoin d'absolument aucune créature, mais sa bonté Le contraint à Se donner à Sa créature » (PJ 244). Et encore une phrase qui en dit long sur cette union à Dieu : « Je suis en Lui, et Lui en moi » (PJ 254).

Déjà le 5 mai, c'est-à-dire quatre jours après la cérémonie des vœux, les sœurs ont commencé à partir vers différentes maisons de la congrégation dans toute la Pologne. Seule Sœur Faustine est restée à Łagiewniki encore presque un mois. Elle a travaillé dans la cuisine et dans le jardin. Elle a suivi une retraite selon la méthode de saint Ignace de Loyola.

La mère Moraczewska se souvient : « Comme je connaissais cette âme, je savais qu'elle devrait avoir un directeur expérimenté ; c'est pourquoi je voulais qu'elle reste à Józefów après les vœux pour profiter de la direction spirituelle du père Andrasz à qui elle faisait totalement confiance. Mais, étrangement, ce plan ne voulait pas se mettre en place. »

Le 6 mai, sœur Borgia Tichy est arrivée de Vilnius pour, comme l'a noté la chroniqueuse, informer les sœurs de Łagiewniki qu'elle leur « offrirait » une nouvelle religieuse. Sœur Tichy est vite repartie. Peu de temps après, dans une lettre adressée à la maison de Łagiewniki, la maison de Vilnius priait de lui envoyer une sœur pour travailler dans le jardin. Sœur Faustine a noté qu'elle devait aller soit « à Rabka, soit à Vilnius » (PJ 251). Elle n'a rien dit à la supérieure où elle voudrait éventuellement aller. Elle souhaitait que la décision de la mère générale soit le résultat de la pure volonté de Dieu. Enfin, elle a été appelée par la mère Michaela : « Vous savez combien je désirais que vous restiez ici, mais on ne peut pas le faire. » Faustine partait le cœur lourd. « Quand je suis sortie de la maison, j'ai regardé le jardin, la maison, et lorsque mon regard s'arrêta sur le noviciat, les larmes jaillirent soudain de mes yeux. Je me suis souvenue de tous les bienfaits et grâces que le Seigneur m'avait accordés. Subitement, d'une manière inattendue, j'aperçus, près de la plate-bande, le Seigneur qui me dit : *Ne pleure pas, je suis toujours avec toi* » (PJ 259).

Sœur Faustine est partie à Vilnius et elle y est restée près de trois ans. Le 19 octobre 1935, elle est venue à Łagiewniki pour la troisième fois. À nouveau, elle a pu parler au père Andrasz qui a organisé une retraite de huit jours. C'est d'ailleurs pour cette raison-là que Faustine est venue à Łagiewniki. Le père Andrasz l'a mise en confiance en disant qu'elle se trouvait « dans de bonnes mains, celles d'un Dieu si bon » (PJ 506), que ce qu'elle vivait n'était pas une illusion, qu'elle avait un bon directeur spirituel – le père Michał Sopoćko – et qu'elle devait s'en tenir à ce que ce dernier lui conseillait.

Après la Toussaint, le 2 novembre 1935, Sœur Faustine est repartie pour Vilnius.

Kiekrz

Le temps d'un « repos amoureux »
1929

« Un après-midi, j'ai traversé le jardin et je me suis arrêtée au bord du lac, pendant un long moment je restais là, pensive, méditant sur cet élément. Soudain, je vis Jésus près de moi qui me dit avec bienveillance : *J'ai créé tout ceci pour toi, mon épouse, et sache que toutes ces beautés ne sont rien comparées à ce que je t'ai préparé dans l'éternité* » (PJ 158).

Cette rencontre au bord du lac à Kiekrz, en 1929, Sœur Faustine la décrira quelques années plus tard dans son *Petit journal*. A-t-elle répondu à Jésus ? Ou a-t-elle été si surprise et si émue qu'elle n'a rien dit ? Le *Journal* n'en parle pas. Quelques années plus tard, elle sera unie à Jésus à tel point qu'elle parlera avec Lui non seulement comme avec un maître, mais aussi comme avec un meilleur ami.

Le Petit lac de Kiekrz est très charmant et Faustine était sensible à la beauté de la nature. Le lac est petit, étroit et pas très profond. La berge est irrégulière, avec de nombreux arbres, notamment des aulnes et des saules. Dans des roseaux et acores touffus, qui envahissent l'eau, ont trouvé un abri des canards sauvages, des grèbes, des foulques, des sternes, des mouettes rieuses, des busards et bien d'autres espèces d'oiseaux. Depuis bien longtemps, les habitants appelaient ce lac *Święte* (saint) ou *Półświęte* (demi-saint), comme une annonce de cette rencontre unique au monde entre Jésus et la sainte mystique. Jésus s'est mis à côté de Faustine. Non en face d'elle. Il s'est mis à côté d'elle et ils ont regardé ensemble la surface de l'eau. Combien de temps ? Juste un instant ? Un peu plus longtemps ? Jésus a-t-il dit encore quelque chose ?

Le fait d'avoir rencontré Jésus, les paroles qu'il a dites, ont été pour Faustine d'un « très grand réconfort ». Quelques mois plus tôt, en automne 1928, s'est terminée la nuit obscure des sens, quand elle se sentait abandonnée par Dieu. Après cette expérience, elle a vécu, comme elle le dit dans son *Journal*, « le temps d'un repos amoureux ». La rencontre avec Jésus à Kiekrz en fait partie.

Faustine était restée au bord du lac jusqu'au soir. Pour elle c'était un jour férié. Elle était en train de faire sa retraite d'un jour et avait donc plus de temps pour la prière individuelle. Le temps passé au bord du lac s'est très vite écoulé et elle avait l'impression de n'y être restée qu'un bref instant.

Quatre-vingt-deux ans plus tard : nous sommes en septembre 2011. Le même lac, la même allée, plantée de saules, qu'empruntait Sœur Faustine. Depuis ce jour, il y a juste deux arbres de moins. Au bord du lac, il y a un grand aulne avec une croix et des rosaires accrochés par ceux qui, avant moi, avaient cherché un écho de la rencontre de ce jour. Un homme, assis sur un banc, a interrompu sa méditation et raconte que, depuis un an, quand il a quitté Poznań pour s'installer dans les environs, il n'a d'yeux que pour cette vue. Devant nous, un troupeau de cygnes se déplace sans bruit. Le silence. Personne d'autre.

On ne connaît pas la date exacte de la rencontre entre Jésus et Faustine. C'était entre le 7 juillet 1929, lorsque Faustine est arrivée à la maison de Kiekrz, et octobre 1929 au plus tard, quand elle est revenue à la maison de la congrégation, rue Żytnia, à Varsovie. Ce jour-là il a fait chaud, puisque Faustine est restée au bord du lac jusqu'au soir. Elle devait venir ici plus souvent. Le couvent n'était pas loin, environ deux cents, trois cents mètres. Il suffisait de traverser le champ appartenant au couvent, la voie ferrée de la ligne Poznań-Szczecin et un énorme verger avec quatre mille arbres qui entourait la maison de chaque côté. Sœur Paula se souvient encore aujourd'hui du goût des poires qui poussaient encore ici dans les années 1960. Aujourd'hui le chemin qui mène du couvent au lac est légèrement plus long parce que, pour des raisons de sécurité, on ne peut plus traverser la voie ferrée à l'ancien endroit. Le chemin est aussi sans doute plus beau après les travaux qu'on avait effectués en 2005 à l'occasion du centenaire de l'anniversaire de Faustine.

Lorsqu'en juillet 1929 Faustine est arrivée à Kiekrz, la communauté des Sœurs de Notre-Dame de la Miséricorde était à peine installée. Invitées par le père Walenty Dymek – plus tard archevêque de Poznań – les sœurs y sont venues en mars 1928. Leur mission était de s'occuper des filles qui jusqu'ici étaient des protégées d'un établissement géré par une association de Poznań qui s'appelait *Przystań*[1]. Elles se sont donc installées à Kiekrz, un village situé à douze kilomètres de Poznań. D'abord elles ont loué, puis, en 1932, elles ont acheté une ferme agricole de seize hectares appartenant aux Hübner – une famille qui partait s'installer en Allemagne. Jusqu'à la fin de la Première Guerre mondiale, Kiekrz se trouvait dans la zone occupée par la Prusse. En 1919, après l'insurrection de Grande Pologne, victorieuse pour les Polonais, le village s'est à nouveau retrouvé en Pologne. À cette époque-là, de nombreux Allemands avaient décidé de quitter la région. En 1921, sur quatre cent cinquante-neuf habitants de Kiekrz, il y avait cent cinquante-quatre Allemands, et six ans plus tard, en 1927, il n'y en avait plus que soixante-cinq. Après avoir habité dans différentes maisons de la congrégation, Sœur Faustine allait pour la première fois vivre sur un territoire polonais qui pendant plus d'un siècle était gouverné par la Prusse. Ainsi elle a dû apercevoir de grandes différences entre Kiekrz et son village natal de Głogowiec qui, lui, était occupé par les Russes. À Kiekrz, les fermes agricoles s'étendaient sur plusieurs hectares, voire plus, et les maisons – bâties en brique rouge – étaient spacieuses. Głogowiec, à son tour, était habité par des paysans pauvres qui, comme le père de Faustine, cultivaient des parcelles de trois, quatre hectares. Les maisons y étaient petites et construites le plus souvent en pierre et en argile et couvertes de chaume. En Grande Pologne, le sol était de meilleure qualité et la culture agricole nettement plus évoluée.

Il n'empêche que dans le bâtiment en brique rouge occupé par les sœurs, les conditions de vie étaient assez primitives. Il n'y avait même pas d'électricité. Au début, dans le bâtiment habitaient quatre sœurs et vingt protégées. Celles-ci étaient envoyées à l'établissement de la congrégation par la municipalité ou par l'assistance sociale de Poznań. La maison vivait essentiellement de la

1. Le havre [ndt].

ferme agricole et du verger. En 1934 les sœurs ont fait construire une boulangerie et vendaient mille deux cents kilos de pain par semaine. Cette nouvelle source de revenus a permis d'accueillir plus de pensionnaires, dont le nombre a atteint quarante. Mais c'était cinq ans après l'arrivée de Sœur Faustine à Kiekrz.

Faustine est venue en train de Varsovie, avec une correspondance à Poznań. De la gare de chemins de fer jusqu'à la maison de la congrégation il y avait trois kilomètres. Elle est venue pour peu de temps. Elle devait remplacer Sœur Modesta Rzeczkowska – une cuisinière qui est tombée malade. Quant à la supérieure de la maison de Kiekrz, c'était à l'époque sœur Ksawera Olszamowska, la même qui, un quart de siècle plus tard, sera chargée par la congrégation de recueillir de la documentation concernant Sœur Faustine dans le cadre de son procès d'information canonique. La maison, cachée autrefois par des arbres fruitiers, est aujourd'hui bien visible de la rue Kierska. Les murs en brique rouge du couvent, après les travaux de ravalement, sont devenus clairs. C'est pareil pour un petit bâtiment annexe où les sœurs exposent des objets de l'époque de Sœur Faustine. Les deux bâtiments étaient là en 1929. Quant à la boulangerie – aujourd'hui dotée d'un étage supplémentaire – elle a été construite dans les années 1930. Le bâtiment le plus grand, avec un jardin d'enfants devant, a été construit récemment, dans les années 1990. C'est un centre d'accueil pour des mères célibataires et pour des enfants des familles pauvres de Kiekrz et des environs.

L'intérieur du couvent, depuis le séjour de Faustine ici, a subi quelques modifications. La cuisine, dans laquelle elle travaillait, était au rez-de-chaussée, à gauche de l'entrée. De l'ancienne cuisine, il ne reste aujourd'hui que la porte qui mène à la chapelle. La cuisine se trouve à côté de celle-ci.

Le couvent de Kiekrz a été appelé par les sœurs « Maison du Cœur de Jésus », parce que c'est la chapelle qui portait cette appellation. Selon le père Edmund Nawrot – auteur d'une monographie sur Kiekrz, historien et curé de la paroisse locale depuis sa création, c'est-à-dire depuis juillet 1928, quand elle a été bénie par l'évêque Karol Radoński – la chapelle du couvent était ouverte aux habitants du village. À noter que dans d'autres maisons de la congrégation les chapelles ont été ouvertes plus tard, durant la Seconde Guerre mondiale. Depuis 1929, les sœurs de Kiekrz avaient un aumônier – le père Władysław Karasiewicz. D'après les sources, il habitait ici avant juillet 1929, lorsque Sœur Faustine est arrivée. Le père Karasiewicz avait à l'époque 39 ans. Instruit, après une école allemande de langues anciennes, il a fait des études à l'université de Fribourg et dans les séminaires de Poznań et Gniezno. Une maladie des poumons l'a obligé à interrompre ses études et sa recherche. C'est lui qui était chargé de la retraite le jour où Faustine a rencontré Jésus au bord du lac. Faustine avait-elle parlé au père Karasiewicz de cette rencontre lors d'une confession ? On ne le sait pas.

Il est en revanche probable que durant son séjour à Kiekrz, Sœur Faustine soit venue à l'église Saint-Michel Archange et de l'Assomption de la Vierge Marie. De la colline où se trouve cette église baroque avec un intérieur de style rococo, on voit le Grand lac de Kiekrz. L'église se trouve dans une partie de Kiekrz qui, en 1987, a été annexée à la ville de Poznań, contrairement au couvent qui se trouve dans une partie campagnarde de Kiekrz. Il n'est pas exclu que la future sainte soit venue avec les sœurs et les pensionnaires à l'église à l'occasion de l'inauguration d'une statue de Jésus. Cette statue, placée devant l'église, a été fondée par les habitants de Kiekrz pour remercier Dieu pour l'indépendance de la Pologne.

Sœur Faustine a quitté Kiekrz en octobre 1929 au plus tard. La supérieure du couvent, mère Olszamowska, a écrit à la mère générale Michaela Moraczewska à propos de Faustine : « J'ai l'impression que sa vie intérieure est très profonde, qu'elle est dotée par Dieu de grâces particulières. »

Płock

« … ce que je dis ne vient pas de moi »

1930-1932

Sur le côté sud de la place centrale de Płock, se trouve au numéro 16 un immeuble à un étage. À y regarder de près, on voit facilement que le bâtiment manque d'harmonie architecturale. Du côté droit il y a une fenêtre murée et on s'aperçoit que celle-ci était nettement plus grande que les fenêtres existantes. En effet, dans les années 1930, il y avait là une porte vitrée qui, de la place du marché, menait directement à la boulangerie des sœurs de la congrégation de Notre-Dame de la Miséricorde, où les habitants de Płock achetaient leur pain. Sœur Faustine travaillait dans cette boulangerie comme vendeuse. On ne sait pas combien de temps cela a duré, mais on sait que c'était sa principale activité pendant son séjour à la maison de Płock. Combien d'habitants, de clients de la boulangerie ont-ils rencontré à cette époque-là la sainte mystique sans le savoir ? Combien d'entre eux lui ont-ils parlé ?

Une plaque commémorative placée sur le mur d'un immeuble voisin informe que c'est à Płock qu'a commencé la mission de Sœur Faustine : « Dans cette maison, le 22 février 1931, sainte Sœur Faustine a eu sa première vision de l'icône de Jésus Miséricordieux. » L'expression « dans cette maison » renvoie à l'ancien bâtiment du couvent – bâtiment qui n'existe plus.

Sœur Faustine est arrivée à Płock en mai ou en juin 1930. Elle y est restée jusqu'à novembre 1932, en faisant entre-temps de courts séjour à Biała, dans la filiale de la maison de Płock. Dans l'établissement de l'Ange Gardien – comme on appelait à l'époque la maison de la congrégation de Płock – habitaient plus de trente sœurs et environ cent protégées âgées entre 14 ans et 18 ans. L'établissement offrait aux filles la formation au niveau de l'école primaire et l'apprentissage d'un métier. Les revenus de la maison provenaient des services de laverie, de broderie et de boulangerie. La maison avait aussi son protecteur en la personne de l'évêque Antoni Julian Nowowiejski. Ce dernier a eu de grands mérites quant au développement de la ville et de l'église locale. En tant que jeune prêtre il s'est fortement engagé dans la création d'un couvent et d'une maison de redressement. Avec la mère Kolumba Łobanowska, il a créé, en 1889, une congrégation de la Charité Divine qui, comme la congrégation de Notre-Dame de la Miséricorde, s'occupait de femmes déchues. En 1899, le père Nowowiejski a amené les deux congrégations à fusionner. En conséquence, on a construit, en 1900, un nouveau couvent : trois immeubles d'un ou de deux étages. Ces immeubles, qui portent les numéros 14, 16 (bâtiment avec une ancienne boulangerie) et 18, se trouvent aujourd'hui au cœur de la ville. D'un point de vue architectural, ils ne diffèrent en rien des autres immeubles qui entourent la Place du Marché. Après la rénovation des façades, ils ressemblent à ceux des photographies d'avant-guerre. Et pourtant, concernant l'intérieur des immeubles, il est impossible d'affirmer qu'au moins une des pièces ait gardé l'aspect de l'époque où y habitait Sœur Faustine. Le couvent a ensuite été dévasté, lorsque le pouvoir communiste a brutalement chassé les sœurs et leurs protégées pour y installer, en 1950, une école professionnelle pour garçons.

Probablement du temps de cette école, on a supprimé la porte vitrée de l'ancienne boulangerie et on y a mis une fenêtre, avant que celle-ci ne soit murée. Lorsque les sœurs ont récupéré leur bien en 1990, la maison était complètement dévastée. Le plan de l'intérieur était profondément modifié. Les murs de la façade étaient supportés par des poteaux en bois. Les seules pièces qui ont gardé leur aspect ancien sont la boulangerie et la laverie qui se trouvent dans un bâtiment annexe à l'immeuble portant le numéro 16.

Sur des photographies de 1928, on voit la boulangerie appartenant à la congrégation. Les manches retroussées, des sœurs et des pensionnaires mettent le pain au four avec de longues pelles. Sœur Faustine venait sans doute à l'atelier et aidait peut-être les sœurs. La boulangerie faisait tourner deux équipes : une de jour et une autre de nuit. Dans l'ancienne boulangerie qui, par miracle, a été conservée, les sœurs ont aménagé, en 2006, un musée multimédia consacré à sainte Sœur Faustine. À l'intérieur on a reconstitué la boulangerie et la cellule monastique et on y a placé des objets de l'époque où habitait ici Sœur Faustine.

Dans le magasin où l'on vendait des produits de la boulangerie, Sœur Faustine aidait Sœur Krystyna Korzeniowska. Pendant un temps, elle travaillait à la caisse. Elle avait beaucoup de travail – se rappelait Sœur Marcelina Kobrzyniecka – si bien qu'elle arrivait le matin avant les autres et elle partait après les autres. C'est peut-être à ce moment-là qu'elle s'était fait une promesse : « Je ne permettrai pas que le tourbillon du travail m'absorbe au point d'oublier Dieu. Je passerai tout tous mes moments libres aux pieds du Maître, caché dans le Très saint sacrement » (PJ 82).

Ayant une âme contemplative, Sœur Faustine a appris à prier sans interrompre son travail, la règle imposant aux sœurs le silence étant dans ce cas fort opportune. Il n'empêche qu'elle pouvait prier plus facilement en préparant des repas qu'en étant derrière le comptoir, où elle était tout le temps au contact des clients. Ce travail lui offrait en revanche l'occasion de connaître les gens, avec leurs insuffisances et leurs défauts qui requéraient la miséricorde divine. Par la porte vitrée, elle pouvait observer la vie d'une ville de plus de trente mille habitants, qui venait de commencer à ressentir les conséquences d'une grande crise économique. Derrière la vitre elle voyait les silhouettes des employés qui se dépêchaient pour rejoindre l'hôtel de ville, et celles des élèves qui couraient en sens inverse au collège Stanisław Małachowski – le fameux établissement pour garçons, la plus ancienne école de Pologne, qui fonctionne au même endroit – sans interruption – depuis le XIIe siècle. Elle pouvait observer des habitants de Płock, qui se promenaient dans les allées du parc qui autrefois se trouvait au milieu de la Place du Marché. Elle pouvait observer aussi des événements dramatiques qui se sont déroulés à cet endroit dans les années 1930. En effet, à cause d'une crise économique et d'un chômage croissant, il y eut des manifestations des ouvriers devant l'hôtel de ville, qui réclamaient « du travail et du pain ». Le 29 mars 1930, c'est-à-dire peu avant l'arrivée de Faustine, il y eut des émeutes au cours desquelles quelques personnes furent blessées et plusieurs autres arrêtées par la police. Un an plus tard, en juillet 1931 – lorsque Faustine était déjà là – « une foule de chômeurs a marché dans la ville ; sur son passage des vitrines ont été cassées ; des pierres ont été jetées sur l'Hôtel de Ville et le siège de l'Agence pour l'emploi a été simplement saccagé », rapportaient les élus dans une lettre ouverte adressée aux autorités centrales de Varsovie. Ce jour-là deux personnes ont trouvé la mort et plusieurs autres ont été blessées. En 1932, « la pauvreté dans les familles des chômeurs a encore progressé – écrivaient les élus –, ainsi, dans notre ville, on voit constamment des chômeurs, et surtout des femmes avec des nourrissons, qui réclament du travail pour leurs maris. Ces foules qui manifestent devant l'Hôtel de Ville ont déjà été plusieurs fois dispersées par la police ». Dans la ville progressaient aussi la criminalité et la prostitution. L'association Caritas et d'autres institutions caritatives distribuaient aux pauvres des bons d'alimentation. Des mendiants frappaient aussi à la porte de la maison de la congrégation des Sœurs de Notre-Dame de la Miséricorde, située en plein centre-ville. Ils venaient aussi à la boulangerie, où on a noté plusieurs vols de pains.

Sœur Bożenna Pniewska a dit à propos de Sœur Faustine : « Quand quelqu'un volait un pain, elle souffrait non à cause d'une perte matérielle, mais parce qu'on offensait Dieu, et elle promettait de prier pour le voleur. »

Par contre, on ne sait pas où se trouvait la cuisine du couvent dans laquelle travaillait Sœur Faustine, avant la guerre.

Sœur Paulina Kosińska raconte : « La cuisine était une pièce où il y avait beaucoup de passage, très étroite, et il fallait être très patient pour ne pas s'énerver contre ceux qui passaient et qui la [Faustine] bousculaient tout le temps, et il n'y avait pas d'autre passage. La sonnette nous appelait constamment pour aller à la porte d'entrée, et elle, souriante, tranquille, ne montrait pas du tout que cela la fatiguait. Seulement lorsqu'une autre sœur est arrivée, après le départ de Sœur Faustine, elle a commencé à se lamenter, à dire que c'était impensable […]. On a alors compris combien elle avait dû supporter, alors qu'elle n'avait jamais exprimé son mécontentement, ni par une grimace, ni par une parole. »

Sœur Joachima Głuc dit : « Elle était heureuse, lorsque les sœurs étaient contentes de son travail de cuisinière. Elle ne refusait rien à personne et, quand elle pouvait, elle donnait des choses de son propre stock. »

Sœur Faustine n'en parle pas dans son *Petit journal* qu'elle commencera à rédiger deux ans plus tard à Vilnius. Du passé, elle n'a noté que ce qu'il y avait de plus important, notamment la rencontre avec Jésus, le 22 février 1931. À ce moment-là, elle avait reçu la consigne de peindre un tableau représentant Jésus tel qu'Il lui est apparu – avec une main levée pour la bénédiction, avec deux rayons, pâle et rouge, sortant de la « tunique entrouverte sur [Sa] poitrine » (PJ 47), et une inscription « Jésus, j'ai confiance en Toi ». Ce fut le moment où Faustine commença sa mission de proclamer la Miséricorde divine. C'est également à Płock que Jésus a exprimé son désir d'instaurer la fête de la Miséricorde divine le premier dimanche après Pâques.

Jésus est apparu à Faustine dans sa cellule monastique. Cet endroit n'existe plus aujourd'hui. Le bâtiment où, à l'étage, habitait Sœur Faustine était situé au fond du terrain appartenant aux sœurs, à gauche de l'entrée du couvent. Attenant à l'immeuble portant le numéro 14 et à la parcelle où se trouve le collège Małachowski, ce bâtiment était encore là après la guerre. Lorsque la congrégation a récupéré son bien en 1990, les sœurs ont placé à l'endroit de l'apparition une statue de Jésus Miséricordieux. Il y a peu, elles ont été obligées de la déplacer à la maison de Biała parce que toute la cour du couvent est devenue un grand chantier. On y construit une nouvelle église, un centre organisant des retraites spirituelles et une maison d'accueil pour les pèlerins. À l'endroit où Jésus est apparu à Faustine, les sœurs veulent faire construire une chapelle du saint sacrement où aurait lieu une adoration perpétuelle. Le fragment conservé du bâtiment annexe qui abritait la boulangerie et la laverie sera intégré au sanctuaire, alors que le musée multimédia existant sera agrandi. L'agrandissement du sanctuaire est nécessaire parce que l'endroit est visité chaque année par deux cent mille pèlerins.

Déjà lors de sa première apparition à Płock, Jésus a transmis à Faustine la promesse selon laquelle celui qui vénérera le tableau peint selon Ses indications ne périra pas, mais sera sauvé. L'abbé Ignacy Różycki, un grand théologien polonais, a fait une analyse très fine du contenu des apparitions de Jésus à Faustine. D'après ce professeur de théologie dogmatique, la deuxième promesse, même si elle n'est pas explicitement nommée, découle du rôle même du tableau qui est un « récipient qui sert à puiser des grâces » de la Miséricorde divine. Cela veut dire que celui qui exprime son infaillible confiance en la Miséricorde divine par la vénération du tableau, peut recevoir plus vite et à un plus haut degré « les grâces nécessaires au salut et les nécessaires bienfaits terrestres ». Bien entendu, « ce n'est pas le tableau qui offre des grâces, mais Jésus par l'intermédiaire du tableau », celui-ci n'ayant pas de pouvoir en lui-même. Comme le dira Jésus à Sœur Faustine dans les apparitions successives, la condition de recevoir les grâces nécessaires est, à côté de la confiance, la miséricorde à l'égard d'autrui. « J'ai entendu le Seigneur Jésus dire que lors du Jugement dernier le monde serait jugé sur la miséricorde, car Dieu tout entier est Miséricorde. Celui qui pratique la miséricorde ou, au contraire, la néglige, s'est déjà jugé lui-même », a dit un jour Sœur Faustine à Sœur Damiana Ziółek.

À Płock Jésus a transmis à Faustine la consigne d'instituer la fête de la Miséricorde divine. Il a évoqué ce désir encore plusieurs fois. En tout, il en a parlé au cours de quatorze apparitions. Dans la liturgie de la messe, le premier dimanche après Pâques, on lit un fragment de l'Évangile selon saint Jean. On y décrit le moment où Jésus, le huitième jour après sa résurrection, est entré, malgré la porte fermée, dans le Cénacle. Aux apôtres qui y étaient réunis, il a dit : Que la paix soit avec vous. C'est à ce moment de la liturgie que Jésus est apparu à Sœur Faustine et a désiré être peint ainsi sur le tableau. « À cette scène du Cénacle – écrit Sœur Elżbieta Siepak – se superpose un événement du vendredi saint : la crucifixion et la perforation avec une lance du cœur de Jésus. *Ces deux rayons* – a dit le Seigneur Jésus – *jaillirent des entrailles de ma miséricorde, alors que mon cœur, agonisant sur la croix, fut ouvert par la lance* (PJ 299). […] En faisant référence aux Pères de l'Église, Saint Thomas relie les symboles de l'eau et du sang au sacrement du baptême et à l'eucharistie ; et on pourrait relier ces symboles aux autres sacrements. » En résumé, ce tableau présente l'amour miséricordieux de Dieu envers l'homme, qui s'est exprimé de la façon la plus aboutie dans la vie, la passion, la mort et la résurrection de Jésus. C'est pourquoi on appelle cette icône de Jésus « tableau de la Miséricorde divine ».

Comme l'a noté Sœur Faustine dans son *Journal*, Jésus a rattaché des promesses importantes non seulement à Sa vénération par l'intermédiaire du tableau, mais aussi à la célébration de la fête de la Miséricorde divine. Parmi toutes les promesses liées à différentes formes de culte de la Miséricorde divine, celles-ci sont les plus grandes. Jésus a dit à Faustine que celui qui, le jour de la fête de la Miséricorde divine, se confesserait et communierait obtiendrait « une totale rémission de ses fautes et de leurs châtiments » (PJ 300). Alors il ne s'agit pas seulement d'une rémission des peines temporelles pour les péchés commis, ce que donnent les indulgences, mais aussi d'une rémission des péchés. Le père Różycki souligne que cela est théologiquement probable, mais à certaines conditions. Celles-ci ne se limitent pas à la confession et à la participation à l'Eucharistie dimanche de la Miséricorde ; il faut en outre avoir confiance en Dieu et pratiquer la miséricorde envers autrui, alors tout ce qui est le fondement d'un culte. Le désir de Jésus, écrit le père Różycki, était que « la fête de la Miséricorde soit pour tous les hommes, notamment les pécheurs, un recours efficace, incomparablement plus efficace que toutes les autres formes de culte de la Miséricorde ».

Depuis la rencontre avec Jésus, le 22 février 1931, Sœur Faustine priait pour trouver un confesseur qui l'aide à comprendre ce qui se passe dans sa vie spirituelle. À cette époque-là, à Płock, et plus tard dans sa vie de religieuse, elle attirait l'attention des sœurs par la façon dont elle priait.

Sœur Paulina Kosińska se rappelle : « Parfois quand elle restait agenouillée dans la chapelle c'était comme si elle dormait, aucun soupir, aucun mouvement de sa part. Je pensais : fatiguée, elle s'est endormie, mais elle n'était pas sur un banc, mais sur le sol, devant le saint sacrement. »

Bien des sœurs se rappelaient après des années que Faustine laissait pour un instant le travail pour aller à la chapelle et s'agenouiller devant le saint sacrement. Quand elle le pouvait, c'est-à-dire après avoir accompli toutes ses tâches dans le couvent et après avoir obtenu la permission de la supérieure, elle venait dans la chapelle pour l'adoration. Quand elle était seule, elle restait allongée sur le sol. Chaque jour, elle célébrait le chemin de croix. Recommandée par la congrégation, cette prière n'était pas obligatoire, mais très aimée de Sœur Faustine. Elle avait une dévotion toute particulière pour le saint sacrement, ce qu'elle a exprimé en ajoutant à son prénom religieux Marie Faustine le prédicat « du saint sacrement ». L'eucharistie était pour elle le moment le plus important de la journée. Elle y ressentait une présence réelle du Christ. Souvent, après avoir communié, elle entrait dans une contemplation infuse durant laquelle elle entendait dans son intérieur des paroles, avait des visions. Tout de suite après, elle entrait dans l'union la plus étroite de l'âme avec Dieu, c'est-à-dire l'union mystique. Dans cet état – écrit Ludmiła Grygiel – elle « revivait le mystère de l'Incarnation » du Fils de Dieu et elle a vu plusieurs fois Sa Passion d'une façon mystique. Dans l'histoire de la mystique, – ajoute-t-elle – c'est un cas rare de « vivre une relation étroite entre l'Incarnation et la Passion salvatrice, ce qui met en relief la vérité – bien connue, mais pas toujours comprise – que le Christ est venu sur terre pour souffrir et mourir pour les pécheurs ». D'ici peu, dans une union mystique de l'âme à Dieu, Sœur Faustine reconnaîtra que l'Incarnation et la Rédemption du Fils de Dieu ont été l'expression la plus parfaite de la miséricorde de Dieu à l'égard de l'homme.

Faustine connaissait déjà l'efficacité de sa prière. Elle a demandé à sœur Bożenna Pniewska, chargée de l'enseignement et de la formation générale des filles, de lui indiquer une protégée particulièrement difficile, et elle a promis de prier pour elle. Sœur Bożenna Pniewska dit : « En effet, la protégée pour laquelle elle a prié a retrouvé le bon chemin et, comme je l'ai su après des années, elle est morte réconciliée avec Dieu. Une fois, elle [Faustine] m'a dit quelque chose qui concernait mon âme. J'ai négligé ce qu'elle m'avait dit. Alors elle m'a dit ceci : 'Sachez que ce que je dis ne vient pas de moi'. Quand j'y ai réfléchi, j'ai compris combien c'était important pour le progrès de ma vie spirituelle ».

À Płock, Sœur Faustine a prié devant le saint sacrement non seulement dans la chapelle du couvent, mais aussi dans d'autres églises qui n'étaient pas loin. Quelques centaines de mètres à peine de la maison des sœurs à Ostrów Tumski se trouve une grande cathédrale du XIIe siècle, où l'évêque Nowowiejski, un grand ami de la congrégation, célébrait les messes. Pendant le séjour de Faustine à Płock, c'est ici qu'a été consacré un autel à sainte Thérèse de l'Enfant-Jésus, une sainte dont Faustine se sentait très proche. Le plus ancien édifice religieux de la région de Mazovie, la cathédrale, abrite des cryptes avec les dépouilles mortelles de rois et de princes de Pologne. Elle a été le témoin d'une époque illustre dans l'histoire de Płock où la ville était la capitale des princes de Mazovie. Près du couvent des sœurs, place du Marché, se trouve aussi l'église Saint-Barthélemy qui est la paroisse de la congrégation. C'est ici que sont célébrées les messes pour les pèlerins qui manquent de place dans la petite chapelle de la congrégation des Sœurs de Notre-Dame de la Miséricorde.

Biała

« J'épouse la vérité, et celle-ci me libère de toutes les difficultés »

1930-1932

Le perron où Faustine a vu Jésus n'existe plus. De même, il n'y a plus cette maison des sœurs où elle a vécu. Il n'en reste qu'un fondement en pierre où un chat roux se chauffe au soleil de septembre.

Jésus est apparu à Faustine dans ce lieu dans la période où fleurissaient les roses. C'était en 1930, ou bien en 1931 ou 1932. C'est pendant ces années-là que Faustine a vécu dans le couvent de Płock, d'où elle venait, pour une durée plus ou moins longue, à la filiale de Biała, éloignée de dix kilomètres. L'exploitation de Biała, grande de 45 hectares, permettait d'approvisionner en nourriture la maison de Płock. De plus, elle servait de lieu de repos pour les sœurs qui, au centre-ville, étaient privées de terrain de récréation.

« Sœur Faustine a plusieurs fois séjourné ici pour réparer sa santé », dit Sœur Tobiasza Wilkosz, la supérieure de la maison, en interrompant son travail dans le jardin.

On ne sait pas si, avant la guerre, le jardin de fleurs se trouvait au même endroit qu'aujourd'hui, mais il y avait sûrement beaucoup de rosiers.

« Un jour, j'avais cueilli les plus belles roses pour fleurir la chambre d'une certaine personne, écrivait Faustine dans son *Petit journal*. Comme j'arrivais près de la galerie, j'y aperçus Jésus qui me demanda avec bienveillance : *"Ma fille, à qui portes-tu ces fleurs ?"* » Faustine est restée muette : « Mon silence fut ma réponse au Seigneur, car au même moment, je reconnus que j'éprouvais pour cette personne un très subtil attachement dont je ne m'étais pas encore aperçue. Et Jésus disparut tout de suite. À l'instant même, j'ai jeté les fleurs par terre et me suis rendue devant le Très saint sacrement, le cœur comblé de gratitude pour cette grâce de la connaissance de moi-même » (PJ 71).

Qui était cette « personne » à qui Faustine portait ces fleurs ? Était-ce, comme le veulent certains, la mère générale Michaela Moraczewska qui inspectait alors le couvent de Biała ? Il est difficile de le vérifier, car nous ne connaissons ni la date exacte de cet événement, ni la date d'inspection. Ou peut-être Faustine portait-elle ces fleurs dans la chambre de l'aumônier Piotr Aleksander Trojańczyk qui, à partir de 1931, habitait à Biała de manière permanente ? Sœur Romana Szulecka, qui n'était pas encore religieuse à cette époque-là, mais qui habitait à Biała où elle a fait la connaissance de Sœur Faustine et qui, sous l'influence de celle-ci, a intégré la congrégation, est d'avis qu'il s'agissait de la mère générale. Elle a entendu les sœurs dire que les fleurs n'étaient pas destinées à la chambre l'aumônier. « Les sœurs disaient qu'il était impossible que Sœur Faustine porte ces fleurs à l'abbé Trojańczyk, en signe d'une sympathie quelconque pour lui. Cependant, elle s'entendait très bien avec la mère générale et elle l'aimait beaucoup », se souvient Sœur Romana.

L'aventure sur le perron montre que Jésus même était le directeur spirituel le plus important de Faustine. Il veillait perpétuellement sur elle et l'aidait à se purifier de ce qui n'avait pas encore complètement brûlé pendant la nuit obscure des sens qu'elle avait vécue dans la période de son noviciat et après les premiers vœux faits à Cracovie. Il la purifiait de tout attachement, même de celui à l'égard de la responsable de la congrégation. Il l'aidait à se séparer de tout ce qui était encore terrestre dans son cœur. Il le faisait pour que son âme puisse atteindre l'union idéale avec Dieu.

On ignore combien de fois Sœur Faustine a séjourné à Biała et combien de temps. À partir de ses notes dans le *Petit journal,* de deux lettres écrites de Biała, de ce que disait Sœur Zyta Jastrzębska et de ce qui est resté dans les récits oraux des sœurs, il est possible de croire qu'elle y a été plusieurs fois. Elle y a vécu au total plus d'un an. Elle y a séjourné deux fois en été et une fois en hiver. La première fois, mais peut-être aussi plus tard, c'est la supérieure de la maison de Płock, la mère Róża Kłobukowska, qui l'a envoyée ici pour changer de climat et se rétablir du point de vue de sa santé. Cela ne veut pas dire que Faustine n'ait pas travaillé pendant ce temps-là. Au contraire.

Sœur Zyta Jastrzębska, qui a fait la connaissance de Faustine à Biała en 1930 ou en 1931, se souvenait en 1966 : « Je ne me rappelle pas exactement combien de temps elle a séjourné là-bas, peut-être un an ou moins. De Biała, elle a été directement transférée à Cracovie. »

En effet, après plus de trente ans, Sœur Zyta ne s'en souvenait pas bien. Faustine a quitté Biała, et plus concrètement la maison d'origine de Płock en novembre 1932, c'est-à-dire au moment où Sœur Zyta n'y était plus. Elle n'est pas allée directement à Cracovie, mais à Varsovie, d'où elle déménagera, six mois plus tard, pour se rendre au couvent de Łagiewniki. Il résulte cependant du propos de sœur Jastrzębska que pendant la période où elle administrait l'exploitation de Biała, Sœur Faustine y avait séjourné plus longtemps, plusieurs mois au moins. De plus, ce qui est à souligner, elle a déclaré que Faustine avait été envoyée de Płock pour travailler en cuisine. Probablement pendant le séjour suivant à Biała, comme il résulte de la lettre adressée à Sœur Ludwina Gadzina, Sœur Faustine a travaillé dans les champs. Faustine a aussi aidé Sœur Tekla à faire des compositions florales dans la chapelle, ceci n'étant pas vraiment son devoir, mais plutôt un plaisir. Il n'est pas exclu que la mère Róża Kłobukowska ait envoyé Sœur Faustine dans la petite maison de Biała à cause d'un grand intérêt pour sa personne, car, parmi les sœurs de Płock, s'est répandue la nouvelle qu'elle avait vu Jésus.

Cet été, quand elle a vu Jésus sur le perron à Biała, Sœur Faustine l'a bien gardé dans sa mémoire. La maison avec le perron était encore là dans les années 1980. Alors, après de grands efforts, les sœurs ont reçu la permission des autorités de la République populaire de Pologne pour faire construire une nouvelle maison. La vieille maison, couverte de tuile et construite en partie en pierre, ne gardait point la chaleur. Il y faisait tellement froid qu'en hiver les murs étaient couverts de couche de givre qu'on pouvait gratter.

Le couvent de Płock a acheté cette maison en août 1928. Le bâtiment n'était pas grand. Trois fenêtres du côté gauche et trois du côté droit à partir de l'entrée. Au rez-de-chaussée, à part la chapelle, il y avait une cuisine. Au grenier, il y avait des logements pour les sœurs et pour les pensionnaires qui venaient en été pour aider à effectuer le travail dans les champs. Dans la maison, il y avait peu de place et les conditions de vie étaient assez primitives. Il n'y avait ni électricité, ni eau courante. Les sœurs se sont alors senties heureuses quand, dans les années 1980, elles ont pu enfin faire construire une grande maison d'un étage bâtie sur le plan de la lettre L. Et cela d'autant plus qu'il y avait là plus de sœurs qu'avant la guerre car, après leur expulsion du couvent de Płock en 1950 par les communistes, une partie des religieuses vivaient à Biała. La nouvelle maison est un « cube » typique, l'un de ceux qui, dans les années tardives du communisme, parsèment le paysage architectural de la Pologne. Les sœurs l'ont fait construire à proximité de la vieille maison pour une simple raison : c'était un temps où elles avaient seulement cinq hectares, car le reste avait été pris par les communistes. Chaque morceau de terrain était exploité au maximum. Le vieux bâtiment se trouvait pourtant trop près de la nouvelle maison pour qu'il puisse être gardé. Il a été démonté. Aujourd'hui, les sœurs auraient peut-être tout fait pour le sauver et y organiser une salle consacrée à la mémoire de sainte Faustine.

La maison habitée par Sœur Faustine ne peut être regardée que sur de vieilles photos. Sur l'une d'elles, sauvée par miracle, on voit trois personnes devant la maison. À gauche c'est Faustine, à droite il y a une autre sœur, et, entre les deux, une jeune femme vêtue d'une robe sombre et d'un bonnet blanc – probablement une élève. À en juger par la tenue, il faisait beau. C'était le printemps ou l'automne précoce.

Sœur Faustine habitait à Biała également en hiver 1930. On le sait sans aucun doute, car, le 17 décembre 1930, à Biała, elle a écrit une lettre à Sœur Justyna Gołofit. Bien qu'elle ait indiqué Płock dans l'en-tête de la lettre, elle a expliqué plus bas qu'elle séjournait dans la filiale du couvent de Płock : « Moi maintenant, je suis à Biała, il y a aussi Sœur Alojza et Sœur Zyta. J'aime bien Biała, c'est une exploitation assez grande. » À Biała, il y avait habituellement trois sœurs. Peut-être est-ce pendant ce séjour, ou peut-être l'hiver suivant, que s'est produit l'événement que les sœurs se sont transmis de bouche à oreille plusieurs années plus tard. En vérité, Sœur Zyta ne le mentionne pas, mais elle a évoqué une autre information très significative pour cette histoire : « Pendant le séjour à Biała, nous ne pouvions pas recevoir la sainte communion. L'aumônier venait une fois par semaine pour célébrer la messe, et les autres jours, deux sœurs allaient à l'église paroissiale, alors que la troisième restait pour garder la maison. » Un jour, il gelait si fort qu'une des sœurs, dont c'était le tour d'aller à l'église, renonça à y aller. La deuxième c'était Faustine qui, malgré les objections de la responsable de la maison, décida d'y aller toute seule. Sœur Szymona Nalewajk évoque ce moment : « On lui a donné la permission mais à condition qu'elle mette "cette grande peau de mouton", utilisée d'habitude par le cocher. Sans trop y penser, Sœur Faustine a mis cette fourrure, trop grande pour elle, et elle est allée à l'église. » On a raconté cet événement pendant longtemps dans le couvent.

De la maison des sœurs, on voit bien la tour de l'église que Faustine fréquentait à Biała. L'église de Sainte-Hedwige de Silésie se trouve sur une colline. Par un raccourci dans les champs, la promenade prend dix minutes, et beaucoup plus par la route normale. De style néogothique sur le plan de la croix, l'église a été fondée vers la fin du XIXe siècle par Stanisław Piwnicki, propriétaire du domaine Srebrny. Le portrait de sainte Faustine et l'image de Jésus Miséricordieux, placés sur le fronton de l'église, rappellent l'habitante du couvent qui se trouve à proximité.

Sœur Zyta Jastrzębska raconte : « Sœur Faustine était consciencieuse, gentille, tranquille et repliée sur elle-même. J'avoue avoir eu des problèmes avec d'autres sœurs dans la vie communautaire, mais jamais avec Sœur Faustine. Elle était toujours humble et modeste. »

Sœur Zyta a décrit Faustine comme une personne tranquille et repliée sur elle-même. Or, il s'agit là d'un changement important car, avant son entrée au couvent, ses patrons disaient plutôt qu'elle avait un tempérament vif. Elle est sûrement devenue renfermée sous l'influence de ses expériences spirituelles, d'une concentration sur celles-ci et d'une unification de plus en plus forte de son âme avec Dieu.

L'humilité est un trait difficile, mais indispensable dans la vie religieuse. Sœur Zyta se souvenait d'avoir vu un jour Faustine en pleurs après une réprimande sévère reçue de la part de Sœur Alojza. C'était la fête de l'Épiphanie, le 6 janvier. Elle n'indique pas l'année, mais c'était probablement en 1931. Sœur Jastrzębska raconte : « Sœur Faustine était rentrée de l'église ; elle avait apporté la craie bénie et s'était mise à marquer la porte avec cette craie, comme le veut la tradition. Sœur Alojza lui a reproché de faire des choses qui n'étaient pas de son ressort. Et elle a demandé à Faustine de lui rendre la craie. »

Faustine était sans aucun doute à Biała pendant l'été 1932. Le 2 août, elle a écrit de là-bas une lettre à Sœur Ludwina Gadzina. Il résulte du contenu de la lettre qu'elle y séjournait depuis un long moment, ce qui est prouvé par les paroles de Sœur Jastrzębska. « Je profite du moment car je ne vais pas aux champs parce qu'il pleut », écrivait Faustine. Elle partageait avec Sœur Ludwina les réflexions au sujet de la souffrance, elle écrivait sur le besoin de prier mutuellement pour les sœurs, pour les pensionnaires, pour les âmes confiées et pour le monde entier : « Je vis par la foi et c'est pourquoi je suis heureuse, et je me contente de ce que Dieu m'offre. C'est vrai qu'à Varsovie je profitais beaucoup d'aide de mes supérieures quand il s'agissait de mon âme et j'en suis reconnaissante à Dieu. Mais si le Seigneur ne m'offre pas d'aide, je suis aussi d'accord avec Sa sainte volonté. » Elle a écrit cette lettre plus d'un an après l'apparition de Jésus à Płock, le 22 février 1931. Elle ne le mentionne pas, elle écrit seulement : « Chère Sœur, qu'il y ait du soleil ou un orage avec des coups de tonnerre, j'avance sans y faire attention. J'épouse la vérité, et celle-ci me libère de toutes les difficultés. »

Selon le père Joachim R. Bar, à Biała, jusqu'à la Seconde Guerre mondiale, il y avait en permanence six sœurs et environ vingt pensionnaires. On ne sait pas d'où le père Bar a puisé ces informations, car le nombre de sœurs et de pensionnaires variait. Il résulte des souvenirs des religieuses qu'elles étaient moins nombreuses au moment où Sœur Faustine y habitait. En août 1932, au milieu de la saison des moissons, Faustine écrivait : « Il y a trois sœurs en permanence : Sœur Tekla, Sœur Germana et Sœur Izydora. Et trois sœurs viennent de Płock pour les vacances, de même que des enfants (des pensionnaires, nda) ; actuellement elles sont treize pour travailler. » Alors, treize sœurs et pensionnaires, aidées par à peine trois hommes qui s'occupaient des chevaux, travaillaient sur quarante-cinq hectares de terrain sans équipement mécanique quelconque. Le travail était donc très dur. L'exploitation de Biała approvisionnait en farine, lait, viande et légumes la maison de Płock où il y avait une centaine de sœurs et pensionnaires. Les produits étaient transportés en ville sur charrette. Cependant les sœurs y allaient souvent à pied. En prenant le raccourci, à travers les champs où, de la maison de Biała, on voit aujourd'hui les cheminées du site pétrolier. Combien de fois ce chemin a-t-il été parcouru par Sœur Faustine ?

De Biała, on a également gardé le souvenir d'une pensionnaire, Urszula, qui, après le retour à la maison à Płock, racontait à Sœur Paulina Kosińska « combien Sœur Faustine avait d'intelligence et encore plus de cœur, parce qu'elle travaillait très dur à la cuisine et alors qu'elle aurait pu se reposer à l'ombre auprès d'un arbre, elle jouait avec nous pour nous rendre le temps plus agréable ».

Après 1990, les sœurs ont récupéré 33,5 hectares à Biała, donc la majorité du terrain confisqué qu'elles n'exploitent pourtant pas, mais louent. Elles ont une autre occupation : elles gèrent une école maternelle pour les enfants des alentours et une maison pour les mères vivant seules, où, durant vingt ans, trois cent cinquante femmes ont trouvé refuge. Cependant autour de la maison, comme autrefois, elles cultivent des pommes de terre. Quand il fait très chaud, elles profitent de l'ombre d'un grand chêne rouge qui était déjà là quand Sœur Faustine est venue pour la première fois à Biała.

Walendów

« Mon amour ne trompe personne »

1932, 1936

« Ce n'est pas vrai que Sœur Faustine a habité à Walendów pendant peu de temps. Elle y a passé quinze ans. » Sœur Amata Stryjewska suspend la voix en souriant. Âgée de 80 ans, mais au visage lui en donnant vingt ans de moins, et au cœur très malade, cette petite religieuse sait bien ce qu'elle dit : elle a habité avec sainte Faustine dans la même cellule. Et ce durant de longues années, après les premières visites de la future sainte à Walendów, pas loin de Varsovie.

Il faut dire que les visites de Sœur Faustine dans le couvent de Walendów posent un certain problème. Officiellement, elle y a été deux fois – en 1932 et en 1936. La troisième fois, elle y est venue avant sa mort pour rencontrer Sœur Placyda Putyra, et même si cela s'est réalisé d'une manière bien réelle, c'était pourtant surnaturel, grâce au don de bilocation. Enfin, elle y « a été » il y a peu, pendant quinze ans.

Ce dernier séjour de sainte Faustine était complètement différent des séjours précédents. L'emploi du mot « séjour » est peut-être excessif. Mais pas pour les adorateurs des reliques qui croient que là, où celles-ci se trouvent est présent aussi l'esprit du saint.Sœur Amata Stryjewska, après avoir prêté un serment conforme, s'est mise à préparer les reliques :

> Tout a commencé en 1993. Après la béatification de Sœur Faustine, il fallait préparer les reliques. Quelqu'un dans la congrégation a eu l'idée que c'était moi qui devais m'en occuper, car, à cause d'une maladie cardiaque, je ne pouvais pas travailler dur.
> C'est Sœur Beata Piekut, vice-postulatrice du procès, qui m'a fourni de tout petits os de sainte Faustine. Je les découpais en petits

> morceaux. Au toucher, la côte tombait presque en miettes, car elle était rongée par la tuberculose, et les articulations se brisaient difficilement. J'ai beaucoup peiné pour en obtenir de petits morceaux. Je mettais l'os sur une serviette blanche en lin, je mettais une autre serviette dessus et je tapais avec un petit marteau.

Au début, Sœur Amata a préparé sept cents petites croix pour la congrégation. Toutes les sœurs ayant déjà fait leurs vœux les ont reçues. Les petites croix pouvaient s'ouvrir. À l'intérieur, Sœur Amata mettait une goutte de colle et y versait de la poudre des os de Sœur Faustine. Après les petites croix, c'était au tour des reliques en capsules que les paroisses et les couvents du monde entier demandaient auprès des supérieures de la congrégation. Sœur Amata n'a pas compté pas combien elle en avait fait. Sûrement quelques milliers.

> Je mettais les reliques dans les capsules qui étaient rondes, en laiton, avec une petite vitre. Dans chaque capsule, je mettais du tissu rouge au fond. J'ajoutais une fleur blanche en tissu et, à un de ses pétales, je collais un petit os de sainte Faustine. La fleur était signée et la boîte était scellée par la vice-postulatrice du procès ».
> Il arrivait que la mère générale appelle de Cracovie afin de faire préparer pour le lendemain cinquante capsules avec des reliques. Je me mettais donc à travailler le soir et je finissais le matin sans sentir la fatigue. Toute la journée, je me sentais bien comme si j'avais dormi toute la nuit. Il y avait dans cela une action de Dieu, Sa puissance.

Pour Sœur Amata Stryjewska, le travail avec les reliques de sainte Faustine était quelque chose d'extraordinaire. C'était un don des cieux et l'occasion de faire des prières particulières.

« Je me réjouissais de pouvoir toucher les saints os, dit Sœur Amata. Mais je savais aussi que cela m'obligeait à chercher à lui ressembler. J'ai alors réussi à obtenir beaucoup de grâces. Pour moi-même, pour les autres, pour la congrégation.

Aujourd'hui je peux le dire : il y avait un endroit bien protégé dans ma cellule. Il n'y a que deux personnes – la vice-postulatrice du procès et la mère générale – qui le savaient. Je dormais dans la même pièce avec les os de sainte Faustine. Durant quinze ans, dans la même cellule .»

***

Sœur Faustine est arrivée pour la première fois à Walendów, près de Varsovie, en novembre 1932. Au-dessus de la porte de clôture, à l'entrée du terrain des sœurs, il y avait une inscription : « Józefów-Ustronie ». Aujourd'hui, cette inscription n'existe plus, mais les bâtiments sont les mêmes qu'à l'époque. À droite, il y a une maison d'administration à laquelle on a ajouté un perron après la guerre. À gauche, il y a un couvent dont l'histoire remonte aux débuts du XIXe siècle. L'église, qui se trouve à côté, était encore en construction en 1932. Derrière, plus loin à gauche, il y a une grande maison où habitaient les pensionnaires avant et après la guerre. Les bâtiments de la ferme, que l'on voit aujourd'hui au fond de la cour, ont été construits il y a environ trente ans. À l'endroit où se trouve actuellement le jardin, avant la guerre il y avait des champs. Les champs de pommes de terre, de betteraves et de blé s'étendaient à quelques mètres du couvent.

En 1932, Sœur Faustine a passé huit jours à Walendów. Un peu plus d'une semaine, mais une semaine riche en événements. C'est ici qu'elle a rencontré pour la première fois un confesseur qui lui a dit que ses visions n'étaient pas le produit de son imagination, mais qu'elles avaient un caractère surnaturel. Ici aussi, elle a vu pour la deuxième fois Jésus tel qu'elle l'avait vu à Płock – avec des rayons rouge et pâle sortant de son cœur.

Sœur Faustine est venue à Walendów pour participer à une retraite avant de commencer sa troisième probation, c'est-à-dire avant la période de cinq mois de préparatifs précédant les vœux perpétuels. Cependant, ni accéder à la probation ni obtenir la permission de ses supérieures à venir participer à la retraite de Walendów n'ont été une chose simple. Bien au contraire. C'est la mère générale et le conseil de la congrégation qui décidaient de l'accès à la probation, et cela après avoir obtenu l'opinion des professes – des sœurs ayant fait leur profession perpétuelle – de tous les couvents où la candidate à la profession avait séjourné. Certaines professes perpétuelles de Płock étaient contre l'admission de Sœur Faustine. Quand, en février 1931, Jésus est apparu à Faustine en lui demandant de faire peindre le tableau, elles l'ont qualifiée d'hystérique avec une imagination maladive. Comme Jésus l'avait prédit, malgré une opinion défavorable de certaines sœurs, Sœur Faustine est arrivée à Walendów un jour de novembre 1932. Elle y est venue avec la supérieure de ce couvent, la mère Waleria Wilczyńska. « [S]eul Jésus peut arranger les choses de la sorte » (PJ 167), a-t-elle noté dans son *Petit journal*.

Les sœurs ont sûrement voyagé en calèche. Dans les années 1930, le couvent de Walendów possédait une voiture de marque Ford, mais on ne sait pas si c'était déjà le cas en 1932. De Varsovie, on prenait la route de Cracovie pour faire vingt kilomètres dans la direction de Nadarzyn. Il y a quelques années, à Walendów et dans le village voisin de Łazy, on a fait construire un quartier de maisons individuelles de prestige, dont les habitants travaillent dans la capitale. La plupart d'entre eux ne se doutent même pas que ces maisons ont été construites sur le terrain appartenant autrefois au couvent. En 1896, le comte Gustaw Przeździecki – militant social et économique – a offert ce terrain à la congrégation des Sœurs de Notre-Dame de la Miséricorde. C'est le gouvernement communiste qui l'a confisqué en 1950.

Sœur Faustine a dû entendre parler du couvent de Walendów avant. C'était un endroit important sur la carte géographique de la congrégation à cause de sa grande ferme et d'une pension pour environ cent filles. L'exploitation comptait cinq cent soixante-quinze arpents de terrain, ce qui équivaut à environ trois cents hectares, dont la majorité a été occupée par des étangs à poissons, mais aussi un moulin, des bâtiments de la ferme et la maison d'administration. Jusqu'en 1913, seulement deux ou trois sœurs habitaient à Walendów. Elles surveillaient l'exploitation et le travail des plusieurs familles occupant les habitations destinées aux ouvriers agricoles. Ce n'est qu'en avril 1913 que les sœurs y ont emménagé de Derdy, situé à proximité de Walendów, lorsque la construction de la pension pour filles, entamée en 1908, fut terminée. Pendant longtemps, les travaux dans le couvent ont traîné.

L'exploitation de la terre assurait le gagne-pain aux sœurs et aux pensionnaires. Mais le travail y était pénible. Sœur Zyta Jastrzębska se souvient de la période d'avant 1913 : « Nous étions seulement trois : Sœur Benigna, Sœur Zofia et moi-même, postulante à l'époque. Et l'exploitation était très grande ! Quatre cent cinquante arpents de terre, environ cent arpents d'étangs, cinquante vaches, vingt-quatre chevaux… Il fallait se lever à une heure du matin pour réveiller dix trayeuses, surveiller la traite et la réfrigération du lait, et avant cinq heures du matin les envoyer au marché de Varsovie (il y avait cent quarante gallons de lait, c'est-à-dire environ cinq cent soixante litres, alors que le revenu quotidien était d'environ vingt roubles). Ce n'est qu'après que je me lavais, que je mettais le bonnet de postulante et que j'allais à la messe à Derdy. » À Derdy, il y avait vingt-quatre sœurs, mais leur venue ne rendra pas pour autant le travail moins pénible.

« Les sœurs avaient peur de Walendów. Elles se tracassaient quand les supérieures les envoyaient ici » – dit, avec son accent chantant de Vilnius, Sœur Urbana Trybocka, qui y a habité depuis 1960. Elle se rappelle que les sœurs plus âgées lui avaient parlé des conditions difficiles de vie et de travail au couvent avant la guerre, alors qu'elle était à cette époque-là une religieuse très jeune. « Elles disaient avec tristesse : nous avons reçu le domaine en cadeau, mais il fallait travailler très dur », ajoute Sœur Urbana.

Maria Olszewska, appelée « Kamila » au couvent, se souvient parfaitement de cette période. Elle est la seule, parmi les anciennes pensionnaires des sœurs de Notre-Dame de la Miséricorde, qui soit encore en vie. Elle a habité à Walendów dès 1931. Elle y est arrivée à l'âge de 13 ans, venant d'une autre maison religieuse où elle s'était retrouvée comme une petite orpheline. Malgré ses 90 ans passés, elle surprend pas sa forme physique : mobile, sereine, elle a une mémoire extraordinaire. Bien que son audition ne soit plus très bonne, elle continue de chanter très bien.

Kamila était l'une des cent filles que Sœur Faustine a vues en novembre 1932 quand elle est venue à Walendów participer à la retraite.

« Nous n'étions en contact qu'avec nos professeures, pas avec les autres sœurs », dit Kamila. C'est ainsi qu'elle explique qu'il est peu probable qu'elle ait parlé une fois avec la future sainte.

La rééducation des filles se réalisait par le travail, l'apprentissage et l'éducation religieuse. Le travail, ainsi que des prières, des messes et des réflexions spirituelles ponctuaient le rythme de la journée. Les protégées adhéraient à *Sodalis marianus* qui leur imposait l'obligation d'exécuter des devoirs religieux et la règle, en partie pareils à ceux qui étaient respectés par les sœurs. Cependant, à cause de leur passé ou du fait d'être issues des familles pathologiques, elles ne pouvaient jamais intégrer la congrégation. Les filles étaient divisées en deux classes-sections.

« La première s'occupait des champs, la deuxième de l'exploitation, et celle-ci était grande : chevaux, cochons, vaches, brebis, poules, canards, pintades – énumère Kamila qui a travaillé dans les champs. – Malgré cela, la nourriture nous manquait parfois ».

La journée des pensionnaires commençait à 5 h 30. Une demi-heure plus tard, elles étaient déjà dans la chapelle pour participer à la messe. Après le petit-déjeuner, elles allaient travailler dans les champs et dans la ferme. À midi, c'était la pause déjeuner et le repos pendant lequel les sœurs leur lisaient des ouvrages spirituels. L'après-midi, jusqu'au dîner à 18 heures, elles reprenaient le travail. L'office du soir à 19 h 30 terminait la journée. À 21 heures les pensionnaires étaient au lit. L'automne et l'hiver, elles avaient plus de temps pour l'apprentissage et les travaux manuels : cours de broderie, de coupe et de couture. Les filles étaient soumises à la discipline.

« Quand une fille faisait une bêtise, elle devait rester à genoux ou marcher avec une feuille collée sur le front. Quand elle qualifiait quelqu'un de "bête", elle devait porter une feuille avec ce mot-là ; quand elle faisait des potins sur quelqu'un, une langue était dessinée sur la feuille », se rappelle Kamila.

Toutes les pensionnaires portaient les mêmes uniformes : gris en rayures pour le travail et bleu marine avec des cols blancs pour la fête. Sur la tête, elles portaient des bonnets.

« Une fois, quand nous étions au marché de Nadarzyn, on a commencé à crier après nous : "Pénitentes, pénitentes !", et nous ne savions pas ce que cela signifiait », raconte Kamila. Elle était orpheline depuis qu'elle était toute petite, mais la plupart des filles s'étaient retrouvées dans l'établissement à cause de leur passé, et il y en avait qui avaient même comparu devant le tribunal.

En novembre, les champs de Walendów se vident. Les pommes de terre, les betteraves ont été déjà arrachées ; les bottes de blé, emmagasinées dans les greniers, attendaient le battage. Il en allait de même en 1932. Cette année-là, il y avait assez de nourriture et de place pour accueillir pendant la retraite un groupe de religieuses des autres maisons de la congrégation. Sœur Faustine fut logée au couvent dans une salle à plusieurs personnes. Elle se trouvait probablement au premier étage car c'était plus facile pour les sœurs plus jeunes de monter l'escalier. Les sœurs plus âgées, quant à elles, occupaient des pièces au rez-de-chaussée. Pendant la retraite, il y avait dans les chambres environ douze, treize sœurs. Il y a quelques années encore, les sœurs du couvent de Walendów habitaient dans les chambres divisées en plusieurs cellules. Actuellement, il y a plus de vingt sœurs et chacune occupe une chambre-cellule individuelle.

Sœur Amata Stryjewska a dormi dans des chambres à plusieurs personnes pendant de longues années. Ce n'était pas facile.

« Une ronfle, une autre veut ouvrir la fenêtre car elle a chaud, encore une autre demande de la fermer car elle a froid, une autre encore parle. Mais quand on est jeune, on supporte tout car on est enthousiaste. On apprend aussi à accepter les difficultés comme une sorte de mortification », explique-t-elle.

La retraite de 1932 se déroulait dans la chapelle du couvent située à l'étage de la maison des pensionnaires. Dans le retable principal, il y avait la statue de Notre-Dame, la même qui se trouve actuellement dans le jardin du couvent. La chapelle était trop petite par rapport aux besoins de plus de vingt sœurs et cent pensionnaires (en 1931, elles y étaient cent treize), c'est pourquoi on a entamé, en 1930, la construction de l'église.

« Nous la construisions avec nos mains : sœurs et pensionnaires – se rappelle Kamila Olszewska. Les travaux ont été dirigés par l'ingénieur Stanisław Futasiewicz de Podkowa Leśna. Il n'avait que deux ouvriers pour l'aider. Nous faisions le reste. Les sœurs lavaient le gravillon, cuisaient des briques, préparaient le mortier, et nous, pensionnaires, portions tout cela en haut sur l'échafaudage. »

La retraite de 1932 fut conduite par le père Edmund Elter. Ce jésuite éduqué, formé à l'université de Varsovie et dans les écoles à Rome et à Paris, était professeur d'éthique à l'université pontificale Grégorienne à Rome depuis 1926. En 1932, il est revenu en Pologne et s'est consacré à l'animation des retraites. Sœur Faustine a noté dans son *Petit journal* : « Le père qui prêchait la retraite arrivait d'Amérique. Il était venu un court séjour en Pologne, et les circonstances avaient fait qu'il nous prêchait la retraite » (PJ 172). Cette phrase du *Petit journal* et sa version rapportée dans le livre de Maria Winowska ne sont pas les mêmes. Chez Winowska, elle se présente comme suit : « Ce père qui prêchait pendant la retraite était venu de Rome ». Laquelle des deux versions est vraie ? Maria Winowska a-t-elle corrigé Sœur Faustine, en cherchant à faire correspondre la phrase aux faits ? Il n'est pas exclu que le père Elter ait été aux États-Unis en 1932, qu'il envisageait de quitter la Pologne et que les choses aient pris un autre tour. Mais il est possible aussi qu'en écrivant à nouveau le *Petit journal*, en 1934, Sœur Faustine ait confondu les faits. Il se peut aussi que quelqu'un ait répandu parmi les jeunes sœurs une information à propos d'un départ imminent du père Elter aux États-Unis.

Quoi qu'il en soit, la future sainte a rapidement découvert la grandeur des vertus du père Elter. Dans le *Petit journal*, elle a noté que Jésus lui avait donné de nombreux indices pour le temps de la retraite. « *Tu vas tâcher d'avoir une grande paix dans tes relations avec moi* » – c'était la première consigne. « *Pendant cette retraite, garde un silence très strict, comme si rien n'existait autour de toi. Tu ne parleras qu'avec moi et ton confesseur, à tes supérieurs tu ne demanderas que des pénitences* » (PJ 169). Le règlement de la retraite imposait à toutes les sœurs le silence. Ce n'était pas facile, parce que les religieuses, provenant de différents couvents, souvent privées de contact pendant une longue durée, voulaient se parler. Sœur Faustine a dû ainsi s'efforcer de rester fidèle à la règle et aux ordres de Jésus. Elle écrit qu'une sœur d'un autre couvent, avec qui elle n'avait pas parlé depuis longtemps, lui a rendu visite dans sa cellule. Faustine lui a fait comprendre par son regard qu'elle ne romprait pas le silence : « Elle me dit : "Je ne savais pas que vous étiez si extravagante." Et elle s'en alla » (PJ 171).

Encore avant que la retraite ne commence, Jésus promit à Sœur Faustine que pendant ce temps-là il éliminerait « toutes les incertitudes » concernant la communion de son âme avec Lui. C'était une promesse importante, car, après les expériences du couvent de Płock et l'incident avec la mère Bartkiewicz à Varsovie, elle sentait dans son intérieur une inquiétude. Les confesseurs et les supérieurs disaient que sa vision pouvait être une hallucination, qu'il était impossible qu'elle ait eu des apparitions. Cependant quand elle demandait à Jésus, si elle Le voyait ou si elle hallucinait, Il lui répondait : « *Mon amour ne trompe personne* » (PJ 29). Avant la retraite, Jésus annonça ainsi à Faustine de conforter son âme dans la certitude de savoir bien reconnaître son interlocuteur à tel point que même si elle voulait s'inquiéter, elle en serait incapable. « *Et comme preuve que c'est moi qui te parle, tu iras le deuxième jour de la retraite te confesser au prêtre qui la prêche. [...] Tu lui exposeras tes craintes envers moi, et je te répondrai par sa bouche, et alors tes craintes se dissiperont* » (PJ 169), lui dit Jésus.

Cependant, accomplir cet ordre n'était pas facile pour Faustine. Cela signifiait que devant un nouveau confesseur, elle devait dévoiler à nouveau tout ce qui se passait dans son âme, lui parler des grâces qu'elle avait obtenues : « pour ce qui est des péchés, c'est toujours facile, mais quant aux grâces, je devais vraiment faire un grand effort, et encore, je ne disais pas tout » (PJ 172). Le deuxième jour de la retraite est pourtant arrivé. S'approcha ainsi le moment où Sœur Faustine, conformément à l'ordre de Jésus, devait se confesser et raconter toutes les conversations avec Lui. Plus le temps de la confession approchait, plus elle souffrait : « J'avais étrangement peur que le prêtre ne me comprenne pas ou qu'il n'ait pas assez de temps pour me laisser m'exprimer jusqu'au bout. Comment lui raconter tout cela ? [...] Mon Dieu, pendant une journée et demie tout allait si bien ; et voilà que commence le combat à mort. [...] Le démon me dit avec insistance que, puisque les supérieures ont dit que ma vie intérieure était une illusion, à quoi bon demander encore au confesseur et le fatiguer ? » Elle entendra sûrement la même chose que ce que la mère Janina Bartkiewicz lui avait déjà dit, à savoir que « Jésus n'est pas en intimité avec de telles âmes misérables », que tout cela est une rêverie, une hystérie et une illusion. Elle pensait : « Regarde, tu as déjà connu de nombreuses humiliations et tu en connaîtras d'autres, et même les sœurs savent que tu es une hystérique. » Et malgré tant de pensées folles, elle ne s'est pas laissée envahir par ces pensées. « Jésus, ai-je appelé avec toutes les forces de mon âme – se souvient Sœur Faustine. À ce moment-là, le père commença la conférence. Il a parlé peu de temps, comme s'il se dépêchait. Après la conférence il alla au confessionnal. Je regarde – aucune des sœurs ne s'y rend. Je me suis élancée de mon prie-Dieu et m'agenouillai dans le confessionnal. Je n'avais pas le temps de réfléchir » (PJ 173). Le confesseur était un prêtre intelligent et spirituellement mûr. Il a rapidement compris de quoi il s'agissait : « Vous vous méfiez, ma sœur, du Seigneur Jésus, parce qu'Il est si bienveillant envers vous. Alors, ma sœur, soyez donc complètement tranquille. Jésus est votre Maître, et vos rapports avec Jésus ne sont ni hystérie, ni rêverie, ni illusion. Sachez que vous êtes dans la bonne voie. Tâchez d'être fidèle à ces grâces et il vous est défendu de vous en écarter ». Le confesseur lui a indiqué qu'elle n'était pas obligée de rendre compte à ses supérieurs de ce qui se passait dans son âme. Elle allait le faire à condition que Jésus lui adresse un ordre précis, et cela après en avoir parlé au confesseur. Si Jésus lui demandait de faire quelque chose à l'extérieur, elle devait, après avoir consulté le confesseur, le faire. « Même si cela doit vous coûter énormément », dit le père Elter à la fin. Il lui ordonna de prier pour avoir un directeur spirituel individuel, car autrement elle risquerait de gaspiller « ces grands dons de Dieu » (PJ 174).

Ainsi, le père Elter fut le premier à confirmer que ce qu'elle éprouvait n'était pas une illusion, mais une grâce surnaturelle venant de Dieu. C'est Dieu même qui lui confiait la mission à accomplir. Le 26 juillet 1955, un mois avant sa mort, le père Elter a jugé sous serment que, selon sa conviction profonde, « la vie de Sœur Faustine était entièrement surnaturelle et qu'elle était dirigée d'une manière visible par Dieu ».

Tranquille et heureuse, Sœur Faustine s'est éloignée du confessionnal. Elle a tout de suite couru dans le jardin « pour se cacher des sœurs et permettre à [son] cœur de s'épancher complètement à Dieu » (PJ 175). Elle se promenait peut-être dans « l'allée spirituelle », une allée que les sœurs appelaient ainsi car les aumôniers de Walendów avaient l'habitude de s'y promener pour réciter leur bréviaire. Sœur Faustine a décidé de rester fidèle aux « inspirations intérieures, quoi qu'il pût m'en coûter. Ne rien faire de moi-même sans m'être entendue avec mon confesseur » (PJ 176).

Beaucoup de choses se sont passées dans le cœur de Sœur Faustine pendant cette retraite, mais, à l'extérieur, elle ne laissait rien deviner, comme en témoigne d'ailleurs Sœur Serafina Kukulska : « Je l'ai vue à Walendów quand je faisais ma retraite conduite par le prêtre Elter. […] Elle ne se distinguait en rien, tout en obéissant à toutes les règles avec la plus haute exactitude.

Le conférencier a dit après qu'il avait rencontré ici une âme extraordinaire ».

Pendant la messe finale de la retraite, Faustine a renouvelé les vœux temporaires. Dès le matin, elle se trouvait dans une communion mystique avec Dieu. Elle sentait « être entièrement plongée en Lui », que son âme « avait été immergée en Dieu dans cet océan d'amour ». Après la sainte communion dans la chapelle de Walendów, elle vit soudain Jésus qui lui parla, comme elle l'écrit dans son *Petit journal* :

« *Ma fille, regarde en mon cœur miséricordieux.* » Fixant mon regard sur ce Cœur Très Saint, je vis en sortir des rayons comme du sang et de l'eau, les mêmes que sur le tableau et je compris combien la miséricorde du Seigneur est grande. Et de nouveau, Jésus me dit avec bienveillance : « *Ma fille, parle aux prêtres de mon inconcevable miséricorde. Les flammes de ma miséricorde me brûlent, je veux les déverser sur les âmes, mais les âmes ne veulent pas croire en ma bonté.* »

Après cette vision, Faustine a avoué : « Mon esprit resta pendant toute la journée plongé dans la présence sensible de Dieu, malgré le bruit et les conversations qui suivent habituellement une retraite. Cela ne me dérangeait pas » (PJ 177).

La chapelle où Jésus est apparu à Sœur Faustine sous la même forme que sur le tableau de Jésus Miséricordieux, ne joue plus ses fonctions religieuses. Ce n'est qu'une des nombreuses salles dans l'ancien établissement des pensionnaires.

Quelques jours plus tard – c'était déjà à Varsovie – Dieu a fait connaître d'une manière mystique ses attributs à Faustine : la sainteté (« La sainteté de Dieu se répand sur l'Église de Dieu et sur chaque âme vivant en elle, mais pas au même degré. Il y a des âmes qui vivent leur théosis, et il y en a d'autres qui vivent à peine »), la justice (« Sa Justice est si grande et si pénétrante qu'elle atteint les choses dans leur essence, et tout se présente à Lui dans la vérité toute nue, et rien ne pourrait Lui résister ») et, le plus grand, l'amour et la miséricorde. « Et j'ai compris que l'amour et la miséricorde sont le plus grand attribut. Ils unissent la créature au Créateur. J'ai connu le suprême amour et l'abîme de sa miséricorde dans l'Incarnation du Verbe, dans Sa Rédemption, et c'est ainsi que j'ai découvert que cet attribut est le plus grand en Dieu » (PJ 180), écrira-t-elle.

***

Sœur Faustine est venue pour la deuxième fois à Walendów en mars 1936 : « Je vais à Walendów pour six semaines et, après, je dois aller à Cracovie pour toujours », a-t-elle écrit à l'abbé Sopoćko, le 23 mars 1936. C'était la première des dix-neuf lettres adressées à son directeur spirituel.

Faustine est probablement arrivée à Walendów le 25 mars 1936, mais elle n'y a pas séjourné six semaines complètes. Dans sa lettre du 10 mai 1936, elle écrivait que les supérieures l'avaient mutée de Walendów à Derdy « tout de suite après Pâques ». En 1936, le dimanche de Pâques tombait le 12 avril. D'après le *Petit journal*, Sœur Faustine était encore à Walendów le 25 avril. Cependant, le 10 mai, dans la lettre à l'abbé Sopoćko, elle l'informait de son départ pour Cracovie le 11 mai. Il en résulte que Sœur Faustine a passé ces six semaines (du 25 mars au 11 mai) dans les couvents voisins : à Walendów et dans sa filiale de Derdy.

Depuis son dernier séjour à Walendów, certaines choses avaient changé. On avait terminé la construction de l'église dont la tour quadrilatérale domine désormais le couvent. En septembre 1934, l'église Saint-Joseph fut consacrée par l'archevêque Stanisław Gall. Elle n'était pas encore finie – il n'y avait pas encore de carrelage, ni de bancs. Comme dans le cas des autres chapelles de la congrégation des Sœurs de Notre-Dame de la Miséricorde en Pologne, celle-ci a une forme qui ressemble à celle de la chapelle de Laval en France : une nef, une voûte simple et plate, l'autel principal dans l'abside et deux autels latéraux. À Varsovie, dans le retable principal, on a mis un triptyque : le tableau de Notre-Dame du Scapulaire au centre, la face de saint Paul à gauche et celle de saint Jean à droite. Aujourd'hui, on ne trouve que le tableau de Notre-Dame. Dans les autels latéraux, on a mis de plus, à droite, la statue de Saint Joseph avec Jésus qui se trouve actuellement dans le hall de la maison des sœurs et, à gauche, la statue de Notre-Dame ramenée de la chapelle de la maison des pensionnaires (celle-là est actuellement dans le jardin). Derrière, il y avait le tableau de Jésus Miséricordieux et, au-dessous, le portrait de sainte Faustine. Il présente la sœur comme elle était : simple, naturelle, souriante.

« À mon arrivée à Walendów – écrivait Faustine dans le *Petit journal* – une des sœurs me souhaita ainsi la bienvenue : "C'est bien que vous soyez venue chez nous, ma sœur, maintenant tout ira bien." Je lui demandai : "Pourquoi dites-vous cela, ma sœur ?" Et elle me répondit qu'elle le ressentait ainsi dans son âme » (PJ 636). C'est Sœur Regina Jaworska, du même âge que Faustine, qui était probablement cette sœur-là. Elle a aussi témoigné pendant le procès de béatification. La future sainte se souvient que la maison de Walendów avait alors des « besoins exceptionnels ». On peut deviner qu'il s'agit des besoins matériels. Les sœurs se privaient de beaucoup de choses pour terminer l'aménagement de l'intérieur de l'église et malgré cela, elles n'ont pas réussi à le faire avant la guerre.

Trois semaines avant l'arrivée de Sœur Faustine, un changement important s'est opéré dans le couvent de Walendów. Le 6 mars 1936, la Colonie pénitentiaire agricole a commencé à y fonctionner, et ce jusqu'en 1946. Avec le consentement du Ministère de la Justice, environ cent prisonnières sont venues habiter dans le couvent. L'objectif de ce projet était de protéger les femmes contre l'influence nuisible des récidivistes et de les rééduquer intégralement. Sur les photos de cette époque, on voit des « colons », comme on les appelait avec ironie, habillées de la même façon, en robes grises et bonnets. C'étaient des jeunes femmes entre 18 ans et 30 ans, condamnées pour la première fois à une peine de prison n'excédant pas cinq ou dix ans. Ce n'étaient donc pas des prisonnières qui purgeaient leur peine pour avoir commis des infractions très graves. Le ministère payait, pour chacune d'elles, une somme censée couvrir leur entretien de base. Elles devaient gagner le reste en travaillant. Les femmes travaillaient dans les champs, dans le jardin, avec les animaux, mais elles apprenaient aussi à lire et à écrire, car beaucoup d'entre elles étaient analphabètes, et elles participaient aussi aux cours de travaux manuels et d'hygiène. Les leçons de religion et la participation à des pratiques religieuses jouaient un rôle important dans la rééducation.

Dans le *Petit journal*, Sœur Faustine n'évoque ni les « colons » ni les « pénitentes ». À Walendów, la future sainte aidait au réfectoire et dans la cuisine dite pour enfants qui se trouvait dans la maison des pensionnaires. Elle préparait ainsi des repas pour les prisonnières et les pensionnaires. La cuisine, avec un poêle décoré de carreaux blancs, se trouvait au rez-de-chaussée. Sur l'une des photos d'avant la guerre, on voit quelques sœurs cuisinières : les voiles sur les têtes, en habits monastiques sur lesquels elles ont mis des tabliers blancs et des manches blanches. On peut imaginer combien cette tenue était inconfortable et chaude. C'est vêtue de la même manière que Sœur Faustine a travaillé en cuisine.

Dans la maison de Walendów, son cœur vivait une autre vie : « Je reconnais que déjà plus rien ne me retient ici-bas, sinon cette œuvre de miséricorde » (PJ 638). D'après Sœur Serafina Kukulska, Faustine était « concentrée, silencieuse, c'est pourquoi elle pouvait passer pour quelqu'un de peu aimable, mais elle avait beaucoup de respect pour tout le monde ».

En avril 1936, elle écrivait au père Sopoćko que Jésus ne lui épargnait pas « sa lumière » et qu'il permettait de « se faire connaître mieux ».

Au printemps 1936 à Walendów, Sœur Faustine vivait – de manière réelle et mystique – le dimanche des Rameaux. « [...] Le dimanche des Rameaux, je l'ai vécu d'une manière particulière. Jésus m'a permis de pénétrer les sentiments de son Cœur miséricordieux et divin. Et j'ai vu alors beaucoup de choses qui avaient eu lieu pendant l'entrée de Jésus à Jérusalem », écrira-t-elle à l'abbé Sopoćko. Faustine a reçu le don de pouvoir participer à la passion spirituelle de Jésus à partir de la prière de Jésus à Gethsémani, quand elle « est entrée dans la passion » que Jésus avait vécue au jardin des Oliviers. Elle ajoute : « Cela a duré jusqu'à vendredi matin. Vendredi, j'ai vécu la passion de Jésus d'une autre façon. » La participation de Faustine à la Passion du Christ se répétera les années suivantes durant la semaine sainte, mais aussi pendant ses nombreuses contemplations et méditations de la Passion du Seigneur. Selon Ludmiła Grygiel, «sainte Faustine fait partie de ces mystiques peu nombreux qui éprouvent dans les moments présents les souffrances du Christ, aussi bien les souffrances physiques que spirituelles, ce qui veut dire qu'ils souffrent avec Lui et qu'ils obtiennent la grâce de participer à son résultat salvateur, c'est-à-dire ils co-sauvent. Dans l'histoire de la mystique, l'expérience directe des événements de Gethsémani est très rare et il paraît que personne, outre la religieuse polonaise, n'a connu si fidèlement, ni éprouvé si profondément, ce que vivait le Christ : son pressentiment de la Passion, sa torture spirituelle le dimanche des Rameaux, « sa peur de l'âme », et puis son sentiment d'être abandonné par le Père à Gethsémani.

Au cours de cette période-là, les pensées de Faustine se sont concentrées sur l'ordre de Jésus de créer une nouvelle congrégation. Elle en a parlé à son confesseur, le père jésuite Alojzy Bukowski. Et à l'abbé Sopoćko, elle a écrit : « Je sens en moi une force bizarre qui me pousse à agir et, pour cette raison, une torture naît dans mon âme que je ne sais pas décrire, mais que je n'échangerais contre aucun trésor du monde, car elle résulte de l'amour de Dieu. » La sœur vivait une douleur interne et des hésitations, parce que Jésus formulait des ordres sans lui donner la possibilité de les réaliser. Le dimanche des Rameaux de 1936, Sœur Faustine a eu une vision importante concernant la nouvelle congrégation que Jésus lui avait demandée de créer. Non seulement elle a vu « son développement interne et externe avec exactitude » et a vu « nettement que ce sera une congrégation féminine et masculine », mais elle a aussi vu que ce serait « un grand rassemblement de personnes laïques auquel tout le monde peut participer et témoigner par son acte de la miséricorde divine, tout en étant miséricordieux les uns pour les autres ». Elle a prévenu l'abbé Sopoćko : « Ne prenez pas ces idées pour une folie, mon père, car elles sont la vérité pure qui sera bientôt mise en œuvre et même si je devais agir toute seule, je ne me décourage pas, car je sais que telle est la volonté de Dieu. »

Faustine a nettement vu qu'une nouvelle congrégation devait être tripartite et se composer d'une branche contemplative, d'une branche active et d'une association de personnes laïques.

« Cette pensée évoluait chez Faustine », dit Sœur Elżbieta Siepak. Si l'on analyse tous les textes, dans le *Petit journal* et dans les lettres, qui concernaient l'idée d'une nouvelle congrégation, il s'avère qu'il s'agit d'une seule œuvre dans l'Église. Une seule œuvre sous trois formes. Aux deux premières participent des personnes consacrées, c'est-à-dire diverses congrégations religieuses, contemplatives et actives, féminines et masculines et des instituts laïques. De la troisième font partie tous ceux qui veulent vivre dans cet esprit et accomplir des actes de miséricorde par amour de Jésus.

À Walendów, Sœur Faustine avait rencontré Sœur Beata Piekut qui, plusieurs années plus tard, depuis 1964, était responsable dans la congrégation de la collecte des documents concernant la vie de Faustine et qui, ensuite, est devenue la vice-postulatrice dans son procès de canonisation. Elles s'étaient connues quelques années plus tôt, en 1932, à Cracovie. Novice à cette époque, Sœur Beata avait gardé dans sa mémoire Faustine comme « joyeuse, souriante, comme si elle voulait partager son bonheur avec tout le monde ». Mais elles n'avaient échangé aucun mot. Ce n'est qu'à Walendów, où les deux sont venues en mars 1936, rassurées par la mère générale que ce serait pour peu de temps, qu'elles se sont parlé. Sœur Beata devait rentrer à Varsovie pour Pâques. Mais Faustine l'avait avertie qu'elle n'en partirait pas rapidement, qu'elle y resterait jusqu'aux vœux définitifs et même plus. Elle a tout de suite ajouté que Dieu l'en récompenserait. Sœur Piekut fut bien frappée d'étonnement lorsqu'elle a reçu le lendemain un petit papier de la part de la mère générale où celle-ci l'informait, avec regret, qu'elle ne pouvait pas partir de Walendów.

Sœur Piekut pensait que Faustine était au courant des projets de la supérieure – ce n'est qu'après des années qu'elle a compris sa faute. Elle est restée encore dix ans à Walendów. Elle s'occupait du secrétariat de la Colonie pénitentiaire agricole. Sœur Beata a bien retenu les paroles de Faustine et la date de l'entretien. C'était le 25 mars 1936, le jour de l'arrivée de Sœur Faustine à Walendów.

Dans la congrégation, on parle de la conversation des deux sœurs encore aujourd'hui. Des religieuses plus âgées l'ont transmise à sœur Urbana Trybocka sous une autre version.

> Sœur Faustine a séjourné peu de temps à Walendów et elle est tout de suite partie, raconte Sœur Urbana. Et Sœur Beata est restée. Elle a alors dit à Faustine : « Vous avez de la chance, votre séjour a été bref et vous partez rapidement. — C'est parce que ma sainteté l'exige, a répondu Faustine. — Et ma sainteté n'aurait-elle pas à y gagner ? » a demandé Sœur Beata. Sœur Faustine l'a regardée

comme si elle lisait dans son âme et lui a dit après : « Vous resterez ici longtemps. Vous ne serez ni sainte, ni bienheureuse, mais vous serez très utile à la congrégation. »

***

Sœur Faustine est liée à Walendów par un fait extraordinaire qui y avait eu lieu. En effet, c'est ici que l'on a pu remarquer que Sœur Faustine avait un don surnaturel de bilocation, tout comme certains saints, tels le Padre Pio, Antoine de Padoue ou Catherine de Sienne. Dans le cas de Sœur Faustine, c'est la conversation d'une heure qu'elle avait eue avec Sœur Placyda Putyra qui en fournit la preuve. En effet, cette conversation avait eu lieu à Walendów, au moment où Faustine ne pouvait pas être là. Sœur Placyda a avoué, sous serment, que cet entretien avait bien eu lieu « peu avant la mort » de Sœur Faustine.

On sait que depuis mai 1936, c'est-à-dire depuis son départ de la maison de Derdy jusqu'à sa mort en octobre 1938, Faustine a vécu dans le couvent de Łagiewniki. Elle a quitté Łagiewniki seulement pour aller à l'hôpital de Prądnik, près de Cracovie, et pour passer quelques jours à Rabka. À cette époque-là, elle n'a sûrement pas pu voyager dans la Pologne centrale. La visite à Walendów ne pouvait donc être que le résultat de ce don permettant de se trouver simultanément dans deux endroits différents. Sœur Faustine a reçu ce don vers la fin de sa vie. Elle en parle dans le *Petit journal*, sans pourtant évoquer la conversation avec Sœur Placyda, mais la prière dans la maison d'un homme agonisant.

Les sœurs se sont connues à Cracovie pendant la période du noviciat en 1926, et après, durant un mois en 1936, elles ont habité au couvent de Walendów. Ensuite, elles se sont vues « peu avant la mort » de Faustine.

Sœur Placyda Putyra se remémore cette visite :

> J'avais le cœur gros, je pensais même à abandonner l'habit monastique [...]. Et soudain, Sœur Faustine est venue et, en me saluant, m'a dit : « Je suis venue spécialement pour vous, ma sœur. » Elle voulait me parler, mais moi je ne voulais pas, parce que j'avais l'impression qu'elle avait une vie simple et facile et qu'elle risquait donc de ne pas comprendre mes problèmes.

Sœur Urbana Trybocka, à qui Sœur Placyda a raconté cette visite après la guerre, explique que Sœur Placyda était à bout de forces : « Peu de nourriture, beaucoup de travail, peu de temps pour la prière. Il arrivait qu'elle se lève à trois heures du matin pour surveiller la traite des vaches. Elle voulait aller chez la supérieure et lui dire qu'elle renonçait. Mais l'occasion ne se présenta pas. Soudain, on ne sait pas comment, Sœur Faustine est arrivée à Walendów. Elle ne devait rester que pour le petit-déjeuner. Elle dit à Sœur Placyda : "On va se promener et causer." Et elles prirent l'allée dite "spirituelle". »

« La sœur m'a demandé comment j'allais, raconte sœur Placyda Putyra. Je lui ai répondu que j'allais très mal, que ce soit dans mon esprit ou dans mon corps. Ma situation était dramatique. Personne ne me comprenait, j'avais perdu la confiance en mes supérieures. Il ne me restait qu'à abandonner l'habit monastique et partir. Sœur Faustine a alors rappelé nos anciennes conversations au noviciat, à savoir qu'il faut respecter les supérieurs et voir dans leurs ordres la volonté de Dieu. Il ne faut pas avoir peur, mais s'adresser à eux avec confiance dans des moments difficiles. [...] Défendez-vous de vous détourner de vos supérieurs. »

« Placyda était étonnée par le fait que Faustine sache beaucoup de choses sur elle, car elle n'avait jamais parlé à personne de ses difficultés et de ses projets, continue sœur Urbana. Quand elle commençait à raconter quelque chose, Faustine terminait à sa place. Elle lui conseillait comment se comporter avec les ouvriers de la ferme. Il y en a un qui, en colère à cause d'une remarque que Sœur Placyda lui avait faite, avait lancé dans sa direction une fourche. Heureusement, elle avait esquivé le coup et ne fut pas été blessée. Sœur Placyda fut bien surprise du fait que Faustine connaisse ses secrets. »

Sœur Placyda Putyra poursuit :

> Elle m'a prié de repousser de mauvaises pensées loin de moi et a ajouté : « Je prie pour vous et je vais continuer de prier, mais c'est à vous-même de changer votre vie. » Quand je lui demandais pourquoi elle était venue, comment elle connaissait mes difficultés, elle a passé ma demande sous silence. [...] Après cette conversation, je me suis sentie étrangement bien dans mon esprit, j'ai retrouvé la confiance envers mes supérieures et j'ai senti que de nouvelles forces intérieures m'avaient été accordées.

Comme Faustine ressentait les états d'esprit des autres, elle est arrivée à Walendów pour aider Placyda. Pour la dissuader d'abandonner la congrégation et renforcer sa vocation. Sœur Placyda est bien restée dans la congrégation et elle a habité au couvent de Walendów jusqu'à sa mort en 1985.

Częstochowa

« La Mère de Dieu m'a dit beaucoup de choses »
1933, 1935

« Sœur Faustine a vraiment été à Częstochowa ? – demandent les commerçants qui tiennent leurs étalages aux pieds de Jasna Góra, réagissant avec stupéfaction. – Elle est passée par ici, rue Sainte-Barbe ? »

Leur étonnement est à son comble. Non, ils ne le savent pas. Ils ne savent pas que dans le couvent, qui se trouve derrière eux, la future sainte s'arrêtait au numéro 9/11. S'ils avaient su, des images de sainte Faustine auraient sûrement fait leur apparition sur leurs étalages – tellement bien serrés des deux côtés du trottoir qu'il est presque impossible de passer. En attendant on y trouve des chapelets, des anges, de petites icônes de Notre-Dame, de Jean-Paul II et, plus rarement, celles de Jésus Miséricordieux, des CD, des bonbons et des peluches pour toutes les occasions…

Le couvent de Częstochowa est le seul lieu que Sœur Faustine, pendant sa vie religieuse, a visité sans y avoir habité. Elle y est venue deux fois. Pour peu de temps à chaque fois, pour quelques heures ou un peu plus. Elle y venait pour rendre visite à la Vierge Marie au sanctuaire de Częstochowa. Célèbre pour ses miracles, l'icône de la Vierge est perpétuellement vénérée dans le couvent des pères Paulins depuis 1382.

Faustine entendait parler de la Vierge Noire de Częstochowa depuis son enfance. Elle voyait la copie de l'image miraculeuse dans le retable principal de l'église de Świnice Warckie. Dans sa maison natale, sur une place centrale, il y avait une croix en métal et deux figurines en faïence de Jésus et de Marie, que son père avait ramenées de Częstochowa. Stanisław Kowalski a pérégriné à Jasna Góra comme de nombreuses générations de Polonais avant et après lui pour confier à Marie ses affaires personnelles et nationales, douloureuses et heureuses. Aujourd'hui, environ quatre millions de pèlerins viennent au sanctuaire chaque année. En 1933, quand Faustine y est venue pour la première fois, il y en avait plus d'un demi-million.

Sœur Faustine s'est arrêtée à Częstochowa pendant son voyage de Łagiewniki au couvent de Vilnius. Elle a demandé à la mère générale la permission de s'y arrêter pendant « au moins un jour pour remercier la Très Sainte Mère de nombreuses grâces ». C'était une période importante pour Faustine. Trois semaines avant, le 1er mai 1933, elle avait fait ses vœux définitifs à Cracovie. Elle montrait beaucoup de vénération et de dévotion pour Notre-Dame et pas seulement à cause de son appartenance à la congrégation dont Notre-Dame de la Miséricorde est patronne. Plusieurs années auparavant, en tant qu'Helena Kowalska, elle Lui avait confié son chemin difficile vers le couvent. Après des années, elle écrira que c'était Marie qui lui avait appris à « aimer Dieu dans son intérieur et avait montré comment accomplir en tout point sa sainte Volonté ». Marie lui avait fait obtenir la grâce de la pureté sans tache, c'est-à-dire la grâce de non seulement la conserver, mais aussi de ne jamais éprouver de tentations impures. « Depuis lors, j'ai une plus grande dévotion envers la Mère de Dieu » (PJ 40), écrira-t-elle sur les événements de 1929. Sœur Faustine a décrit dans le *Petit journal* des visions et des entretiens avec Marie, et particulièrement après 1934, car c'est à ce moment-là qu'elle a commencé à prendre scrupuleusement des notes spirituelles.

Dans le calendrier du sanctuaire de Jasna Góra, on a écrit que Sœur Faustine a prié ici le 28 mai 1933. Ce n'est pourtant pas une date correcte. C'était quelques jours avant. Même si presque quatre-vingts années se sont écoulées depuis ce moment – et les sources sont plus que modestes – il est possible de déterminer cette date. Comment ?

Dans le *Petit journal*, le 27 mai 1933, Sœur Faustine a parlé de son départ de Cracovie pour Vilnius. Częstochowa n'est pas loin de Cracovie, c'est pourquoi elle y est arrivée le même jour. Elle y est venue très tard, paraît-il, et si elle mentionne cette prière dans le *Petit journal*, elle s'est rendue à Jasna Góra le lendemain matin. Il est donc possible d'admettre que, le 28 mai 1933, Sœur

Faustine fût dans la chapelle de l'Icône Miraculeuse. Et cette date a été notée dans le calendrier du sanctuaire. Mais le problème réside dans le fait qu'il existe une différence entre la date notée par Faustine dans le *Petit journal* et celle qui est écrite dans la chronique du couvent de Vilnius. La chroniqueuse a noté que Faustine était venue à Vilnius le jeudi 25 mai 1933 le soir. Cette date peut être considérée comme certaine pour deux raisons. Tout d'abord, la chroniqueuse notait les événements au fil des jours, alors que Sœur Faustine a commencé à écrire le *Petit journal* au moins deux mois plus tard et, après l'avoir brûlé en 1934, elle a à nouveau repris sa rédaction. Il n'est donc pas difficile de se tromper. La deuxième preuve est encore plus irréfutable : c'est la lettre de Faustine au père Andrasz, écrite de Vilnius tout de suite après son arrivée de Cracovie via Częstochowa et Varsovie. Elle l'a datée du 25 mai 1933. Il en résulte qu'elle a été à Częstochowa plus tôt. Quand ? On le verra.

Grâce au *Petit journal*, nous savons que Faustine est partie pour Jasna Góra le matin. Dans la chapelle de Notre-Dame, elle était à un moment bien connu des générations de pèlerins – quand, au son de l'hymne de Jasna Góra, se levait le rideau en or et argent cachant la face miraculeuse de la Vierge. « Je priai sans interruption jusqu'à onze heures, et il me semblait que je venais d'entrer », notera-t-elle. « La Mère de Dieu m'a dit beaucoup de choses. Je lui ai renouvelé mes vœux perpétuels, je sentais que j'étais son enfant et qu'elle était ma Mère. Elle ne m'a rien refusé de ce que je lui ai demandé » (PJ 260). Faustine n'a pourtant pas noté de détails. Il se peut qu'elle ait demandé la même chose qu'au moment des vœux perpétuels : le triomphe de l'Église, surtout en Russie et en Espagne, la bénédiction pour le clergé, pour la congrégation, la famille, la conversion des pécheurs, la libération des âmes du purgatoire et, pour elle-même, l'accomplissement dans tout de la volonté de Dieu. Elle a parlé aussi à la Vierge Marie du directeur spirituel pour lequel elle avait prié depuis des mois. Dans la lettre au père Andrasz, écrite le jour de son arrivée à Vilnius, elle a avoué avoir entendu dans son âme, pendant la prière dans la chapelle, aussi bien les paroles d'encouragement de Marie la poussant à parler courageusement de la Miséricorde de Dieu, en tant que le plus grand ornement du trône de Dieu, que la phrase suivante : « Ton directeur est celui qui t'a donné la paix, sois sincère envers lui. » Faustine informait plus loin : « J'ai tout de suite compris que la Sainte Vierge parlait de toi, mon père. » Sœur Faustine était toujours impressionnée par les confessions qu'elle avait eues avec le père jésuite avant le départ de Łagiewniki. Après un séjour difficile dans le couvent de Płock, quand après l'apparition de Jésus les sœurs avaient commencé à la soupçonner d'hystérie, le père Andrasz la rassura, lui disant que ce qu'elle vivait dans son âme n'était pas une illusion, mais une action surnaturelle. En vérité, le premier à le lui avoir dit fut le père Edmund Elter à Walendów, mais la confession chez lui avait été ponctuelle. Alors qu'avec le père Andrasz, elle avait eu plusieurs entretiens qui l'avaient spirituellement réconfortée. Dans la lettre au père Andrasz, elle écrivit : « Incitée par la bonté de la Très Sainte Vierge Marie, j'ai ainsi demandé : "Mère Sainte, Ma Mère, dis-moi si ce confesseur est celui que Jésus m'a promis comme une aide visible ?" » La Mère de Dieu le lui confirma. Plus tôt, dans une vision interne, Faustine vit deux fois le directeur spirituel qu'elle allait connaître seulement à Vilnius : l'abbé Michał Sopoćko. Mais le père Andrasz devint aussi son directeur spirituel. Cela arrivera plusieurs années plus tard quand, en 1936, elle déménagera de nouveau au couvent de Łagiewniki.

Dans la chapelle de Jasna Góra, Faustine pria du matin jusqu'à 11 heures. Six heures. Bien qu'elle ait écrit dans le *Petit journal* qu'elle était allée à Jasna Góra le matin « à 5 heures quand on dévoilait l'icône », de la lettre écrite au père Andrasz résulte le fait qu'elle ait prié à partir de 6 heures. Cette incohérence est facile à expliquer. Probablement en 1933, de même qu'aujourd'hui, les pères Paulins ouvraient les portes du couvent et l'entrée à la chapelle à 5 heures du matin et ce n'est qu'à 6 heures qu'ils dévoilaient l'icône de la Vierge Marie. Ces six heures ont vite passé pour Faustine. Mais la supérieure du couvent de Częstochowa, la mère Serafina Kukulska, commença à s'inquiéter : « La mère supérieure de là-bas envoya une sœur me chercher pour que je vienne déjeuner. Elle s'inquiétait de ce que j'allais manquer mon train » (PJ 260), se rappelle Faustine. Les deux sœurs sont donc parties en toute vitesse vers le couvent, rue Sainte-Barbe.

La communauté des sœurs de Notre-Dame de la Miséricorde à Częstochowa n'était pas des plus grandes dans la congrégation. Elle se construisait avec beaucoup de peine depuis 1904 quand, dans un appartement loué rue Saint-Casimir, les trois sœurs de Varsovie ont commencé à gérer un orphelinat pour enfants et un atelier de couture et de broderie pour filles. Quatre ans plus tard, elles se sont installées dans une maison de la rue voisine – rue Sainte-Barbe – et ont ainsi donné naissance au couvent actuel. Elles ont acheté la maison partiellement à crédit certifié par Antoni Dobraczyński de Varsovie, le père de Jan, écrivain célèbre, qui était ami de la congrégation. Dans les années 1930, dans le couvent élargi du bâtiment voisin, il y avait déjà environ vingt sœurs. Elles dirigeaient un grand établissement pénitentiaire pour les filles moralement délaissées, officiellement appelé « Établissement d'Aide de la Très Sainte Vierge Marie ». En 1928, les sœurs avaient cent quatre pensionnaires, et en 1936, cent vingt. Les filles apprenaient à broder et à coudre. Elles travaillaient également dans le jardin, dont des parties sont encore visibles au fond de la propriété. Aujourd'hui, au lieu de l'établissement pour filles, les sœurs dirigent un établissement de santé et d'éducation pour les enfants handicapés mentalement et physiquement. Dans les grands bâtiments se trouve une école d'intégration.

Agrandi et avec une façade rénovée, le bâtiment du couvent est plus impressionnant aujourd'hui qu'il y a quelques années. En 1933, le couvent ne mesurait que la moitié de la largeur du bâtiment actuel. Ce n'est qu'en 1936, à savoir trois ans après la première visite de Faustine, que les sœurs ont fait construire une grande chapelle avec l'entrée du côté de la cour. La construction du bâtiment voisin à un étage et grenier, destiné à servir d'hôtel pour les pèlerins, a été finie avant la Seconde Guerre mondiale.

En 1933, quand Sœur Faustine y a été, la chapelle occupait deux pièces à côté de la porte. Elle était trop petite pour les besoins des sœurs et des élèves, c'est pourquoi elles allaient à la messe à Jasna Góra ou à l'église des pères Paulins du XVIIe siècle, situé en bas de la rue Sainte-Barbe. L'église Sainte-Barbe et Saint-André a été construite à l'endroit où, selon la tradition, en 1640, un groupe de voleurs avait abandonné l'icône de la Vierge Marie, volée à Jasna Góra. Depuis ce moment, les pèlerins se promènent le long de la rue Sainte-Barbe – du couvent des pères Paulins jusqu'à la source qui devait jaillir à la place de l'icône abandonnée. Le long du chemin, ils passent à côté du couvent des Sœurs de Notre-Dame de la Miséricorde, et à côté des étalages où l'on vend de l'eau dans des bouteilles en plastique en forme de Notre-Dame…

Une fois le petit-déjeuner pris, Sœur Faustine s'est rendue à la gare ferroviaire du centre-ville. Częstochowa était à l'époque une ville comptant plus de cent trente mille habitants. Elle vivait de l'industrie textile, de l'artisanat (surtout des objets de dévotion) et de l'accueil des pèlerins. Plus de deux kilomètres séparent le couvent de la gare. On ne sait pas si Faustine y était allée à pied ou si c'est l'une des sœurs qui l'y avait conduite en calèche. Quoi qu'il en soit, elle n'avait pas beaucoup de temps. Il résulte de l'horaire des trains de 1933 que, pour aller à Varsovie, elle a dû changer de train. À 12 h 10, elle a pris le train en direction de Piotrków Trybunalski. Elle y est arrivée à 14 h 15 d'où, dix minutes plus tard, elle est partie pour Varsovie. Selon l'horaire, elle devait arriver à la Gare Centrale à 17 h 40. Il y avait des trains directs de Częstochowa pour Varsovie. Dans l'après-midi, le premier partait à 14 h 57 et arrivait à 19 h 58. Mais Sœur Faustine ne l'a pas pris. Si cela avait été le cas, la supérieure du couvent de Częstochowa n'aurait pas été obligée d'envoyer une autre sœur pour lui rappeler qu'elle devait rentrer. Sœur Faustine est donc arrivée à Varsovie avant six heures du soir. Le train pour Vilnius ne partait qu'à 22 h 35 et il arrivait sur place le lendemain à 7 h 20 du matin. La chroniqueuse de la maison de Vilnius a enregistré l'arrivée de Faustine et a ajouté que c'était le soir. On peut en déduire que, après l'arrivée à Varsovie, Sœur Faustine est allée à la maison de la congrégation située rue Żytnia où elle a passé la nuit et qu'elle a continué son voyage le lendemain matin. Le train pour Vilnius partait à 9 h 15. À la gare de Vilnius, elle est arrivée à 18 h 40, ce qui veut dire qu'elle est arrivée au couvent le 25 mai 1933 le soir.

Si elle a dû passer la nuit précédente du 24 au 25 mai à Varsovie, il s'ensuit qu'elle a prié dans la chapelle de Jasna Góra dans la matinée du 24 mai. Elle a donc quitté le couvent de Łagiewniki le 23 et non le 27 mai. C'est, d'après moi, le calendrier des événements le plus vraisemblable.

***

Sœur Faustine est venue pour la deuxième fois à Częstochowa deux ans plus tard, en automne 1935. Elle a fait une halte au cours du voyage comme la première fois. Elle rentrait à Vilnius après une retraite de huit jours à Cracovie. Elle passait par Częstochowa et Varsovie. Le 19 octobre, elle est partie de Vilnius pour Cracovie. Le 2 novembre, elle a probablement commencé le voyage de retour. Elle voyageait avec d'autres sœurs. « Samedi, nous retournons déjà de Cracovie à Wilno. En chemin nous sommes passées à Częstochowa, écrira-t-elle. Alors que je priais devant l'image miraculeuse, j'ai senti que sont agréables… » (PJ 521). Ici, la phrase est coupée. Quelque chose a empêché Faustine de terminer sa pensée. On ne sait plus rien d'autre sur cette visite à Częstochowa.

1. Stanisław Kowalski,
père de sainte Faustine.

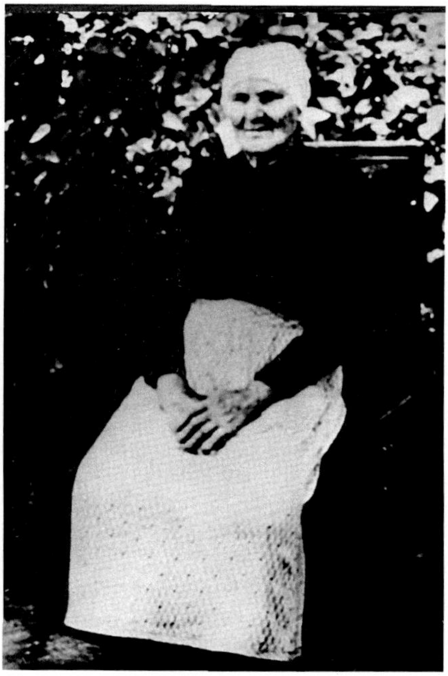

2. Marianna Kowalska, née Babel (ou Bawej),
mère de sainte Faustine.

3. Sainte Faustine avec sa famille.
La photo a été prise en février 1935.

4. Une pièce de la maison familiale de sainte Faustine, actuellement un musée.

5. La maison familiale de sainte Faustine à Głogowiec. Vue du côté de la cour.

6. Le « petit autel » de la maison familiale de sainte Faustine.

7. Helena Kowalska (à gauche) à Łódź avec, au mileu, probablement sa sœur aînée Józefa, et, à droite, une autre sœur aînée Ewa (Gienia).

8. Photo prise en 1931 de sainte Faustine, sœur de la congrégation des Sœurs de Notre-Dame de la Miséricorde.

9. Mère Józefa Brzoza,
maîtresse du noviciat de sainte Faustine.

10. Mère Michaela Moraczewska,
supérieure générale de la congrégation des Sœurs de Notre-Dame de la Miséricorde entre 1928 et 1946.

11. Abbé Michał Sopoćko, père spirituel de sainte Faustine à Vilnius.

12. Père Józef Andrasz, père spirituel de sainte Faustine à Cracovie.

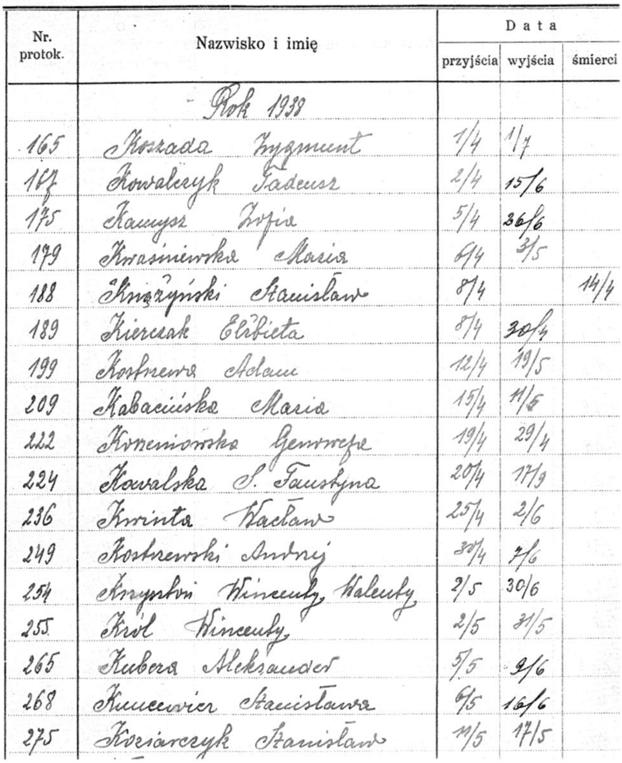

Nr. protok.	Nazwisko i imię	Data przyjścia	Data wyjścia	Data śmierci
	Rok 1938			
165	Koszada Zygmunt	1/4	1/7	
167	Kowalczyk Tadeusz	2/4	15/6	
175	Kamysz Zofia	5/4	26/6	
179	Krasiniewska Maria	6/4	3/5	
188	Książyński Stanisław	8/4		14/4
189	Kierczak Elżbieta	8/4	30/4	
199	Kostrzewa Adam	12/4	19/5	
209	Kabacińska Maria	15/4	11/5	
222	Koneniowska Genowefa	19/4	29/4	
224	Kowalska S. Faustyna	20/4	17/9	
236	Kwinta Wacław	25/4	2/6	
249	Kostrzewski Andrzej	30/4	7/6	
254	Krzystoń Wincenty, Walenty	2/5	30/6	
255	Król Wincenty	2/5	31/5	
265	Kubera Aleksander	5/5	9/6	
268	Kuncewicz Stanisława	6/5	16/6	
275	Koziarczyk Stanisław	11/5	17/5	

13. Registre des malades. En position 224, on a noté les dates du séjour de sainte Faustine.

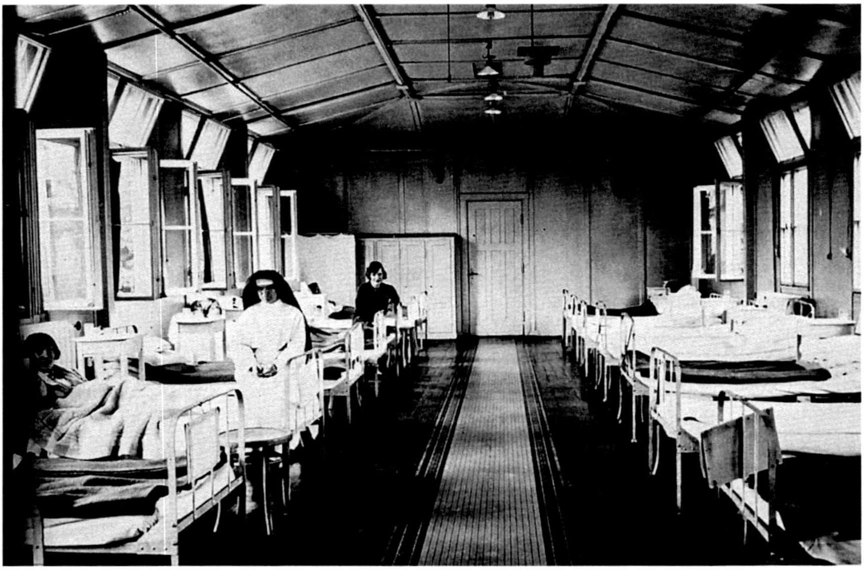

14. Salle des malades de l'établissement sanitaire municipal (aujourd'hui hôpital Jean-Paul II) à Cracovie. Sainte Faustine y a passé plus de huit mois.

15. Manuscrit d'un des cahiers du *Petit journal* de sainte Faustine ainsi que son rosaire et son livret de prières.

16. Édition chinoise du *Petit journal*.

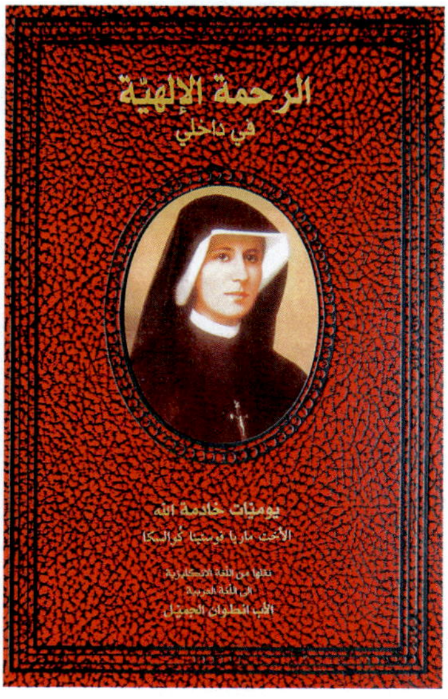

17. Édition arabe du *Petit journal*.

18. Le premir tableau de Jésus Miséricordieux,
peint en 1934 par Eugeniusz Kazimirowski suivant les indications et
en présence de sainte Faustine.

19. Sanctuaire de Notre-Dame de la Miséricorde à la porte de l'Aurore de Vilnius. C'est là qu'a été exposé pour la première fois, entre le 26 et le 28 avril 1935, le tableau de Jésus Miséricordieux.

20. Ancienne aumônerie des Visitandines de Vilnius où a été peint le premier tableau de Jésus Miséricordieux. C'est actuellement une maison de la congrégation des Sœurs de Notre-Dame de la Miséricorde.

21. Maison générale de la congrégation des Sœurs de Notre-Dame de la Miséricorde à Varsovie. C'est ici qu'Helena Kowalska a commencé, le 1er août 1925, sa vie religieuse.

22. Couvent de la congrégation des Sœurs de Notre-Dame de la Miséricorde à Cracovie. Sainte Faustine y a passé cinq années et y est morte.

23. Chapelle du Sacré-Cœur de l'établissement sanitaire municipal de Cracovie, où sainte Faustine venait prier.

24. Ancienne infirmerie du couvent de Łagiewniki où est morte sainte Faustine. C'est aujourd'hui un oratoire où, sous l'autel, se trouvent des reliques de sainte Faustine.

25. Cimetière monastique de Cracovie Łagiewniki.
La tombe où reposait jusqu'en 1966 le corps de sainte Faustine.

26. Sanctuaire de la Divine Miséricorde de Vilnius.
Derrière l'autel, le tableau peint par Eugeniusz Kazimirowski.

27. Chapelle du Sanctuaire de la Miséricorde Divine de Cracovie Łagiewniki.
À gauche, le retable avec, au centre, le tableau miraculeux
de Jésus Miséricordieux et le tombeau de sainte Faustine.

28. Fin du procès d'information sur la vie et les vertus du Serviteur de Dieu
Sœur Faustine Kowalska, le 20 septembre 1967.
Les actes du procès sont signés par le cardinal Karol Wojtyla,
archevêque de Cracovie.

29. Jean-Paul II en prière devant le tombeau de sainte Faustine, le 7 juin 1997.

30. Béatification de sœur Faustine Kowalska, le 18 avril 1993.
Le pape Jean-Paul II donne la communion à Józefa, sœur aînée de Faustine.

31. Canonisation de sœur Faustine Kowalska, le 30 avril 2000,
que la foule a pu suivre par retransmission télévisée à Cracovie.

32. Jean-Paul II lors de son deuxième pèlerinage au Sanctuaire de Cracovie Łagiewniki, le 17 août 2002. Ce jour-là, il a confié le monde entier à la Miséricorde divine.

Vilnius

« Qui Te peindra aussi beau que Tu es ? »
1929, 1933-1936

« C'est un miracle », disent les visiteurs de la maison rue Grybo 29a à Vilnius. – Miracle, que cette maison en bois, une de plusieurs autres qui appartenaient à la congrégation des Sœurs de Notre-Dame de la Miséricorde, soit la seule à résister aux désastres de la guerre et plus tard à ceux du communisme. Et c'est justement celle où Faustine a habité.

Après la guerre, les autorités communistes y ont installé un orphelinat. Et c'est la directrice de l'orphelinat – une athée déclarée –, qui a sauvé cette maison de la destruction. En 1961, l'orphelinat a été agrandi par l'ajout de deux pavillons en béton préfabriqué. Il y a encore beaucoup d'immeubles de ce type dans les pays de l'ancien bloc soviétique, qui, durant les dernières années, sont soumis à la revitalisation comme ceux de Vilnius.

« Le bâtiment en bois était destiné à la démolition par la décision des autorités municipales. Mais la directrice de l'orphelinat envoyait des lettres à diverses institutions pour garder la maison et pour y aménager un dépôt. Ses efforts ont été couronnés de succès », raconte Petras Marcela, conservateur du Centre de Prière et de Pèlerinage qui, depuis mars 2008, est en activité dans cette maison miraculeusement sauvée.

Le conservateur nous rassure que la dame, qui a habité jusqu'à la moitié des années 1980 dans le bâtiment du couvent-orphelinat, ne savait strictement rien sur Sœur Faustine ni sur ses révélations. Mais les gens, qui durant de longues années après la guerre mettaient ici en cachette des fleurs, en s'exposant à des persécutions de la part des autorités, en savaient quelque chose. Ici, après 1990, soit après l'effondrement de l'URSS et la proclamation de l'indépendance de la

Lituanie, les adorateurs de la Miséricorde de Dieu ont placé une grande croix en bois.

Par les fenêtres ouvertes de la maison de sainte Faustine, on entend les paroles du chapelet à la Miséricorde de Dieu. Tous les jours, à trois heures de l'après-midi, Petras Marcela le récite avec les pèlerins qui, après avoir visité le sanctuaire de la Miséricorde de Dieu au centre de Vilnius, viennent à la maison de sainte Faustine à Antokol. Les paroles de la prière se mêlent aux cris des enfants de l'orphelinat et des immeubles voisins dévastés, qui rappellent bien le temps du communisme. Le terrain de jeu se trouve à l'emplacement de l'ancienne écurie du couvent.

La maison grise de sainte Faustine, entourée d'arbres de l'ancien grand jardin des sœurs, est située à quelques mètres de la rue Grybo, ancienne rue Senatorska. La congrégation de sainte Faustine ne peut pas récupérer la propriété, car elle appartient toujours à l'orphelinat dépendant du ministère de l'Éducation. Et selon la loi lituanienne, les bâtiments de cette nature ne peuvent pas être rendus à l'Église, ni à des organisations confessionnelles. Le ministère a donc loué pour vingt ans l'ancienne maison des sœurs à la fondation de Soutien pour la Miséricorde de Dieu à condition d'y faire des travaux et d'ouvrir un hôtel pour les pèlerins. La maison a été rénovée grâce au soutien financier des adorateurs de la Miséricorde divine irlandais. Le côté gauche a exigé plus de travaux, car il a été détruit par deux incendies après la guerre. Le côté droit, c'est-à-dire celui où a habité Sœur Faustine, beaucoup moins. Là, on a réussi à conserver le plancher original, ainsi que certaines portes et fenêtres. Dans la salle que Faustine partageait avec d'autres sœurs, il y a des objets de l'époque : un lit étroit en bois, une petite table, une chaise. Dans la pièce voisine, à côté des reliques de sainte Faustine et du bienheureux abbé Michał Sopoćko, les pèlerins récitent le chapelet à la Miséricorde divine.

Sœur Faustine a habité à Vilnius deux fois. Elle y est venue la première fois le 21 février 1929 et y est restée jusqu'au 11 juin. Le séjour suivant a été plus long car il a duré presque trois ans : de fin mai 1933 jusqu'au 21 mars 1936. C'était une période très importante dans sa vie et dans le développement de l'œuvre de la Miséricorde de Dieu. C'est à Vilnius qu'a été peint le tableau que Jésus désirait, et c'est ici que ce tableau a été pour la première fois montré au public. Dans le couvent de Vilnius, Jésus a dicté à Sœur Faustine le chapelet de la Miséricorde divine et lui a désigné une nouvelle tâche : fonder une congrégation qui va prier pour obtenir la miséricorde divine par le monde entier.

Faustine a probablement mieux connu Vilnius que Cracovie ou Varsovie, car elle parcourait souvent les rues en faisant ce que Jésus lui disait pour arriver à faire peindre le tableau. A-t-elle aimé cette ville, décrite par Czesław Gołofit comme « toujours inondée par les pivoines de juin et les lilas tardifs, la ville s'élevant vers le ciel avec ses tours baroques » ? Il est caractéristique que Faustine n'ait jamais mentionné dans le *Petit journal* les monuments les plus célèbres de Vilnius, de Cracovie ou de Varsovie qu'elle avait vus. Elle s'extasiait non des œuvres créées par les mains de l'homme, mais par celles de la nature. De la beauté du monde créé par Dieu. Et comme Vilnius émerveille par une ambiance singulière, constituée de trois éléments interdépendants, tels l'architecture, les hommes et la localisation, on peut supposer qu'elle ait également apprécié le charme de cette ville. La ville est située sur des collines couvertes de forêts de pins et de feuillus et dans la vallée de Vilia (Neris en lituanien) et son affluent, la Vileyka. L'architecture baroque de l'époque de la république des Deux Nations s'est particulièrement inscrite dans la disposition médiévale des rues : les palais des grandes familles nobles et les églises fondées par celles-ci dans lesquels les influences polonaises et lituaniennes s'entremêlent harmonieusement. Avant la Seconde Guerre mondiale, quand Sœur Faustine a habité ici, la majorité des habitants étaient Polonais avec un accent chantant caractéristique, mais il y avait aussi des Juifs, qui constituaient un tiers de la population ainsi que d'autres groupes ethniques mois importants comme les Russes, les Lituaniens, les Biélorusses, les Allemands et les Karaïmes.

Vilnius, de même que toute la Lituanie dès la fin du XIVe siècle, était lié à la Pologne par une histoire commune – depuis 1385 par l'union personnelle, c'est-à-dire le mariage du Grand-Duc de Lituanie Ladislas II Jagellon avec Hedwige d'Anjou, reine de Pologne, et depuis 1569 par l'union politique signée à Lublin. Après la Première Guerre mondiale, qui a mis fin au partage de la Pologne, Vilnius et la région habitée presque exclusivement par des Polonais (la Lituanie Centrale) ont été intégrés à la Deuxième République polonaise alors que le reste de la Lituanie a constitué un État à part. Dans la Pologne de l'entre-deux-guerres, Vilnius avec ses deux cent mille habitants n'avait pas une grande importance économique, mais restait toujours un grand centre culturel et de recherche, grâce à l'université Báthory, datant du XVIe siècle, le jeune Institut de la Recherche pour l'Europe de l'Est, un milieu littéraire et artistique important, des scènes de théâtre où se produisaient les plus célèbres artistes polonais de l'époque.

Sœur Faustine était très impressionnée par le bâtiment du couvent de Vilnius, qui pourtant était loin d'être un chef-d'œuvre d'architecture. Elle était touchée par le fait que le couvent se composait de « petites maisons dispersées ». « Cela semble étrange en comparaison des grands bâtiments de Józefów » (PJ 261), notera a-t-elle dans son *Petit journal* en 1933, quand elle y est venue directement de Łagiewniki. Mais elle avait probablement eu des sensations identiques quatre ans plus tôt, en février 1929, quand elle a vu le couvent pour la première fois.

La propriété des sœurs se trouvait à Antokol, l'une des collines de la ville située sur la rive gauche de la Vileyka. Cette partie de Vilnius était célèbre autrefois pour ses jardins magnifiques qui entouraient des datchas splendides, pour les palais des magnats et jusqu'aujourd'hui pour l'église baroque de Saints-Pierre-et-Paul, ornée de deux mille sculptures réalisées par deux artistes italiens : Pietro Perti et Giovanni Maria Galli.

Sœur Faustine est venue de Varsovie en train. Le 21 février 1929, la chroniqueuse de la maison de Vilnius a écrit : « Jeudi, aujourd'hui Sœur Faustine est venue de Varsovie pour quelques semaines pour aider les sœurs en cuisine. Sœur Samuela est toujours malade, atteinte de thrombus. » Cependant, c'est l'année 1928 que Faustine a indiquée comme date de son arrivée à Vilnius. La notation étant postérieure, elle a pu se tromper. Elle a pourtant expliqué autrement le motif de son arrivée. Elle devait remplacer en cuisine une sœur qui était partie à Varsovie pour la troisième probation, c'est-à-dire pour se préparer aux vœux perpétuels. Grâce à d'autres sources monastiques, on sait que cette sœur était Petronela Basiura. Comment donc, dans la chronique de la maison de Vilnius apparaît le nom de Sœur Samuela Wasilewska, atteinte de thrombus, qui devait être remplacée par

Sœur Faustine ? Il est fort probable qu'au début, Sœur Petronela ait été remplacée par Sœur Samuela, mais que celle-ci soit tombée malade et qu'il ait fallu trouver une remplaçante. Dans la congrégation des Sœurs de Notre-Dame de la Miséricorde, la troisième probation qui prépare aux vœux perpétuels dure cinq mois. Les sœurs faisaient normalement leurs vœux entre fin avril et début mai. C'est alors que Sœur Petronela a dû retourner au travail en cuisine à Vilnius. C'est pourquoi Sœur Faustine a dû rester environ deux mois en tant que remplaçante, mais – on ne sait pas pour quelle raison – elle est restée plus longtemps, jusqu'au 11 juin.

Sœur Antonina Grejwul qui, après des années, se rappelle du séjour de Sœur Faustine à Vilnius en 1929, soutient qu'elle travaillait seule en cuisine. « Elle cuisinait, faisait la vaisselle et encore portait les repas aux ouvriers qui installaient l'électricité. Jamais elle ne s'est plainte d'avoir eu trop de travail. » Faustine cuisinait très bien. Plusieurs religieuses de différents couvents de la congrégation ont confirmé cette opinion. Il semblerait qu'elle aimait le faire. Et particulièrement faire des gâteaux. On la complimentait par exemple pour la décoration des gâteaux de fête.

Supérieure du couvent de Vilnius en 1929, la mère Irena Krzyżanowska a trouvé en Faustine une sœur sérieuse, « déjà instruite dans la vie spirituelle ». Dans le couvent situé 25, rue Senatorska (Grybo 29 est l'appellation d'après-guerre) il y avait alors des travaux. Comme les cellules des sœurs étaient en rénovation, Sœur Faustine dormait dans la chambre d'amis. Il paraît que les travaux avaient pu être financés grâce à un appel que la mère générale avait lancé en 1927 à toutes les maisons de la congrégation pour apporter de l'aide matérielle au couvent de Vilnius. Elle se tracassait de voir que les sœurs et les pensionnaires « étaient tourmentées par la faim » et, sans aide externe, elle se voyait déjà obligée de fermer la maison. De plus, en 1928, l'une des maisons a brûlé et il a fallu la reconstruire. Selon les plans d'urbanisme de Vilnius, il y avait cinq bâtiments sur la parcelle dont les sœurs étaient propriétaires. Cela signifie que, au cours de vingt ans, c'est-à-dire du moment de l'acquisition de la parcelle en mars 1908, la congrégation a encore fait construire deux bâtiments et en a reconstruit un. Les sœurs ont acheté le domaine encore pendant l'occupation de l'Empire russe au général tsariste Vladimir Bykovski pour vingt-quatre mille roubles. L'argent a été offert dans ce but par la comtesse Maria Michałowa Radziwiłł. D'après les documents conservés, en 1908, la propriété comportait encore un jardin, un parc, une forêt et trois bâtiments en bois. L'un d'eux a brûlé et deux autres aménagés, dont « l'un tout petit en bois dans le jardin » avait cinq chambres, une véranda, une annexe et deux tonnelles. C'était la maison où habitaient les sœurs et qui a résisté jusqu'à aujourd'hui en tant que maison de sainte Faustine. La cuisine, de même que la blanchisserie (la nouvelle a été construite en 1931), l'atelier de couture et de broderie, la boulangerie, les chambres à coucher des pensionnaires et la chapelle se trouvaient dans les autres bâtiments.

En 1934, pendant un autre séjour de Sœur Faustine au couvent de Vilnius, la congrégation a acheté une parcelle voisine des descendants d'un certain Puslovski. Ainsi, la superficie de la parcelle est passée de sept à trente-neuf mille mètres carrés, soit quatre hectares. La maison était située sur un terrain en pente. Lors des averses, l'eau pénétrait dans les murs de la maison qui était construite de plain-pied.

« Il y avait de l'humidité dans la maison, les poêles à carreaux étaient peu nombreux dans les chambres et cela a sans doute eu un impact sur la santé de Sœur Faustine », explique le conservateur Petras Marcela.

***

Le deuxième séjour de Sœur Faustine à Vilnius a été plus long. Il a commencé fin mai 1933. « Le 25 mai 1933, jeudi. Dans la soirée, Sœur Faustine, qui avait fait ses vœux perpétuels à Cracovie, est arrivée en train », a noté la chroniqueuse de la maison de Vilnius. Bien que, d'après le *Petit journal*, on puisse induire qu'elle soit venue le 28 mai, il est presque certain que Faustine s'est trompée. Elle a écrit : « Aujourd'hui, le 27 (mai 1933), je pars pour Wilno » (PJ 259). Nous savons déjà que pendant la route de Cracovie à Vilnius, Faustine a passé une nuit dans la maison de la congrégation à Częstochowa pour visiter le sanctuaire de Jasna Góra le 25 mai 1933.

Sœur Faustine connaissait déjà la maison de Vilnius, la bienveillante mère supérieure Irena Krzyżanowska et certaines sœurs : Sœur Felicja Żakowiecka, Sœur Fabiana Pietkun. Mais elle se réjouissait avant tout à l'idée de rencontrer Sœur Justyna Gołofit, dont elle était amie depuis le temps de Cracovie. Celle-ci avait nettoyé le plancher pour l'arrivée de Faustine. Les autres sœurs – au nombre de dix-huit – ont aussi accueilli Faustine « très affectueusement », ce qui était pour elle « un grand encouragement pour endurer les difficultés » (PJ 261) qui l'attendaient.

« Les jours de travail, de combat et de souffrances ont commencé, écrira-t-elle dans le *Petit journal*. La vie religieuse va son train. On est toujours novice, on doit apprendre et connaître beaucoup de choses, car si la règle est la même, chaque maison à ses habitudes, donc chaque changement est un tout petit noviciat » (PJ 265). À Vilnius, il était question non seulement des habitudes domestiques, mais aussi des obligations qui lui avaient été confiées. Sœur Faustine était une bonne cuisinière expérimentée, mais, dans la maison de Vilnius, elle avait été envoyée pour travailler dans le jardin. Dans l'esprit de l'obéissance, elle a fait du jardinage dont elle n'avait aucune expérience. « Jésus me bénira, même si je ne sais rien », disait-elle à Sœur Klemensa Buczek avant de quitter Cracovie.

La mère Irena Krzyżanowska se souvient de cette époque : « Quand elle est allée dans le jardin, elle ne savait rien faire. Petit à petit, elle a appris beaucoup de choses, elle a travaillé avec passion, surtout dans une petite serre, en recueillant des informations sur ce domaine auprès des personnes compétentes. » La mère Krzyżanowska se rappelle aussi que Faustine « fréquentait les pères rédemptoristes où elle s'informait sur l'entretien du jardin, et surtout sur la culture des fleurs ». Aujourd'hui, il n'y a plus aucune trace de l'église, ni du couvent des rédemptoristes au 7 rue Nemenczynska. Un grand jardin a été parcellé. Dans le seul bâtiment qui ait résisté et qui faisait autrefois partie du couvent, il y a un service pour les enfants de la clinique atteints de tuberculose.

Cependant, Sœur Klemensa Buczek, jardinière principale de la congrégation de Cracovie, se rappelle, après des années, qu'« un frère missionnaire, jardinier » enseignait à Faustine le jardinage à Vilnius. Il semble pourtant impossible que Sœur Klemensa ait pris le rédemptoriste pour un missionnaire, même si, parmi leurs tâches, ils assuraient des missions populaires et prenaient en charge des retraites. À Vilnius, il y avait également le couvent des prêtres missionnaires (congrégation des Missionnaires du Très Précieux Sang). Leur église baroque – actuellement un hôpital – se trouve au carrefour des rues Subocz et Rossa, c'est-à-dire à proximité du couvent des sœurs visitandines où habitait l'abbé Sopoćko. Est-ce bien ici où Faustine venait pour ses leçons de jardinage ? Et peut-être se formait-elle aussi bien chez les missionnaires que chez les rédemptoristes ?

Le jardin des sœurs à Antokol était grand. Il devait nourrir dix-neuf sœurs ainsi qu'entre soixante et quatre-vingts pensionnaires (en 1931, elles étaient soixante et onze). Il a probablement occupé la plupart du domaine s'étalant sur presque quatre hectares. Entre les bâtiments en bois et derrière la maison des sœurs, il y avait le potager, les arbres et les arbustes fruitiers. Sœur Faustine tenait beaucoup à cultiver les fleurs sous une serre pour s'en servir dans la décoration de l'autel de la chapelle tout au long de l'année.

« Il y avait peu de personnes pour donner à Faustine un coup de main dans le jardin, ce qui était à l'origine de bien d'ennuis, car elle n'arrivait pas à faire tout ce qu'on lui demandait, raconte Sœur Jolanta Woźniak. J'étais ébahie par son comportement face à des ennuis qu'elle supportait sans plainte et avec sérénité. »

D'après Sœur Justyna Gołofit, « on lui envoyait souvent comme aide des filles qui posaient le plus de problèmes aux monitrices. Sœur Faustine savait pourtant se débrouiller avec elles, elle avait une bonne influence sur elles ».

Sœur Stella Kozłowska se rappelle l'année où il a beaucoup plu :

> L'herbe couvrait tout et empêchait les légumes de pousser ; je la voyais attristée et elle disait parfois : « Il faut absolument plus de mains pour travailler – moi seule avec les enfants, je n'arrive pas à m'en sortir. » Et effectivement, certaines planches étaient tellement couvertes de mauvaise herbe qu'il fallait les faucher et rien n'y poussait. Après on parlait de sa négligence. J'étais obligée de la défendre parce que les reproches étaient injustes.

Les difficultés de Faustine dans le jardin n'étaient pas dues au mauvais temps, mais plutôt à des imperfections humaines dont les personnes consacrées ne sont pas exemptes non plus. C'était probablement le cas aussi d'un petit nombre de pensionnaires qui travaillaient avec Faustine dans ce grand jardin. Sœur Fabiana Pietkun explique les raisons du conflit. Il découle de sa relation que Sœur Chryzostoma Korczak, éducatrice des filles et future infirmière, envoyait environ quatorze pensionnaires pour le travail dans le jardin quand Sœur Petronela était jardinière – probablement la même que Faustine avait remplacée en 1929 en cuisine. En revanche, quand Sœur Faustine est devenue jardinière, elle lui envoyait à peine sept filles pour l'aider.

> Sœur Petronela se vengeait sur Sœur Faustine parce que la mère Irena avait envoyé Faustine au jardin, alors qu'elle avait été envoyée travailler dans la ferme, explique Sœur Fabiana Pietkun. Elle disait souvent : « Pourquoi est-ce moi qui travaille à la ferme et non Faustine ? » Et elle a dit à Sœur Chryzostoma de ne pas envoyer de pensionnaires au travail dans le jardin pour que Faustine n'arrive pas à faire correctement son travail. Comme Sœur Chryzostoma n'aimait pas trop Faustine, elle s'est laissée convaincre par Sœur Petronela qui a ainsi rendu à Faustine la vie difficile. […] Une fois, Petronela a pris la faucille et a fauché la mauvaise herbe, les choux y compris, pour montrer que Sœur Faustine laissait le jardin à l'abandon. Affligée, Sœur Faustine est venue me demander de prier pour Sœur Petronela, afin que Jésus lui donne sa grâce parce que prise par le diable, elle fait des choses en colère … Tant de dégâts. Faustine a désherbé le chou qui était resté (et il en était resté très peu) et le chou a bien poussé ; je n'ai jamais vu de ma vie de choux si grands. […] Sœur Faustine m'avait amenée et m'avait dit : « Regardez ma sœur comme le Seigneur est bon, comme il m'a bénie. » […] Quand Sœur Petronela a vu la bonté de Sœur Faustine, en dépit de toutes les méchancetés qu'elle lui avait faites, elle s'est remise sur le bon chemin et la défendait, ne permettant plus que l'on dise du mal à son propos.

Malgré toutes sortes de difficultés, Sœur Faustine se débrouillait probablement très bien dans son travail de jardinière, puisque la mère générale Michaela Moraczewska se rappelait qu'« avec les conseils des jardiniers et l'intelligence naturelle, elle avait obtenu d'excellents résultats ». Après des années, elle se souvenait d'une visite qui eut lieu au couvent de Vilnius, quand elle avait accompagné « des hôtes des hautes sphères du gouvernement qui voulaient visiter l'établissement ». Une des dames lui avait dit : « Les sœurs ont visiblement une jardinière spécialisée. »

Une fois terminé son travail dans le jardin, Faustine aidait les sœurs à la cuisine.

Sœur Wiesława Effenberg se rappelle : « Après toute la semaine de travail dans le jardin, dimanche et jours des fêtes, Sœur Faustine venait dans la cuisine pour faire certains travaux à la place des sœurs cuisinières. »

Selon Sœur Antonina Grejwul, « on lui demandait d'interrompre le travail dans le jardin pour faire des gâteaux de fête, qu'elle réussissait à merveille ».

Sœur Joachima Głuc témoigne : « Les autres sœurs ne seraient pas allées d'elles-mêmes à la cuisine, mais Sœur Faustine s'y rendait quant à elle sans dire un mot. Elle ajoutait juste : "telle est la volonté de Dieu." »

Sœur Borgia Tichy raconte : « En tant que cuisinière experte et subtile, elle prenait toujours la direction de la cuisine pendant les fêtes, notamment quand Son Excellence l'évêque Bandurski y venait plusieurs fois pour célébrer la messe et les autres prêtres ou les dignitaires laïcs. »

Sœur Faustine avait donc beaucoup de travail et des difficultés diverses. Mais ce n'est pas ce qui absorbait son esprit et son cœur. L'essentiel, survenu pendant le séjour à Vilnius, concernait sa vie spirituelle et la réalisation des ordres de Jésus. À Vilnius, Faustine rencontra enfin le prêtre pour lequel elle avait beaucoup prié – le directeur spirituel et le soutien dans l'accomplissement de la volonté de Jésus sur terre. Elle avait ardemment prié pour avoir une telle personne depuis le séjour à Płock. Elle finit par le rencontrer à Vilnius, mais beaucoup plus tôt, Jésus lui avait permis pendant la vision de voir deux fois l'homme dont elle ne connaissait pas encore le nom : la première fois, pendant la probation à Varsovie ; la deuxième, à Cracovie avant les vœux perpétuels. L'abbé Michał Sopoćko, aujourd'hui bienheureux, fut ce confesseur annoncé.

Leur premier entretien eut lieu probablement durant la semaine qui a suivi l'arrivée de Sœur Faustine à Vilnius, donc entre fin mai et début juin 1933. Chaque semaine, les sœurs venaient se confesser à l'abbé Sopoćko qui arrivait à cette occasion dans la maison d'Antokol. D'après la chronique de la maison de Vilnius, la première confession après le 25 mai, donc après l'arrivée de Faustine, a eu lieu le jeudi 1er juin 1933. Dans le *Petit journal,* Faustine notera aussi la rencontre avec l'abbé Sopoćko, tout de suite après l'information portant sur l'arrivée à Vilnius, en commençant par les mots : « La semaine de la confession arriva » (PJ 263). Dans son souvenir le plus ancien concernant ce sujet, soit la note du 15 août 1938, l'abbé Sopoćko a en revanche écrit : « J'ai fait la connaissance de Sœur Faustine en 1933, elle m'a immédiatement dit qu'elle me connaissait depuis longtemps et que je devais être son confesseur et proclamer la miséricorde de Dieu dans le monde. Je n'ai attaché aucune importance à cette constatation et je ne l'ai pas considérée comme sérieuse. » Dans son souvenir ultérieur, datant du janvier 1948, l'abbé Sopoćko a ajouté que sa rencontre avec Faustine avait eu lieu en été, en juillet ou en août. Cependant dans son témoignage de 1971, il parlait de juillet. Ces divergences ne surprennent pas. L'abbé Sopoćko ne savait pas encore alors quelle importance aurait cet événement pour lui-même et pour le déroulement de sa vie.

En revanche, Faustine avait du mal à cacher sa joie parce que la promesse de Jésus était en train de se réaliser. Au moment où elle a reconnu dans l'abbé Sopoćko le prêtre qu'elle avait vu avec les yeux de son âme, elle a de nouveau entendu dans son intérieur les paroles de Jésus : « *Voilà mon fidèle serviteur, il t'aidera à accomplir ma volonté sur terre* » (PJ 263). Les autres sœurs ont remarqué la joie de Faustine : elles étaient non seulement surprises, mais aussi choquées par son comportement juste avant la confession.

Qui était ce prêtre que Jésus avait choisi comme directeur spirituel et soutien de Sœur Faustine pour propager le culte de la Miséricorde divine ? Qui était cet homme dont Jésus parlait en ces termes : « *Son cœur est pour moi un ciel sur terre* » (PJ 574), et une autre fois : « *Ton directeur et moi ne faisons qu'un, ses paroles sont les miennes* » (PJ 1308).

En 1933, l'abbé Michał Sopoćko, né dans la région de Vilnius, avait 45 ans. Il était prêtre depuis dix-neuf ans. Il connaissait le travail paroissial (il avait travaillé à Taboryszki), social (il organisait le système éducatif polonais) et aussi le travail pastoral dans l'armée (pendant plusieurs années, il avait été aumônier militaire et avait participé à la guerre de 1920), il avait l'expérience dans la formation des clercs (il était père spirituel au séminaire de Vilnius) et dans l'enseignement (il donnait des cours à la faculté de théologie de l'université Báthory). En 1933, quand il a connu Sœur Faustine, il terminait la rédaction de sa thèse d'habilitation en théologie pastorale (qui portait sur Mikołaj Łęczycki, jésuite, maître de la vie spirituelle et mystique) qu'il a soutenue un an plus tard à l'université de Varsovie. Il était confesseur dans de nombreux couvents féminins et masculins. En janvier 1933, c'est-à-dire six mois avant l'arrivée de Sœur Faustine à Vilnius, par la nomination de l'archevêque de Vilnius Romuald Jałbrzykowski, il devint confesseur ordinaire de la congrégation des Sœurs de Notre-Dame de la Miséricorde de Dieu (les sœurs avaient aussi un confesseur extraordinaire chez qui elles venaient se confesser quatre fois par an). Toutes les semaines, l'abbé Sopoćko prenait place dans le confessionnal de la chapelle du couvent, rue Grybo. Ceux qui le connaissaient, insistaient sur sa modestie, son humilité, sa simplicité, sa manière ascétique de vivre, et aussi sur son grand réalisme. L'abbé Sopoćko était plutôt quelqu'un de taciturne, qui ne parlait pas de lui-même, mais qui écoutait les autres. « Extrêmement ardent et plein d'esprit de Dieu, il était très réaliste, loin de l'exaltation, qui se laissait guider avant tout par les exigences de la raison et le discernement des besoins actuels », écrivait son élève, l'abbé Stanisław Strzelecki.

La rencontre à Vilnius de ces deux personnes – de la simple religieuse-mystique et du professeur de théologie – fut le moment décisif dans l'histoire du culte de la Miséricorde divine. Elle était importante pour Sœur Faustine car, jusqu'à ce moment, Jésus avait été son maître spirituel exclusif. « Jésus me fait souvent connaître ce qui Lui déplaît en mon âme, et parfois, Il m'a réprimandée pour des choses minimes en apparence mais qui, à vrai dire, avaient une grande signification, Il m'avertissait et m'exerçait comme un Maître. Pendant de nombreuses années c'est Lui-même qui m'a élevée, jusqu'au moment où Il me donna un directeur de conscience » (PJ 145). Même si Jésus continuait d'être son maître, c'est de la personne de l'abbé Sopoćko qu'elle reçut une aide visible. Elle avait gagné quelqu'un qui traitait sérieusement ses visions. C'était aussi une rencontre cruciale pour l'abbé Sopoćko parce que c'est elle qui décida du cours de sa vie. Quand il fut assuré que c'était vraiment Jésus qui, par l'intermédiaire de Sœur Faustine, transmettait le message au monde, il s'engagea à le diffuser. Malgré de nombreuses attaques, accusations et souffrances, il y resta fidèle jusqu'à la fin de sa vie.

Cependant Sœur Faustine n'a pas tout de suite dévoilé sa vie intérieure devant l'abbé Sopoćko. Selon l'abbé Henryk Ciereszko, biographe et postulateur dans le procès de béatification de l'abbé Sopoćko, cela s'est déroulé progressivement. Pour cette raison, paraît-il, dans ses souvenirs, Sopoćko précisait les diverses étapes de la première rencontre avec Sœur Faustine. Pendant la première confession, elle put lui confier la raison de sa joie. Ce n'est que plus tard qu'elle commença à parler des visions et des apparitions concernant la miséricorde divine. Il est possible que ce fût après plusieurs confessions, donc après quelques semaines. Bien que Jésus lui ait tout de suite dit que c'était le prêtre qu'Il lui avait promis, Faustine elle-même a avoué ne pas avoir immédiatement ouvert son âme devant celui-ci. Elle avait eu, de plus, l'idée de ne pas aller se confesser à lui. Pourquoi ? D'où lui venait une telle résistance ? Elle a bien longtemps et ardemment demandé un directeur spirituel à Jésus. Maria Tarnawska a remarqué avec justesse qu'il fallait chercher la réponse dans l'unique lettre conservée que Faustine a écrite au père Andrasz le jour de son arrivée à Vilnius, le 25 mai 1933. Faustine était impressionnée par ses confessions chez le père à Cracovie qui lui avait dit que tout ce qu'elle vivait venait de Dieu. De plus, pendant son séjour à Jasna Góra, la Vierge Marie avait confirmé que le père Andrasz était directeur de son âme. Faustine ne pouvait pas savoir que cela n'arriverait que trois ans plus tard. « Jésus m'avait promis une aide visible parce que personne n'était capable de me calmer comme Vous l'avez fait et devant personne je ne pouvais dévoiler mon âme comme je l'ai fait devant Vous, Mon Père », écrira-t-elle au père Andrasz. C'est pourquoi en 1933 à Vilnius, même si elle avait reconnu dans l'abbé Sopoćko le prêtre que Jésus lui avait fait connaître pendant deux visions, elle avait du mal à surmonter sa timidité. Elle connaissait déjà le père Andrasz, Notre-Dame lui avait dit qu'il était son « aide visible » et la mère générale lui avait permis de lui écrire. Cela a sûrement duré quelques semaines. Ce n'est qu'après avoir entendu l'avertissement de Jésus : « *J'agirai envers toi, comme tu agiras envers ton confesseur. Si tu lui caches quelque chose [...] moi aussi, je me cacherai à toi et tu resteras seule* » (PJ 269), que Faustine s'est confiée à l'abbé Sopoćko. Comme l'a remarqué Maria Tarnawska, cette situation prouve que, même si Faustine « acceptait l'obéissance absolue et tâchait de la respecter strictement, en pratique, il lui était difficile de soumettre tous ses désirs et jugements au jugement du Seigneur. Il n'est facile à personne de découvrir sa vie intérieure, de dévoiler ses attachements et ses goûts, même les plus divins qu'ils soient. Chez Sœur Faustine, cette difficulté se reproduira encore plusieurs fois dans sa vie. Elle devra encore beaucoup souffrir en elle-même, lutter et travailler pour se soumettre complètement et sans restrictions à la volonté de Dieu ».

Après avoir enfin ouvert son âme devant l'abbé Sopoćko, Faustine relatait dans son *Petit journal* : « Jésus versa dans mon âme tout un océan de grâces. Je comprends maintenant ce qu'est la fidélité à une grâce particulière, elle attire toute une série d'autres grâces » (PJ 263).

En tant que confesseur expérimenté et théologien, l'abbé Sopoćko a réagi, avec précaution, aux paroles de la religieuse selon lesquelles, conformément à l'annonce de Jésus, il devait l'aider à propager le message de la miséricorde de Dieu. Cela n'a rien d'étonnant. Probablement avait-il déjà rencontré, dans sa vie de prêtre, des personnes qui lui parlaient de prétendues visions. « Je n'ai pas fait attention à son récit et je l'ai soumise à une épreuve qui l'a poussée, avec l'autorisation de la mère supérieure, à chercher un autre confesseur », se souvient le prêtre. Malheureusement, on ne sait pas en quoi consistait cette épreuve. Mais c'était aussi une période d'épreuve pour l'abbé Sopoćko. Sœur Borgia Tichy se rappelle que, quelques semaines après l'arrivée de Faustine dans le couvent de Vilnius, le confesseur a déclaré que « probablement il serait obligé de renoncer à sa fonction, parce qu'il ne se portait pas bien ». Cependant, Sœur Borgia a ressenti dans la conversation qu'il ne s'agissait pas de la santé, mais qu'il y avait d'autres raisons dont « il ne pouvait pas parler et dont on pouvait se douter ». « Il craignait de s'engager imprudemment dans des affaires obscures. Cette présomption a été confirmée quand, à sa demande,

Sœur Faustine avait été soumise à un examen psychiatrique, et comme le diagnostic n'avait rien révélé, son directeur s'était visiblement calmé et, dorénavant, il n'était plus question de changer de confesseur. »

En effet, « par crainte d'illusion, d'hallucination et d'imagination » de la part de Sœur Faustine, l'abbé Sopoćko a demandé d'abord l'opinion de la supérieure du couvent de Vilnius, la mère Irena Krzyżanowska, sur Faustine et, ensuite, l'examen de la santé psychique et physique de cette dernière. L'examen a été réalisé par Helena Maciejewska, médecin psychiatre. Elle a délivré une attestation concernant Sœur Faustine : « santé psychique parfaite ». Après la guerre, le 6 janvier 1952, elle a avoué : « Pendant l'examen médical, je n'ai constaté aucun symptôme de neuropathie ni déviation psychique. »

Après avoir reçu une « réponse favorable » concernant « tous les aspects » de la santé de Faustine, l'abbé Sopoćko a continué de l'observer. « Je doutais en partie, je réfléchissais, je priais et j'analysais, de même que je me renseignais auprès de certains prêtres illustres pour savoir ce que je devais faire sans révéler pourtant l'objet et la personne en question », écrira-t-il après des années. Il a aussi présenté le problème des apparitions de Sœur Faustine à l'archevêque de Vilnius Romuald Jałbrzykowski. Ce dernier lui a conseillé d'être prudent, de ne pas céder aux illusions et lui a ordonné de n'en parler à personne. L'archevêque Jałbrzykowski a également été informé sur les révélations de Faustine par la supérieure du couvent et par Sœur Faustine elle-même qui est venue se confesser chez lui deux fois, pendant l'absence de l'abbé Sopoćko en septembre 1935. Mais l'archevêque était très sceptique quant à la véracité des révélations.

Sœur Faustine a posé une tâche difficile devant l'abbé Sopoćko. Il devait être son directeur spirituel, c'est-à-dire quelqu'un qui devait la conduire à la sainteté, l'aider à discerner les apparitions et les visions et, ce qui plus est, l'encourager à réaliser les ordres de Jésus. « Sa direction spirituelle envers Sœur Faustine consistait à garder, d'un côté, une distance par rapport à ce qu'elle disait à propos de ses expériences et visions intérieures et, de l'autre, à observer sans avancer des jugements prématurés – écrit l'abbé Henryk Ciereszko. En même temps, l'abbé Sopoćko se concentrait sur le travail visant le développement spirituel de sa pénitente dont il se sentait responsable en tant que son directeur spirituel. »

Faustine, quant à elle, remarquait bien les résultats de la direction spirituelle de l'abbé Sopoćko : « Oh ! qu'elle est grande la grâce d'avoir un directeur spirituel ! On progresse plus vite dans la vertu, on connaît plus clairement la volonté divine et on l'accomplit plus fidèlement, on marche sur un chemin sûr et sans danger. Le directeur permet d'éviter les rochers sur lesquels l'âme pourrait se briser. Dieu m'a donné cette grâce assez tard, mais je m'en réjouis beaucoup » (PJ 331). En même temps, elle parlera plusieurs fois dans le *Petit journal* de ce que Jésus lui avait dit, à savoir que c'est Lui-même qui était le directeur de son âme, mais qu'il lui parlait par l'intermédiaire de son confesseur et directeur « terrestre » : « *Je suis moi-même ton directeur, je l'étais, je le suis et je le serai ; et puisque tu m'as prié de te donner une aide visible – je te l'ai accordée, et je l'ai choisie d'abord moi-même avant même que tu me l'aies demandée, car ainsi l'exige mon œuvre. Sache que les fautes que tu commets envers lui, blessent mon cœur ; surtout garde-toi d'être indépendante, que chacun des plus petits détails porte le cachet de l'obéissance* » (PJ 362).

Dans les contacts avec Sœur Faustine, l'abbé Sopoćko appliquait le conseil de saint Jean de la Croix, l'un des plus grands mystiques de l'Église. Il était indifférent à ses récits de visions, il ne demandait pas de détails. L'abbé Stanislas Strzelecki est d'avis que l'abbé Sopoćko, « conscient de la singularité des voix de la grâce divine, n'acceptait rien *a priori,* mais aussi il ne refusait rien *a priori,* ce qui témoigne de sa prudence exceptionnelle ». Avant de formuler un jugement sur les révélations de la Sœur, il s'est d'abord assuré de sa sainteté personnelle. En 1948, il se souvenait : « Elle a attiré mon attention par une subtilité particulière de la conscience et une relation étroite avec Dieu : dans la plupart des cas, il n'y avait pas de matière à absoudre, et elle n'a jamais offensé Dieu avec un péché grave. »

Du moment où Faustine, pressée par Jésus, s'était décidée à dévoiler devant l'abbé Sopoćko ce qui se passait dans son âme, quand elle commença à parler de sa relation intime avec Jésus, de ses entretiens avec Lui, ses confessions devinrent plus longues. Sœur Wiesława Effenberg avoue : « Je m'irritais [...]

de la longue confession de Sœur Faustine et de son visage doux avec lequel elle quittait le confessionnal. »

Les longues confessions n'agaçaient pas uniquement cette sœur. Désirant éviter l'énervement et la curiosité des sœurs, Faustine a commencé à se confesser en dernière. Cela n'a pas apaisé la situation. L'abbé Sopoćko n'avait plus assez de temps pour écouter ses longues « confidences dans le confessionnal ». Il demanda à Faustine de les noter dans un cahier et, de temps en temps, de les lui donner à lire. Il semblerait que le manque de temps ne fut pas l'unique raison de cette demande. Une fois les visions et les apparitions notées, l'abbé Sopoćko pouvait désormais les analyser en toute tranquillité et sans émotion. Quelles qu'en soient les raisons, c'est grâce à l'abbé Sopoćko qu'un document extraordinaire fut créé : le journal des expériences spirituelles de l'une des plus grandes mystiques de l'Église. Si, en 1933, l'abbé Sopoćko n'avait pas demandé à Sœur Faustine de noter « les rencontres de son âme avec Dieu » et si elle ne s'y était pas docilement soumise, nous n'aurions jamais appris autant à propos de ses visions. Ou du moins, nous ne les aurions pas connues à partir de leur source, mais par le confesseur ou bien les supérieures.

> Je dois noter les rencontres de mon âme avec Toi, ô Dieu, dans les moments particuliers de Tes visites. [...] [J']ai reçu cet ordre de celui qui Te remplace auprès de moi sur cette terre, qui m'explique Ta sainte volonté ; Jésus, Tu vois comme il m'est difficile d'écrire, comme je ne sais pas écrire clairement ce que je vis dans mon âme. Ô Dieu, la plume peut-elle écrire ce qui parfois n'a pas de mot ? Mais Tu m'ordonnes d'écrire, ô Dieu, cela me suffit (PJ 6), notera Faustine.

Le *Petit journal* prenait sa forme non sans difficulté. Tout d'abord, Sœur Faustine n'était pas instruite : elle a fait à peine trois classes d'école publique. Ensuite, elle n'avait pas de conditions favorables pour écrire. Elle était occupée par le travail dans le jardin, et pendant le temps libre, elle devait se cacher devant les sœurs pour écrire. Faustine écrivait sur un meuble, un lit, et dans certains couvents, comme celui de Vilnius, sur une petite table séparée des sœurs par un paravent. Toujours attentive pour fermer son cahier à tout moment et le cacher. Dans des moments pareils, elle interrompait les phrases sans y revenir après.

Sœur Borgia Tichy, supérieure de la maison de Vilnius depuis décembre 1934, en parle : « Elle passait son temps libre à prendre ses notes qu'elle cachait soigneusement. Ceci poussait souvent les autres sœurs à faire des remarques diverses, plus ou moins méchantes, d'autant plus que cela nécessitait un contact plus fréquent avec le confesseur dans la semaine. Pour cette raison, les sœurs l'ont appelée "la châtelaine". »

Sœur Wiesława Effenberg se souvient : « Un jour, quand Sœur Faustine était malade, je lui ai apporté le repas du soir dans sa chambre. À l'entrée dans sa chambre, j'ai entendu, derrière le rideau séparant la cellule de Sœur Faustine, le bruit du papier plié, et j'ai dit en plaisantant : "Ma sœur, seriez-vous en train de transcrire l'histoire de votre vie, si vous cachez ce papier en toute vitesse ?" – Et elle m'a répondu avec sourire : "Eh bien peut-être ..." »

Une autre sœur, Placyda Putyra, elle aussi, a vu Faustine écrire, mais c'était à Walendów en 1936 : « Au cours de la journée, elle interrompait parfois son travail pour aller dans sa cellule et noter quelque chose. Par curiosité, un jour, j'ai écarté le rideau et je l'ai vue à genoux écrire des notes rapidement. » La plus grande difficulté n'était pas de trouver un moment propice à l'écriture, à l'abri des regards, mais de transmettre ce qui paraissait impossible à exprimer par la langue. Comment, en effet, décrire les rencontres de l'âme avec Dieu ?

Ludmiła Grygiel décrit ainsi la complexité de la tâche qui se présentait à Faustine :

> Elle devait transmettre ce qui est intransmissible (l'union avec Dieu) et décrire ce qui est inconcevable (« l'immensité de la miséricorde divine »), tout en sachant que sa description ne serait qu'« une ombre pâle » de ce qu'elle comprenait en son âme. [...] Les événements externes, relativement faciles à décrire, ne constituent pas le « fil » conducteur du *Petit journal,* mais l'essence de Dieu miséricordieux, connue lors des expériences mystiques, les règles de Son action éternelle dans le monde et Sa participation directe dans l'histoire du salut, comme Faustine l'a vécue.

Le contenu du *Petit journal* est extraordinaire. Il en est de même pour sa forme. Son auteur, même si elle n'était pas instruite et commettait des fautes, disposait d'une belle écriture.

De plus, il n'y a dans le texte ni rayures, ni modifications. Il n'y a pas de doutes que ce qu'elle transmettait – dans des conditions inconfortables – venait directement de son âme, de l'inspiration de Dieu même. « Même après de longues années d'études, les théologiens ne sauraient pas résoudre ces difficultés [théologiques, nda], comme l'avait fait Sœur Faustine, c'est-à-dire de manière simple et pertinente », remarque l'abbé Sopoćko.

Au début, Faustine écrivait sur des feuilles de papier et ensuite dans un cahier que la mère supérieure lui avait acheté à la demande du confesseur. Elle remplira six cahiers. Elle gardait le *Petit journal* dans sa cellule. L'abbé Sopoćko le prenait de temps en temps pour quelques heures afin de le feuilleter, toujours sur place, dans le couvent. Le 15 décembre 1971, il avouera n'avoir jamais rien modifié dans son contenu. Malheureusement, quand, au printemps 1934, il partit quelques semaines pour la Terre sainte, Sœur Faustine, sous l'influence d'un soi-disant ange, qui s'est avéré un démon, brûla le *Petit journal*. Elle recommencera à le rédiger le 28 juillet 1934.

L'abbé Michał Sopoćko évoque ce moment : « Comme pénitence, je lui ai ordonné de retranscrire le contenu perdu, alors qu'elle vivait de nouvelles expériences qu'elle notait en les entremêlant aux souvenirs du cahier brûlé. D'où le manque d'ordre chronologique dans son journal. »

Plus l'abbé Sopoćko était convaincu de l'authenticité des expériences spirituelles de Sœur Faustine, plus il insistait auprès d'elle pour qu'elle les note. Il continua de le faire même après son départ de Vilnius. Et puis, c'est Jésus lui-même qui la poussait à prendre des notes. Il insistait pour qu'elle écrive plus sur Sa miséricorde et sur la bonté de Dieu. Faustine a vu Jésus feuilleter son *Petit journal* et vérifier ce qu'elle avait écrit. Il l'appelait secrétaire de la Miséricorde de Dieu : « *Tu es la secrétaire de ma miséricorde, je t'ai choisie pour cette fonction dans cette vie et dans la vie future* » (PJ 1605). Il disait aussi : « *Ma fille, tu ne vis pas pour toi, mais pour les âmes, écris pour leur profit. Tu sais que ma volonté, quant à tes écrits, t'a été bien souvent confirmée par tes confesseurs* » (PJ 895).

Sœur Faustine se plaignait parfois : « Mon Jésus, Tu vois que non seulement je ne sais pas écrire, mais en plus, je n'ai même pas une bonne plume, et parfois j'ai tant de difficultés à écrire, que je dois écrire lettre après lettre pour former les phrases ; et encore ce n'est pas tout – car j'ai cette difficulté que je note ces choses en secret devant les sœurs, et parfois je dois fermer à chaque instant le cahier et d'écouter patiemment le récit d'une personne donnée, et le temps qui était destiné à écrire est passé, et le cahier à force d'être fermé en hâte, devient barbouillé » (PJ 839).

Le contenu et la manière de rédiger le *Petit journal* ne sont pas le seul témoignage de l'intelligence innée et des habiletés de cette religieuse sans instruction particulière. Par exemple à Vilnius, en 1936, elle a écrit une pièce de théâtre pour la fête de Saint Borgia, patron de la mère supérieure Borgia Tichy. C'était une conversation écrite en vers entre quatre saints jésuites : François de Borgia, Stanislas Kostka, Jean Berchmans et Louis de Gonzague. Outre Faustine, trois autres sœurs ont joué dans cette pièce.

À part les supérieures, la plupart des religieuses ignoraient l'existence du *Petit journal*, même si elles savaient que Faustine écrivait quelque chose. Quel a été leur étonnement, quand elles l'ont appris après sa mort !

Sœur Beata Piekut, vice-postulatrice dans le procès de béatification de Faustine, en parle : « ... j'ai trouvé étrange le fait que Sœur Faustine décrivait parfois des petits événements de la vie quotidienne. Je ne le juge pas comme manque d'humilité, mais l'image de Sœur Faustine, que je me suis créée, était différente et plus vraie et ne correspondait pas à cette deuxième image du *Petit journal*. Sœur Faustine, telle que je l'avais connue avant, était charmante, directe, simple, et je trouve futile et superflu ce qu'il y a dans le *Petit journal* ... »

Sœur Piekut souligne qu'elle considérait toujours Faustine comme une personne très raisonnable, discrète et naturelle : « Elle savait approcher tous et les comprendre, compatir avec ceux qui étaient tristes, se réjouir de la joie des autres. » C'est pourquoi la description des événements quotidiens lui semblait « futile et superflue ». Cependant, c'est sous cette forme que le *Petit journal* constitue le témoignage de la maturation vers la sainteté. Faustine y décrit non seulement « les rencontres de son âme avec Dieu », le message de la miséricorde dont la transmission à l'Église et au monde lui avait été confiée par Jésus, mais aussi le processus de privation de sa propre volonté et de dépassement d'elle-même dans les relations avec les autres. Le *Petit journal* est la description d'une vie face à Dieu. Réservée à l'extérieur, Faustine vivait intérieurement le quotidien qui était plus ou moins difficile. Elle se plaignait parfois dans le *Petit journal* de jugements injustes, soupçons, méchancetés et ennuis qui lui étaient adressés et qu'elle, étant sensible, vivait très mal.

Elle ne parlait pas aux autres sœurs de ses souffrances, ne s'en plaignait pas à ses supérieures, mais en parlait à Jésus, son Époux et le meilleur ami. Il lui disait alors : « *tu me plais le plus par la souffrance. Dans tes souffrances physiques ou morales, ne cherche pas, ma fille, de compassion auprès des créatures. Je veux que le parfum de tes souffrances soit pur et sans mélange. J'exige que tu te détaches, non seulement des créatures, mais aussi de toi-même* » (PJ 279).

Sœur Faustine n'était pas rancunière. Avec le temps, elle a appris ce que Jésus exigeait d'elle, c'est-à-dire supporter l'humilité dans le silence et l'humiliation et aborder les personnes méchantes avec amour et miséricorde : « L'humiliation est ma nourriture de chaque jour. Je comprends que l'épouse participe à tout ce qui concerne son Époux, donc Son manteau d'injures doit me couvrir aussi. Aux moments où je souffre beaucoup, je tâche de me taire, car je me méfie de ma langue qui, en de tels moments, est encline à parler de soi, alors qu'elle doit me servir à louer Dieu » (PJ 92).

Humiliations, jugements injustes, soupçons permettaient à Faustine de s'entraîner dans les vertus. Les personnes qui étaient à leur origine avaient aussi un certain rôle à jouer sur sa voie vers la sainteté. D'après Sœur Fabiana Piekut, seulement quatre ou cinq sœurs sur vingt-quatre qui habitaient le couvent de Vilnius, prenaient Faustine pour une hystérique. Trois d'entre elles, à savoir Borgia, Chryzostoma et Benedykta, la taquinaient d'une manière particulière.

> Elle a beaucoup souffert à cause de la mère supérieure (Sœur Borgia) qui l'appelait hystérique, dit-elle. On n'aimait pas trop Faustine, parce que Sœur Borgia et les autres, y compris la mère supérieure, disaient qu'après avoir lu quelques livres, elle est devenue prétentieuse. [...] Sœur Borgia et Sœur Chryzostoma l'appelaient ironiquement « supérieure » ou « directrice spirituelle ». Elle a énormément souffert de la part de ces sœurs, mais elle ne se plaignait pas. Elle allait à la chapelle et cherchait le réconfort auprès de Jésus. Nous, les plus jeunes, elle ne nous demandait que de prier pour que telle ou telle sœur s'améliore, pour que Jésus l'illumine, pour qu'elle n'offense plus Jésus.

Les paroles de la mère Borgia Tichy à propos de Faustine constituent un témoignage d'autant plus précieux : « Elle n'avait pas de sentiments hostiles envers les personnes malveillantes, elle considérait ses "ennemis" de la même manière que les autres en les aidant dans différents besoins. Ce n'étaient pas de grandes choses, mais un service simple et quotidien envers les autres. »

Dans le film de Jerzy Łukasiewicz, où le rôle principal est joué par Dorota Segda, il y a aussi la mère Borgia Tichy. Son récit, ressemblant à un examen public de conscience, s'entremêle à l'histoire de la vie de la sainte. Faustine a noté dans le *Petit journal* ce qu'elle avait entendu dire à son adresse par l'une des sœurs : « Il faut que Sœur Faustine soit très bête ou très sainte, car vraiment une personne ordinaire ne souffrirait pas qu'on lui fasse toujours quelque chose par dépit » (PJ 632). Et elle l'a dit, comme il est possible de le soupçonner, dans le contexte des méchancetés qu'elle éprouvait de la part de Sœur Petronela Basiura quand elle travaillait dans le jardin du couvent de Vilnius.

« La vie de chacun, où qu'il vive, est marquée par la croix, dit Sœur Elżbieta Siepak. Sœur Faustine avait aussi une croix qui était faite sur sa mesure. Sans cette croix, elle n'aurait pas été vraisemblable, n'aurait pas été sainte. Sa croix était très lourde : mise à part sa maladie, elle portait une grande responsabilité, liée à sa mission de prophète, vis-à-vis de l'Église et du salut des hommes. Lutter contre beaucoup de choses dans la vie commune était également une croix. Comme dans la famille, dans la congrégation il y a aussi différents caractères, diverses faiblesses, car ce ne sont pas des anges qui vivent ici, mais des gens normaux. » Et elle ajoute : – « Sœur Faustine voyait le bien dans la souffrance liée à la vie communautaire. Elle savait que la souffrance la purifie de l'égoïsme, de la faiblesse et fait de la place pour l'amour et, par conséquent, se transforme en bien pour elle-même et pour les autres. La purification la rendait capable d'aimer plus, de s'unir mieux à Jésus. Elle devenait une personne libre et, étant libre, elle savait aimer tout le monde, y compris ceux qui n'étaient pas bienveillants et bons envers elle. Cela ne peut pas être atteint par l'intellect, mais seulement par le chemin de la croix. »

Sœur Justyna Gołofit se rappelait que lorsqu'à Vilnius elle travaillait dans la serre avec Faustine, cette dernière lui disait toujours de n'être jamais rancunière, de ne pas se venger, car « ceci n'est pas conforme à l'amour chrétien ».

Selon l'abbé Michał Sopoćko, « c'était une religieuse extrêmement humble, elle ne se croyait pas supérieure aux autres sœurs, elle ne méprisait aucune d'elles, mais elle vivait mal le mépris envers elle, car elle était sensible [...] ».

Faustine supportait les humiliations, mais elle savait pourtant réprimander les autres, quand elle voyait l'injustice ou le péché. Elle le faisait en aparté.

Sœur Borgia Tichy en témoigne : « Apparemment silencieuse et tranquille, elle n'était pas privée de tempérament qui se faisait connaître assez souvent. Elle était inflexible, parfois trop courageuse à faire des remarques à des sœurs supérieures par leur grade, par leur âge ou par la fonction. »

Selon Sœur Justyna Gołofit, « Sœur Faustine n'y allait pas par quatre chemins. Elle avait le courage de faire ressortir, droit dans les yeux, les fautes de qui que ce soit. Même aux supérieurs, elle disait la vérité. Mais elle le faisait sérieusement et fermement, avec beaucoup de respect, car elle voyait toujours le pouvoir de Dieu chez ses supérieures et elle disait : "Que la supérieure soit la pire de toutes les sœurs, elle a pourtant le pouvoir offert par Dieu et nous devons la respecter." »

Grâce à un don surnaturel, Faustine connaissait les secrets des cœurs. Elle savait tout de suite si un homme, ou plutôt l'âme de celui-ci, était aimé de Dieu ou non. Elle utilisait ce don surnaturel pour témoigner de la miséricorde : elle priait pour les personnes qui en avaient besoin, elle réprimandait, exigeait qu'elles se corrigent, et elle disait aux autres qu'elles plaisaient à Dieu.

Sœur Justyna Gołofit évoque cela :

> Souvent, elle lisait dans les yeux de nos pensionnaires quand celles-ci communiaient, tout en vivant dans un péché grave sans se confesser. Elles étaient très impressionnées, se demandant comment elle pouvait le savoir. [...] Ses yeux pertinents lisaient ce qui se cachait au fond de mon âme et ont toujours repéré mes péchés et mes chutes. Je me rappelle bien que, souvent, lorsque je commettais un péché, elle me le disait droit dans les yeux ; elle souffrait alors du fait que j'ose ainsi offenser Jésus et persister

> dans ce péché un long moment. Elle me répétait souvent que rien ne blessait Jésus autant que la méfiance. Elle redisait souvent que même si mes péchés étaient comme des taches écarlates, je ne pouvais point douter que Dieu me pardonne. Alors, avec la confiance d'un enfant, il fallait courir remettre aux pieds de Jésus ses péchés et lui faire confiance. Elle me disait souvent que lorsque, après une chute, l'âme avait peur de s'approcher de Jésus, celle-ci blessait cruellement le Sacré Cœur. La méfiance lui faisait plus de mal que les péchés les plus graves. Quand je m'éloignais de Dieu pendant longtemps, elle me disait souvent : « S'écrouler par la faiblesse est une chose humaine, mais persister dans le péché et se laisser envahir par la méfiance est une chose démoniaque. » Ses yeux lisaient ce qui se passait au fond de mon âme. Moi-même, j'évitais son regard, car elle me disait : « Comment avez-vous pu vous permettre d'avoir un tel manque dans votre âme ? »

Elle parlait beaucoup de Dieu aux pensionnaires qui l'aidaient dans le jardin, et elle les encourageait à s'imposer de petites mortifications, de petits pas pour changer leur vie. Elle offrait aussi à leur intention ses privations et expiations qu'elle s'imposait à elle-même. Elle demandait la miséricorde de Dieu pour elles.

Sœur Fabiana Pietkun en parle : « Sœur Faustine m'invitait souvent à prier pour l'une des sœurs qui, d'après son jugement, avait particulièrement besoin de cette prière pour s'améliorer. Je pense que, sans prière de Sœur Faustine, cette sœur aurait perdu sa vocation ou aurait pris une mauvaise voie, mais cette religieuse s'était améliorée. »

Il résulte du récit de Sœur Justyna Gołofit que les supérieures permettaient parfois à Faustine de rester dans la chapelle jusqu'à minuit ou plus tard. Elle passait ces heures à prier à l'intention de la réparation des péchés des gens. « Elle priait et aimait la prière. Dans la prière, elle était toujours concentrée et submergée. Elle priait à genoux, mais elle se tenait droit. Sa prière était une prière réflexive. Pendant la prière elle se servait très peu de livres pieux ou de la Bible », se souvient Sœur Justyna.

Plusieurs sœurs se rappellent que Faustine n'utilisait pas de livres pieux. Son regard fixé sur le saint sacrement, elle vivait des états mystiques avancés et ne savait pas prier en récitant des formules toutes faites.

> C'est pendant la prière que l'âme reçoit les éclairs de cette lumière, qui lui rendent impossible son ancienne manière de prier, écrira-t-elle. L'âme peut faire les efforts qu'elle voudra pour revenir à l'ancienne prière, ce sera en vain, il lui devient complètement impossible de continuer à prier de la même façon qu'avant d'avoir reçu cette lumière. La lumière qui a touché l'âme est vivante en elle, et rien ne peut l'étouffer ni l'obscurcir. Cet éclair de la connaissance de Dieu attire l'âme et allume son amour pour Lui (PJ 95).

À propos de cette manière de prier, elle écrira aussi : « Une telle prière, quoique courte apporte cependant beaucoup à l'âme, et des heures entières de prière ordinaire ne lui donnent pas autant de lumière qu'un court moment de prière élevée » (PJ 815). Néanmoins, elle pratiquait aussi des prières « ordinaires ».

« Sœur Faustine priait toujours en travaillant, dit Sœur Fabiana Pietkun. Nous récitions le chapelet, chantions les Matines et d'autres prières et cela ne l'empêchait pas de travailler. » Faustine ne propageait pas parmi les sœurs les formes de prière pour la Miséricorde divine que Jésus lui avait transmises. Conformément à la demande de Jésus, elle n'en informait que ses supérieures et ses confesseurs. Il n'empêche qu'elle invitait son amie Justyna et des pensionnaires à répéter souvent l'oraison jaculatoire « Jésus, j'ai confiance en Toi » et une courte prière que Jésus lui avait apprise en 1933 à Varsovie : « Ô Sang et Eau, qui avez jailli du Cœur de Jésus comme source de Miséricorde pour nous, j'ai confiance en Vous ! »

Sœur Faustine parlait des apparitions de Jésus et de ses entretiens avec Lui non seulement au confesseur et aux supérieures. La mère Borgia Tichy, sceptique envers les expériences spirituelles de Faustine, a avoué après la guerre qu'elle avait peur d'accepter la fonction de mère supérieure de la maison de Vilnius à cause de ses révélations : « De ma part, je ne voulais pas nuire à l'affaire de Dieu – si tel était le cas – par mon scepticisme. Deuxièmement, je voulais éviter des situations peu claires. » Faustine ne confiait pas ses expériences mystiques à d'autres personnes, même à ses amies : Damiana Ziółek et Justyna Gołofit. Quand, un jour, Sœur Justyna lui demanda si elle avait des visions, Faustine lui répondit « qu'il ne fallait pas qu'on lui demande des choses pareilles ». Les informations sur les soi-disant apparitions – comme on en parlait à l'époque – sont pourtant parvenues auprès d'une partie des sœurs. Malgré cela, la majorité des sœurs, aussi bien à Vilnius que dans d'autres maisons, furent très étonnées quand, après la mort de Faustine, elles apprirent qu'elle avait une relation si intime avec Jésus.

« Sœur Faustine était cachée dans sa vie intérieure, je ne savais rien sur ses révélations même si j'étais très proche d'elle », dira Sœur Ludwina Gadzina.

Quant à Sœur Otylia Kondraciuk : « Je n'ai jamais soupçonné que Faustine avait des grâces surnaturelles. Rien n'en témoignait. »

Pourtant, ni de longues confessions de Sœur Faustine ni le penchant pour les conversations sur des sujets spirituels n'ont pas échappé à l'attention des sœurs de Vilnius, notamment à celle de Sœur Wiesława Effenberg : « Je n'aimais pas par exemple que la Sœur, même si elle avait la permission, s'éloigne parfois de la récréation commune pour causer en intimité ou, comme je le pensais, pour "conférer avec une autre sœur". »

Sœur Fabiana Piekut raconte :

> Pendant la récréation nous aimions nous regrouper autour d'elle car elle avait toujours quelque chose à nous dire. Souvent, pendant la récréation, elle posait une question à laquelle même les supérieures ne savaient pas répondre et, les sœurs supérieurs disaient alors avec ironie : « Voilà, elle a lu des livres et nous fait des leçons. » Elles lui reprochaient qu'elle « de ne s'entourer que de livres et de ne pas se préoccuper du travail », même si elle accomplissait toujours très bien ses tâches et ne laissait rien à l'abandon.

Comme il est facile de le deviner, les sœurs du premier chœur, bien instruites et chargées de l'éducation des pensionnaires, n'appréciaient pas vraiment lorsque Faustine expliquait aux autres des choses dont elles ne savaient rien. Le savoir de Faustine ne résultait pas des livres, mais avant tout de la connaissance intérieure.

Selon Sœur Borgia Tichy : « En ce qui concerne le domaine spirituel, elle aimait se considérer comme mûre. Elle était têtue dans certaines constatations. À ce sujet, elle aimait diriger les sœurs, les regrouper autour d'elle tout en leur indiquant une certaine orientation [...]. En un mot, elle avait le goût de se prendre pour une "directrice spirituelle". »

L'abbé Michał Sopoćko s'interroge :

> Je ne sais pas qui a appris à Faustine les fondements de la foi et ceux de la théologie. [...] À parler avec elle, j'ai constaté qu'une simple religieuse, comme elle, sans instruction intellectuelle, pouvait néanmoins consacrer son temps libre à la lecture d'ouvrages d'ascèse et apprendre avec joie les vérités théologiques touchant des mystères difficiles à comprendre, comme celui de la Très Sainte Trinité ou de la Miséricorde divine. Elle aimait en discuter, en témoignant de l'aisance propre à un vrai théologien. À l'entendre parler des problèmes de ce genre, j'ai trouvé que la sœur avait acquis une bonne connaissance de ces choses-là et qu'elle l'avait acquise à travers une relation intime avec Dieu, à travers une prière permanente et une vie remplie de vive foi.

Les sœurs sentaient que Faustine était différente. « C'était quelque chose d'insaisissable, ce qui émanait de sa personne, ce que certaines sœurs ressentaient parfois et ce qui pouvait les agacer. C'était quelque chose de positif, mais qui n'était pas toujours compris des autres », disait la mère Borgia. C'est pourquoi on l'appelait « la princesse ». Et Faustine répondait à cela : « Et bien, je suis la princesse, car c'est le Sang royal du Christ qui coule dans mes veines. » On l'appelait aussi « comtesse » ou « châtelaine ». Ce dernier surnom fait allusion à un personnage d'une pièce de théâtre, présentée par les pensionnaires de l'établissement, qui était un peu bizarre et se distinguait de son entourage. En dépit de cela, peut-être était-ce parce qu'elles voyaient Faustine comme différente, et voyaient qu'elle avait une forte relation avec Jésus, que les sœurs s'adressaient à elle et lui demandaient de prier pour elles. Elles la priaient d'interroger Jésus à propos de leurs problèmes, par exemple pour savoir si elles se confessaient bien, si Jésus leur avait pardonné un péché. Elles s'adressaient aussi à elle au sujet des difficultés avec les pensionnaires et elles recevaient toujours son conseil et sa consolation. Cela concerne aussi bien les sœurs du second chœur que celles du premier.

***

Un jour, l'abbé Sopoćko dit à Sœur Faustine : « Si ces choses dont tu me parles viennent vraiment de Dieu, alors prépare votre âme à de grandes souffrances. Tu rencontreras la désapprobation, la persécution – tu passeras pour une hystérique, une extravagante, mais Dieu ne sera pas avare de Ses grâces. Les véritables œuvres de Dieu rencontrent toujours des difficultés, et sont marquées du sceau de la souffrance. Si Dieu veut mener quelque chose à bonne fin, tôt ou tard, Il y arrivera, malgré les difficultés, et toi, en attendant, arme-toi d'une grande patience » (PJ 270).

Depuis le moment où elle dévoila sa vie spirituelle devant l'abbé Sopoćko, Sœur Faustine insistait auprès de lui pour qu'il l'aide à réaliser la demande de Jésus. Il était question de peindre un tableau selon la vision qu'elle avait eue en février 1931 à Płock. L'abbé Sopoćko ne fut pas encore convaincu de la véracité de ces visions, mais, guidé par la « curiosité pour ce tableau », il entama des démarches pour que celui-ci voie le jour. Il savait par ailleurs que la réalisation du tableau ne signifiait pas qu'il devait automatiquement devenir objet du culte. À partir de la description des révélations de Sœur Faustine, il savait aussi qu'une telle représentation de Jésus ne contenait rien qui soit contraire à l'enseignement de l'Église. L'opinion et l'engagement de l'abbé Sopoćko furent décisifs pour mettre en marche la réalisation du tableau. Mais cela n'aurait pas pu être réalisé sans la permission des supérieures de Faustine – la mère Irena Krzyżanowska et, probablement, la mère générale Michaela Moraczewska.

Il ressort de l'entretien que l'abbé Andrzej Witko, auteur d'ouvrages sur Sœur Faustine et sur la Miséricorde divine, a eu avec Sœur Beata Piekut, la vice-postulatrice dans le procès de béatification, que c'est Sœur Franciszka Wierzbicka, bernardine, qui fut la première personne à qui s'est adressé l'abbé Sopoćko pour lui proposer de peindre le tableau. Elle était, entre autres, l'auteur de deux copies du tableau de la Vierge Marie d'Ostra Brama. Sœur Wierzbicka n'a pourtant pas accepté certaines suggestions de l'abbé Sopoćko, tout comme celles de Faustine, concernant l'icône de Jésus. Il est possible de trouver la confirmation de cette information dans le *Petit journal*. Faustine mentionne l'entretien

« avec une personne, qui devait peindre cette image, mais qui pour certaines raisons ne le faisait pas » (PJ 354). Dans un autre fragment, on apprend que c'était une religieuse. La deuxième personne à qui l'abbé Sopoćko a proposé de peindre le tableau de Jésus Miséricordieux fut Eugeniusz Kazimirowski, son voisin. Âgé de 61 ans à l'époque, ce peintre, diplômé de l'Académie des Beaux-Arts de Cracovie et de l'Académie de Saint-Lazare à Rome, peignait principalement des paysages, portraits et tableaux religieux. Il habitait Vilnius depuis dix-huit ans et enseignait dans le collège des maîtres. Il était aussi décorateur dans deux grands théâtres de l'époque : le *Teatr Wielki* et le *Teatr Polski*. Presque tout ce qu'il avait créé, fut perdu pendant la Seconde Guerre mondiale. Le tableau de Jésus Miséricordieux, qu'il a peint selon les indications de Faustine, demeure son œuvre la plus précieuse, et cela plus pour des raisons religieuses qu'artistiques.

Faustine est venue pour la première fois à l'atelier de Kazimirowski le 2 janvier 1934. L'atelier était situé au 2, rue Rossa, à proximité du cimetière Rossa, l'une des belles nécropoles polonaises. Le bâtiment appartenait au couvent des visitandines au centre duquel il y avait l'énorme église baroque du Sacré-Cœur. La coupole de l'église fut réalisée selon le projet de Jan Krzysztof Glaubitz, l'un des architectes les plus éminents de l'époque. L'intérieur était décoré des fresques et des tableaux de Szymon Czechowicz. Si l'on compare cet ensemble monastique énorme, dans lequel les visitandines dirigeaient une école pour les filles de la noblesse, aux petites maisons en bois du couvent de la congrégation des Sœurs de Notre-Dame de la Miséricorde, il devait fortement impressionner Faustine.

Aujourd'hui, après avoir franchi la porte du couvent, une perspective complètement différente s'ouvre aux yeux du visiteur. La cour est divisée par un mur construit, sans grand soin, de briques blanches, voûté de rouleaux de fil de fer barbelé. Plus haut, on voit un poste de surveillance couvert de carton bitumé. Le paysage est affligeant. Voilà la preuve de la barbarie du pouvoir soviétique qui, après la guerre, avait chassé les religieuses du couvent et aménagé dans l'ancienne église baroque une prison qui, jusqu'en 2008, restera encore en activité. À gauche du mur en briques, un nouveau monde commence à renaître. Un petit bâtiment rénové, peint de couleurs jaune et marron, avec des géraniums en fleurs rouges, attire le regard. C'est l'ancienne chapelle des visitandines qui, il y a peu de temps, était encore occupée par l'administration de la prison. C'est dans cette maison que, quatre-vingts ans plus tôt, venait Sœur Faustine. Pendant six mois, de janvier à juillet 1934, elle venait donner des instructions au peintre Kazimirowski en ce qui concernait l'icône de Jésus.

Kazimirowski habitait à l'aumônerie au rez-de-chaussée, alors que l'abbé Sopoćko avait son appartement au premier étage. L'atelier de peinture se trouvait aussi au rez-de-chaussée, exactement à la place de l'actuelle chapelle de la congrégation des Sœurs du Jésus Miséricordieux, c'est-à-dire la première congrégation créée par l'abbé Sopoćko conformément aux révélations de Sœur Faustine.

« Vilnius est important pour nous. C'est ici que la Miséricorde de Dieu a été rappelée au monde et c'est d'ici qu'elle s'est propagée dans le monde entier. Ici, notre congrégation est née », dit Sœur Anna Młynarczyk de la maison de Vilnius de la congrégation des Sœurs de Jésus Miséricordieux où habitent actuellement cinq sœurs de Pologne et de Lituanie. Les sœurs sont revenues à Vilnius en 2001. Elles ont dû changer d'adresse plusieurs fois, avant que le cardinal Audrys Juozas Bačkis, l'archevêque de Vilnius, ne leur offre, en 2005, le bâtiment de l'ancienne aumônerie des visitandines, récupérée par l'Église. Les sœurs disent que c'est un miracle qu'elles se soient retrouvées dans le même lieu où avait habité leur fondateur, l'abbé Sopoćko, et où avait été réalisé le tableau de Jésus Miséricordieux. « Quand nous avons reçu le bâtiment en 2005, nous n'en étions pas tout à fait conscientes », affirme Sœur Anne.

L'aumônerie a pu être rénovée grâce au soutien financier des adorateurs de la Miséricorde. À l'intérieur du bâtiment, dans la cage d'escalier, il y a une grande croix en bois. C'est le souvenir de l'abbé Sopoćko. Il l'a faite lui-même quand, pendant la Seconde Guerre mondiale, il se cachait à Czarny Bór aux alentours de Vilnius. Dans l'ancien atelier de peinture, les sœurs ont aménagé la chapelle. Sur le mur, il y a une copie du tableau de Jésus Miséricordieux réalisé à l'échelle 1/1 : 2,60 m sur 1,38 m. Le tableau occupe toute la hauteur de la pièce. C'était pareil quand Kazimirowski l'avait peint. Il avait ajusté la toile à un grand et vieux cadre en bois que quelqu'un lui avait offert. Les travaux avaient duré plus de six mois. On ne sait pas si l'abbé Sopoćko a dévoilé à Kazimirowski les circonstances qui étaient à l'origine du tableau. Dans son *Journal*, il a noté qu'il l'avait « en partie » informé, « en lui demandant de garder le secret ».

Sœur Faustine venait rue Rossa une ou deux fois par semaine, accompagnée de la mère supérieure Irena Krzyżanowska qui, de temps en temps, était remplacée par Sœur Borgia Tichy.

La mère Irena Krzyżanowska se souvient de ces visites : « Pour ne pas attirer l'attention des autres sœurs en ce qui concerne les expériences intérieures de Sœur Faustine, le samedi matin, j'allais avec elle à la messe à la porte de l'Aurore et, après la messe, nous rendions visite au peintre à qui Sœur Faustine donnait des indications précises quant à la façon dont il devait peindre le tableau de Jésus miséricordieux. »

Plus de cinq kilomètres séparent le couvent de la porte de l'Aurore. Chaque samedi, les sœurs faisaient donc une longue promenade. Il ressort cependant des souvenirs de Borgia Tichy que les visites avaient lieu le dimanche et que les sœurs s'y rendaient par un moyen de transport. Il se peut que la façon de faire le chemin ait varié en fonction de l'accompagnatrice.

Les sœurs faisaient une halte dans l'appartement de l'abbé Sopoćko, à l'étage. Sœur Borgia Tichy en parle : « Là, je restais seule et Sœur Faustine, accompagnée de l'abbé Sopoćko, se rendait à l'atelier. Après un court moment, elle rentrait dans l'appartement et nous partions pour la maison. »

Faustine donnait des indications à Kazimirowski et était préoccupée par le fait que Jésus peint sur le tableau n'était pas aussi beau qu'elle l'avait vu. L'abbé Sopoćko se souvient qu'elle tenait beaucoup à ce que Jésus soit représenté de la même manière qu'elle l'avait vu. Dans ses écrits, on peut lire : « Selon Sœur Faustine, le tableau de Jésus doit le représenter comme s'il marchait vers quelqu'un et voulait s'arrêter pour le saluer. Ses yeux doivent être baissés, et son regard miséricordieux comme sur la croix. Il doit lever la main droite à la hauteur de l'épaule, pour la bénédiction, et avec la main gauche écarter la tunique près du cœur invisible. Deux rayons doivent jaillir de la tunique entrouverte. À la droite du spectateur – un rayon pâle, à sa gauche – un rayon rouge. Ces rayons doivent être transparents, mais illuminer correctement aussi bien la silhouette du Sauveur que l'espace devant Lui. »

Quand l'abbé Sopoćko a demandé à la Sœur ce que devaient représenter deux rayons sur le tableau, elle a répondu après quelques jours par ce qu'elle avait entendu de Jésus : « *Ces deux rayons indiquent le sang et l'eau – le rayon pâle signifie l'eau, qui justifie les âmes ; le rayon rouge signifie le sang, qui est la vie des âmes… Ces deux rayons jaillirent des entrailles de ma miséricorde, alors que mon cœur, agonisant sur la croix, fut ouvert par la lance. Ces rayons protègent les âmes de la colère de mon Père* » (PJ 299).

En mars 1934, alors que les travaux sur le tableau étaient en cours, l'abbé Sopoćko partit pour quelques semaines pour la Terre sainte. Pendant cette période, deux événements importants arrivèrent dans la vie de Sœur Faustine. Le premier fut la destruction du *Petit journal* sous l'influence du démon. Le deuxième, de caractère spirituel, eut plus d'importance pour la vie et la mission de Faustine. C'était le jeudi saint du 29 mars 1934. Ce jour-là, Faustine rédigeait un acte d'offrande qu'elle avait déjà offert au moment de la troisième probation à Varsovie. Elle s'était donnée en offrande pour les pécheurs. Jésus désirait qu'elle le fasse « *en particulier pour les âmes qui ont perdu confiance en la miséricorde divine* » (PJ 308). De cette manière, pas à pas, Jésus dévoila doucement devant Faustine la mission qu'Il lui avait confiée. La Sœur accepta. Dans un acte spécial dans le *Petit journal,* elle a écrit en quoi consistait son offrande : « Cette offrande consiste à accepter avec une entière soumission à la volonté divine toutes les souffrances, et les peurs, et les frayeurs dont les pécheurs sont remplis, et en échange, je leur donne toutes les consolations que j'ai dans mon âme, qui découlent de mon intimité avec Dieu. En un mot j'offre tout pour eux : les saintes messes, les saintes Communions, les pénitences et les mortifications, les prières. Je n'ai pas peur des coups – des coups de la justice divine –, car je suis unie à Jésus. Ô mon Dieu, je désire, de cette manière, faire réparation pour les âmes qui ne croient pas à Ta bonté. J'ai confiance contre tout espoir en l'océan de Ta miséricorde. Mon Seigneur et mon Dieu, ma part – ma part pour l'éternité – je fais cet acte d'offrande en comptant non pas sur mes forces, mais sur la puissance qui découle des mérites de Jésus-Christ » (PJ 309). Sœur Faustine a vite commencé à éprouver les conséquences de son acte, en souffrant à la fois spirituellement et physiquement.

La création du tableau touchait doucement à sa fin. Pendant les visites à l'atelier, Sœur Faustine a dû montrer son mécontentement plusieurs fois, car Kazimirowski a été obligé de corriger le tableau à plusieurs reprises. Pour saisir la silhouette de Jésus, conformément aux instructions, il demandait même à l'abbé Sopoćko de poser, vêtu d'une aube. Il était aussi question de la façon dont se déployaient les vêtements, de la disposition des mains, des jambes et de la tête, ainsi que de l'orientation du regard. L'abbé Andrzej Witko, auteur d'ouvrages sur Sœur Faustine, informe que, après des années, certaines voix critiques ont relevé que sur le tableau Jésus avait la posture de l'abbé Sopoćko célébrant la messe.

Il a aussi fallu résoudre le problème de l'inscription sur le tableau. Faustine avait promis d'en informer le prêtre pendant la prochaine confession. Mais en s'éloignant du confessionnal, elle reçut « la connaissance intérieure sur la façon de placer cette inscription » : « Jésus me rappela, comme Il me l'avait dit la première fois, c'est-à-dire que ces trois mots doivent être mis en évidence. Ces mots sont : '*Jésus, j'ai confiance en Toi*' » (PJ 327). Elle avait entendu ces mots pendant l'apparition à Płock, en février 1931. L'abbé Sopoćko inscrivit cette phrase sur une planche qu'il fixa sur le cadre du tableau. L'œuvre était terminée.

Les dates de la finition du tableau divergent dans divers souvenirs. L'abbé Sopoćko mentionne soit le mois de mai, soit le mois de juin soit encore le mois de juillet 1934. Il est probable que le tableau ait été fini en mai, mais que jusqu'à juin ou même juillet, le peintre y ait apporté des modifications.

La mère Irena Krzyżanowska se rappelle : « Quand le tableau était sur le point d'être terminé, je suis entrée avec Sœur Faustine dans la pièce pour évaluer s'il était correct. Sœur Faustine n'était pas entièrement satisfaite, et le professeur Kazimirowski en était un peu triste. Malgré quelques objections, le tableau donnait l'impression d'être quelque chose d'autre que des tableaux ordinaires. » Faustine a décrit cette visite dans son *Petit journal* : « En sortant de chez le peintre, la mère supérieure resta en ville pour diverses affaires, moi je suis revenue seule à la maison. Je suis allée aussitôt à la chapelle où j'ai beaucoup pleuré. J'ai dit au Seigneur : Qui Te peindra aussi beau que Tu l'es ? – Soudain j'ai entendu ces paroles : *Ce n'est ni dans la beauté des couleurs, ni dans celle du coup de pinceau que réside la grandeur de cette image, mais dans ma grâce* » (PJ 313).

Après avoir entendu ces paroles, Faustine redevint tranquille. Elle dit à Sœur Borgia : « Ce n'est pas ce qui devrait être, mais cela doit rester ainsi. » Cette dernière, quand elle a vu le tableau quelques mois après, dans le couloir obscur du couvent des bernardines, ne cachera pas son opinion critique : « Sous l'aspect artistique, la silhouette de Jésus laissait beaucoup à désirer. À commencer par la disproportion de la personne, la disposition des pieds et le visage du Christ typiquement byzantin. Je ne suis pas étonnée que Sœur Faustine, n'ayant qu'inconsciemment le sens de la beauté, ait pu ne pas être contente. »

L'abbé Sopoćko, qui a avoué dans ses souvenirs ne pas trop aimer le tableau sous son aspect artistique, a souligné que Sœur Faustine « ne s'était plus plainte de l'inexactitude » du tableau et « d'une manière générale elle en était contente ». Il paya donc le peintre et emmena la toile dans son appartement à l'étage.

Kazimirowski a aussi réalisé de petites esquisses du tableau, en nombre inconnu. En mars 1936, Sœur Faustine en emmena une de Vilnius à Varsovie et la transmit à la mère Michaela Moraczewska, en lui demandant de la mettre dans la chapelle. La supérieure refusa en expliquant que le tableau éveillerait l'étonnement des sœurs. Elle le déposa finalement dans les archives qui brûleront pendant l'insurrection de Varsovie en 1944. Peu de temps après la réalisation du tableau, en août 1934, Sœur Faustine apprit de la Vierge Marie qu'elle souffrirait beaucoup à cause de cette icône. Le lendemain, le 12 août, elle tomba gravement malade.

Sœur Jolanta Woźniak s'en souvient : « Dans la soirée, c'était la confusion dans la maison. On disait que Sœur Faustine était paralysée – elle se croyait mourante, elle avait demandé le confesseur. »

Faustine fut transportée dans l'infirmerie. On appela un médecin – c'était Helena Maciejewska – et le confesseur – l'abbé Sopoćko.

Sœur Leokadia Drzazga, elle aussi, se rappelle de ce jour : « On n'a pas cru à sa maladie, mais le médecin a avoué que son état était très grave et lui a fait des injections. L'abbé Sopoćko lui a donné l'extrême-onction. »

Sœur Faustine avait pris un énorme coup de soleil. Elle était mourante. Dans le *Petit journal*, elle écrira : « Brusquement, je me sentis mal : la respiration me manqua, ma vue s'obscurcit, je sentis le dépérissement de mes membres – cette suffocation est effrayante. Un seul moment d'une telle suffocation paraît extrêmement long… S'y ajoute également une peur étrange malgré la confiance (PJ 321). [...] Après avoir reçu les derniers sacrements, une complète amélioration eut lieu. Je suis restée seule pendant une demi-heure, puis l'attaque revint, mais déjà moins forte, car les soins médicaux la gênaient. J'unissais mes souffrances aux souffrances de Jésus et je les offrais pour moi et pour la conversion des âmes qui se défient de la bonté divine. Soudain ma cellule se remplit d'êtres noirs, pleins de colère et de haine contre moi. L'un d'eux dit : 'Sois maudite, toi et Celui qui est en toi, car tu nous tourmentes déjà en enfer'. J'ai dit : Et le Verbe s'est fait Chair et Il a habité parmi nous – et sur-le-champ ces êtres disparurent bruyamment » (PJ 323).

Maria Tarnawska a remarqué que cette crise de suffocation, avoisinant la mort, avait entraîné des changements dans la vie spirituelle et dans la mission de Faustine. Jésus dit qu'Il l'avait laissée sur terre car, tout d'abord, Sa volonté n'était pas encore accomplie en elle et, deuxièmement, Faustine n'était pas encore préparée à accepter la mort comme Lui l'avait fait : « *Quand j'agonisais sur la croix, je ne pensais pas à moi, mais aux pauvres pécheurs et je priais mon Père pour eux. Je veux que tes derniers instants aussi soient semblables aux miens sur la croix. [...] L'amour pur comprend ces paroles, mais l'amour charnel ne les comprendra jamais* » (PJ 324). Sœur Faustine accepta la leçon. À travers l'expérience personnelle de la mort, elle comprit qu'il est possible encore, à ce moment-là aussi, de faire une offrande à Dieu pour les pécheurs. Jusqu'à ce moment, elle priait avant tout pour les âmes souffrant dans le purgatoire. Dès lors, elle commença à prier intensément pour les agonisants pour qui c'était le dernier moment pour s'adresser à Dieu et lui demander la miséricorde. « La conscience qu'il faille prier pour les agonisants autant, si ce n'est plus, que pour les âmes souffrant dans le purgatoire du fait que ces dernières soient déjà des âmes sauvées, alors que pour les agonisants les prières sont leur dernière chance d'être sauvés – n'était pas apparue chez Sœur Faustine d'une façon marquée jusqu'à présent. [...] Elle n'y est devenue sensible que lors de son séjour à Vilnius », a conclu Maria Tarnawska.

En effet, voici le témoignage de Jadwiga Owar, une pensionnaire dans l'établissement des sœurs : « Chaque heure, elle nous suggérait des oraisons jaculatoires à prononcer pour les mourants. Quand nous lui demandions pourquoi elle priait si souvent pour les agonisants, elle répondait que tout cela n'était pas suffisant, qu'il fallait prier sans cesse parce que les gens mouraient toutes les secondes dans le monde entier et avaient besoin d'aide. »

Un peu après la crise de suffocation, on constata que Sœur Faustine était atteinte de tuberculose qui, depuis des années, était en train de détruire son organisme. Le diagnostic n'était devenu possible qu'après que Sœur Chryzostoma Korczak ait été évincée de sa fonction d'infirmière. En effet, elle ne prenait pas au sérieux les souffrances de Faustine. Quant à la nouvelle infirmière, Sœur Amata ordonna immédiatement de faire à Faustine une radiographie des poumons. Le docteur Oleński confirma la tuberculose avancée. Faustine dira plus tard à Sœur Damiana Ziółek qu'avant que cela n'arrive, elle s'était fait soigner pendant trois ans « pour les nerfs ». On ne sait pas quand Faustine a contracté la tuberculose. Elle ne l'avait pas dans la maison familiale, ni chez les patronnes successives qui la décrivaient comme une personne en pleine forme. Il est vrai que la mère Moraczewska l'avait qualifiée de 'chétive', quand elle est arrivée pour la première fois au couvent, mais cela était sans doute dû à son allure un peu négligée, comme elle l'avait remarqué.

***

L'icône de Jésus Miséricordieux avait été peinte et se trouvait dans l'appartement de l'abbé Sopoćko. Sœur Faustine eut alors des apparitions dans lesquelles elle vit nettement ce qui n'était qu'un faible reflet sur le tableau.

La première de ces visions eut lieu en automne 1934. C'était le vendredi 26 octobre, le soir, à six heures moins dix. Faustine rentrait du jardin pour dîner avec des pensionnaires, parmi lesquelles il y avait Imelda, Edzia, Ignasia, Małgosia i Jadwiga. Soudain, Sœur Faustine vit Jésus sous la même forme qu'elle L'avait vu à Płock et qui était représentée sur l'icône : « Les deux rayons qui sortaient de Son Cœur couvraient notre chapelle et l'infirmerie, puis toute la ville et ils se répandirent sur le monde entier » (PJ 87). Cela a duré environ quatre minutes. L'une des pensionnaires, Ignasia, vit aussi ces rayons, sans savoir pour autant d'où ils sortaient, car elle ne vit pas Jésus. Elle était tellement émue par le phénomène qu'elle en parla à ses compagnes. Celles-ci se sont moquées d'elle et lui ont dit qu'elle avait rêvé, que c'était sûrement la lumière d'un avion ou d'un phare. Ignasia n'était pas convaincue par ces hypothèses. Elle était sûre qu'elle n'avait jamais vu de sa vie une telle lumière. Elle en parla aussi à Sœur Faustine. Cette dernière ne pouvait pas lui dire qu'elle avait vu Jésus, mais elle lui confirma – probablement – qu'elle aussi avait vu ces rayons. Un mois plus tard, le 28 novembre 1934, dans la maison de Vilnius, on rédigea un rapport décrivant cet événement. Il fut signé par Sœur Faustine, Sœur Taida, qui l'avait rédigé, et Imelda, une des pensionnaires. La mère Krzyżanowska confirma la véracité des témoignages.

Lors d'une autre vision, probablement pendant une messe en novembre 1934, Sœur Faustine vit « deux rayons sortant de la très sainte hostie [...], l'un rouge, le second pâle. Et ils se reflétaient sur chacune des sœurs et des élèves, mais pas de la même manière. Sur quelques-unes ils se dessinaient à peine » (PJ 336). Une autre fois, elle a noté : « À un certain moment le soir, en entrant dans ma cellule, je vis le Seigneur Jésus exposé dans l'ostensoir, comme si c'était en plein air. Aux pieds de Jésus, je voyais mon confesseur et derrière lui un grand nombre des plus hauts dignitaires de l'Église [...] ; plus loin encore, je vis de grandes foules, que je ne pouvais embrasser du regard. Je voyais ces deux rayons sortant de l'hostie, les mêmes qui sont sur l'image, ils étaient étroitement unis, mais ne se confondaient pas, ils passèrent par les mains de mon confesseur, puis par les mains de ce clergé et, de leurs mains, à la foule, puis revinrent à l'Hostie » (PJ 344).

Faustine avait désormais plus de visions de Jésus, tel qu'Il était représenté sur le tableau, ou avec des rayons sortant du saint sacrement et se dispersant vers le monde entier. Jésus y montrait les relations existant entre son icône révélée à Faustine et l'Eucharistie en tant que source de la Miséricorde divine.

Jésus rappela aussi à la Sœur une autre demande formulée déjà pour la première fois pendant l'apparition à Płock, à savoir la création de la fête de la Miséricorde divine. « *Je désire que le premier dimanche après Pâques soit la fête de la Miséricorde* » (PJ 299), avait-elle entendu en 1934 à Vilnius. Jésus expliquait : « *Demande à mon fidèle serviteur de parler en ce jour au monde entier de ma grande miséricorde, que celui qui s'approchera ce jour-là de la Source de Vie obtiendra une totale rémission de ses péchés et de leurs châtiments. L'humanité ne trouvera pas la paix tant qu'elle ne se tournera pas avec confiance vers ma miséricorde. [...] Proclame que la miséricorde est le plus grand attribut de Dieu. Toutes les œuvres de mes mains sont couronnées de miséricorde* » (PJ 300-301).

L'ordre de proclamer et d'expliquer l'essentiel de la Miséricorde divine était adressé, par l'intermédiaire de Sœur Faustine, à l'abbé Sopoćko. C'est lui, une fois le tableau peint, qui devait maintenant reprendre l'exécution de la tâche : dévoiler la nouvelle icône de Jésus au public et propager le culte de la Miséricorde. L'abbé Sopoćko avait encore des doutes quant aux ordres de Jésus formulés à Faustine. Il dit à la Sœur que la fête de la Miséricorde divine existait déjà. Elle était célébrée le deuxième dimanche après la Pentecôte et avait été proclamée par le pape Pie IX en 1855. C'est pourquoi Faustine demanda à Jésus à quoi bon créer fête qui existait déjà. – « *Qui la connaît ?* avait-elle entendu en réponse. – *Personne. Et même ceux qui doivent proclamer et instruire les gens sur cette miséricorde, souvent, ne le savent pas eux-mêmes ; c'est pourquoi je désire que cette image soit solennellement bénie, le premier dimanche après Pâques, et qu'elle reçoive les honneurs publics, afin que chaque âme puisse la connaître* » (PJ 341), répéta Jésus.

En réalité, même si la fête de la Miséricorde divine est présente et louée dans la Bible, et que les gens s'y réfèrent dans leurs prières, la vérité de cet attribut de Dieu n'a jamais réussi à s'enraciner dans la conscience des catholiques. Elle n'a pas été suffisamment accentuée. On considérait Dieu comme un juge sévère et juste, et non miséricordieux. Cependant, la Miséricorde de Dieu est proclamée par les prophètes et louée dans les psaumes, notamment dans le psaume 51 sur le péché et le pardon. « L'Ancien Testament enseigne que la Miséricorde divine n'est pas supérieure à la justice de Dieu, mais qu'elle se réalise à travers le pardon des fautes et des péchés de l'homme et du peuple repentis qui reconnaissent leurs péchés et recommencent leur vie selon les commandements de Dieu », écrit l'abbé Henryk Ciereszko. Dieu a révélé la plénitude de la miséricorde envers l'homme dans Jésus Christ – dans son Incarnation et dans sa Rédemption. Dans de nombreuses paraboles, y compris celle du fils prodigue, Jésus a rappelé que Dieu est un bon Père qui attend les pécheurs repentis et reconnaissant leur péché et leur faute. Il veut leur pardonner et, en les soulevant de la chute, leur redonner la dignité. Dans le Sermon sur la Montagne, Jésus disait que la miséricorde n'était destinée qu'à des miséricordieux (« Heureux les miséricordieux, car ils obtiendront miséricorde ») et Il la pratiquait Lui-même par la guérison des malades mentaux et physiques. L'offrande de Jésus Dieu incarné sur la croix en tant que réparation des péchés des hommes confirme la miséricorde de Dieu envers l'homme et constitue son couronnement.

Dans ce contexte de l'Incarnation et de la Rédemption, la miséricorde divine était présente dans des discours des conciles, du Concile de Trente, et dans ceux des papes. Dans des anciens livrets de prière, il n'y avait pratiquement pas de prières particulières consacrées à la miséricorde de Dieu, sauf là, où des prières y faisaient référence. Selon les calculs de l'évêque Czesław Domin, dans le missel grégorien, on trouve quarante-sept passages qui évoquent la miséricorde Divine et vingt-sept qui parlent de Dieu miséricordieux. Dans le missel actuel, ces chiffres sont plus importants : la miséricorde divine y est référencée 81 fois, alors que Dieu miséricordieux, 57. D'après l'abbé Piotr Kreis, les formulaires des saintes messes sur la Miséricorde du Seigneur se trouvaient dans les missels de Cracovie des XVe et XVIe siècles, et le deuxième dimanche après Pâques était appelé « Dimanche de la Miséricorde du Seigneur ». De plus, à Cracovie, au carrefour des rues Smolensk et Felicjanek, il y a l'église de la Miséricorde Divine, qui a été construite au XVIIe siècle.

La miséricorde, à côté de l'amour, faisait aussi l'objet des réflexions des plus grands théologiens. Durant des siècles, on répétait d'après Saint Thomas d'Aquin que l'amour désire procurer du bien à autrui et la miséricorde supprimer le mal qui l'affecte. « Parmi toutes les vertus qui réfèrent au prochain, la miséricorde est la plus grande, parce que supprimer les défauts chez autrui est en soi-même quelque chose de plus sublime » – écrivait saint Thomas d'Aquin. Dans son encyclique *Dives in misericordia*, publiée en 1980, Jean-Paul II a présenté cette question d'une manière différente. Pratiquer la miséricorde consiste, selon lui, non à éliminer les défauts, mais à faire ressortir le bien enfoui sous des couches de mal. Il voit cela comme une valorisation, une élévation et comme le rétablissement de la dignité. Dans cette approche, la miséricorde ne se réfère pas à la pitié.

Le message proclamé au monde par Sœur Faustine a apporté une vision identique de la miséricorde divine et les théologiens l'ont considérée comme conforme à la Révélation de Dieu en Jésus Christ. Devant la secrétaire de la Miséricorde divine, Jésus dévoilait progressivement son mystère. Faustine l'a connu dans l'Incarnation, la Rédemption, dans l'acte même de la création pour l'avoir exprimé en une seule phrase dans le *Petit journal* : « La miséricorde est la fleur de l'amour. » Ailleurs, elle écrira aussi : « Dieu est amour et la miséricorde est Son acte, Il est conçu dans l'amour, Il se révèle dans la miséricorde » (PJ 651).

À Vilnius Jésus a précisément expliqué la mission qu'il avait confiée à Faustine : « *[T]a tâche et ton devoir sont d'implorer ici sur la terre, la miséricorde pour le monde entier. Aucune âme ne trouvera justification, tant qu'elle ne s'adressera pas avec confiance à ma miséricorde, et c'est pourquoi le premier dimanche après Pâques doit être la fête de la Miséricorde, et les prêtres doivent ce jour-là parler aux âmes de ma grande et insondable miséricorde* » (PJ 570). Instituer une fête de la Miséricorde divine était une tâche plus difficile que peindre le tableau. Ce n'était pas à la portée de Faustine. Pour accomplir la volonté de Dieu, elle ne pouvait qu'en parler à ses supérieures et à son confesseur, prier, faire des offrandes à cette intention. Elle-même célébrait cette fête le premier dimanche après Pâques, comme Jésus le lui avait ordonné, « par un recueillement intérieur et une mortification extérieure » (PJ 280). Elle priait donc pour la conversion des pécheurs, la miséricorde au monde entier et, comme mortification, elle portait pendant quelques heures une ceinture en crin.

Réclamant la création de la fête, Jésus rappela à Faustine de s'occuper de l'exposition du tableau en public. La Sœur a donc poussé l'abbé Sopoćko à mettre le tableau dans l'église. Mais celui-là a traîné à s'en occuper.

En novembre 1934, l'abbé Sopoćko fut nommé recteur de l'église Saint Michel appartenant aux sœurs bénédictines et située dans le centre historique de Vilnius. Il a déménagé au couvent qui était l'ancienne résidence de la famille Sapieha, offert aux sœurs avec l'église. L'abbé Sopoćko amena de la rue Rossa le tableau de Jésus Miséricordieux et le mit dans le couloir du couvent. Selon l'un des témoignages, il l'aurait accroché au mur ; selon un autre, il l'aurait placé de dos contre le mur. Dans une lettre de 1966, l'abbé Sopoćko informait le père Antoni Mruk que le tableau était accroché au mur dans le couloir du couvent. Le père Mruk – postulateur au procès de béatification de Faustine – reprochait en effet à Sopoćko d'avoir exposé le tableau pour la vénération publique sans la permission des autorités ecclésiastiques. Même si l'abbé Sopoćko était convaincu que le tableau n'était en rien contradictoire à l'Évangile, par le fait qu'il transmettait l'ancien message sous une nouvelle forme, il ne pouvait pas l'installer dans l'église sans l'autorisation de l'archevêque de Vilnius, Monseigneur Jałbrzykowski. Sopoćko était un peu gêné de s'adresser à l'évêque et « surtout de lui expliquer l'origine de ce tableau ». Après des années, il avouera : « Je n'étais pas pressé de l'installer dans l'église parce que j'étais encore en train d'examiner le dossier. »

Le désir de Jésus d'exposer le tableau en public n'avait pas encore été accompli, de même que la création de la fête de la Miséricorde divine, alors qu'en février 1935 Jésus avait révélé à Faustine une nouvelle forme du culte – proclamer la vénération de la Miséricorde. Par rapport à cette forme, Il avait formulé des promesses relatives à la vie future et terrestre. Sœur Faustine avait noté Ses paroles : « *Envers les âmes qui auront recours à ma miséricorde et envers celles qui glorifieront et parleront aux autres de ma miséricorde, j'agirai, à l'heure de leur mort, selon mon infinie miséricorde* » (PJ 379). Dans une autre apparition, Jésus lui avait dit que ces personnes ressentaient déjà Sa protection au cours de leur vie : « *Les âmes qui propagent la vénération de ma miséricorde, je les protège durant toute leur vie, comme une tendre mère son nourrisson, et à l'heure de la mort, je ne serai pas pour elles un Juge, mais le Sauveur miséricordieux* » (PJ 1075). Et Il avait promis aux prêtres qui parleront de la Miséricorde divine dans leurs homélies que celles-ci seraient particulièrement efficaces dans l'action de la conversion : « *Dis à mes prêtres que les pécheurs endurcis se repentiront à leurs paroles, lorsqu'ils parleront de mon insondable miséricorde, de la pitié que j'ai pour eux en mon cœur* » (PJ 1521).

Le 19 avril 1935, Vendredi saint, Sœur Faustine entendit à nouveau les paroles de Jésus : « *Je désire que cette image soit honorée publiquement* » (PJ 414). Encore avant Pâques, elle dit à l'abbé Sopoćko que Jésus était fâché contre lui et exigeait qu'il installe le tableau pour trois jours à la porte de l'Aurore pour clore la célébration du Jubilé des 1900 ans de la Rédemption. La fin des célébrations tombait le premier dimanche après Pâques. Quand l'abbé Sopoćko se demandait comment accomplir cette tâche, le téléphone sonna. C'était le curé de la paroisse de la porte de l'Aurore, l'abbé Stanisław Zawadzki, qui lui demanda de prêcher pendant trois jours de célébrations finales du Jubilé. L'abbé Sopoćko accepta à condition que le tableau de Jésus Miséricordieux soit installé, comme décoration, dans la porte de l'Aurore. L'abbé Zawadzki donna son accord.

C'est ainsi que le désir de Jésus a dû se réaliser. On peut supposer que la décision de l'abbé Sopoćko ait été influencée par quelques facteurs. Tout d'abord, depuis presque deux ans, Faustine venait se confesser chez lui et il était capable de mieux évaluer sa vie spirituelle. Il lisait le *Petit journal* dans lequel Sœur Faustine notait les ordres de Jésus et, en même temps, il examinait les écrits des grands théologiens et l'Évangile pour y repérer les attributs de Dieu dont ils parlaient. « Connaissant les ordres de Jésus – écrit l'abbé Henryk Ciereszko – en examinant le savoir révélé par rapport au mystère de la Miséricorde divine et en analysant la liturgie du premier dimanche après Pâques, il a dû remarquer la similitude entre le message liturgique de ce dimanche et la vérité de la Miséricorde divine. » Tout cela, mais aussi la suite de circonstances relatives à la proposition de prêcher dans la porte de l'Aurore la semaine suivant Pâques, l'ont mobilisé à agir. L'archevêque Jałbrzykowski, qui n'était pas alors à Vilnius, n'a pourtant pas été informé de l'exposition du tableau.

« Selon l'abbé Sopoćko, ce fait – écrit Ciereszko – était décisif pour l'attitude ultérieure, pas toujours favorable, de l'archevêque envers ses actions menées pour propager la vénération de la Miséricorde divine. »

L'exposition du tableau de Jésus Miséricordieux dans la porte de l'Aurore, l'endroit du culte le plus important non seulement à Vilnius, mais aussi, après Częstochowa, dans la Pologne entière, a dû procurer une grande joie à Sœur Faustine. Il est évident que le tableau n'a pas été installé à la fenêtre de la chapelle. Il n'a en aucune façon voilé l'icône miraculeuse de la Vierge Marie. Il fut accroché à gauche, à une fenêtre de la galerie du côté de l'église Sainte-Thérèse – et restera à cette place jusqu'au dimanche 28 avril. C'est dans cette église, quelques jours après l'installation du tableau de Jésus Miséricordieux, qu'a été placé le cœur du Maréchal Piłsudski, décédé le 12 mai 1935 à Varsovie. Son corps a été enseveli au château de Wawel et son cœur ramené à Vilnius. Un an plus tard, l'urne contenant le cœur du Maréchal et les restes de sa mère Maria Piłsudska, amenées de Suginty en Lituanie, ont été solennellement enterrés dans le tombeau commun au cimetière de Rossa.

Un passage mène de l'église Sainte-Thérèse à la galerie et, de là, l'escalier conduit à la chapelle de la Vierge Marie. Dernièrement, on a supprimé l'ancien escalier du XVIIIe siècle, lissé par les genoux des pèlerins qui, récitant le chapelet, se dirigeaient vers la Vierge Marie de la porte de l'Aurore. Cet ancien escalier a été remplacé par un autre, en faux marbre, ce qui a soulevé, à juste titre, des critiques de nombreuses personnes et institutions. Malheureusement trop tard.

Il est six heures du matin. Le rideau de la fenêtre de la porte de l'Aurore s'écarte doucement. Et de nouveau, comme hier, avant-hier et des dizaines, des centaines d'années plus tôt, l'icône de la Vierge Marie se montre. La face de celle qui, comme l'a écrit Adam Mickiewicz « brille dans la porte de l'Aurore ». De cet endroit, de la porte passant au-dessus de la rue Ostrobramska, Elle regarde depuis quatre siècles la ville et ses habitants. Ceux-ci ont vécu successivement la période prestigieuse de la république des Deux Nations, presque deux cents ans du gouvernement de la Russie tsariste, les répressions après la défaite de l'insurrection de janvier 1863 qui, au lieu de l'indépendance attendue, a apporté aux Polonais l'exil en Sibérie et la russification intensifiée des écoles et institutions, l'occupation des Allemands pendant la Grande Guerre et l'annexion à la Deuxième République polonaise en 1920, des années de développement économique dans l'entre-deux-guerres, interrompu par la Seconde Guerre mondiale qui déclenché l'extermination et enfin l'exode de la population polonaise. Après la guerre, jusqu'en 1990, Vilnius était la capitale d'une république de l'URSS. Au cours de cette période, la foi était combattue : les églises et les couvents qu'on fermait, étaient transformés en entrepôts, prisons, hôpitaux. Mais même les communistes n'ont pas osé toucher à l'icône de la Vierge Marie. Avec son vêtement doré, les yeux baissés, la Vierge Marie de la porte de l'Aurore croise les mains sur sa poitrine comme si elle embrassait tous ceux qui venaient chez elle dans ce temps heureux et tragiques, et qui viennent chez elle encore aujourd'hui.

La porte de l'Aurore[1], qui menait à Miedniki, est le seul vestige de l'ancienne enceinte de la ville de Vilnius. Au début, c'est-à-dire à partir du XVIe siècle, l'icône de la Vierge Marie se trouvait dans une niche de l'enceinte municipale. La première chapelle en bois au-dessus de la porte a été construite au XVIIe siècle. La chapelle actuelle, de style néoclassique, date de la première moitié du XIXe siècle. Un an et demi avant l'arrivée de Sœur Faustine à Vilnius, le 2 juillet 1927, l'icône de la Vierge Marie, rénovée, fut couronnée et reçut le titre de la Mère de la Miséricorde. Le Maréchal Józef Piłsudski, le président Ignacy Mościcki, le cardinal Aleksander Kakowski ont participé, entre autres, à cette cérémonie. Et en 1932, les changements relatifs à l'aménagement de la chapelle furent terminés. Sur les murs, on a pendu environ quatorze mille ex-voto offerts en remerciement des grâces accordées. Entre les fenêtres, en face de l'autel, on a placé l'ex-voto offert à Notre-Dame par Józef Piłsudski. L'inscription « Merci la Mère pour Vilnius » figure sur une plaque en argent. Jusqu'à la Seconde Guerre mondiale, à l'extérieur de la chapelle, sur les balustrades des fenêtres, il y avait trois armoiries : au milieu, les armoiries de Notre-Dame (elle y est jusqu'à aujourd'hui) ; à droite, il y avait les armoiries de la Pologne ; et à gauche, celle

1. *Ostra Brama* en polonais [ndt].

de la Lituanie. En 1933, quand Sœur Faustine est venue pour la deuxième fois à Vilnius, les inscriptions « la Mère de la Miséricorde » et « Sous Ta protection nous cherchons refuge », écrites en langue polonaise et traduites en latin pendant l'occupation russe, avaient été restituées.

C'était le 25 avril 1935, sept heures du soir. Le tableau de Jésus Miséricordieux avait déjà été accroché à la fenêtre du premier étage de la galerie la veille du triduum clôturant le Jubilé des 1900 ans de la Rédemption. Sœur Faustine a vu ce moment. Elle était parmi les personnes qui décoraient le tableau avec des couronnes de petites branches vertes. Personne ne voyait pourtant ce que voyait Faustine : « le vif mouvement de la main de Jésus, qui traça un grand signe de croix ». Le soir du même jour, alors qu'elle était déjà dans sa cellule, elle vit également « cette image survoler la ville et cette ville était tendue de réseaux et de filets. Quand Jésus passa, Il coupa tous les filets et à la fin, Il traça un grand signe de croix et disparut » (PJ 416).

Le tableau « était impressionnant », se rappelle l'abbé Sopoćko, pour qui cette œuvre retenait plus l'attention des gens que l'icône de la Vierge Marie.

La mère Borgia Tichy s'en souvient : « Les uns secouaient la tête, les autres haussaient les épaules sans comprendre le thème du tableau, d'autres encore admiraient les rayons doubles blancs et rouges sortant non du cœur mais de la tunique écartée. Si je comprenais bien, on considérait le tableau comme un nouveau modèle du tableau du Cœur de Jésus. Sans y attacher de l'importance, ils s'éloignaient. »

Le lendemain, le vendredi 26 avril, était une belle journée de printemps. Autour de la Porte de l'Aurore environ vingt mille personnes étaient réunies. La petite chapelle et la galerie ne pouvaient contenir que peu de personnes. La plupart étaient dehors dans une ruelle étroite, fermée du côté gauche par l'église Sainte-Thérèse et à droite par les maisons derrière lesquelles il y a, encore aujourd'hui, l'église orthodoxe des pères Basiliens avec la cellule de Konrad, décrite par Adam Mickiewicz dans la troisième partie de son œuvre majeure *Dziady*[1]. Dans la chapelle, la dernière messe clôturant le Jubilé de la Rédemption fut célébrée.

1. *Les Aïeux* [ndt].

L'abbé Sopoćko prêchait. Il parlait de la Miséricorde divine. Plus tard, il avouera qu'il ne se référait « pas aux expériences de Sœur Faustine ou au tableau, mais qu'il associait la Miséricorde divine à la rédemption ». Cependant Faustine a noté qu'avec le début de la conférence de l'abbé Sopoćko, « le tableau avait pris un aspect vivant et les rayons pénétraient dans les cœurs des personnes réunies, mais pas dans la même mesure : les uns en recevaient plus et d'autres moins ». Soudain elle entendit ces paroles : « *Tu es le témoin de ma miséricorde, tu vas te tenir pour l'éternité devant mon trône comme un vivant témoin de ma miséricorde* » (PJ 417). Pendant le retour au couvent, « un grand nombre de démons » entourait Faustine. Ils la menaçaient de terribles souffrances. Elle écrit : « Des voix se firent entendre : "Elle nous a ravi tout ce pour quoi nous avons travaillé pendant tant d'années." Lorsque je les ai questionnés : "D'où venez-vous en si grand nombre ?", ces personnages maléfiques me répondirent : "Des cœurs humains, ne nous tourmente pas." » (PJ 418). Cela eut de nouveau lieu au cours de la même journée et pendant les jours suivants. Elle avait des visions de Jésus comme Il était sur le tableau, avec des rayons de la Miséricorde qui se répandaient sur le monde entier.

Le tableau est resté dans la galerie d'Ostra Brama jusqu'au dimanche 28 avril. Sœur Faustine a noté : « À la fin de la cérémonie, le prêtre a pris le saint sacrement pour donner la bénédiction, alors j'ai vu Jésus exactement comme Il était représenté sur le tableau. Le Seigneur a accordé Sa bénédiction, et les rayons se sont répandus sur le monde entier. Soudain, j'ai vu une clarté impénétrable, qui a pris la forme d'un appartement en cristal, tissé de vagues de lumière inabordable pour les créatures et pour les esprits. Trois portes menaient à cette clarté. À ce moment-là, Jésus est entré, tel qu'Il est sur le tableau, dans cette clarté, – par la deuxième porte, à l'intérieur de l'unité. C'est une Triple Unité qui est inconcevable, l'infini. – Soudain, j'ai entendu une voix : *Cette fête est issue des entrailles de ma miséricorde et elle est confirmée dans les profondeurs de mon amour infini. Toute âme qui croit et a confiance en ma miséricorde, l'obtiendra* » (PJ 420).

« Kurier Wileński », l'un des principaux journaux de Vilnius, n'a écrit ni sur la cérémonie, ni sur l'exposition d'un tableau extraordinaire. Mais les en-têtes du journal ne laissaient aucun doute : le monde avait de plus en plus besoin de la miséricorde divine. L'édition du dimanche titrait en une : « Inquiétudes en Angleterre à cause de l'armement aérien de l'Allemagne », « Les Allemands construisent des sous-marins. » À l'intérieur de l'édition, on relatait la rencontre du mouvement néo-païen en Allemagne : « Dieu s'est révélé en la personne de Hitler. Mouvement néo-païen dans le Reich. »

Après la fin des cérémonies du Jubilé, l'abbé Sopoćko ramena le tableau de Jésus Miséricordieux dans le couvent des bernardines. Il le mit à nouveau dans le couloir. Sœur Faustine insista pour qu'il le place dans l'église. Le 20 juin 1935, le jour de la Fête-Dieu, l'abbé Sopoćko a montré le tableau au public pendant quelques heures. Il fut placé dans l'un des autels qui, pendant la procession eucharistique, était situé à proximité du couvent. Une fois la procession terminée, le tableau fut ramené dans le couloir.

Le 15 décembre 1935, Sœur Faustine nota d'autres paroles de Jésus : « *Dis à ton confesseur que cette image doit être exposée dans l'église, et non dans la clôture de ce couvent. Par cette image j'accorderai beaucoup de grâces aux âmes, que chaque âme ait donc accès à elle* » (PJ 570). L'abbé Sopoćko se justifiait avant tout par l'absence de l'autorisation de l'archevêque Jałbrzykowski. En réalité, il ne lui avait pas encore demandé cette autorisation parce qu'il avait peur de son refus. Néanmoins, en mars 1936, c'est-à-dire presque un an après l'exposition du tableau dans la porte de l'Aurore sans la permission de l'archevêque, il s'est décidé à pendre temporairement le tableau dans l'église Saint Michel. Il le plaça à droite de l'entrée. C'était le premier dimanche après Pâques. Quelques jours plus tard, Sœur Faustine est partie de Vilnius pour Varsovie. Le tableau est resté dans l'église jusqu'à la Fête-Dieu quand, à nouveau, il servit de décoration de l'autel pendant la procession eucharistique. Après, il fut placé dans la sacristie de l'église.

L'abbé Sopoćko s'était décidé à placer le tableau dans l'église parce qu'il était de plus en plus convaincu de la véracité des révélations de Sœur Faustine. Y était aussi pour quelque chose la réalisation de la prophétie de Faustine concernant un conflit avec les bénédictines, chez qui il logeait. Il s'agissait de questions financières.

Quand en janvier 1936, le conflit atteignit son apogée, l'abbé Sopoćko demanda à Sœur Faustine de prier pour lui. « À mon grand étonnement, les difficultés se sont dissipées en un clin d'œil le jour même », a-t-il dit.

En revanche, Sœur Faustine a écrit que, ce jour, elle s'était approprié toutes les souffrances de l'abbé Sopoćko et qu'elle en avait vécues beaucoup : des souffrances à la fois intérieures et extérieures. En peu de temps, elle dut affronter des méchancetés, des malveillances, de faux jugements et des humiliations, y compris, comme l'écrit l'abbé Witko, le fait suivant : « Pour la punir pour une faute qu'elle n'avait pas commise, la supérieure lui a ordonné de déjeuner par terre, et non à table, ce que Faustine a exécuté avec soumission. » Dans la chapelle, elle a pourtant commencé à pleurer et à se plaindre à Jésus. Elle a alors entendu : *« Ma fille, pourquoi pleures-tu, c'est toi-même qui t'es offerte à ces souffrances ; sache que ce n'est qu'une petite partie de ce que tu as accepté pour cette âme. Elle souffre bien plus encore »* (PJ 596). L'abbé Sopoćko fut étonné par le fait que Faustine lui ait raconté « avec une grande précision » la cause de ses ennuis. « Cette précision était très frappante, d'autant plus qu'elle-même ne pouvait pas connaître les détails. »

Le prêtre a été aussi fortement impressionné par ce qu'il a lu dans le *Petit journal* sur l'agonie du maréchal Józef Piłsudski. La Sœur n'a pas indiqué le nom de la personne, mais uniquement la date de sa mort : le 12 mai 1935. La description et les souvenirs de l'abbé Sopoćko permettent pourtant de savoir nettement de qui il s'agit. La Sœur avait écrit : « Puis, je vis une âme qui se séparait du corps dans de terribles supplices. Ô Jésus, lorsque je dois écrire ceci, je frémis à la vue de ces atrocités qui témoignent contre elle… Je voyais des âmes de petits enfants et de plus grands, vers les 9 ans, qui sortaient d'une sorte de gouffre boueux ; ces âmes étaient répugnantes et dégoûtantes, semblables aux plus horribles monstres et à des cadavres en décomposition, mais ces cadavres étaient vivants et témoignaient à haute voix contre cette âme agonisante ; et l'âme que je voyais en agonie était une âme qui avait reçu de grands honneurs et les applaudissements du monde et dont la fin est le vide et le péché. Enfin une femme est sortie, elle tenait des larmes, comme dans un tablier et elle témoignait avec force contre lui. Ô heure terrible où il faut voir toutes ses actions dans leur nudité et leur misère, aucune d'elle ne périra, elles vont nous accompagner fidèlement jusqu'au jugement de Dieu. Je n'ai pas de mots ni de comparaisons pour exprimer des choses aussi terribles, et bien qu'il me semble que cette âme ne soit pas condamnée, cependant ses supplices ne diffèrent en rien des supplices de l'enfer, il y a seulement cette différence qu'ils finiront un jour » (PJ 425-426).

L'abbé Sopoćko se rappelait la réponse de Sœur Faustine quand il lui avait demandé comment le jugement de cette personne s'était terminé : « Je crois que la miséricorde Divine a gagné grâce à l'intercession de la Vierge Marie. » Dans son livre *Dziurawy kajak i Boże Miłosierdzie*[1] Jan Grzegorczyk a justement remarqué que Faustine ne pouvait probablement pas aider l'agonisant par la prière, parce qu'elle ne connaissait pas encore le chapelet à la Miséricorde divine dont le texte ne lui a été dicté par Jésus qu'un an plus tard.

Grâce à ses visions intérieures, Faustine savait que Dieu aimait son confesseur. Elle avait vu la Vierge Marie le protéger avec son manteau. Une autre fois, quand il célébrait la messe devant l'icône de la Vierge Marie dans l'église Saint-Michel, elle vit Marie se pencher vers lui et lui dire : « Courage, mon fils, courage, mon fils » (PJ 597). Elle lui dit encore quelque chose, mais la Sœur ne l'entendit pas. Quand elle demanda à l'abbé Sopoćko ce que la Mère de Dieu lui avait dit, celui-ci, étonné, lui répondit qu'elle ne lui avait rien dit. Mais il a rapidement ajouté que, pendant cette messe, il avait trouvé la réponse à une question.

Sœur Faustine savait que la question du culte de la Miséricorde divine, dans laquelle l'abbé Sopoćko s'engageait de plus en plus, était et serait la raison de ses grandes souffrances. En 1935, elle a noté : « je perçus intérieurement, plus vite que dans un éclair, son âme en proie à une grande souffrance, à un supplice tel que rares sont les âmes que Dieu touche d'un pareil feu. Cette œuvre en était la cause. Un jour viendra où cette œuvre tant recommandée par Dieu paraîtra presque totalement détruite – et alors Dieu commencera à agir avec une grande force qui témoignera de sa vérité. Cette œuvre donnera une nouvelle splendeur à l'Église, bien qu'elle y existe depuis longtemps déjà. Personne ne peut nier que Dieu est infiniment miséricordieux ; Il désire

1. *Un canoë-kayak troué et la Miséricorde divine* [ndt].

que tout le monde le sache, avant qu'il ne revienne comme Juge, Il veut que les âmes Le connaissent d'abord comme Roi de miséricorde. Quand viendra ce triomphe, nous serons déjà dans cette vie nouvelle où il n'y a plus de souffrance, mais avant cela, 'ton âme sera abreuvée d'amertume devant l'anéantissement de tes efforts.' Cependant cet anéantissement ne sera qu'apparent, car Dieu ne change pas ce qu'Il a une fois décidé ; mais bien que l'anéantissement ne soit qu'apparent, pourtant la souffrance sera bien réelle. Quand cela arrivera-t-il – je ne le sais pas ; combien de temps cela durera-t-il – je l'ignore » (PJ 378).

Après le départ de Sœur Faustine de Vilnius en mars 1936, l'abbé Sopoćko commença à réfléchir sérieusement sur la question de la Miséricorde divine. Il cherchait dans les écrits des Pères de l'Église la confirmation que la Miséricorde était le plus grand attribut de Dieu, ce qui était essentiel dans les visions de Faustine et qu'il n'avait pas trouvé chez des théologiens contemporains. « C'est avec une grande joie que j'ai trouvé des expressions pareilles chez saint Fulgence d'Astigi, saint Ildefonse de Tolède, et surtout chez saint Thomas d'Aquin et chez saint Augustin ; ce dernier, en expliquant les psaumes, s'attardait longuement sur la Miséricorde divine en l'appelant le plus grand attribut de Dieu. Alors, je n'ai eu plus de doutes quant aux révélations surnaturelles de Sœur Faustine », a-t-il dit, se souvenant de cette période de recherches. Il a aussi affirmé avec obéissance : « Il y a des vérités que l'on connaît, dont on entend parler et dont on parle souvent, mais que l'on ne comprend pas. Il en était de même pour moi, en ce qui concerne la vérité sur la Miséricorde divine. Tant de fois je mentionnais cette vérité dans les conférences, j'y pensais pendant les retraites, je la répétais dans les prières de l'Église, surtout dans les psaumes, mais je ne comprenais pas la signification de cette vérité et je n'entrais pas dans son contenu, à savoir qu'elle était un attribut suprême de l'activité de Dieu à l'extérieur. Il aura fallu qu'une simple religieuse, guidée par une intuition, m'en parle brièvement. Elle me le répétait souvent, en me poussant à examiner, à étudier cette vérité et à y réfléchir fréquemment. Je ne peux pas répéter ici, ou plutôt rapporter les détails de notre entretien, mais je mentionne de manière générale que, tout au début, je ne savais pas trop bien de quoi il s'agissait. J'écoutais, je doutais, je me posais des questions, j'examinais, j'interrogeais les autres. Ce n'est que quelques années plus tard que j'ai compris l'importance de cette œuvre, la grandeur de cette idée et je me suis persuadé moi-même de l'efficacité de ce culte vivifiant et ancien, c'est vrai, mais négligé et nécessitant donc d'être renouvelé à notre époque. »

Une fois ses doutes dissipés, l'abbé commença à prêcher la Miséricorde divine, à rédiger des brochures, à écrire des articles sur ce thème pour des journaux et revues théologiques « justifiant scientifiquement et liturgiquement le besoin d'instituer la fête de la Divine Miséricorde, le premier dimanche après Pâques ». La première brochure, intitulée *Miséricorde divine*, avec l'icône de Jésus du tableau de Kazimirowski sur la couverture, fut publiée en juin 1936. Sœur Faustine se réjouissait beaucoup de cette publication. L'abbé Sopoćko envoya les brochures aux évêques réunis en Conférence plénière de l'épiscopat à Częstochowa, mais il n'eut aucune réponse. En juillet 1937, pendant le Congrès Mariologique à Vilnius, il formula un postulat disant qu'il fallait adresser une demande au Saint-Siège pour instituer, le premier dimanche après Pâques, la fête de la Miséricorde divine. Les mariologues appuyèrent la proposition, mais l'archevêque Jałbrzykowski s'y opposa. L'abbé Sopoćko ne cessa pas ses efforts pour autant ; il en parla, entre autres, à Filippo Cortesi, le nonce apostolique en Pologne, mais sans résultat. Enfin il s'adressa à l'archevêque Jałbrzykowski, qui était sceptique envers les révélations de Sœur Faustine, pour lui demander la permission d'accrocher le tableau de Jésus Miséricordieux dans l'église Saint-Michel. C'était le 1er avril 1937. L'archevêque Jałbrzykowski, étant le premier gouverneur de la métropole de Vilnius, créée en 1926, ne voulait pas prendre la décision tout seul. Il convoqua la commission dirigée par l'abbé Adam Sawicki, le chancelier de l'archevêché. Le 2 avril 1937, la commission examina le tableau et émit une opinion favorable. L'archevêque permit à l'abbé Sopoćko de mettre le tableau de Jésus Miséricordieux dans l'église Saint-Michel, mais à condition de ne pas l'installer dans l'autel et de ne révéler à personne son origine. Il en fut ainsi. Le 4 avril, le premier dimanche après Pâques, le tableau fut béni et installé dans l'église, à gauche de l'autel principal.

C'est ainsi que s'est réalisé, après six ans, le désir de Jésus relatif au tableau : le tableau a été peint, béni et exposé pour être vénéré publiquement.

***

Aujourd'hui dans l'église Saint-Michel, il n'y a plus le tableau de Jésus Miséricordieux, ni même une copie. L'église, située dans l'impasse Saint-Michel, à proximité des églises Sainte-Anne et celle des pères bernardins, n'assume plus ses fonctions religieuses. Dévasté après la guerre, le bâtiment a été rénové, mais à la place de l'église, il y a là un musée d'architecture. Le tableau, de même que l'église, la ville et ses habitants ont connu une histoire tourmentée. En décembre 1940, Monseigneur Jałbrzykowski, qui n'était pas partisan du culte de la Miséricorde divine, a ordonné d'enlever les ex-voto entourant en grand nombre le tableau et de le déplacer sur un mur latéral. Cela n'a pas arrêté le développement du culte et – comme l'a écrit l'abbé Witko – l'archevêque a été obligé de s'occuper à nouveau de l'icône de Jésus. En 1941, il a convoqué une commission pour évaluer et conserver la toile. En mai, trois experts (un historien de l'art, un théologien et un conservateur) ont constaté que « le tableau présentait des valeurs artistiques et constituait un acquis précieux de l'art religieux contemporain ». En 1942, il a regagné son ancien endroit, à côté de l'autel principal. Il y est resté jusqu'en 1948.

Trois ans plus tôt, en février 1945, pendant la conférence de Yalta, trois puissances – les États-Unis, la Grande-Bretagne et l'Union soviétique – décidèrent de la répartition des zones d'influence en Europe. Les territoires de l'est de la Pologne, avec Vilnius et Lviv, furent rattachés à l'URSS. À Vilnius, comme sur tout le territoire offert aux communistes, la lutte contre la religion commença. On supprima tous les couvents et la plupart des églises, en les transformant en musées, dépôts, hôpitaux, prisons. À peine six églises catholiques fonctionnaient à Vilnius après la guerre, alors qu'avant il y en avait vingt. En 1948, les communistes mirent le couvent des bernardines en liquidation. Les sœurs furent déportées et l'église Saint Michel fut fermée. L'ameublement de l'église fut transféré dans l'église du Saint Esprit, rue

Dominikańska, qui fonctionnait encore. Selon l'une des versions, qui paraît la plus probable, le tableau de Jésus Miséricordieux y a été aussi transféré. D'après une autre version, c'est-à-dire d'après les souvenirs de Janina Rodziewicz-Stefanowska, habitante de Vilnius, deux ans après la fermeture de l'église Saint-Michel, soit en 1950, le tableau de Jésus Miséricordieux était encore accroché dans son intérieur sombre et vide. Janina et sa collègue lituanienne, Jadwiga Starajte, ont payé un ouvrier liquidant les restes de l'ameublement de l'église et ont emporté le tableau, ou bien la toile après l'avoir enroulée. Les femmes l'ont cachée jusqu'à 1955, année où elles l'ont remise à l'abbé Jan Ellert, curé de l'église du Saint-Esprit, qui a déposé la toile dans le débarras. Peu de temps après, l'information sur le lieu de dépôt de la toile est parvenue à Sopoćko qui, depuis 1947, habitait en Pologne à Białystok. Cependant d'après les sœurs de la congrégation des Sœurs de Jésus Miséricordieux, leur fondateur – l'abbé Sopoćko – a appris la nouvelle du tableau un an plus tard, en 1956. Cette information lui sera transmise par l'abbé Józef Grasewicz qui, après avoir quitté la prison soviétique, était revenu à Vilnius. Grasewicz connaissait bien le tableau de Jésus Miséricordieux, car, avant la guerre, il habitait au couvent des sœurs bernardines et il était voisin de l'abbé Sopoćko. Il découle des informations réunies par l'abbé Witko que Sopoćko a voulu faire venir la toile en Pologne et la donner à la chapelle du couvent de Łagiewniki. On a élaboré un plan de transport clandestin de la toile par la frontière polono-soviétique. On a payé un douanier et on a trouvé une personne prête à transporter le tableau en Pologne. L'abbé Sopoćko a attendu du côté polonais à l'endroit et l'heure fixés. Mais ce transport n'a jamais été réalisé. « La personne convenue qui devait transporter le tableau de la Miséricorde divine n'est pas arrivée. Elle a avoué plus tard : 'je ne pouvais pas le ramener, parce que je pensais commettre un sacrilège' », – écrit Witko. Il décrit aussi en détail l'histoire ultérieure du tableau.

En automne 1956, le tableau se retrouva dans une église en bois dans le village de Nowa Ruda, pas loin de Grodno en Biélorussie. Il y avait été ramené par l'abbé Józef Grasewicz qui proclamait dans la paroisse le culte de la Miséricorde divine. Un an plus tard, en 1957, il fut révoqué de Nowa Ruda. Il n'a pourtant pas réussi à emporter le tableau avec lui. La paroisse était privée de curé, mais les fidèles n'arrêtaient pas de fréquenter l'église et de prier devant le tableau de Jésus Miséricordieux auquel ils étaient très attachés. En 1970, les autorités ont fermé l'église de Nowa Ruda. L'ameublement de l'église fut transféré dans l'église voisine de Porzecze, mais le tableau n'en faisait pas partie. Il était encore accroché très haut, au mur séparant le presbyterium de la nef, et les ouvriers n'avaient pas d'échelle suffisamment longue pour l'enlever. Il est donc resté à Nowa Ruda, mais il risquait d'être détruit à tout moment. Les communistes voulaient aménager un entrepôt dans l'église, ce que les femmes des villages voisins leur ont empêché de faire au péril de leur vie. Elles aussi venaient en cachette dans l'église abandonnée pour prier devant le tableau de Jésus Miséricordieux. Cela a duré plusieurs années.

Ce n'est qu'en automne 1986 que l'abbé Grasewicz a réussi à organiser le transport du tableau à Vilnius. L'action fut bien préparée. Elle devait être réalisée en toute discrétion, parce que les habitants n'auraient pas volontairement rendu le tableau et les autorités, après avoir découvert la tentative d'exportation, auraient pu le détruire. Tout s'est passé de nuit. Plusieurs personnes entrèrent discrètement dans l'église abandonnée de Nowa Ruda, montèrent au grenier, décrochèrent le tableau et mirent une copie à la place. Le tableau original a été transporté par Grasewicz à Vilnius. Il le déposa dans l'église du Saint-Esprit, car les saintes messes étaient célébrées ici uniquement en polonais. L'abbé Aleksander Kaszkiewicz, l'actuel évêque de Grodno, était le curé de la paroisse à l'époque. Ainsi, après trente ans, le tableau est revenu dans la ville où il avait été créé. Il a été placé dans l'autel latéral, à droite de l'autel principal, là où se trouve actuellement sa copie. La migration du tableau ne sera pas finie pour autant.

Quand en 1986 le tableau est revenu à Vilnius, il était sérieusement endommagé. Avant de l'exposer au public, il a dû être soumis à des travaux de conservation. Les religieuses de la congrégation des Sœurs de Jésus Miséricordieux ont été pourtant d'avis que ces travaux avaient été réalisés avec beaucoup de négligence : « Les parties endommagées ont été couvertes d'une couche nouvelle de peinture. Ce procédé a considérablement changé l'expression du visage de Jésus. Sur le tableau, on a fait figurer en rouge l'inscription JÉSUS, J'AI CONFIANCEN TOI. De plus, pour adapter le tableau à la niche située dans le retable, le bas de la toile a été replié et, en haut, on a ajouté une partie complémentaire de forme ovale. Ces retouches n'étaient pas conformes à la composition artistique du tableau réalisée par le professeur Kazimirowski, avec la participation de Sœur Faustine et de l'abbé Sopoćko. Cette intervention brutale a, d'une manière importante, diminué la valeur artistique initiale de l'œuvre. » En 2003, on a à nouveau soumis le tableau à la rénovation qui, comme l'écrivent les sœurs, a rétabli l'aspect initial de la figure de Jésus : « On a enlevé du tableau toutes retouches inutiles, on a réparé les dommages, on a supprimé les taches dues à l'humidité ou à des essais malhabiles de nettoyage à l'aide des produits chimiques. »

Depuis le retour du tableau à Vilnius, le culte de la Miséricorde divine a recommencé à se développer avec une nouvelle force. En septembre 1993, c'est-à-dire quelques mois après la béatification de Sœur Faustine, le pape Jean-Paul II a prié devant le tableau de Jésus Miséricordieux à Vilnius. Cela faisait partie du pèlerinage papal dans les pays baltes qui, en 1990, après la dislocation de l'URSS, sont redevenus indépendants. Dans l'église du Saint-Esprit, le pape s'est réuni avec quelques milliers de Polonais. Il les a invités, de même que les Lituaniens, à coopérer, « à s'écouter mutuellement, pour faire ainsi grandir en eux la foi unique, la même espérance et l'amour unifiant tout ». Ces paroles resteront actuelles quelques années plus tard, lorsque se produiront des tensions entre des catholiques polonais et lituaniens à cause du transfert du tableau de Jésus dans une autre église – transfert décidé par le cardinal Audrys Juozas Bačkis, le métropolite de Vilnius. Ce sera après le pèlerinage de Jean-Paul II en Pologne en août 2002, où le pape prononcera l'acte de consécration du monde entier à la Miséricorde divine. Le cardinal prendra alors la décision de transférer le tableau de l'église du Saint-Esprit dans l'église voisine de la Sainte-Trinité pour y créer le Sanctuaire de la Miséricorde Divine. La décision a été proclamée le 14 mars 2004. Une semaine plus tard, le 22 mars, le curé de la paroisse du Saint-Esprit, Mirosław Grabowski et l'évêque Juozas Tunaitis ont signé le document relatif au transfert du tableau au Sanctuaire de la Miséricorde divine.

Mais le transfert n'a pas eu lieu. Les paroissiens de l'église du Saint-Esprit ont annoncé qu'ils ne rendraient pas le tableau. Ils le surveillaient jour et nuit. Ils réunissaient des signatures et envoyaient des lettres et des pétitions aux évêques. Ils ont même envoyé une délégation au Vatican. Ils argumentèrent que l'église de la Sainte-Trinité, dix fois plus petite que l'église du Saint-Esprit, était trop exiguë pour devenir sanctuaire. Ils prouvaient que, jusqu'alors, le culte de la Miséricorde divine se développait exclusivement dans l'église du Saint-Esprit, visitée par un grand nombre de pèlerins. Les offices à la Miséricorde divine n'étaient célébrés dans aucune autre église de Vilnius. Il n'y avait même pas de copie du tableau de Jésus Miséricordieux. Interpellé par les deux parties du conflit, Jean-Paul II a laissé le cardinal Bačkis le résoudre.

Il faut dire ouvertement que le conflit était de nature nationale. Les Polonais considéraient le tableau comme un bien national, comme le remarque justement Jan Grzegorczyk. Selon eux, si un peintre polonais l'avait peint selon les visions d'une mystique polonaise, il devait alors rester dans l'église polonaise. Cependant, le cardinal Bačkis désirait, à travers le changement de lieu et de milieu, donner au culte de la Miséricorde divine un caractère extranational et universel aussi bien à Vilnius que dans toute la Lituanie. De temps en temps, non seulement en Lituanie où cela prend un aspect historique, mais aussi à l'Ouest, il est possible d'entendre la question : pourquoi les couleurs des rayons sortant du cœur de Jésus, qui est apparu à la mystique polonaise, correspondent aux couleurs nationales de Pologne ? La réponse d'après laquelle un des rayons est rouge comme le sang, et que l'autre n'est pas blanc mais pâle comme l'eau, n'est pas toujours convaincante.

Les protestations des Polonais de l'église du Saint-Esprit ont duré dix-sept mois. Finalement, le matin du 28 septembre 2005, le tableau a été enlevé de l'église par la force. « La Miséricorde arrachée avec violence », pouvait-on lire le lendemain à la une de *Kurier Wileński*.

Plusieurs années se sont écoulées depuis ce jour. Dans l'étroite église de la Sainte-Trinité, composée d'une nef et d'une abside mise légèrement en avant, on y entre directement du trottoir de la rue Dominikańska. À travers la deuxième porte en verre, séparant le porche de la nef, on voit le tableau de Jésus Miséricordieux peint par Eugeniusz Kazimirowski. Il est placé dans l'autel de marbre blanc. À sa droite, on voit une fresque contemporaine présentant l'icône de la Vierge Marie de la porte de l'Aurore – la Mère de la Miséricorde. À gauche – les inscriptions en différentes langues. En polonais : « *Jezu, ufam Tobie* » et en lituanien : « *Jezau, pasitikiu Tavimi* ». L'histoire de l'église a été très agitée depuis le XVIe siècle, depuis qu'elle fut fondée par Ulrych Hozjusz, le père du cardinal Stanislas, et que le roi Sigismond Ier le Vieux fonda un hôpital à côté. Elle changeait de propriétaires, était rebâtie, servait d'entrepôt pendant la période soviétique. Mais ici aussi, l'histoire est revenue à son point de départ. Après la guerre, juste avant la fermeture de l'église, pendant un an, de 1946 à 1947, l'abbé Sopoćko y célébra des messes.

***

Sœur Faustine a dû être heureuse que, après de nombreuses difficultés, le tableau de Jésus Miséricordieux, comme Jésus le désirait, soit exposé en public. Mais elle a vite compris que ce n'était pas la fin des tâches que Jésus lui avait désignées.

Un mois ne s'était même pas écoulé depuis cet événement qu'en mai 1935, elle entendit intérieurement des paroles qui lui firent peur : « *Tu prépareras le monde à mon ultime venue* » (PJ 429). Faustine n'a pas noté ce que cela signifiait concrètement. Ni à ce moment-là, ni les jours suivants. Il résulte de ses notes qu'elle cherchait à étouffer cette voix en elle-même, à éviter les entretiens avec Dieu, à feindre le manque d'attention et, avant tout, à se montrer incapable d'assumer la nouvelle tâche. L'abbé Sopoćko ne lui permit pas d'éviter la conversation intérieure avec Dieu, mais elle ne lui avait pas non plus dit au début quelle était la nouvelle demande de Jésus. Le 9 juin 1935, le jour de la Pentecôte, elle a noté : « *Tu vas t'efforcer par la prière avec tes compagnes d'obtenir la miséricorde pour toi-même et pour le monde.* » Plus loin, elle a écrit : « J'ai compris que je ne resterais pas dans la congrégation où j'étais maintenant » (PJ 435). Mais elle ne révélera pas encore tout dans le *Petit journal*. Ce n'est que le 29 juin 1935, plus d'un mois après les premières notes concernant cette question, sous l'influence de l'entretien avec l'abbé Sopoćko, qu'elle l'expliquera : « Voilà ce secret : Dieu exige qu'il y ait une congrégation qui annoncera Sa miséricorde au monde et qui par ses prières l'obtiendra pour le monde » (PJ 436). Elle notera aussi ces paroles de Jésus : *« Je désire qu'une telle congrégation existe. »*

Quitter la congrégation pour en créer une autre paraissait à Faustine une tâche impossible à assumer : « je répétais constamment au Seigneur : Je ne suis pas capable d'accomplir Tes desseins, ô Dieu. Cependant, chose curieuse, Jésus ne faisait pas attention à mes appels, mais Il m'éclaira et me fit comprendre combien cette œuvre Lui était agréable, Il ne tenait pas compte de ma faiblesse mais il m'a fait connaître combien j'aurai de difficultés à surmonter » (PJ 437).

Faustine savait que cette nouvelle tâche dépassait ses moyens. Elle était consciente de ses propres limites : elle était religieuse du second chœur, sans instruction, sans ressources financières, malade. Il devait lui paraître incompréhensible que le Seigneur veuille qu'elle quitte la congrégation à laquelle Il l'avait conduite et où Il lui avait ordonné de rester, quand elle avait voulu la quitter au début de son parcours monastique. Son effroi ne surprend donc pas, bien au contraire. Comme réponse, elle a entendu un jour : *« Est-ce que je ne vais pas t'aider comme je l'ai fait jusqu'à présent ? Répète chacune de mes exigences à ceux qui me remplacent sur la terre et fais seulement ce qu'ils t'ordonneront »* (PJ 489). Elle a donc obéi aux instructions de Jésus.

Au début, l'abbé Sopoćko se montrait distant à tout ce que Faustine racontait de la nouvelle congrégation. Il voulait mieux connaître la question. Il avouera même avoir pensé qu'il s'agissait d'une tentation. En même temps, il ordonnait à Sœur Faustine de se laisser soumettre à la volonté de Dieu et disait que Dieu pouvait réaliser ses projets par l'intermédiaire des personnes les plus malhabiles. L'archevêque Jałbrzykowski, à qui Faustine avait révélé la demande de Jésus pendant la confession en septembre 1935, lui conseillait non seulement de ne pas quitter la congrégation, mais aussi de ne pas prendre en compte ces pensées. La mère supérieure de la maison de Vilnius, Borgia Tichy, était aussi contre les intentions de Faustine. La mère générale, Michaela Moraczewska, informée par Faustine sur la question pendant son séjour à Vilnius, exprima un doute, voulant savoir

« si cette pensée venait effectivement de Dieu et si la Sœur avait correctement compris cette inspiration ». C'est pourquoi elle lui conseilla de « prier, réfléchir et attendre ». Il en était de même pour le père Andrasz que Faustine avait rencontré pendant la retraite de huit jours à Cracovie, en octobre 1935, et qui lui dit : « Ne vous précipitez donc pas, ma sœur, tant que vous n'aurez pas de connaissance plus précise. Les œuvres de Dieu se font lentement ; si elles sont de Dieu, vous les reconnaîtrez avec netteté, sinon, elles échoueront » (PJ 506).

Cependant, Jésus pressait Sœur Faustine d'agir : « Il me dit qu'Il exige *qu'une telle congrégation soit fondée au plus tôt – et tu vas y vivre avec tes compagnes. Mon esprit sera la règle de votre vie. […] Par tes prières, tu vas être l'intermédiaire entre la terre et le ciel* » (PJ 438). Quelques mois plus tard, elle entendra encore : « *Ton but et celui de tes compagnes est de vous unir à moi le plus étroitement possible par l'amour, tu vas réconcilier la terre et le ciel, tu vas adoucir la juste colère de Dieu et tu vas obtenir par la prière, la miséricorde pour le monde* » (PJ 531).

La question de la création d'une nouvelle congrégation préoccupera désormais les pensées et le cœur de Faustine, et ce jusqu'à la fin de sa vie, soit jusqu'en 1937. Pendant cette période, elle vivra soit des moments de doute, soit des sursauts de courage et de volonté d'agir. Ce qu'elle a alors vécu de plus important, c'est la purification de sa propre volonté et la soumission totale à la volonté de Dieu, et même plus, – à ce que Dieu en dispose selon ses projets. Il faut se hisser à la sainteté. Faustine essayait d'y parvenir aussi et, après un certain moment, elle écrira : « Je compris que toute tendance à la perfection et toute sainteté consistent à accomplir la volonté de Dieu. Le parfait accomplissement de la volonté divine, c'est la maturité dans la sainteté, ici il n'y a place pour le doute. Recevoir la lumière de Dieu, savoir ce que Dieu veut de nous et ne pas le faire, est un grand outrage envers la majesté divine » (PJ 666).

Absorbée de l'extérieur par la question de l'exposition du tableau en public et celle de la fondation d'une nouvelle congrégation, à l'intérieur, Sœur Faustine était en communion de plus en plus intime avec Dieu. Elle vivait dans son âme des états d'une union mystique de plus en plus profonde avec Lui. Selon l'abbé Stanisław Urbański, cette étape, que la mystique appelle les fiançailles spirituelles, a commencé chez Faustine au début de 1933 et a duré jusqu'en 1937, ce qui correspond aux dates de son séjour entier à Vilnius. Les fiançailles spirituelles signifient que les états d'union avec Dieu sont plus durables et plus longs.

« Souvent, pendant la sainte messe, je vois le Seigneur en mon âme, je sens Sa présence qui me transperce. Je sens Son divin regard, je parle beaucoup avec Lui, sans dire un mot, je sais ce que désire Son divin Cœur, et j'accomplis toujours ce qui Lui plaît le plus. Je L'aime à la folie et je sens que je suis aimée de Dieu », a-t-elle écrit le 21 mars 1935. Elle ajoute : « Dans les moments où je Le rencontre dans les profondeurs de mon intérieur, je me sens si heureuse que je ne puis l'exprimer. Ce sont de courts instants, car l'âme ne pourrait les supporter plus longtemps, la séparation d'avec le corps devrait suivre. Même si ces moments sont très courts, la puissance qui se communique à l'âme s'y prolonge très longtemps. Sans le moindre effort, je sens un profond recueillement qui s'empare alors de moi ; il ne diminue pas, même si je parle avec des gens, il ne me dérange pas non plus dans l'accomplissement de mes devoirs. Je sens la continuelle présence de Dieu, sans aucun effort de l'âme, je sens que je suis unie à Dieu aussi étroitement que la goutte d'eau à l'insondable océan » (PJ 411).

Pendant l'été 1935, Faustine a remarqué avec étonnement que tout ce que l'abbé Sopoćko lui avait dit sur « l'union avec Dieu et des obstacles de cette étroite union », elle le vivait effectivement dans son âme et entendait Jésus le lui dire dans la profondeur de son cœur : « La perfection consiste en cette étroite union à Dieu » (PJ 457).

En juin 1935, Faustine a physiquement vécu un événement mystique, à savoir le transpercement de son cœur par le rayon pâle qui est sorti « de cette clarté », comme elle l'appelait, Dieu-Sainte Trinité. C'était pendant la messe. Tout d'abord, Jésus lui apparut, ensuite elle entendit les paroles concernant sa mission et, au moment de la sainte communion, le Christ « d'une beauté indescriptible » disparut. De la grande clarté un rayon lumineux sortit transperçant son cœur comme une flèche. « Un feu singulier s'est allumé dans mon âme. Je pensais que j'allais mourir de joie et de bonheur. Je sentais que mon âme se détachait de mon corps, je me sentais complètement plongée en Dieu », écrira-t-elle. Faustine avait vécu une extase mystique : « Frémissante de bonheur dans les bras du Créateur, je sentais qu'Il me soutenait Lui-même pour que je puisse supporter l'immensité de ce bonheur et contempler Sa majesté. Je sais maintenant que s'Il ne m'avait pas fortifiée d'avance par Sa grâce, mon âme n'aurait pu supporter ce bonheur et que la mort aurait suivi un instant après. »

Ludmiła Grygiel remarque que la sculpture du Bernin représentant l'extase de sainte Thérèse d'Ávila aurait pu être une belle illustration de cette expérience « s'il n'y avait pas eu ce geste inhabituel dans la vie des mystiques, geste chaleureux de Dieu le Père » envers Sœur Faustine, qui l'avait soutenue en vie. Sœur Faustine a décrit les résultats de cette sensation mystique : « La sainte messe finit je ne sais quand, car il n'était pas en mon pouvoir de faire attention à ce qui se passait dans la chapelle. Cependant, quand je repris mes sens, je sentis que j'avais la force et le courage d'accomplir la volonté divine, rien ne me semblait difficile et, tandis qu'auparavant je m'excusais devant le Seigneur, maintenant, [je ressentais] en moi le courage et la force du Seigneur qui vit en moi » (PT 439). Quelques mois plus tard, en septembre 1935, dans l'acte d'union mystique pendant la sainte messe, elle a connu « plus distinctement qu'auparavant les Trois Personnes Divines : le Père, le Fils et le Saint-Esprit. Cependant leur existence est une, ainsi que leur égalité et leur majesté. [...] Quiconque est uni à l'une de ces Trois Personnes est par là même uni à la Sainte Trinité en son ensemble, car Leur unité est indivisible ». Faustine a souligné, comme dans bien d'autres cas d'ailleurs, qu'elle n'était pas capable de l'exprimer avec des mots, mais que « l'âme le comprenait très bien ». Elle a affirmé aussi qu'elle ne L'avait pas vu « de [ses] yeux comme autrefois », c'est-à-dire pendant les visions, mais « d'une manière purement intérieure, de manière purement spirituelle et indépendante des sens » (PJ 472).

Tout de suite après cet événement, le 13 septembre, Sœur Faustine a décrit la vision à la fin de laquelle Jésus lui avait dicté les paroles de la prière, connue aujourd'hui dans le monde entier : le chapelet à la Miséricorde divine.

C'était le vendredi 13 septembre, le soir. Faustine était dans sa cellule quand elle vit l'ange qui, à l'ordre de Dieu, devait punir la terre pour les péchés commis par les gens. Elle pria ardemment, demanda de reporter le châtiment, mais sans résultat. Au moment où elle commença à prier avec « des paroles entendues intérieurement », elle vit « l'impuissance de l'ange qui ne pouvait accomplir la juste punition » pour les péchés (PJ 475). « Je n'avais jamais encore prié avec tant de force intérieure », dira-t-elle. Quand le lendemain matin elle entra dans la chapelle du couvent, elle entendit une voix intérieure : « *Chaque fois que tu entres dans la chapelle, récite tout de suite la prière que je t'ai apprise hier.* » Après l'avoir récitée, elle entendit : « *Cette prière sert à apaiser mon courroux.* » Jésus ordonna à Faustine de réciter la nouvelle prière pendant neuf jours, en lui donnant des instructions exactes, à savoir comment elle devait prier avec le chapelet : d'abord un Notre Père, un Je vous salue Marie et le Je crois en Dieu ; ensuite, sur les grains du Notre Père elle devait dire les mots suivants : « *Père Éternel, je T'offre le Corps et le Sang, l'Âme et la Divinité de Ton Fils bien-aimé, Notre Seigneur Jésus-Christ, en réparation de nos péchés et de ceux du monde entier* » ; puis sur le grain du Je vous salue Marie : « *Par Sa douloureuse passion, soit miséricordieux pour nous et pour le monde entier.* » Et à la fin, elle devait réciter trois fois les paroles suivantes : « *Dieu Saint, Dieu Fort, Dieu Éternel, prends pitié de nous et du monde entier* » (PJ 476).

L'abbé Ignacy Różycki a calculé que quatorze apparitions de Jésus, décrites par Faustine dans le *Petit journal*, concernent le chapelet à la Miséricorde divine. Bien qu'elle ait eu la plupart de ces visions après son départ de Vilnius, les premières ont eu lieu là-bas, dans le couvent. À la récitation du chapelet à la Miséricorde divine, Jésus a subordonné une promesse générale et plusieurs promesses concernant la vie éternelle et terrestre. À l'heure de la mort, une miséricorde particulière sera accordée à tous ceux qui réciteront ce chapelet et à ceux pour lesquels ce chapelet sera récité : « *même le pécheur le plus endurci, s'il récite ce chapelet une seule fois, obtiendra la grâce de mon infinie miséricorde* » (PJ 687), a-t-Il dit à Sœur Faustine en septembre 1936 quand elle était déjà à Cracovie. Le 12 décembre de la même année, Il la rassura de nouveau, lui disant qu'Il donnerait la grâce de conversion au moment de la mort à ceux auprès desquels cette prière serait récitée : « *Quand on récite ce chapelet auprès de l'agonisant, la colère divine s'apaise, la miséricorde insondable s'empare de son âme et les entrailles de ma miséricorde sont émues par la douloureuse passion de mon Fils* » (PJ 811). En octobre 1936, Jésus promit aussi des grâces dans la vie terrestre à ceux qui réciteront le chapelet : « *Les âmes qui réciteront ce chapelet seront enveloppées par ma miséricorde pendant leur vie et surtout à l'heure de la mort* » (PJ 754). En décembre Il confirma cela : « *Oh ! quelles grandes grâces j'accorderai aux âmes qui diront ce chapelet* » (PJ 848). Et le 28 janvier 1938, Il affirma : « *Il me plaît de leur accorder tout ce qu'elles me demanderont en disant ce chapelet* » (PJ 1541). Mais en mai 1938, Il ajouta que cela serait ainsi si telle était la volonté de Dieu. La confiance en la Miséricorde divine, la persévérance dans la prière et l'accomplissement d'actes miséricordieux constituent la condition fondamentale de la réalisation des promesses de Jésus.

Dans ces nombreuses apparitions, Jésus ordonnait à Sœur Faustine de parler au monde de la Miséricorde divine et de réciter le chapelet. « *C'est un signe pour les derniers temps, après viendra le jour de la justice* » (PJ 848), a-t-Il dit à Faustine le 25 décembre 1936. Une autre fois, Il lui a ordonné d'écrire : « *Avant de venir comme un Juge équitable, je viens d'abord comme Roi de miséricorde. Avant qu'advienne le jour de justice, il sera donné aux hommes un signe dans le ciel. Toute lumière dans le ciel s'éteindra et il y aura de grandes ténèbres sur toute la terre. Alors le signe de la croix se montrera dans le ciel, et des plaies des mains et des pieds du Sauveur, sortiront de grandes lumières, qui, pendant quelque temps, illumineront la terre. Ceci se passera peu de temps avant le dernier jour* » (PJ 83).

Sœur Faustine était « consciente de sa mission dans l'Église ». Elle en a parlé dans le *Petit journal* quelques jours après la première récitation du chapelet à la Miséricorde divine qui lui avait été dicté en septembre 1935 : « Mon incessant effort doit être d'obtenir la miséricorde pour le monde. Je m'unis étroitement à Jésus et je me tiens comme une offrande suppliante pour le monde. […] Mon offrande n'est rien d'elle-même, mais lorsque je l'unis au sacrifice de Jésus-Christ, elle devient toute-puissante et elle peut fléchir la colère divine » (PJ 482). Faustine, qui avait déjà accepté de devenir l'offrande devant Dieu deux ans auparavant [« mon nom doit être "offrande" » (PJ 135)], maintenant notait : « Mon nom est hostie, c'est-à-dire offrande. » Et elle précisa : « Offrande, pas en paroles, mais en action – par l'anéantissement de moi-même » (PJ 485), par la ressemblance à Jésus sur la Croix. Alors que « l'offrande exprime une attitude dynamique de l'apôtre de la Miséricorde et détermine la manière de réaliser la mission – écrit Ludmiła Grygiel –, le symbole de l'hostie précise les aspects les plus importants de son activité spirituelle, celle-ci consistant à s'offrir perpétuellement à Dieu pour les hommes ». Le symbole de l'hostie indique que cette intercession est dissimulée et passive, et l'hostie, qu'elle cherche à devenir, sert à réaliser les paroles prononcées par Jésus en 1935 pendant la Fête-Dieu : que « les rayons de la miséricorde passent au monde » à travers elle-même. Faustine acceptait cette tâche « ici et dans l'éternité ». Elle implorait la miséricorde pour le monde, pour l'Église, pour la Pologne, pour des personnes particulières connues et inconnues, pour les sœurs dans les âmes desquelles elle commençait à lire et pour les pensionnaires dont elle commençait à sentir les péchés physiquement dans les stigmates internes, en reconnaissant par la douleur avec quel péché elles avaient offensé Dieu.

Le chapelet en tant que forme de prière était connu dans l'Église auparavant, mais il n'était pas aussi populaire qu'il l'est aujourd'hui. Il n'avait pas non plus la même forme. Un certain type de chapelet était déjà récité au XIIIe siècle par sainte Gertrude de Helfta, la mystique médiévale, dont le Cœur de Jésus était attribut (il est intéressant que Sœur Faustine l'ait prise comme patronne de sa retraite en automne 1936). Cependant la prière sous l'appellation du chapelet à la Miséricorde divine n'est devenue connue qu'au XIXe siècle. Elle était aussi récitée par les sœurs de la congrégation de Notre-Dame de la Miséricorde. De plus, le chapelet était même présent dans le livret de prière, publié en 1931, que Faustine utilisait. Les sœurs récitaient le chapelet pendant les prières du soir. Après le Notre Père et l'Ave Maria, sur les gros grains, elles récitaient : « Seigneur Jésus-Christ, à qui rien n'est impossible si ce n'est ceci que Tu ne sois pris de pitié pour ceux qui mendient Ta miséricorde, prends pitié de nous ! » Ensuite, sur les petits grains, elles disaient : « Ô mon Jésus, miséricorde ! » Après chaque dizaine, elles récitaient le Gloire à Dieu et pour finir le Notre Père, le Je vous salue Marie et le Je crois en Dieu.

Le texte du chapelet transmis par Faustine est différent. Mais la différence ne réside pas uniquement dans le texte. L'essentiel du culte de la Miséricorde divine, ce que Faustine écrivait sans cesse, et ce que l'abbé Różycki précisera plus tard du côté théologique, comporte deux éléments : la confiance totale en Dieu exprimée par les paroles « Jésus, j'ai confiance en Toi » et l'exercice de la miséricorde envers autrui. « *Les grâces de ma miséricorde se puisent à l'aide d'un unique moyen – et c'est la confiance. Plus sa confiance est grande, plus l'âme reçoit* » (PJ 1578), – a dit Jésus à Faustine. Il est possible d'exercer la miséricorde envers autrui sous trois formes, à savoir – l'action, la parole et la prière. « [*C*]*es trois degrés renferment la plénitude de la miséricorde et c'est la preuve irréfutable de l'amour envers moi. De cette manière, l'âme glorifie et honore ma miséricorde* » (PJ 742). Une autre fois, Jésus lui a dit qu'on devait accomplir au moins une fois par jour un acte miséricordieux envers les autres par amour pour Lui. Celui qui récite le chapelet accomplit un tel acte envers autrui parce qu'il demande la miséricorde « pour nous et pour le monde entier ». Quant à Faustine, Il a exigé qu'elle soit « la première » à témoigner de la confiance en la Miséricorde divine et à faire miséricorde aux autres, par amour envers Dieu.

Aussi bien dans la première période de la diffusion des paroles du chapelet à la Miséricorde divine par l'abbé Sopoćko que plus tard, pendant et après la guerre, et même après la reconnaissance officielle de la véracité des révélations de Sœur Faustine par l'Église, des questions et des doutes concernant le sens théologique de la formulation du chapelet sont apparus : « Père Éternel, je T'offre le Corps et le Sang, l'Âme et la Divinité de Ton Fils bien-aimé, notre Seigneur Jésus-Christ, en réparation de nos péchés et de ceux du monde entier. » L'abbé Wincenty Granat, recteur de l'université catholique de Lublin, mort en 1979, dont le procès de béatification a été initié en 1995, était l'un des premiers à poser cette question. Premièrement, selon le professeur Granat, la Divinité du Fils est la même chose que la divinité de Dieu le Père et ne peut donc être offerte au Père Éternel. Deuxièmement, il est interdit de faire une offrande de la Divinité. Et troisièmement, la Divinité ne peut être considérée comme une réparation des péchés, car cette Divinité, à savoir Dieu, absout les péchés.

L'abbé Sopoćko a répondu à ces reproches de la manière suivante : « Dans la Personne du Fils de Dieu deux natures – divine et humaine – se sont unies au moment de l'Incarnation. Elles se sont réellement unies pour les siècles de telle manière que la nature humaine n'existe pas séparément, mais elle doit son existence au Verbe Éternel. Il en résulte que dans la sainte messe, le Sauveur s'offre entièrement (et nous aussi, nous offrons) à son Père en tant qu'être humain, Il Lui offre Son humanité et Sa divinité. » Les reproches de l'abbé Granat et d'autres théologiens ont été infirmés par l'abbé professeur Ignacy Różycki. Il a expliqué que, dans la prière du chapelet, le mot « Divinité » ne désigne pas la nature Divine, car « il est évident que la nature Divine de Jésus Christ est identique à la nature du Père et, en tant que telle, ne peut pas Lui être offerte ». Dans le chapelet, le mot « Divinité » ne signifie pas la nature Divine commune aux Trois Personnes, mais il révèle la Personne Divine de Jésus. Cette définition dogmatique de « la présence eucharistique de Jésus tout entier » a été adoptée par le Concile de Trente. La personne récitant le chapelet offre donc au Père Éternel la personne entière de Jésus – Sa Divinité, à savoir Sa Personnalité Divine et Son Humanité composée du corps, du sang et de l'âme. Różycki rappelle aussi la Lettre de saint Paul aux Éphésiens, dans laquelle « il est question de ce que, en accomplissant sa mission, le Christ, comme le premier, s'est donné Lui-même en offrande pour nous. Il résulte de ce texte de Saint Paul que Jésus tout entier – Son entière humanité et Sa Personne Divine – faisait l'objet de cette offrande qu'Il a faite à Dieu le Père. Ainsi, quand nous récitons ces paroles du chapelet, nous nous unifions à l'offrande de Jésus sur la croix, faite par Lui pour notre salut. En récitant les paroles « de Ton Fils bien-aimé », nous nous référons à cet amour que Dieu le Père ressent pour son Fils, et dans Celui-ci pour tous les gens. « Nous recourons là – écrit l'abbé Różycki – au motif le plus puissant pour pouvoir être entendus par Dieu. »

Comme le remarquent les théologiens, dont Różycki, le texte du chapelet ressemble à la prière dictée par l'ange aux enfants de Fatima en 1916. « Je vous offre les Très Précieux Corps, Sang, Âme et Divinité de Jésus-Christ présent dans tous les tabernacles du monde, en réparation des outrages, sacrilèges et indifférences dont Il est Lui-même offensé », dit l'une des phrases de la prière. La véracité des apparitions de Marie à Fatima a été approuvée par l'Église en 1930. Sœur Faustine connaissait-elle la prière de Fatima en septembre 1935 quand elle a intérieurement entendu les paroles du chapelet dicté par Jésus ? Cela est douteux, d'autant plus que les apparitions de Fatima n'ont été propagées en Pologne qu'après la Seconde Guerre mondiale. L'abbé Witko a pourtant noté une ressemblance curieuse. Le même doute concernant le chapelet, à savoir que la Divinité de Jésus ne peut pas être offerte à la Sainte Trinité, a été formulé par rapport à la prière de l'ange. En répondant à ce reproche, Sœur Lúcia, une des trois enfants à qui Notre-Dame est apparue durant quelques mois, a constaté avec sarcasme : « L'ange n'a peut-être pas fait d'études en théologie. »

Le chapelet à la Miséricorde divine était une quatrième forme de vénération de suite, que Jésus a fait connaître à Sœur Faustine – après le tableau avec l'inscription « Jésus, j'ai confiance en Toi », la fête de la Miséricorde divine et la propagation du culte de la Miséricorde. Un peu plus tard, à Cracovie, il lui en révélera encore une : l'heure de la Miséricorde. Dans le *Petit journal,* Faustine notait aussi d'autres prières qui lui avaient été transmises par Jésus, par exemple les textes de méditation pour la neuvaine avant la fête de la Miséricorde divine. Il fallait décider lesquelles d'entre elles allaient constituer de nouvelles formes de la vénération. Cela a été fait, après des années, par l'abbé Ignacy Różycki, l'un des censeurs dans le procès de béatification de Sœur Faustine. Les promesses que Jésus a adressées à tous les adorateurs de la Miséricorde divine, et non seulement à Faustine comme c'était le cas de l'acte « Ô Sang et Eau ... » ou de la Neuvaine à la Miséricorde divine, ont servi de critère distinctif. C'est pourquoi ces deux prières ne figurent pas dans le canon adopté des formes du culte de la Miséricorde divine, tout comme la Litanie à la Miséricorde divine composée par Sœur Faustine ou par l'abbé Sopoćko.

De temps en temps, on se demande si les lectures religieuses de Faustine n'ont pas influencé le contenu de ses révélations. Maria Winowska, auteur du livre *Prawo do miłosierdzia*[1], a

1. *Droit à la miséricorde* [ndt].

demandé dans les années 1950 à la mère Ksawera Olszamowska, qui s'occupait dans la congrégation du dossier de la future sainte, quelles étaient les lectures de Faustine. La question de Winowska concernait probablement les livres concrets des mystiques de l'Église. En juillet 1957, la mère Ksawera a répondu que Faustine ne lisait ni les œuvres de saint Jean de la Croix ni celles de sainte Thérèse d'Ávila, ni *Histoire d'une âme* de sainte Thérèse de l'Enfant Jésus qu'elle vénérait. Elle n'utilisait pas non plus de missel, car à cette époque-là les sœurs ne s'en servaient pas. Elle n'avait que le Nouveau Testament et un livret de prière. Cependant, en se référant à l'entretien avec Sœur Beata Piekut, Ludmiła Grygiel pensait que Faustine connaissait au moins des fragments de l'*Histoire d'une âme*. Dans la maison de la congrégation à Cracovie, et peut-être dans d'autres maisons aussi, les supérieures parlaient souvent de sainte Thérèse de Lisieux et la présentaient aux religieuses comme un exemple à suivre. Grygiel perçoit une certaine « parenté spirituelle » de sainte Thérèse, maîtresse de la Divine enfance, et de sainte Faustine, dirigée « par la petite voie de l'enfance spirituelle » par Jésus et son directeur spirituel, l'abbé Michał Sopoćko. Il découle du *Petit journal* que, depuis 1934, Jésus apparaissait souvent à Faustine pendant la sainte messe non comme un « maître dans la plénitude de ses forces et dans son humanité adulte » (PJ 334), mais comme un petit enfant. Quand un jour, elle lui demanda pourquoi Il prenait une telle apparence, car, malgré tout, elle voyait « Dieu infini, [son] Créateur et [son] Seigneur » (PJ 335), Jésus lui répondit que tant qu'elle n'aurait pas appris « la simplicité et l'humilité », Il se montrerait à elle sous la forme d'un petit enfant.

Le père Józef Majakowski, jésuite, suppose que Sœur Faustine a aussi connu certaines œuvres ascétiques de la série publiée par le père Andrasz. Ceci est fort probable, d'autant plus que l'abbé Sopoćko se rappelle que Faustine lisait des livrets ascétiques. Cependant dans la lettre à Maria Winowska, Sœur Ksawera a écrit que la vie de la servante de Dieu Sœur Benigna Consolata Ferrero était la lecture préférée de Faustine. C'est une information intéressante, car Sœur Faustine avait beaucoup de choses en commun avec cette visitandine italienne qui est décédée en 1916 à l'âge de 31 ans. Il ne s'agit pas seulement de la vie monastique, ni un jeune âge au moment de la mort. Sœur Benigna rédigeait aussi un journal dans lequel elle décrivait les apparitions de Jésus. Dans sa congrégation, elle était appelée la secrétaire de la Miséricorde, car – écrit l'abbé Henryk Ciereszko – elle proclamait que « Dieu était l'Amour et la Miséricorde, qu'Il attendait la foi et la confiance en Sa bonté et qu'Il désirait pardonner aux pécheurs si ceux-ci s'adressaient à Lui avec repentance et pénitence, sans peur ». Simultanément, une autre religieuse espagnole, sœur Josefa Menéndez de la congrégation des Sœurs du Sacré-Cœur de Jésus, morte très jeune en 1923 à l'âge de 33 ans, a eu une apparition pareille de Jésus. Elle professait aussi que « Dieu désirait que les gens croient en Sa Miséricorde, qu'ils attendent tout de Sa Bonté et qu'ils ne doutent jamais du pardon de Dieu ». Jésus avertissait que « l'Amour miséricordieux de Dieu était sous-estimé et même dédaigné et [qu'il fallait] que les hommes, tout en appréciant cet Amour, fassent des efforts réciproques ». Par l'intermédiaire de sœur Josefa, le Christ « appelait à l'expiation des péchés du monde, tout en confirmant l'amour miséricordieux envers les pécheurs ». Cette expiation devait s'exprimer par une attitude « de récompense, d'amour et de confiance ».

Est-ce l'œuvre du hasard que, presque dans la même période, trois jeunes religieuses, dans différentes parties de l'Europe, aient eu des apparitions similaires relatives à la Miséricorde divine ? N'y a-t-il pas un plan de Dieu ? La volonté de donner le dernier secours au monde ? Les visions des trois religieuses ont eu lieu pendant la Grande Guerre et, peu de temps après, l'athéisme communiste a commencé à régner en Russie et les nazis ont réclamé le pouvoir dans le monde. Il semblait que le mal remportait la victoire sur l'homme et par l'action de l'homme.

Ni les apparitions de Sœur Benigna, probablement à cause des événements de la Grande Guerre, ni celles de Sœur Josefa n'ont suscité un intérêt suffisant de la part de l'Église. Un an après la mort de Josefa Menéndez, dans le parc Wenecja à Łódź, Jésus interrogea avec reproche Helena Kowalska : *« jusqu'à quand vas-tu me décevoir ? »* (PJ 9). Quelques années plus tard, quand elle était devenue Sœur Faustine, Il commença à lui révéler de grands secrets de la Miséricorde divine et la pressait à agir. Il lui avait envoyé des soutiens : l'abbé Michał Sopoćko, le père Józef Andrasz et, après des années, Jean-Paul II.

La vérité de l'amour miséricordieux de Dieu était présente dans la foi de l'Église depuis toujours, mais pendant des siècles, elle fut oubliée. Il est caractéristique que Jésus l'ait rappelée à trois simples religieuses. À Sœur Faustine à travers les visions, les apparitions, mais aussi d'une façon extrasensorielle pendant la contemplation infuse et l'union de l'âme à Dieu. Dans l'histoire des apparitions, il est devenu presque une règle qu'elles soient accordées aux enfants (tels sont les cas de Lourdes, Fatima, Gietrzwałd, La Salette) ou à des personnes simples, sans instruction (Guadalupe, Licheń), ce qui ne signifie pas que ces dernières soient privées d'intelligence ou de sensibilité spirituelle. Les causes paraissent claires. La raison et le savoir théologique peuvent constituer un obstacle pour la réception des messages révélés qui dépassent les possibilités intellectuelles de l'homme. Néanmoins, il faut tenir compte du fait que toute vision porte en elle-même les limites de la personne en question. Le cardinal Joseph Ratzinger, en tant que préfet de la congrégation pour la Doctrine de la Foi, l'a rappelé dans le commentaire au troisième mystère de Fatima. Il a remarqué que les visions « n'étaient jamais de simples "photographies" de la réalité surnaturelle, mais exprimaient aussi les possibilités et les limites du sujet percevant ». Elles sont sur mesure et correspondent aux possibilités de la personne qui les reçoit.

Revenons pourtant à Vilnius vers la fin de 1935 et le début de 1936. Pressée et soutenue par Jésus, Sœur Faustine se mit à élaborer la constitution de la nouvelle congrégation. Pour ce faire, elle suivit l'exemple de la constitution de la congrégation des Sœurs de Notre-Dame de la Miséricorde de 1930. Elle prépara la règle pour un ordre cloîtré, car elle le voyait comme tel au départ, et puis, elle en avait la nostalgie au début de son parcours monastique.

L'ébauche de la constitution de la nouvelle congrégation qu'elle a laissée dans le *Petit journal* en dit long sur Sœur Faustine elle-même et sur sa façon de concevoir l'ordre dont elle faisait partie, sur ce qu'elle aurait voulu améliorer dans sa règle et sur ce qui lui manquait dans la vie communautaire. « Il n'y aura entre [les sœurs, nda] aucune distinction. Il n'y aura ni Chœur, ni Mère, ni Révérende, ni Vénérable. Toutes seront égales, même s'il existait entre elles une grande différence d'origine », peut-on y lire. Les candidates sans dot doivent être acceptées dans la congrégation. Les sœurs doivent beaucoup prier, ce qui est fondamental pour un ordre contemplatif, mais aussi mener une vie très ascétique [« nous ne mangerons pas de viande ; nos repas doivent être tels que les pauvres n'aient rien à nous envier » (PJ 546)]. Tous les travaux dans le couvent doivent être exécutés par les sœurs toutes seules, par alternance, pour que chacune d'elles connaisse tous les types d'occupations : « Chaque sœur ira pendant un mois à la cuisine, sans en excepter la supérieure » (PJ 549). Faustine apportait une grande importance au respect du silence que, à part les vœux, elle considérait comme la règle la plus importante de la vie monastique.

Pendant cette période du séjour à Vilnius, la Sœur se sentait intérieurement pressée à agir. Elle en parlait à ses supérieures : elle voulait avoir leur permission pour quitter la congrégation et en fonder une autre. Dans un certain sens, cela impliquait les autres comme responsables d'une telle décision. C'est pourquoi il n'est pas surprenant que les choses n'aient pas avancé si facilement. Le 8 janvier 1936, Faustine fut reçue par l'archevêque Jałbrzykowski dans son siège auprès de la cathédrale Saint-Stanislas-l'Évêque et Saint-Vladislav. La Sœur fréquentait déjà la basilique archi-cathédrale qui, malgré les dégâts subis à différents moments de son histoire, avait réussi à garder la mémoire des couronnements, mariages et sépultures des grands ducs lituaniens et des rois de la Pologne qui y avaient eu lieu. La cathédrale actuelle, où Faustine priait, a été élevée sur les fondations de la cathédrale du XIVe siècle et a été consacrée en 1801. Parmi les onze chapelles de la cathédrale, la chapelle Saint-Casimir avec ses reliques – de style baroque et ayant pour modèle la chapelle de Sigismond à Wawel – est la plus belle et la mieux conservée dans l'état initial. Peu de temps avant l'arrivée de Sœur Faustine à Vilnius, le 2 juillet 1927, sur la place devant la cathédrale, une grande cérémonie avait eu lieu : le couronnement de l'icône de la Vierge Marie d'Ostra Brama. Quatre ans plus tard, la place et les caves de la cathédrale ont été inondées. Pendant les travaux de consolidation des fondations, on a découvert des cryptes oubliées abritant les tombes royales. On a retrouvé les cercueils du roi Alexandre Ier Jagellon, des épouses de Sigismond

II Auguste – Élisabeth d'Autriche et Barbara Radziwiłł –, et la boîte contenant le cœur du roi Ladislas IV Vasa. La nouvelle sépulture des monarques a été un grand événement. Pas loin d'ici, rue Zawalna (aujourd'hui Pylimo), il y a l'ancienne église Saint-George, où Faustine venait écouter les conférences pour les sœurs en y invitant aussi d'autres sœurs. On ne connaît pas l'année exacte, mais Sœur Justyna Gołofit se rappelle que c'était « en été », le dimanche. À cette époque-là, l'église était encore catholique. Construite au XVIe siècle par les calvinistes, elle leur appartient aujourd'hui.

Pendant l'entretien avec l'archevêque Jałbrzykowski, Sœur Faustine révéla la demande de Jésus concernant la fondation de la congrégation dont le but serait d'implorer la miséricorde divine pour le monde. Elle l'avait déjà mentionné au métropolite quelques mois avant, mais maintenant elle lui demandait la permission de réaliser ce que Jésus exigeait d'elle. L'archevêque calma Faustine et, « bien que la chose en elle-même fût bonne », il lui conseilla de ne pas se presser parce que « si telle était la volonté de Dieu, cela se ferait tôt ou tard ».

Plusieurs fois, Faustine a adressé la même demande à la supérieure de sa congrégation. La mère Michaela Moraczewska en parle :

> Face à ces demandes qu'elle renouvelait, j'ai pris une position plus ferme […]. Je lui disais que, en tant que supérieure des sœurs, j'étais responsable de leur vocation et c'est pourquoi je ne pouvais pas donner mon accord pour ses projets sans réflexion profonde et sans certitude que telle était la volonté de Dieu et non la tentation du démon. Je lui expliquais qu'un esprit vilain cherchait peut-être à la faire sortir du couvent et qu'elle ne serait plus Sœur Faustine, mais de nouveau Helena Kowalska. Alors je lui ai dit : « je n'ai pas spécialement d'inspiration en ce moment, comme vous, ma Sœur. Priez donc pour que Dieu me donne une lumière, un signe externe ou interne quelconque. »

Dieu avait accordé à Sœur Faustine des grâces surnaturelles et elle avait des ennuis à cause de cela dans sa congrégation. Cependant, pour les supérieurs de Faustine, son cas était aussi difficile à traiter. Savoir s'ils avaient effectivement affaire à une mystique ou à une 'hystérique', comme le disaient certaines sœurs, nécessitait du temps, du bon sens et l'absence de préjugés. Heureusement, Sœur Faustine a trouvé un soutien auprès de la mère générale Michaela Moraczewska, tout comme auprès de la mère Irena Krzyżanowska qui avait été sa supérieure durant presque deux ans à Vilnius et ensuite durant trois ans à Łagiewniki. En revanche, la mère Borgia Tichy, ne comprenait pas la spiritualité de Sœur Faustine. Ainsi, concernant la création d'une nouvelle congrégation, elle envoya Faustine à Varsovie, le 21 mars 1936, pour que celle-ci en parle directement à la mère générale.

« Peu de temps après, j'ai reçu l'ordre de la mère générale de renvoyer les affaires de Sœur Faustine, car elle ne rentrerait plus à Vilnius », se souvient la mère Borgia Tichy.

En effet, après avoir consulté ses conseillères, la mère Moraczewska décida de transférer Sœur Faustine de Vilnius à Cracovie. Avant de se retrouver à Łagiewniki, elle fut encore envoyée pour quelques semaines dans les maisons de Walendów et Derdy, qui avaient alors besoin de cuisinière. Et Faustine, comme d'habitude, ne disait rien quand ses supérieures lui imposaient de constants va-et-vient entre les différentes maisons de la congrégation.

Derdy

« À pleins poumons je respire l'air pur et frais »
1936

« Je suis actuellement à Derdy, à un kilomètre de Walendów. […] Notre maison ressemble à une maison sortie d'un conte de fées. Elle est entourée de forêts de tous les côtés, il n'y a pas d'habitations à proximité, rien que le silence et le calme. Tout aide l'esprit à se concentrer. Les oiseaux de la forêt interrompent ce silence et louent le Créateur par leur chant. Je vois Dieu dans tout ce qui m'entoure ! », – a avoué Sœur Faustine à l'abbé Sopoćko le 10 mai 1936. Elle écrivait cette lettre d'un couvent enveloppé de silence et de la verdure du parc de treize hectares. Non sans raison les sœurs appelaient cette maison Asile de Saint-Joseph. Même aujourd'hui, alors que le parc est plus petit et que des résidences particulières ont été construites à Łazy – un quartier à la mode, qui se trouve vis-à-vis du parc – cet endroit reste toujours une enclave de silence et de prière.

Dans le couvent de Derdy, Sœur Faustine a séjourné peu de temps. Elle y a passé plusieurs jours, quelques semaines peut-être, entre avril et mai 1936. On sait qu'elle est partie de là-bas le 11 mai. Elle en informe l'abbé Sopoćko dans la lettre citée ci-dessus. Elle y est venue de Walendów après la fête de Pâques qui, en 1936, est tombée le 12 avril. Peut-être s'y est-elle installée après le 25 avril, car dans le *Petit journal* elle mentionne encore Walendów à cette date. Ce n'est pourtant pas une information décisive, car elle a aussi écrit « Walendów » dans l'en-tête d'une lettre adressée à l'abbé Sopoćko datée du 10 mai, alors que plus loin elle déclarait être déjà dans la maison de Derdy. Cela résulte probablement du fait que Derdy était alors une filiale de la maison de Walendów. Il s'ensuit qu'elle pouvait habiter à

Derdy aussi bien avant qu'après le 25 avril. On ne peut pas le savoir exactement aujourd'hui.

En 1936, Sœur Faustine était déjà gravement malade. Mais lors de son séjour à Derdy, elle semblait reprendre ses forces. L'air de la forêt faisait du bien à ses poumons malades. « C'est dans la forêt que je pratique certains exercices spirituels, tels le chapelet et autres, alors à pleins poumons je respire l'air pur et frais. Je me sens très bien, je sens que j'ai beaucoup de forces physiques », a-t-elle écrit à l'abbé Sopoćko. Les supérieurs avaient ordonné à Sœur Faustine de dormir deux heures chaque après-midi. Elle se reposait donc sur la véranda du couvent, ce qui était considéré à l'époque comme un traitement censé soigner la tuberculose.

Le bâtiment en bois ressemble à celui des photos datant de la période du séjour de Sœur Faustine : haut d'un étage, revêtu d'un toit en pente, avec le perron autrefois couvert abondamment de vigne. L'intérieur en bois, peint de couleurs chaudes beige et marron, est modeste, propre et sympathique. En revanche, il est difficile d'indiquer où se trouvait la cellule de Sœur Faustine. Elle dormait sûrement au rez-de-chaussée, dans une chambre pour plusieurs personnes, à gauche de l'entrée. Il y a quelques années, cette chambre a été divisée en plusieurs pièces plus petites. Un étroit escalier en bois, faisant du bruit sous chaque pas, mène au premier étage, à la chapelle, ouverte en 1934, c'est-à-dire deux ans avant la venue de Sœur Faustine. Elle le montait probablement plusieurs fois par jour. En face de l'autel, il y avait des prie-Dieu pour les sœurs et les pensionnaires. « Aux pieds du Seigneur, je puise la force et le courage pour la lutte » – écrivait Faustine. Mais les messes y étaient célébrées rarement. Les sœurs allaient à l'Eucharistie à l'église proche de Walendów. Ce n'est que vers la fin des années 1980 qu'une église a été construite à côté du couvent de Derdy.

À Derdy Faustine travaillait en cuisine. « Ma tâche est si petite qu'elle me semble plutôt un repos et non un devoir : je surveille la cuisine et l'approvisionnement. Je n'y trouve aucune difficulté. Je prépare les déjeuners pour sept sœurs et trente-six écoliers », écrivait-elle. Elle cuisinait pour plus de quarante personnes, mais en comparaison avec ses précédents séjours dans différentes maisons de la congrégation où elle était amenée à préparer des repas pour cent et même plus de personnes, c'était un travail léger, presque une récréation. La grande cuisine avec une voûte en berceau se trouvait au sous-sol de la maison des pensionnaires, attenant au bâtiment du couvent. Les sœurs ont commencé la construction de la maison des pensionnaires en 1932. Quatre ans plus tard, quand Sœur Faustine y est arrivée, le premier étage était prêt. À Derdy, Faustine était la seule cuisinière, mais la supérieure de la maison de Walendów et de la filiale de Derdy, Sœur Serafina Kukulska, lui a envoyé des pensionnaires pour l'aider. Elle a bien retenu l'une d'elles, car elle était néophyte, « d'un tempérament désagréable, avec qui personne ne voulait travailler. Et voilà, en travaillant avec Sœur Faustine, cette fille a complètement changé. Elle avait une telle influence discrète, mais divine, sur les âmes pécheresses ». On ne sait pas si Sœur Kukulska pensait à Jadwiga Zalewska. Il est attesté qu'à l'époque cette dernière avait vécu à Derdy – entre l'âge de 11 ans et 13 ans – et qu'elle avait été punie pour son comportement à l'école et envoyée au couvent comme aide-cuisinière.

« Elle me disait plus tard que Sœur Faustine la consolait et travaillait à sa place », – raconte Kamila, c'est-à-dire Maria Olszewska, ancienne pensionnaire des sœurs de Walendów.

À Derdy, les sœurs géraient une école primaire pour des filles plus jeunes. Elle se trouvait dans la maison en bois, située actuellement en face du couvent. Celle-ci a été fondée par l'abbé Justyn Borzewski, un ami de la congrégation, qui l'a appelée maison Sainte-Thérèse-d'Ávila.

Sœur Faustine a vu Derdy pour la première fois bien avant 1936. Elle avait visité le lieu en novembre 1932, quand, après la retraite de huit jours à Walendów, elle s'était rendue avec les sœurs pour visiter une ferme que le comte Przeździecki avait offerte à la congrégation un mois plus tôt. C'était déjà le deuxième don du même propriétaire. La première fois, les sœurs ont reçu une ferme à Derdy en 1881, quand la comtesse Maria Aleksandra de Tyzenhauz Przeździecka a donné à la congrégation quatre-vingt-dix arpents de terre sableuse. La fondatrice de la congrégation, la mère Teresa Potocka, voulait y créer un lieu de récréation. Cependant les sœurs ont rapidement fait venir des pensionnaires à Derdy. Ce scénario s'est répété dans l'histoire de différentes maisons de la congrégation. Les religieuses achetaient ou recevaient des propriétés pour y aménager un lieu de récréation, mais elles se rendaient vite compte de la nécessité d'accueillir de nouvelles filles et elles ouvraient pour elles des établissements d'accueil. L'établissement de Derdy a accueilli des filles jusqu'en 1913 quand les sœurs ont déménagé pour aller à Walendów. C'était la condition que le comte Gustaw Przeździecki, le fils d'Aleksandra, avait posée à la congrégation tout en offrant aux sœurs une ferme beaucoup plus grande à Walendów. La maison de Derdy a été reprise par les Sœurs de la Charité qui y ont installé un orphelinat qui a été en activité jusqu'en 1930. Après, pendant deux ans, les bâtiments sont restés vides. En octobre 1932, la fille du comte Przeździecki, la duchesse Zofia Światopełk-Czetwertyńska a de nouveau offert Derdy à la congrégation des Sœurs de Notre-Dame de la Miséricorde.

En 1936, à Derdy, Sœur Faustine n'arrêtait pas de penser à la fondation d'une nouvelle congrégation. « Pour ce qui est de cette œuvre, je reçois en ce moment beaucoup de lumière de Dieu. Mon esprit s'est rassuré à l'idée que Dieu même réalise cette œuvre et que moi je ne Lui sers que d'outil maladroit – écrivait-elle à l'abbé Sopoćko. Le premier dimanche après Pâques, le jour de la fête de la Miséricorde, mon âme est remplie d'une puissance si grande et de courage qui pousse à l'action que je n'arrive pas à contenir ce zèle. Je sens que tout se fera bientôt. Je suis prête à tout ce qui m'attend ! Je veux de ces souffrances et de ces difficultés qui m'attendent. […] Je sens que Jésus même parle par ma bouche et me donne des réponses à des questions posées par les supérieures. J'obéis à la voix de Dieu et rien n'a changé dans mon âme, comme autrefois. Il est dans mon cœur ; le regard du Seigneur me transperce de fond en comble ! » Dans cette lettre, Sœur Faustine informa l'abbé Sopoćko d'une décision importante. Elle avait décidé, après son arrivée à Cracovie, de faire « un pas décisif conformément aux désirs de Dieu ». Elle voulait donc, en suivant la demande de Jésus, quitter la congrégation des Sœurs de Notre-Dame de la Miséricorde et aller fonder une nouvelle congrégation.

La mère générale Moraczewska avait permis à Faustine d'envoyer ses lettres à l'abbé Sopoćko toute seule, c'est-à-dire sans aucun contrôle de la supérieure du couvent, en l'occurrence celle de Derdy. Un tel contrôle était prévu par les constitutions de la congrégation. « Moi-même je mets cette lettre dans la boîte, vous le recevrez donc sûrement, mon Père », informait Faustine, ce qui permet de supposer que ce n'était pas toujours le cas. La dérogation que la mère générale avait octroyée à Sœur Faustine prouve qu'elle lui faisait vraiment confiance. Il est vrai que la supérieure évitait ainsi que l'information concernant le projet de Faustine de fonder une nouvelle congrégation ne se répande parmi les sœurs. La mère Moraczewska craignait justement que cela puisse faire courir des bruits, des soupçons, et créer en général une mauvaise ambiance.

En faisant ses adieux à son amie Justyna Gołofit, le dernier jour de son séjour à Derdy, Faustine lui offrit une petite croix de la Terre sainte qu'elle avait reçue de l'abbé Sopoćko. Sœur Justyna Gołofit se souvient de ce moment : « Elle m'a dit en toute confiance qu'elle mourrait dans deux ans, en automne, et qu'on ne se verrait plus sur cette terre, mais seulement au ciel. Elle m'a demandé de ne rien dire à personne, tant qu'elle était en vie. Et cela s'est réalisé comme elle avait annoncé, car elle est morte deux ans plus tard. C'était en mai 1936 et Sœur Faustine est décédée en octobre 1938. Elle m'a promis qu'elle se souviendrait de moi d'une manière particulière après sa mort et qu'elle prierait pour moi. »

Le 11 mai 1936, accompagnée de Sœur Edmunda Sękuł, Faustine quitta Derdy. Elles partirent pour le couvent de Łagiewniki, en passant par Varsovie.

Cracovie Łagiewniki II

« Je sens que je suis tout entière imprégnée de Dieu »
1936-1938

Le 23 mars 1937 – c'était mardi avant Pâques – Sœur Faustine vit sa canonisation dans une vision intérieure. La cérémonie se déroulait simultanément à Rome et à Łagiewniki. « Soudain, la présence de Dieu m'envahit et je me vis tout à coup à Rome, dans la chapelle du Saint-Père, et en même temps j'étais dans notre chapelle, et la célébration du Saint-Père et de toute l'Église était étroitement liée à celle de notre chapelle, et tout particulièrement à notre congrégation, et je prenais donc part simultanément à la solennité à Rome et chez nous » (PJ 1044), a-t-elle écrit dans son *Petit journal*, décrivant ce qu'elle avait vu sans comprendre comment c'était possible. Mais ceux qui étaient présents, le dimanche 30 avril 2000, sur la Place Saint-Pierre et à Łagiewniki, le savaient. Cela a été possible grâce à la retransmission télévisée. Devant le couvent de Łagiewniki, il y avait deux écrans géants qui présentaient le déroulement de la cérémonie au Vatican. En même temps, les images de Łagiewniki étaient transmises Place Saint-Pierre où on avait également placé deux grands écrans. Ainsi, ce qui se passait à Łagiewniki est devenu partie intégrante de la retransmission télévisée donnant accès à la canonisation de Faustine dans le monde entier. Même le temps était pareil ce jour-là dans les deux villes. À Cracovie, plus de soixante-dix mille pèlerins ont prié en plein soleil, ce qui est rare à cette période de l'année. Sur la Place Saint-Pierre, il y avait plus de cent cinquante mille personnes, parmi lesquels quelques milliers de Polonais, mais aussi de nombreux pèlerins des États-Unis, d'Argentine, du Mexique et des Philippines. Ont été présents entre autres le Premier Ministre polonais, les évêques et Ronald Pytel – ce prêtre de Baltimore aux États-Unis, dont la guérison miraculeuse par l'intercession de la bienheureuse Faustine a ouvert la voie à la canonisation. « La foule était si dense que je ne pouvais la parcourir des yeux. Tous participaient avec une grande joie à cette cérémonie et beaucoup d'entre eux obtinrent ce qu'ils désiraient » (PJ 1044), écrivait Faustine en 1937 à propos de ce qui allait se produire en avril 2000. La participation parallèle à la messe de canonisation était le premier événement de ce type dans l'histoire de l'Église. « Tout à coup, j'ai vu saint Pierre qui se tenait entre l'autel et le Saint-Père. Je n'ai pas pu entendre ce que disait saint Pierre, mais j'ai su que le Saint-Père comprenait son langage », a-t-elle écrit plus loin, décrivant ce qu'elle avait vu dans l'avenir. Jean-Paul II qui présidait la messe de canonisation a dit : « C'est par la volonté de la Divine Providence que la vie de cette modeste fille issue de Pologne est entièrement liée à l'histoire du XXe siècle, ce siècle qui vient de s'achever. Le Christ lui a confié son message de miséricorde entre la Première et la Seconde Guerre mondiale. Ceux qui se souviennent, ceux qui avaient été témoins, ceux qui avaient pris part aux événements de l'époque, événements qui ont apporté à des millions de personnes des souffrances terribles, savent très bien combien le message de la miséricorde était nécessaire. » Il disait aussi à propos de Sœur Faustine qu'elle était « un don offert à notre époque par Dieu ».

***

Après avoir quitté Derdy, Sœur Faustine est venue à Łagiewniki le 12 mai 1936. Pendant le trajet de la gare au couvent, elle était accompagnée de Sœur Felicja Żakowiecka qu'elle connaissait depuis le noviciat. Faustine put voir comment la ville s'était développée depuis 1928 lorsqu'elle était à Cracovie pour une plus longue période. La principale artère de communication – Aleja Trzech Wieszczów – était alors en reconstruction. Les souvenirs d'une sépulture royale du Maréchal Józef Piłsudski, enterré un an plus tôt, en 1935, avec les plus grands honneurs, étaient encore vifs parmi les habitants de Cracovie. « Je suis tellement contente d'être à Cracovie », – écrivait Faustine dans une lettre adressée à Sœur Justyna Gołofit deux semaines après son arrivée.

Faustine était revenue dans le couvent qu'elle connaissait bien. Elle y avait pris son habit religieux et avait passé deux ans de noviciat, celui-ci s'étant terminé par les premiers vœux religieux en avril 1928. Plus tard, elle y était venue encore deux fois, mais pour de brefs séjours : d'abord en 1933, quand elle avait prononcé ses vœux perpétuels et en automne 1935 quand elle avait participé à une retraite de huit jours. Elle connaissait très bien la supérieure de la maison de Łagiewniki, la mère Irena Krzyżanowska, qui avait auparavant dirigé la maison de Vilnius.

Faustine a été envoyée travailler dans le jardin. Elle y travaillait avec trois sœurs sous l'autorité de la jardinière générale du couvent, Sœur Klemensa Buczek. « Je me sens bien avec Sœur Klemensa, disait-elle pour informer Sœur Justyna. – Je suis surtout à la serre et auprès des châssis à légumes. » Comme elle l'a écrit à son amie, Sœur Faustine se sentait heureuse à cette époque-là. Cependant, elle avait beaucoup de travail dont elle parlait à l'abbé Sopoćko dans une de ses lettres. Mais malgré les forces physiques défaillantes, les résultats de son travail étaient surprenants. Sœur Klemensa se rappelle que, quand Faustine travaillait dans le jardin, les religieuses récoltaient d'énormes quantités de concombres et de tomates. Sur certaines plantes, on comptait même quatre-vingts tomates et, sur un petit champ de fraises, on ramassait jusqu'à cent cinquante kilos de fruits par jour.

Sœur Felicja Żakowiecka se souvient : « Entre le jardin et la cuisine, Faustine était très serviable dans ses activités ; elle voulait satisfaire toutes les sœurs en leur fournissant ce qu'il fallait ; elle ne refusait rien à aucune des sœurs, et en tant qu'ancienne cuisinière, elle savait quels étaient les besoins de la cuisine. Et ce n'était pas une question simple, car la sœur jardinière était plutôt sobre en ce qui concernait l'approvisionnement en légumes. »

Quand un jour Sœur Felicja demanda à Sœur Faustine si elle aimait travailler dans le jardin, celle-ci lui répondit qu'elle accomplissait la volonté de Dieu et qu'elle aimait donc bien ce travail, en sachant bien que chaque activité comportait ses difficultés : « Il faut juste savoir que c'est Dieu qui nous les donne. » Faustine n'a pourtant pas mentionné dans le *Petit journal* ni son travail dans le jardin, ni ses devoirs quotidiens. Depuis le séjour à Vilnius, son cœur se concentrait sur la demande de Jésus : créer une nouvelle congrégation qui implorerait la miséricorde pour le monde. Déjà pendant son bref séjour à Derdy, elle a décidé de faire « un pas décisif » consistant à quitter la congrégation pour en fonder une autre. Mais elle voulait le faire avec la permission de son confesseur et directeur spirituel de Łagiewniki, – le père Józef Andrasz.

Depuis ce moment et jusqu'à sa mort, Sœur Faustine a eu deux directeurs spirituels, parce qu'elle continuait à avoir un contact épistolaire avec l'abbé Sopoćko, à qui elle demandait des conseils pour des questions importantes. Le père Andrasz a encouragé Faustine à faire cela parce qu'il appréciait l'abbé Sopoćko. Lors de ses séjours à Cracovie ou ailleurs dans le sud de la Pologne, Sopoćko venait voir Faustine au couvent de Łagiewniki ou à l'hôpital de Prądnik. Leurs conversations étaient toujours longues. Sœur Felicja Żakowiecka a affirmé après des années qu'elle taquinait « sincèrement, mais cordialement » Faustine à cause de ses deux directeurs spirituels. « Je ne comprends pas comment on peut avoir deux directeurs de conscience », disait-elle à Faustine. Et celle-ci répondait « avec un sourire aimable, mais sur un ton sérieux » : « C'est le Seigneur Jésus qui l'exige. »

En ce qui concerne la question de la nouvelle congrégation, les deux prêtres étaient très prudents. Ils ne donnèrent pas à Faustine ce qu'elle attendait d'eux : la permission de quitter la congrégation pour aller en fonder une autre. Le père Andrasz lui promit qu'il lui donnerait des indications à ce sujet pendant la Fête-Dieu qui, en 1936, tombait le 19 juin, et jusqu'à cette date, il lui conseilla de prier à cette intention. L'abbé Sopoćko, quant à lui, lui conseillait dans ses lettres ce qu'il avait dit plus tôt : « garder une prudence extrême et la lenteur malgré une grande pression à l'action ». En même temps, dans la lettre du 15 mai 1936, il parlait d'une certaine Madame Hemplowa qui était à la recherche d'une congrégation convenable pour elle ; comme elle n'en a pas trouvé, elle s'intéressait à l'idée de Faustine. Elle était prête à offrir ses biens à la nouvelle congrégation. Faustine considéra cette information d'un côté comme le signe de Dieu pour lequel elle priait mais, de l'autre, elle avait peur que ce ne soit encore trop tôt. Mais Madame Hemplowa, dont on ne sait rien précisément, ne s'est pas présentée à Faustine à Cracovie. L'affaire ne fut pas pour autant finie. Pressée intérieurement à agir, sans attendre le conseil du père Andrasz et la Fête-Dieu, Sœur Faustine, le 18 juin, prit sa décision : elle quitterait la congrégation et en fonderait une autre. Mais le lendemain matin, avant la procession eucharistique, à laquelle elle allait participer dans l'église des jésuites rue Kopernika, la « présence divine » l'abandonna et « de grandes ténèbres s'emparèrent » de son âme. Elle changea de décision et décida de « reporter un peu la chose ». Cependant le même mois encore, en juin 1936, elle écrivait : « Ô mon Jésus, comme je me réjouis que Tu m'aies assuré que cette congrégation existera. De cela je n'ai même pas l'ombre d'un doute, et je vois quelle grande gloire elle rendra à Dieu ; elle sera le reflet du plus grand attribut qu'il y ait en Dieu, c'est-à-dire la miséricorde divine » (PJ 664).

Faustine se mit à nouveau à agir. Elle voulait aller à Rome pour demander au pape l'autorisation de quitter la congrégation et l'institution d'une fête de la Miséricorde divine. Le père Andrasz calma son enthousiasme tout en lui expliquant qu'il serait difficile à la mère générale de le lui permettre. Cependant, le 5 juillet, elle écrivit à l'abbé Sopoćko : « Je sens que l'heure de Dieu est déjà venue pour que je me mette à agir. » Dans la lettre écrite cinq jours plus tard, celui-ci lui suggéra de rester calme : « La fête de la Miséricorde divine, que le Seigneur Jésus réclame par votre intermédiaire, sera instituée sans votre intervention auprès du Saint-Père. Par ailleurs, votre visite personnelle à Rome ne ferait pas avancer la chose, au contraire, elle pourrait même y nuire. » Il lui conseillait de préparer d'abord le terrain, c'est-à-dire rendre les gens conscients, et surtout les évêques, de la nécessité d'une telle fête. Si cela était fait, l'instauration d'une fête de la Miséricorde divine ne serait alors qu'une question de temps. Selon Sopoćko, Faustine ne devait pas se presser de prendre la décision d'abandonner la congrégation pour en fonder une autre : « D'après moi, une telle congrégation devrait être fondée pour l'instant sans vous en tant que congrégation diocésaine, et ce n'est que dans un second temps, une fois une telle congrégation mise sur pied, que vous pourriez l'intégrer. » Faustine n'accueillit pas cette suggestion avec enthousiasme. Elle était toujours d'avis que le devoir de fonder une nouvelle congrégation appartenait à elle seule. Elle vécut dans cet état encore au moins un an. Avant la mort, elle retrouvera le calme, sachant que la congrégation serait fondée, mais que ce n'est pas elle qui serait sa fondatrice. Mais à l'époque, en 1936, elle vivait en alternance des moments de doute et de peur d'un côté, et des moments d'un grand enthousiasme et d'une grande volonté d'agir de l'autre.

La mère Michaela Moraczewska le confirme : « Elle souffrait beaucoup. On voyait bien que la pensée de quitter notre congrégation, qu'elle aimait vraiment, lui coûtait beaucoup […] ; d'un autre côté, elle pensait devoir suivre la volonté de Dieu. Ces quelques années furent sans doute les plus difficiles de toute sa vie. Elle était alors triste, abattue, mais toujours à sa place et à sa tâche. »

En s'éloignant triste après un entretien avec la supérieure, Faustine lui demanda : « Alors, tout ce que j'entends dans l'âme n'est qu'une illusion ? » La mère Michaela lui répondit : « Je vois que vous avez une grande lumière de Dieu, ma sœur, mais il est toujours possible d'ajouter quelque chose de soi-même. Il n'est pas exclu qu'une telle congrégation doive exister, mais je doute fort que ce soit vous qui soyez sa fondatrice. Attendons alors. »

Dans la lettre à l'abbé Sopoćko du 9 août 1936, Faustine promit qu'elle allait « agir avec plus de lenteur pour ne rien gâcher », qu'elle serait plus patiente « malgré les appels intérieurs » et qu'elle attendrait que « la Providence fasse le premier pas ». Mais cela ne dura pas longtemps. En novembre, elle participa à une retraite. « J'ai reçu une lumière dans mon âme que je devais faire ce pas catégorique sans tenir compte de quoi que ce soit […]. Si moi-même je dois participer activement à cela, je devrai absolument me libérer non seulement de cette congrégation, mais aussi des vœux », – écrivait-elle à Sopoćko le 19 novembre. Elle n'arrêtait pas de lui demander s'il avait déjà entrepris des initiatives en vue de créer une nouvelle congrégation : « Est-ce que quelque chose a déjà commencé ou pas encore, est-ce qu'il y a des possibilités pour lancer cette œuvre ou non, est-ce que vous pensez, Mon Père, qu'on trouvera quelqu'un pour réaliser ce projet de Dieu comme le Seigneur le réclame, est-ce que vous en avez parlé à l'archevêque ou non ? » L'abbé Sopoćko a plusieurs fois parlé avec l'archevêque Jałbrzykowski de ces projets : la fondation d'une nouvelle congrégation, le permis d'imprimer le texte du chapelet à la Miséricorde divine pour sa divulgation. Mais sans succès. Ce fut aussi le cas de Faustine qui eut la possibilité de parler au prélat le 14 septembre 1936, à l'occasion de sa visite à Łagiewniki. Jałbrzykowski lui répondit à chaque fois qu'il était encore trop tôt pour prendre des décisions de ce genre. La mère Irena Krzyżanowska était aussi contre l'idée de Faustine de quitter la congrégation. La sainte a plusieurs fois demandé l'accord à la mère Moraczewska qui, le 31 octobre 1936, lui a dit : « Si Jésus exige que vous quittiez cette congrégation, qu'Il me donne un signe que c'est bien Lui qui l'exige. » Elle pressentait ce qu'elle avait fait comprendre à Faustine : que celle-ci était peut-être « un ressort caché » du projet, dont Dieu allait se servir, mais qu'elle ne devait pas forcément quitter la congrégation.

Faustine a prié pour obtenir la lumière qui lui permettrait de comprendre et d'accomplir correctement la volonté de Dieu. Elle avait fait un acte de soumission totale à la volonté de Dieu beaucoup plus tôt. Mais ici, dans le couvent de Łagiewniki, elle a écrit que « l'accomplissement parfait de la volonté de Dieu était la maturité dans la sainteté ». Et elle a ajouté : « Ma perfection consiste en une étroite union de ma volonté avec celle de Dieu. Dieu ne fait jamais violence à notre libre arbitre » (PJ 1107).

Sœur Faustine s'unissait de plus en plus étroitement à Dieu et connaissait Son Essence. Dans la lettre à l'abbé Sopoćko, elle écrivait de Cracovie :

> Actuellement ma relation intime avec Dieu est la même qu'autrefois, à cette différence qu'à présent une si grande nostalgie de Dieu s'empare de moi que je ne comprends pas comment on peut continuer de vivre. Cet amour de Dieu m'introduit dans une sorte d'agonie avec Lui ! Cette ardeur envers Dieu doit mettre fin à ma vie imparfaite, et la vie doit atteindre sa plénitude en Amour, c'est-à-dire en Dieu.

Un jour d'août 1936, pendant la célébration de l'heure sainte (de neuf à dix heures du soir, pendant une prière de récompense pour les péchés), Sœur Faustine connut, dans une union mystique, le mystère de l'institution de l'eucharistie. « En cette heure de prière, Jésus m'a permis d'entrer dans le Cénacle », écrivait-elle. Le moment qui l'a touché le plus était celui « où, avant la consécration, Jésus a levé les yeux vers le ciel et est entré dans une mystérieuse conversation avec son Père ». Faustine n'a pas rapporté le contenu de cette conversation. Elle a seulement écrit : « Ce moment-là, nous le comprendrons bien seulement dans l'éternité. » Elle s'est concentrée sur Jésus dont les yeux « étaient comme deux flammes, le visage rayonnant, blanc comme la neige, toute Sa personne majestueuse, Son âme souffrant de nostalgie de Dieu ». En ce moment, se produisit quelque chose d'inexprimable : le sacrifice. « Au moment de la consécration l'amour assouvi s'est reposé – le sacrifice était pleinement accompli », a-t-elle expliqué. Elle a ajouté : « Maintenant, seule la cérémonie extérieure de la mort va s'accomplir, la destruction extérieure – l'essence est au Cénacle » (PJ 684).

Ludmiła Grygiel a remarqué que Sœur Faustine « expliquait, avec beaucoup de précision et une exactitude théologique, que le sacrifice eucharistique, célébré depuis des siècles dans l'Église, était la répétition réelle du sacrifice du Christ effectué au Cénacle, du sacrifice dicté par "la nostalgie" de l'accomplissement de la volonté du Père et obtenu au prix d'une "souffrance intérieure" ». Grygiel ajoute que la relation de Faustine concernant le déroulement de la Dernière Cène constitue « l'unique description et l'unique expérience de ce type dans la mystique ».

Faustine connaissait le mystère de la miséricorde de plus en plus pleinement. Jésus pressait sa « secrétaire » de noter chaque phrase qu'Il dictait, « *car cela était destiné à un grand nombre d'âmes qui allaient en profiter* ». Il lui rappelait qu'il ne fallait pas qu'elle se décourage à cause des difficultés qu'elle rencontrait dans la proclamation de la miséricorde, car elles lui étaient nécessaires. « *Ces difficultés qui te touchent si douloureusement sont nécessaires à ta sanctification et pour démontrer que cette œuvre est mienne* » (PJ 1142), expliquait Jésus. Il ordonnait à Sœur Faustine de prier pour la Miséricorde divine. Il exigeait une confiance exemplaire en la Miséricorde divine et des actes de miséricorde. Autrement dit, Il réclamait ce qui était essentiel pour proclamer et implorer la miséricorde pour les gens et le monde entier.

En août 1936, Jésus dicta à Faustine le contenu de la neuvaine pour qu'elle la récite individuellement. Cependant en décembre 1936, Il lui transmit une autre demande : que la neuvaine composée des chapelets à la Miséricorde divine soit récitée durant neuf jours avant la fête de la Miséricorde divine. « *Pendant cette neuvaine, j'accorderai aux âmes toutes sortes de grâces* » (PJ 796), lui a-t-Il annoncé.

En octobre 1936, Sœur Faustine visita l'enfer. Au début de son parcours monastique, en 1925, elle avait été emmenée par l'ange au purgatoire et, depuis ce moment, elle avait intensément prié pour les âmes qui y étaient enfermées. Elle avait un contact avec elles. Et en 1936, elle fut transférée, pour un bref moment, en enfer. « Moi, Sœur Faustine, par ordre de Dieu, j'ai été dans les gouffres de l'enfer, pour en parler aux âmes et témoigner que l'enfer existe », écrivait-elle d'un ton cérémonieux.

> C'est un lieu de grands supplices, et son étendue est terriblement grande. Genres de supplices que j'ai vus : le premier supplice qui fait l'enfer c'est la perte de Dieu ; le deuxième – les perpétuels remords ; le troisième – le sort des damnés ne changera jamais ; le quatrième supplice – c'est le feu qui va pénétrer l'âme sans la détruire, c'est un terrible supplice, car c'est un feu purement spirituel, allumé par la colère de Dieu ; le cinquième supplice – ce sont les ténèbres continuelles, une terrible odeur étouffante et malgré les ténèbres, les démons et les âmes damnées se voient mutuellement et voient tout le mal des autres et le leur ; le sixième supplice – c'est la continuelle compagnie de Satan ; le septième supplice – un désespoir terrible, la haine de Dieu, les malédictions, les blasphèmes. Ce sont des supplices que tous les damnés souffrent ensemble, mais ce n'est pas la fin des supplices. Il y a des supplices destinés aux âmes en particulier, ce sont les souffrances des sens. Chaque âme est tourmentée d'une façon terrible et indescriptible par ce en quoi ont consisté ses péchés.

Elle écrivait tout cela parce que Dieu le lui avait ordonné, « pour qu'aucune âme ne puisse se justifier en disant que l'enfer n'existe pas, que personne ne l'a vu et ne peut dire en quoi il consiste ». Et après, elle a ajouté une chose significative : « J'ai remarqué une chose : qu'il y a là-bas beaucoup d'âmes qui doutaient que l'enfer existe. » Dorénavant, elle priait encore plus ardemment pour la conversion des pécheurs : « Sans cesse, j'appelle la miséricorde divine sur eux » (PJ 741). Un peu plus tard, Faustine expliquait que, au moment de la mort, Dieu donnait à chaque homme « ce moment de clarté intérieure, et si l'âme le veut, elle a la possibilité de revenir à Dieu. Mais parfois, il y a chez les âmes un tel endurcissement, qu'elles choisissent consciemment l'enfer » (PJ 1698).

Sœur Faustine vivait des états mystiques de plus en plus profonds, c'est-à-dire l'union de l'amour à Dieu.

> Ma relation avec le Seigneur est maintenant purement spirituelle ; mon âme est touchée par Dieu et se plonge entièrement en Lui jusqu'à l'oubli d'elle-même ; pénétrée par Dieu, elle sombre dans Sa beauté, elle sombre toute en Lui, écrivait-elle en novembre 1936. Je ne sais le décrire, car en écrivant j'emploie les sens, et là, dans cette union, les sens n'agissent pas, il y a fusion entre Dieu et l'âme, la vie en Dieu à laquelle est admise l'âme est si grande que cela ne peut s'exprimer par la parole. Quand l'âme revient à la vie ordinaire, elle voit que cette vie est un crépuscule, un brouillard, un désordre, l'emmaillotement d'un petit enfant. Dans de tels moments, l'âme ne fait que recevoir de Dieu, car d'elle-même, elle ne fait rien, elle ne fait pas le moindre effort, Dieu fait tout en elle. Cependant, quand l'âme revient à son état ordinaire, elle voit qu'elle n'aurait pas la force de supporter plus longtemps cette union. Ces moments sont courts, ceux de cette union sont durables, l'âme ne peut pas rester longtemps dans cet état, car forcément, elle se délivrerait des liens du corps pour toujours, bien qu'elle soit miraculeusement soutenue par Dieu. Dieu fait clairement connaître à l'âme, combien Il l'aime, comme si elle seule était l'objet de Ses prédilections (PJ 767).

Dans ces moments, l'âme reçoit la clarté de la connaissance intérieure grâce à laquelle elle est renseignée sur des « choses qu'elle n'a lues dans aucun livre, et dont personne parmi les hommes ne l'a instruite. Ce sont là des moments de connaissance intérieure, que Dieu Lui-même accorde à l'âme. Ce sont de grands mystères » (PJ 1102).

Faustine a vécu l'un de ces moments dans le couvent de Łagiewniki lors du dimanche de Rameaux de 1938. Elle a reçu « une profonde lumière intérieure qui [lui] a permis de comprendre en esprit toute la miséricorde ». Plus loin, elle écrit : « Ce fut le vol d'un éclair, mais plus net que si je l'avais regardé des heures entières de mes yeux de chair » (PJ 1658).

Plus tôt, en mai 1937, le jour de la fête de l'Ascension de Jésus, Sœur Faustine avait vécu une si forte union avec Dieu qu'elle l'avait appelée « extase d'amour ininterrompu ». Tout a commencé comme d'habitude : « Aujourd'hui depuis le matin, mon âme est touchée par Dieu. Après la sainte Communion, j'ai été un moment en relation avec le Père céleste. Mon âme fut attirée dans le feu même de l'amour, j'ai compris qu'aucune œuvre extérieure ne peut être comparée avec le pur amour de Dieu ... » Et ensuite, elle a vu « la joie du Verbe incarné » et elle a été « plongée dans la Trinité divine ». Plus loin, elle a écrit : « Quand je revins à moi, la nostalgie envahit mon âme, je languissais de m'unir à Dieu. Un si fervent amour envers le Père céleste m'envahit que je puis appeler ce jour, extase d'amour ininterrompu. » Elle a encore noté : « Cette conviction intérieure dans laquelle Dieu me confirme l'amour qu'Il me porte et combien mon âme Lui est agréable, amène la profondeur de la paix en mon âme. Ce jour-là je n'ai pu absorber aucune nourriture, je me sentais rassasiée d'amour » (PJ 1121).

À cette époque, l'état de santé de Faustine se détériorait. La tuberculose faisait un ravage de plus en plus important dans son organisme. La maladie avait déjà été diagnostiquée à Vilnius, mais seulement trois ans après qu'elle eut commencé à se sentir mal, comme elle l'a dit à Sœur Ludwina Gadzina. La tuberculose était alors une maladie courante – une vraie plaie qui faisait beaucoup de morts. Les jeunes personnes étaient généralement les plus exposées à la contamination. La maladie se développait longtemps sans manifester de symptômes. En 1921, des vaccins contre la tuberculose étaient déjà disponibles, mais ils n'étaient pas efficaces chez ceux où la maladie était découverte à un stade avancé, comme ce fut le cas pour Faustine. Le premier médicament qui a agi activement contre la tuberculose – la streptomycine – n'a été introduit qu'après la Seconde Guerre mondiale, en 1946.

L'état de santé de Faustine s'est brutalement aggravé en septembre 1936. Le 19 septembre, elle fut examinée par le docteur Adam Silberg, spécialiste des maladies infectieuses. Il confirma la tuberculose. Il ordonna aux supérieures de séparer Faustine des autres sœurs pour qu'elle ne les contamine pas. Elle a donc été transférée de la chambre générale à l'infirmerie. Elle était très faible. Le 24 septembre son état a brusquement empiré. Dans le *Petit journal,* elle a écrit à propos de ce jour : « C'était une si grande souffrance qu'elle ne me permettait pas de faire le moindre mouvement, ni même d'avaler ma salive. Cela dura trois heures environ. […] Je me suis complètement abandonnée à la volonté de Dieu et je pensais que déjà venait pour moi le jour de la mort, ce jour que je désire » (PJ 696). Cette description indique que la tuberculose avait attaqué non seulement les poumons, mais aussi les intestins en lui causant une douleur déchirante quelques heures après le repas.

Le lendemain de la crise, épuisée par la souffrance, Faustine demanda dans une lettre à l'abbé Sopoćko qu'il lui accorde par écrit « l'absolution pour l'heure de la mort ». L'abbé Sopoćko lui envoya cette absolution et ordonna à Faustine de protéger « au cas où » le *Petit journal* contre une éventuelle destruction et de le compléter. Il lui demanda de souligner précisément tout ce qui, à son avis, « était nettement d'origine Divine » et particulièrement ce qui se référait à la fête de la Miséricorde divine et la fondation de la nouvelle congrégation. « Si ces choses sont effectivement d'origine Divine, nous sommes obligés de les respecter et de les accomplir fidèlement », écrivait-il.

Toutes les sœurs ne croyaient pourtant pas à la maladie de Faustine. « La sœur n'est pas malade, mais on voulait lui donner un peu de repos, c'est pourquoi on a fait croire qu'elle est malade », a-t-elle entendu un jour. Sœur Felicja Żakowiecka le confirme : « Une des sœurs était particulièrement méchante envers Faustine, elle ne croyait pas à sa maladie et le type de piété de Faustine l'agaçait fortement. »

La maladie avançait, mais Faustine vivait aussi des périodes où sa santé s'améliorait brusquement, ce qui aurait d'ailleurs amené certaines sœurs à penser qu'elle simulait son mal. « Mon état s'est curieusement amélioré, et cela en très peu de temps. Je participe à tous les exercices spirituels et j'ai même repris mes tâches au jardin. Vraiment, je ne comprends pas cette amélioration soudaine de ma santé », a-t-elle écrit à l'abbé Sopoćko, le 12 octobre 1936.

Sœur Brunona Sroczyńska, infirmière jusqu'en novembre 1936, décrit l'état de santé de Sœur Faustine : « Elle ne s'est pas pliée à la maladie, et quand elle n'était pas alitée, elle s'occupait de ses tâches ordinaires tout en cherchant à remplir au mieux ses responsabilités. Sa sérénité, son calme et son équilibre de l'esprit, malgré les difficultés liées à la maladie, étaient surprenants. Elle ne se plaignait jamais, même si parfois elle manquait visiblement de forces. Elle ne laissait pas sentir à son entourage ce qu'elle vivait, et même les supérieures ne se rendaient pas compte de son état. »

En automne 1936, Sœur Chryzostoma Korczak est devenue infirmière à Łagiewniki. Faustine l'avait déjà connue dans ce rôle à Vilnius et n'en a pas gardé de bons souvenirs. Elle l'entendait souvent lui reprocher de « se dorloter, de ne pas avoir assez d'énergie et de se laisser fléchir par la maladie ».

La mère Michaela Moraczewska se rappelle cette sœur : « Dieu a permis que l'infirmière de l'époque de Vilnius soit sceptique quant aux expériences spirituelles de Sœur Faustine et que la sœur servante ait peur d'être contaminée par la tuberculose. Il en résultait que les soins assurés à la malade, comme je l'ai appris plus tard, n'étaient pas toujours à la hauteur. »

Un jour, Sœur Chryzostoma a traité Faustine d'hystérique qui ne fait qu'attirer l'attention des autres. Ironique, elle a lancé en colère : « Vous voulez devenir sainte, ma sœur ? Je crains que cela mette du temps à se faire. » Sœur Kajetana Bartkowiak qui a été témoin de la scène a entendu Faustine lui répondre : « Je vous aime encore plus, ma sœur… »

Sœur Felicja Żakowiecka se souvient : « Certaines sœurs disaient qu'elle priait trop dans la chapelle, qu'elle était gâtée, qu'elle s'était assuré une vie de comtesse. […] Elle apprenait ces choses-là de bouche à oreille, mais elle n'y faisait pas vraiment attention. On sentait bien que ce qui comptait le plus pour elle c'était satisfaire Jésus. »

Il arrivait néanmoins à Faustine de se plaindre à Jésus, et les feuilles du *Petit journal* en sont la preuve : « Une sœur ne cesse de me persécuter uniquement parce que Dieu a de si étroites relations avec moi ; il lui semble que tout en moi est affecté. Lorsqu'il lui semble que je commets quelque infraction, elle dit alors : "On a des apparitions, et on commet telles fautes." » (PJ 1527). Une autre fois Faustine a noté que ce qu'on lui reprochait depuis son entrée à la congrégation « c'est d'être sainte ; mais ce nom était toujours dit de façon ironique ». Elle ajoute : « Au début, ce me fut très pénible, puis en m'élevant spirituellement je n'y ai plus fait attention » (PJ 1571). Un certain temps après, en mai 1937, c'est-à-dire plus d'un an avant sa mort, Faustine a écrit : « Oh !

comme il est doux de vivre au couvent parmi les sœurs, mais il ne faut pas oublier que ces anges vivent dans un corps humain » (PJ 1126).

Sœur Faustine cherchait la sainteté personnelle, mais elle savait aussi qu'elle serait ainsi utile à l'Église : « je sens bien que je vis non seulement pour moi, mais pour toute l'Église ... » (PJ 1505). Faustine désirait devenir sainte dès le plus jeune âge. C'est pourquoi, lorsque quelques années avant, pendant son noviciat à Łagiewniki, elle avait rêvé de sainte Thérèse de Lisieux, qu'elle vénérait beaucoup, elle avait osé lui demander si elle deviendrait sainte : « Elle m'a répondu : "Oui, tu seras sainte." Mais, Thérèse, serai-je sainte comme toi, sur les autels ? Et elle répondit : "Oui, tu seras sainte comme moi, mais tu dois faire confiance au Seigneur Jésus." » (PJ 150).

Le *Petit journal* a gardé un témoignage étonnant des efforts de Faustine pour devenir sainte et combattre ses faiblesses. C'est la « carte de contrôle intérieur » (PJ 1352), c'est-à-dire un bilan de succès et d'échecs. Des notes du même style étaient aussi prises par d'autres sœurs. Celles-ci notaient dans quelle mesure elles avaient respecté les commandements, les vœux et les règles monastiques, et si elles vivaient vraiment les vertus chrétiennes. Sur la carte de Sœur Faustine, qui résume l'année 1937, il y a des dizaines de succès et des échecs ponctuels qui concernent l'amour d'autrui (trois au total dans l'année) et l'humilité (dix au total dans l'année). « Lorsque j'hésite sur la conduite à tenir, j'interroge toujours l'amour, c'est lui qui conseille le mieux » (PJ 1354). La même année, elle a écrit : « Je passe chaque moment libre aux pieds de Dieu caché. Il est mon Maître, je Lui demande tout, je Lui parle de tout, là je puise force et lumière, là j'apprends tout, là me viennent des lumières sur la façon d'agir avec le prochain » (PJ 704).

Comment ceux qui connaissaient le mieux Faustine la voyaient-ils, c'est-à-dire les confesseurs et les supérieures ?

Le père Józef Andrasz s'exprime :

> Faustine se rendait bien compte du fait que la sainteté qu'elle désirait tellement et pour laquelle elle est entrée dans la congrégation, ne consistait pas en premier lieu en visions et apparitions, mais en pratique solide des vertus. C'est pourquoi déjà avant sa vie de

religieuse et surtout après son entrée au couvent, elle travaillait dur pour acquérir des vertus telles que la pureté de cœur, l'humilité, la patience, l'assiduité, l'obéissance, la pauvreté, la délicatesse, l'amour d'autrui, la concentration intérieure, la dévotion profonde, et avant tout l'amour de Dieu. Il ne faut pas s'imaginer que toutes ces vertus, notamment celles atteintes au plus haut degré, lui venaient sans aucun effort. Elle avait sans doute aussi ses petits péchés qui lui arrivaient de temps en temps, soit en paroles, soit dans ses relations avec les autres ; elle a connu sans doute l'impatience, de petites vanités, quelques imperfections au travail. Elle en parlait dans ses confessions, demandait pardon à Dieu et les corrigeait avec beaucoup d'énergie. Elle s'en souvient dans son journal. Et même si, de temps à autre, elle leur succombait – car la sainteté terrestre même héroïque n'est pas encore la sainteté céleste –, ces imperfections étaient de moins en moins nombreuses et de moins en moins graves. En même temps, se développaient en elle d'une façon de plus en plus belle de magnifiques fleurs des vertus.

L'abbé Michał Sopoćko a écrit en 1948 :

> Du point de vue de la disposition naturelle, elle était une personne équilibrée, sans une ombre de psychonévrose ni d'hystérie. Le naturel et la simplicité caractérisaient sa relation tant avec les sœurs dans la congrégation qu'avec des personnes extérieures. De par son aspect extérieur, rien ne la distinguait des autres. Sa construction sentimentale était normale, soumise à la rigueur de la volonté ; elle ne cédait pas à une dépression psychique, ni à des crises de colère quand elle connaissait des échecs qu'elle supportait soumise à la volonté de Dieu. Du point de vue intellectuel, elle était prudente et se distinguait par un sain jugement des choses. […] Du point de vue moral, elle était très sincère, véridique, sans une once d'exagération, et se caractérisait par la soumission, l'obéissance, l'ardeur et une pureté angélique, tout en cherchant constamment à progresser dans l'amour de Dieu et d'autrui. Dans sa vie intérieure, Sœur Faustine se caractérisait par une subtilité hors du commun et la profondeur d'une beauté intérieure qui résultait des illuminations particulières de l'esprit et des visions, et souvent aussi des appels de Jésus et de sa bonne coopération avec les grâces et les dons abondants de l'Esprit saint, et avant tout du don de la sagesse.

Et voici ce que la mère Michaela Moraczewska a écrit sur Faustine après des années :

> En ce qui concerne le côté négatif, c'était tout d'abord l'imagination qui penchait vers l'exagération et qui cherchait à voir des éléments surnaturels là où je n'en voyais pas. C'est ce trait-là qui me poussait à prendre mes distances, même si j'étais convaincue que c'était une âme extraordinaire et dotée de grâces particulières de Dieu. Mon deuxième reproche concerne certains défauts quand il s'agissait d'humilité. Je pensais que pour le bien de son développement spirituel, il était utile de chercher la dernière place, de chercher des humiliations. Or, j'ai remarqué qu'elle était très susceptible quand on était sévère à son égard ; j'ai vu aussi chez elle une certaine dose d'esprit de critique. Il faut tout de même constater que ces défauts disparaissaient vers la fin de sa vie – chose que nous avons remarquée avec la mère supérieure Irena. Quant aux traits de caractère positifs, j'insisterais sur des aspects comme : sincérité, simplicité, obéissance, sérénité, délicatesse, serviabilité et discrétion. Quelques sœurs à peine étaient au courant de la richesse de sa vie intérieure. À part cela, rien ne la distinguait des autres.

« Timide et calme au premier abord, elle n'était pas dépourvue de tempérament. […] Elle avait de l'amour pour autrui qu'elle cherchait à pratiquer, mais, en même temps, elle ne se laissait pas exploiter sans raison. En revanche, elle ne refusait jamais son aide à quelqu'un qui en avait besoin », se souvient la mère Borgia Tichy.

En 1966, le caractère de Faustine a été décrit par un graphologue français Raymond Trillat, à partir de l'écriture et des photos de celle-ci. Il a constaté :

> Elle est exigeante, mais se laisse diriger par le sens de justice et de grâce. Laborieuse, souriante au quotidien, avec d'intimes aspirations spirituelles. Affectueuse et, malgré la règle qui implique un comportement froid, on voit chez elle cette forme, cette expression d'élan, d'ardeur, d'amour qui caractérisent les personnes inspirées ou les grands mystiques. L'affectuosité est importante, mais elle est modérée par un grand équilibre spirituel. Sa manière de s'adresser aux autres est au début timide, mais elle est capable de prendre avec le temps, s'il le faut, la forme de sacrifice. Elle est absolument sincère et il n'y a en elle aucun mensonge, ni changement d'attitude […]. Conclusion : aussi bien dans les écrits que dans les reproductions du visage de Sœur Faustine, nous y voyons l'émanation d'un être

marqué par une grande inspiration qui dépasse la raison et la compréhension humaines.

Le professeur Jerzy Strojnowski, psychiatre et professeur émérite de l'université catholique de Lublin, voulait examiner, à partir du *Petit journal*, pas tant le caractère de Faustine, mais plutôt sa santé psychique. En 1999, dans la revue de psychologie *Charaktery*, il a publié un article où il a constaté que Faustine « était atteinte de troubles psychiques », et concrètement de cyclophrénie. Le professeur cherchait à le prouver à travers les citations du *Petit journal*, en montrant ainsi son ignorance de la mystique. Son hypothèse à propos de la maladie psychique de Sœur Faustine a été infirmée par Henryka Machej, psychologue clinique, avec une expérience de vingt ans de travail à l'hôpital psychiatrique de Cracovie avec les malades atteints de cyclophrénie. En comparant le comportement de ses patients à ce que Faustine écrivait sur sa vie intérieure et aux souvenirs de la future sainte, cette femme médecin a constaté : « Ni dans les écrits, ni dans le parcours de vie de Sœur Faustine, je ne trouve aucun argument en faveur d'une psychopathologie quelconque. » Bien au contraire – insistait-elle – Faustine était une personnalité psychologiquement cohérente. Ce diagnostic rejoint celui délivré par la psychiatre Helena Maciejewska qui a examiné Faustine à Vilnius en 1933 et qui a certifié sa « santé psychique excellente ». Sœur Anna Tokarska de la congrégation des Sœurs de Saint-Joseph, qui s'occupait des interdépendances entre l'expérience mystique et la norme psychique, est d'avis que chaque mystique possède une personnalité solide, très cohérente et mûre. C'est une des conditions sine qua non pour être mystique. Dans les extases mystiques de Sœur Faustine, dans sa relation avec Jésus, le professeur Strojnowski cherchait un lien érotique. Saint Jean de la Croix écrivait déjà que « l'amour de Dieu touche parfois aussi les sens et s'avère alors doux et chaleureux ». Henryka Machej a remarqué : « Ce que les mystiques éprouvent alors, à la différence des malades atteints de manies, a beaucoup plus à voir avec un assouvissement involontaire (privé d'activités ou de représentations provocatrices) qu'avec une tension sexuelle. Un élément d'érotisme est parfois présent au stade initial de la vie mystique ; celle-ci en vient cependant, au deuxième stade, à se purifier de sensualité. » La polémique avec le professeur Strojnowski n'a eu lieu ni sur les pages de la revue ni sur un autre forum, puisqu'il est décédé deux semaines après la publication de son article dans *Charaktery.*

***

Mais revenons à Łagiewniki, nous sommes en 1936. Sœur Faustine était toujours faible. C'est pourquoi la mère Moraczewska décida de l'envoyer au sanatorium pour tuberculeux à Prądnik. « Quand la peur s'est emparée de moi à la pensée que j'allais rester si longtemps seule, en dehors de la Communauté, Jésus m'a dit : *"Tu ne seras pas seule, car je suis avec toi toujours et partout."* » (PJ 797), écrivait Faustine. Rassurée, elle partit le 9 décembre à l'hôpital où, sauf une petite pause à Noël, elle séjournera jusqu'au 27 mars 1937.

Ce jour, la chroniqueuse de la maison de Łagiewniki a noté que Faustine, en bien meilleure santé, était définitivement rentrée à la maison. La joie était pourtant prématurée.

Sœur Jolanta Woźniak en témoigne : « Elle était très maigre, mais elle a encore travaillé dans le jardin en fonction de ses forces. » Et elle pensait toujours à la fondation d'une nouvelle congrégation. En mai 1937, la mère Moraczewska est venue à Łagiewniki pour une inspection. Le 4 mai, elle donna son accord à Faustine pour que celle-ci quitte la congrégation : « Jusqu'alors je vous retenais et maintenant je vous laisse libre : si vous le voulez, vous pouvez quitter la congrégation et si vous désirez rester, vous pouvez y rester », a-t-elle annoncé à Sœur Faustine qui en fut fortement surprise. Après un instant, elle demanda à la mère si elle s'occuperait des formalités nécessaires. « Quand elle a entendu ma réponse, que je ne saurais pas expliquer sa volonté de quitter la congrégation à cause des révélations, elle m'a demandé d'aller voir le père Andrasz. Il s'est avéré que celui-ci était momentanément absent. »

Sœur Faustine était non seulement surprise, mais aussi terrifiée. Elle avait demandé cet accord, l'attendait depuis longtemps et maintenant que la décision était tombée, elle sentait que cela dépassait ses forces. Le couvent lui apportait la sécurité, elle y avait appris à accepter la volonté des supérieures qui décidaient dans la plupart des cas à sa place. Et maintenant, elle devait prendre la responsabilité de créer une nouvelle structure monastique, la responsabilité de la vie des filles qui voudraient la rejoindre. Elle se sentit seule et abandonnée. « Lorsque je suis sortie de chez la mère générale, une sorte d'obscurité est tombée sur mon âme, tout comme auparavant, a-t-elle noté dans le *Petit journal*. – Chose étrange, à chaque fois que je demande cette sortie du couvent, à chaque fois mon âme est envahie par une telle obscurité et je me sens comme abandonnée à moi-même. » La mère Michaela, à qui elle l'a tout de suite dit, a constaté : « Cette sortie est une tentation » (PJ 1115).

Deux jours plus tard, le 6 mai 1937, Faustine écrivait à l'abbé Sopoćko : « Je vois que l'heure de Dieu n'est pas encore arrivée pour cette congrégation, et je la laisse aussi à la Providence Divine. Puisque l'archevêque ne m'a pas donné l'autorisation, moi-même j'ai une moindre responsabilité devant Dieu et je ne fais rien à l'extérieur jusqu'à ce que des conditions favorables ne s'y produisent pour fournir la preuve que c'est bien Dieu qui le réclame. » Elle n'y a aucunement mentionné son entretien avec la mère Michaela, ni sa décision. Elle décrivait pourtant son état d'esprit : « Pendant quelques jours, mon âme a été plongée dans l'obscurité, mais aujourd'hui la présence de Dieu le Père a dissipé les ténèbres et je vis cette grande grâce d'une façon physique. Soyez sûr et certain, mon Père, que je ne ferai aucun pas important sans vous consulter. »

Quelques jours après, quand la mère Moraczewska termina l'inspection de la filiale de la maison de Łagiewniki à Rabka, elle parla à nouveau avec Faustine. Celle-ci dit à sa supérieure « sincèrement et simplement qu'au moment [...] de lui avoir accordé la liberté d'action, elle avait senti dans son âme qu'elle était comme dans un gouffre noir, toute seule et abandonnée, incapable de faire quoi que ce soit, et que la pensée de quitter la congrégation l'avait abandonnée ». Ce fut leur dernier entretien à ce sujet.

Après des années, la mère Moraczewska comprit que les « brusques ténèbres de l'âme » que Faustine éprouvait dans les moments où elle était sur le point de prendre la décision, étaient un signe de Dieu qu'elle attendait. Ce signe disait cependant qu'elle devait rester dans la congrégation car – ce qu'elle comprendra plus tard – quelqu'un d'autre la créerait. Quoi qu'il en soit, en mai 1937, la question de la sortie de Sœur Faustine de la congrégation a été réglée.

Faustine n'en a plus parlé avec les supérieures, mais dans le *Petit journal*, elle est revenue encore sur le sujet à plusieurs reprises. En juin 1937, elle a écrit que pendant la messe elle avait compris que la nouvelle œuvre devrait se présenter en trois « nuances ». La première serait constituée « d'âmes séparées du monde » (PJ 1155), c'est-à-dire des personnes consacrées, vivant dans des couvents et implorant la miséricorde divine pour le monde entier. À la deuxième appartiendraient des personnes unies par les vœux, mais vivant dans « ce monde égoïste », c'est-à-dire des membres de congrégations monastiques laïques. Ceux-ci imploreraient la miséricorde divine à travers la prière et les actes. Enfin, la troisième nuance serait ouverte à tous : « Le membre de cette nuance devra accomplir au moins un acte quotidien de miséricorde, au moins, car il peut y en avoir beaucoup, puisqu'il est facile de le faire pour chacun. » Sœur Faustine a décrit trois types de miséricorde. Le premier est « la parole miséricordieuse – à travers le pardon et la consolation ; le deuxième – là, où la parole ne peut agir, là, où il faut utiliser la prière, et cela tient de la miséricorde ; le troisième – les actes de miséricorde » (PJ 1158). Cependant, le 3 septembre 1937, elle a conclu : « Trois ans ont passé depuis lors[1] et mon âme ressent tour à tour soit de l'enthousiasme et de l'empressement à l'action, et j'ai alors beaucoup de courage et de force, soit, lorsqu'approche le moment décisif de commencer l'œuvre, je ressens l'abandon du Seigneur, et une étrange crainte transperce mon âme, et je vois que ce n'est pas encore l'heure désignée par le Seigneur pour commencer à agir. Ce sont là des souffrances au sujet desquelles que je ne peux même pas écrire. Dieu seul sait tout ce que je supporte nuit et jour… » (PJ 1263).

En août, l'abbé Sopoćko est venu à Łagiewniki pour quelques jours. Pendant la lecture du *Petit journal*, il dirigea son attention sur le texte de la Neuvaine à la Miséricorde divine que Jésus avait dictée à Faustine pour sa récitation personnelle. Cette prière plut tellement à l'abbé Sopoćko qu'il copia son texte et l'amena, avec

1. Depuis le moment où elle a compris qu'elle devait quitter la congrégation [ndt].

le chapelet, l'image de Jésus Miséricordieux et la litanie de la Miséricorde, que lui-même avait composée à l'appui des textes de Faustine, au 22 rue Szewska à Cracovie. C'était le siège de la Maison d'Édition des Livres de Prière et le Dépôt des Articles de Dévotion, appartenant à Józef Cebulski. La maison d'édition occupait une partie de la maison à deux étages, appelée actuellement collégiale, car elle appartenait au collège Sainte-Anne. L'entreprise de Cebulski avait reçu de l'archevêché de Cracovie l'autorisation d'imprimer de nouvelles prières vénérant la Miséricorde divine. La mère Irena Krzyżanowska qui, parmi les supérieures, avait le plus contribué au développement de l'œuvre de la Miséricorde, veilla à la publication du livret. Elle vint à la maison d'édition le 25 septembre, et deux jours après, le 27 septembre 1937, elle y retourna avec Sœur Faustine. Elles regardaient les images de Jésus plus ou moins grandes qui étaient préparées à l'impression et Sœur Faustine faisait certaines remarques. Le livret de prière intitulé *Le Christ, Roi de la miséricorde* rédigé par l'abbé Sopoćko et les images présentant la face de Jésus Miséricordieux et, au dos, le texte du chapelet à la Miséricorde divine furent publiés en octobre. La mère Krzyżanowska les envoya aux maisons de la congrégation. Les livrets n'ont pas été officiellement utilisés par les sœurs, mais en privé. Les images, comme il s'est avéré plus tard, n'étaient pas réussies. Elles ne se vendaient pas bien, c'est pourquoi la mère Irena les distribuait elle-même.

Alors, en septembre 1937, en regardant le texte et les images préparés pour l'impression, Sœur Faustine a dû être très touchée. Devant ses yeux s'accomplissait ce dont Jésus lui avait parlé : lentement, avec difficulté, le message de la Miséricorde divine se répandait dans le monde.

De la maison d'édition, les sœurs sont arrivées par la rue Szewska sur la place du Marché. Si Faustine n'avait pas vu avant cet endroit exceptionnel pour tous les Polonais, maintenant elle le voyait. Cette place imposante, l'une des plus grandes places du marché en Europe, entourée de maisons vieilles de plusieurs siècles, avec le bâtiment de *Sukiennice* en son centre, était le cœur historique de la Pologne. Ici, les rois recevaient des honneurs, l'armée de la Première République polonaise prêta serment de fidélité à la Constitution du 3 mai 1791 et c'est d'ici que partit l'insurrection nationale sous le commandement de Tadeusz

Kościuszko, en 1794. La Place du Marché de Cracovie se rappelle les temps de l'excellence et les temps des faillites, des cortèges funèbres et des cortèges nuptiaux des monarques. Depuis sept siècles, la vie de cet endroit est accompagnée de la musique jouée toutes les heures du haut de la tour de l'église de la Vierge Marie. C'est dans cette église que les sœurs sont entrées faire une prière. On ne sait pas si Faustine a été enchantée par le retable gothique doré, cette œuvre magnifique de Wit Stwosz, sculpté en bois de tilleul, au centre duquel l'artiste a placé la scène de Dormition de la Vierge Marie. Sur les volets du retable composé de bas-reliefs présentant des dizaines de personnages, Wit Stwosz a raconté les plus importants événements de la vie de la Mère de Jésus. Le fond de l'œuvre du maître est constitué des polychromies des plus célèbres créateurs de Cracovie – Jan Matejko, Józef Mehoffer, Stanisław Wyspiański. Dans cet intérieur d'une beauté extraordinaire, construit à la gloire de Dieu, Sœur Faustine pensait à la propagation du message de la miséricorde. « J'ai ensuite commencé une conversation intérieure avec le Seigneur, Le remerciant d'avoir daigné me donner la grâce de voir se répandre la gloire de Son insondable Miséricorde. Je me suis plongée dans une profonde prière d'action de grâces » (PJ 1300), a-t-elle noté dans le *Petit journal*.

C'est le temps où Sœur Faustine a atteint la plénitude de l'union avec Dieu. La plénitude dont parlait saint Jean de la Croix quand il écrivait qu'elle « se réalisait au moment où les deux volontés, c'est-à-dire la volonté de l'âme et la volonté de Dieu, étaient en harmonie complète et que rien ne les séparait. Quand l'âme rejetterait donc tout ce qui s'opposait à la volonté de Dieu et ne lui était pas conforme, elle serait alors transformée en Dieu par l'amour ». Dans le *Petit journal*, à la date du 3 septembre 1937, Sœur Faustine a écrit un texte formidable : « l'Acte d'offrande », c'est-à-dire un acte de la soumission totale à la volonté de Dieu :

> À partir d'aujourd'hui, Ta volonté, Seigneur, est ma nourriture. Voici tout mon être, dispose de moi selon Tes divins désirs. Peu importe ce que me donne Ta main paternelle, je le reçois avec soumission, calme et joie. Je ne crains rien quelle que soit la façon dont tu me diriges, et j'accomplis à l'aide de Ta grâce tout ce que Tu exiges de moi. Maintenant je ne crains plus aucune de tes inspirations, ni n'examine avec inquiétude jusqu'où elles me mène-

> ront. Guide-moi, ô Dieu, par les chemins qui Te plaisent, j'ai fait pleinement confiance à Ta volonté, qui n'est pour moi qu'amour et miséricorde. Tu m'ordonnes de demeurer dans ce couvent – j'y resterai ; Tu m'ordonnes de me mettre à l'œuvre – je m'y mets ; Tu me laisseras jusqu'à la mort dans l'incertitude quant à cette œuvre – sois béni ; Tu me donneras la mort, alors qu'humainement parlant, il semblerait que ma vie soit particulièrement nécessaire – sois béni. Tu m'emporteras en pleine jeunesse – sois béni ; Tu me feras atteindre un âge avancé – sois béni ; Tu me donneras santé et forces – sois béni ; Tu me cloueras sur un lit de douleur, même si c'est pour toute la vie – sois béni ; Tu ne me donneras dans la vie que déceptions et insuccès – sois béni ; Tu permettras que mes plus pures intentions soient condamnées – sois béni ; Tu donneras la lumière à mon esprit – sois béni ; Tu me laisseras dans l'obscurité et au milieu de toutes sortes de tourments – sois béni. Depuis ce moment, je vis dans la plus profonde tranquillité, car le Seigneur Lui-même me porte sur son bras. Il sait bien, le Seigneur de l'infinie miséricorde, que c'est Lui seul que je désire en tout, partout et toujours (PJ 1264).

Un mois plus tard, en octobre 1937, Faustine reçut une révélation concernant l'heure de la Miséricorde qui faisait partie du culte de la Miséricorde divine. Jésus lui dit que l'heure de Sa mort sur la croix – trois heures de l'après-midi – était « une heure de grande miséricorde pour le monde entier » : « *À trois heures implore ma miséricorde, tout particulièrement pour les pécheurs, et ne fût-ce que pour un bref instant, plonge-toi dans ma passion, en particulier dans mon abandon au moment de mon agonie. [...] En cette heure, je ne saurais rien refuser à l'âme qui me prie, par ma passion...* » (PJ 1320), dit-Il à Faustine. Comme l'expliquera plus tard l'abbé Ignacy Różycki, pour que les prières soient exaucées, il faut remplir trois conditions : la prière doit avoir lieu à trois heures de l'après-midi ; elle doit être adressée à Jésus ; et il faut se référer dans les demandes aux valeurs et aux mérites de la passion de Jésus. Dans l'apparition suivante, quatre mois plus tard, Jésus encouragea Sœur Faustine à méditer Sa passion, à faire le chemin de la croix à l'heure de la Miséricorde et, si cela n'était pas possible, à adorer le saint sacrement pendant un bref moment ou à prier simplement dans n'importe quel endroit où elle se trouverait à trois heures de l'après-midi. À travers cette prière, elle devait implorer la miséricorde pour le monde, et particulièrement pour les pécheurs. Dès lors, Faustine chercha à interrompre à cette heure-là l'exécution de ses tâches pour prier : dans la chapelle ou dans un endroit calme, à proximité de son lieu de travail, dans la réserve de la cuisine par exemple. Il y a des pensionnaires qui l'ont vue plusieurs fois là-bas, à trois heures de l'après-midi, quand elle priait allongée sur le sol.

L'heure de la Miséricorde a été incluse aux nouvelles formes de la vénération de la Miséricorde divine assez tard, seulement dans les années 1980. Mais il y a des endroits dans le monde où elle est très populaire. Par exemple, aux Philippines, on produit depuis longtemps des montres qui indiquent à trois heures de l'après-midi l'heure de la Miséricorde.

Sœur Faustine était diminuée physiquement. Dès son retour de Rabka, elle ne travaillait plus dans le jardin. Elle n'avait plus les forces pour cela. Depuis septembre 1937, elle était sœur portière. Deux semaines après la prise de ces nouvelles fonctions, son frère Stanisław, qui travaillait alors à Cracovie, lui rendit visite. Il voulait intégrer un couvent, et Faustine l'encourageait dans cette voie, mais cette envie s'est arrêtée au stade de projet. Le frère la voyait changée, mais aussi sereine et souriante. Il ne soupçonnait donc pas qu'elle était gravement malade. Même si son travail était maintenant moins dur, il nécessitait quand même beaucoup d'effort et d'attention, car de nombreuses personnes passaient par la porte du couvent. Grâce à ses nouvelles tâches, Faustine avait plus de contacts avec les gens accablés par toutes sortes de misères, matérielles et morales. « Lorsque les mêmes pauvres viennent mendier à la porte pour la deuxième fois, je les reçois avec une douceur accrue, et je ne leur laisse pas voir qu'ils sont déjà venus une fois, afin de ne pas les gêner, et ils me parlent alors ouvertement de leurs peines et de leurs besoins » (PJ 1282), écrivait-elle.

À Cracovie, comme dans tout le pays, régnait alors un grand chômage, ce qui était à l'origine de nombreuses grèves et manifestations violentes des ouvriers. Les chômeurs frappaient également à la porte du couvent pour chercher ou même parfois réclamer un emploi. Les sœurs avaient donc parfois peur de ce type de rencontres. Les mendiants se présentaient aussi à la porte pour demander de la nourriture.

Anna Burkata, une pensionnaire qui travaillait dans la cuisine, se souvient que « Sœur Faustine venait plusieurs fois à la cuisine afin de prendre des repas pour les pauvres. Peut-être à sa cinquième visite de suite dans la cuisine, Sœur Anna[1] lui avait demandé : "Jusqu'à quand vous allez venir ici pour me déranger ?" Et alors, Sœur Faustine lui avait répondu avec calme : "Jusqu'à ce que je ne nourrisse le Seigneur Jésus." »

Le 30 septembre 1937, la sonnette de la porte sonna. Faustine ouvrit la porte. Elle vit un jeune homme misérable. Il était pieds nus et avait une tenue déchirée.

> [Il] était gelé, car le temps était pluvieux et froid. Il a demandé quelque chose de chaud à manger – notait Faustine. – Je suis donc allée à la cuisine, mais n'y ai rien trouvé pour les pauvres ; pourtant après un moment de recherche, j'ai trouvé un peu de soupe que j'ai fait réchauffer et dans laquelle j'ai émietté un peu de pain, et j'ai servi le pauvre qui l'a mangée. Au moment où je lui reprenais le bol, Il me fit connaître qu'Il était le Maître du ciel et de la terre. Lorsque je Le vis tel qu'Il était, Il disparut à mes yeux (PJ 1312).

Cette porte à laquelle Jésus a sonné n'existe plus. Mais la sonnette a été conservée. Elle se trouve dans la cellule de sainte Faustine, qui a été reconstruite dans la maison bâtie à la place d'un ancien bâtiment attenant autrefois à la porte du couvent.

Faustine menait un dialogue permanent avec Jésus, un dialogue intérieur, dans son cœur ou en réalité lors des visions. Elle ressentait aussi de plus en plus souvent et de plus en plus fortement les stigmates intérieurs. Ils n'étaient pas visibles, ils ne saignaient pas comme ceux du saint Padre Pio ou de saint François d'Assise. C'étaient des stigmates spirituels, pareils à ceux de sainte Catherine de Sienne. À l'endroit des cinq plaies de Jésus, Faustine ressentait une douleur intérieure aiguë et aussi un mal à la tête à la place de la couronne d'épines. Elle souffrait particulièrement le vendredi et quand elle fréquentait des personnes qui n'étaient pas dans l'état de grâce. En fonction du type de souffrance, elle savait déterminer avec quel péché ces personnes avaient offensé Dieu. Elle encourageait délicatement ces personnes à se confesser, à changer leur vie.

1. La cuisinière [Nda].

Jadwiga Owar, pensionnaire, se souvient de Sœur Faustine et de sa capacité à lire dans les âmes :

> On pensait qu'elle lisait tout ce qui se passait à l'intérieur de l'âme. Il était impossible de lui mentir car elle identifiait tout de suite le mensonge. Elle disait parfois à une des filles que « quelque chose à l'intérieur n'allait pas, et qu'elle nécessitait une purification », c'est-à-dire la confession … Et souvent son bon conseil rompait la résistance des filles qui n'avaient pas toujours envie de se confesser.

Zofia Matusik, une autre pensionnaire, retient de Faustine son cœur et son amour :

> Il y avait une grande différence dans le comportement [de Sœur Faustine] et celui des autres sœurs. Il arrivait parfois que moi-même ou une autre fille de l'établissement fassions des choses qu'il ne fallait pas faire. Dans des cas pareils, les sœurs réprimandaient les filles, en attendant leurs excuses. Sœur Faustine n'attendait jamais que nous lui demandions pardon, mais elle s'adressait toujours avec cœur et amour à tous ceux qu'elle rencontrait, peu importe s'ils lui causaient des ennuis ou des faveurs.

Jadwiga Owar ajoute : « Elle n'était pas versatile, elle était toujours la même. […] Elle ne supportait pas certaines confidences de la part des filles. Elle disait qu'elle nous aimait beaucoup, mais elle ne se permettait jamais de nous embrasser, elle nous tenait à distance. »

En octobre 1937, Sœur Faustine participa à sa dernière retraite dans la congrégation avec les sœurs. La retraite a duré huit jours. Jésus lui avait prédit qu'elle serait pour elle « une contemplation ininterrompue », et elle écrivait qu'à l'issue de la retraite elle était « complètement transformée par l'amour de Dieu ». Elle sentait qu'une nouvelle vie commençait, qu'il serait possible de l'appeler Amour : « À l'extérieur, cette vie ne change en rien, et personne ne s'en apercevra ; cependant l'amour pur guide maintenant ma vie, et extérieurement, c'est la miséricorde qui en est le fruit. Je sens que je suis tout empreinte de Dieu et avec ce Dieu je vais par la vie de tous les jours, cette vie grise, fastidieuse et pénible – faisant confiance à Celui que je sens en mon cœur, qu'Il transformera cette grisaille en ma sainteté personnelle » (PJ 1363).

Sœur Faustine connaissait le jour de sa mort. Déjà à plus de deux ans de sa mort, en mai 1936, à Derdy, elle avait dit à Sœur Justyna Gołofit qu'elle mourrait deux ans après. En automne 1937, elle a confié à Sœur Damiana Ziółek qu'elle se sentait mal et a ajouté : « Je pense que Jésus ne me fera pas de surprise car je dois mourir à l'âge de 33 ans. » Cependant, vers la fin de l'année, la tuberculose a été tellement avancée que Faustine sentait la décomposition de son propre corps. « [Il] m'est arrivé parfois de sentir la complète décomposition de mon propre cadavre ; quelle grande souffrance est-ce là, il est difficile de l'exprimer » (PJ 1428), écrivait-elle. Elle a aussi noté qu'une des sœurs avait fait « une terrible grimace » après un moment de conversation avec elle et lui avait dit : « Ma sœur, je sens ici comme un cadavre, c'est tout à fait comme s'il se décomposait. Oh ! combien c'est affreux. » Sans perdre la boussole, Faustine la calma pour qu'elle n'ait pas peur, car « cette odeur de cadavre » venait d'elle. Faustine écrira : « Elle s'en est grandement étonnée, mais a dit qu'elle ne pourrait pas résister plus longtemps. Lorsqu'elle fut partie, j'ai compris que Dieu avait fait sentir ceci à cette sœur afin que je n'aie plus de doute, mais qu'Il cache cette souffrance à toute la congrégation de façon tout simplement miraculeuse » (PJ 1430).

Faustine n'arrivait plus à manger. « C'est à cette époque que commencèrent des douleurs intestinales, toute nourriture quelque peu relevée provoquait en moi d'atroces souffrances ; je me suis tordue plus d'une nuit dans de terribles douleurs et dans les larmes pour le salut des pécheurs » (PJ 1428), écrivait-elle. Elle ressentait aussi des douleurs dont l'origine n'était pas due à la maladie ; leur caractère était mystique : « À huit heures, je ressentis de si violentes douleurs que je dus m'aliter immédiatement ; je me suis tordue de douleur trois heures durant, c'est-à-dire jusqu'à onze heures du soir. Aucun médicament ne me fit d'effet, ce que je prenais, je le rejetais ; par moment ces douleurs me faisaient perdre conscience. » Les douleurs se sont répétées plusieurs fois, selon le même déroulement, mais les médecins n'ont pas trouvé leur origine. Pour la troisième fois, Jésus lui fit comprendre que « Lui-même [avait] permis ces souffrances pour donner satisfaction à Dieu pour les âmes tuées dans le sein de leurs mauvaises mères » (PJ 1276).

Faustine commença la nouvelle année 1938 par la souffrance. « Bienvenue à toi, Nouvelle Année au cours de laquelle va se parachever ma perfection » (PJ 1449), – écrivait-elle. Depuis deux jours, elle ne pouvait pas se lever du lit : « je me sentais très mal, une forte toux m'affaiblissait, et avec cela d'incessantes douleurs intestinales ainsi que des vomissements m'épuisaient énormément. Bien que ne pouvant me rendre aux offices en commun, je m'unissais cependant en esprit à toute la congrégation. […] Lorsque les sœurs se sont levées la nuit à onze heures, afin de veiller et de saluer l'An Nouveau, moi, je me tordais de douleur depuis le crépuscule et cela dura jusqu'à minuit » (PJ 1451).

Faustine toussait, crachait du sang, était sans forces. Elle se sentait si mal qu'elle n'était allée ni à la messe, ni à la confession, comme elle l'avait envisagé. Elle reçut seulement la sainte communion dans la cellule voisine. Le fait que l'infirmière ne croyait toujours pas à sa maladie la faisait plus souffrir que la douleur physique. « Je suis restée deux jours alitée, me tordant de douleurs, elle ne me rendit pas visite, et lorsqu'elle vint le troisième jour, elle ne me demanda même pas si je pouvais me lever, mais immédiatement d'une voix irritée : pourquoi je ne m'étais pas levée pour aller à la messe ? », relatait-elle. L'infirmière lui conseilla de ne pas capituler devant la maladie. Sœur Faustine lui répondit avec amertume : « Je sais que l'on ne considère chez nous quelqu'un comme gravement malade que lorsqu'il est à l'agonie » (PJ 1453).

C'est peut-être à cause de cela que Faustine a dit à Sœur Otylia Kondraciuk de « ne jamais passer avec indifférence à côté de la cellule d'une sœur malade, même avant la sainte messe ; même pendant le temps de silence, s'arrêter et demander si elle n'a besoin de rien, si elle ne veut pas boire de l'eau ou du thé ».

Selon Sœur Felicja Żakowiecka, « elle se sentait oubliée, paraît-il, mais elle ne se plaignait pas alors que, probablement, cela la faisait beaucoup souffrir ».

Cette situation a dû durer longtemps puisque, le 21 janvier 1938, Faustine a noté : « tant que l'on marche et que l'on travaille, tout est parfait et magnifique, mais lorsque Dieu envoie une maladie, les amis sont plutôt moins nombreux. […] Si Dieu permet une plus longue maladie, peu à peu ces fidèles amis eux aussi commencent à nous abandonner. Ils nous rendent visite moins souvent et leurs visites nous font souvent souffrir. Au lieu de nous consoler, ils nous reprochent certaines choses qui font beaucoup souffrir ». Plus loin, elle écrivait avec tristesse : « lorsque Dieu ne donne ni la mort, ni la santé et que cela dure des années – l'entourage finit par s'y habituer et considère la personne comme n'étant pas malade. Alors commence une série d'épreuves souffertes en silence » (PJ 1509).

> Dieu seul sait combien de sacrifices fait l'âme. Quand un jour, le soir, je me sentais si mal que je ne savais comment retourner à ma cellule, j'ai alors rencontré la sœur assistante qui expliquait à l'une des sœurs directrices qu'elle devait aller à la grande porte, avec une commission à faire, mais en me voyant, elle lui dit : « Non, n'y allez pas, ma sœur, Sœur Faustine va y aller car il pleut beaucoup. — D'accord », ai-je répondu ; j'y suis allée et j'ai fait la commission, mais cela n'est connu que de Dieu. […] Parfois, on dirait que la sœur du deuxième chœur est de pierre, mais elle est, elle aussi un être humain, elle a un cœur et des sentiments … (PJ 1510).

À cette époque-là, dans le couvent de Łagiewniki, l'ambiance parmi les sœurs n'était pas la meilleure. À l'origine de cela il y avait des changements introduits par la nouvelle maîtresse du noviciat, Sœur Kaliksta Piekarczyk. Les activités des deux chœurs ont été complètement séparées. Les novices du premier et second chœur avaient non seulement des conférences séparées, mais aussi des récréations et des « chapitres de pécheurs », c'est-à-dire des assemblées mensuelles au cours desquelles les sœurs commentaient en public leur comportement.

Sœur Damiana Ziółek s'en rappelle : « Ce règlement a éveillé de grandes objections parmi les sœurs du second chœur. Les sœurs se sentaient humiliées. Visiblement touchée par les nouvelles mesures, Sœur Faustine disait : "je ne sais pas, mais si j'avais été novice, j'aurais probablement laissé l'habit monastique." »

Sœur Fabiana Piekut aussi : « Sœur Faustine avait peur que cela provoque des divisions. Et elle n'a pas dit cela pour critiquer le statut des supérieures, mais pour prier à cette intention. »

Faustine parlait avec son confesseur à propos du nouveau règlement et, après s'être assurée que cela n'était qu'une expérimentation qui pourrait être annulée, elle calmait les autres sœurs du second chœur. Après des années, Sœur Kajetana Bartkowiak se rappelait que Faustine avait prédit que viendrait le temps où la division en chœurs disparaîtrait et que toutes les sœurs seraient égales entre elles. « Je ne serai plus en vie à ce moment-là, mais vous, ma sœur, oui », disait-elle. On réussit à calmer cette ambiance tendue et, un an après, le règlement maladroit fut révoqué.

En février 1938, c'est-à-dire six mois avant sa mort, Sœur Faustine écrivait : « Je vois que mon enveloppe terrestre commence à s'effriter ; je m'en réjouis car bientôt, je me trouverai dans la maison de mon Père » (PJ 1616). Dans la lettre qu'elle a envoyée avant Pâques à sa sœur Gienia (qui habitait à Głogowiec avec sa mère), le 12 avril 1938, elle écrivait qu'elle ne pouvait plus travailler à cause de sa maladie. Elle ne pouvait que prier. Elle ajoutait : « Je voudrais tant m'unir déjà à Dieu. Je m'abandonne complètement à la volonté de Dieu, et que cela se réalise comme Dieu le veut. » Les sœurs observaient son état. Elles sentaient que le moment de sa mort approchait. Certaines lui demandaient de se souvenir d'elles et de prier pour elles lorsqu'elle serait auprès de Dieu. L'une des sœurs lui a même dit qu'elle meure le plus rapidement possible, car elle serait déclarée sainte, mais elle fut réprimandée par une autre sœur considérant qu'on ne pouvait pas le savoir. Faustine recevait des lettres contenant de pareilles demandes des autres maisons de la congrégation. « Ma chère Sœur Faustine, nous sommes bien tristes de vous savoir gravement malade, nous nous réjouissons cependant, car quand le Seigneur Jésus vous prendra, ma sœur, vous pourrez prier pour nous, car vous pouvez beaucoup auprès du Seigneur », écrivait-elle, rapportant ces lettres dans le *Petit journal*. « Quand vous mourrez, ma sœur, veuillez m'entourer d'une protection particulière, car vous pouvez le faire, pour sûr », écrivait une sœur. « J'attends tellement le jour où le Seigneur Jésus vous prendra, ma sœur, car je sais ce que ce sera et je désire beaucoup la mort pour vous », écrivait une autre. Pensant à ces paroles, Faustine a d'ailleurs noté : « Je voulais lui demander ce qu'elle pensait de ma mort, mais je me suis mortifiée et j'ai répondu : il en sera de même pour moi pécheresse, que pour tous les autres pécheurs si la miséricorde divine ne me protège pas » (PJ 1673).

Faustine recevait ces demandes des sœurs avec sourire. Leurs lettres prouvent néanmoins qu'elles considéraient Faustine comme une personne exceptionnelle et proche de Dieu.

Rabka

« Cela restera un secret pour l'éternité »

1937

Faustine ne se sentait pas bien à Rabka. Le climat « de montagne, doux, sec », avec peu de vent et beaucoup de soleil – comme le décrivaient les dépliants d'avant-guerre – était peu favorable à Faustine, notamment à ses poumons épuisés par la maladie. Sœur Faustine y est arrivée en juillet 1937. Six mois plus tôt, on publia dans le guide de Rabka une liste de maladies qui se soignaient bien et une autre comportant des maladies qui se soignaient mal dans cette station thermale. La tuberculose pulmonaire était classée à la première place dans le second groupe. Il en résulte que non seulement les malades atteints de tuberculose n'étaient pas soignés à Rabka, mais, de plus, on leur déconseillait le séjour ici. Les supérieures de Sœur Faustine n'étaient sûrement pas au courant de ces listes, quand elles l'envoyèrent ici.

Faustine était déjà très malade. Elle avait déjà séjourné pendant quelques mois à l'hôpital de Prądnik à Cracovie. La congrégation dirigeait la maison à Rabka, qui était la filiale du couvent de Łagiewniki. Les sœurs y venaient pour se reposer pendant plusieurs jours. Elles arrivaient non seulement de la maison de Cracovie, mais aussi des autres maisons de la congrégation. Et cela n'est pas étonnant. Rabka était alors une station thermale connue non seulement en Pologne, mais aussi en Europe. Depuis longtemps, elle était célèbre pour son eau salée riche en iode et brome, ainsi que pour son microclimat ayant des effets positifs sur les maladies de l'appareil respiratoire et vasculaire, maladies digestives et rhumatismales. Depuis la moitié du XIXe siècle, quand Julian Zubrzycki avait ouvert à Rabka un établissement proposant des traitements à base d'eau thermale, le nombre de touristes n'a cessé d'augmenter de manière régulière. Dans les années 1930, plus de vingt mille curistes y venaient chaque année.

Sœur Faustine fut envoyée à Rabka pour plus longtemps non pour quelques jours, comme d'autres sœurs, mais pour plus longtemps. La maison de Rabka devait être une étape suivante sur sa voie monastique. C'était aussi son lieu de travail, car, malgré sa maladie, Faustine continuait à travailler. Dans la maison de Rabka, elle devait faire la cuisine. Cette information précieuse nous est rapportée par les souvenirs d'une des pensionnaires de Rabka – Waleria Zielińska, appelée aussi Joséphine, qui y habitait encore en 1990. Elle a retenu un détail important lié à la visite de Faustine. Même si elle « l'a peu vue » et seulement « de passage », la phrase prononcée par la mère Helena, supérieure de la maison, lui est restée en mémoire : « La supérieure de Cracovie nous envoie Sœur Faustine pour cuisiner. Mais comment puis-je la laisser cuisiner si elle est tuberculeuse ? »

Avant que Sœur Faustine ne vienne à Rabka, elle savait qu'elle n'y resterait pas longtemps. Elle était également sûre de partir de Łagiewniki bien avant que la mère supérieure de la maison de Cracovie, Irena Krzyżanowska, ne le lui annonce. Le 15 juillet 1937, elle a noté dans le *Petit journal* : « À un certain moment j'ai su que j'allais être transférée dans une autre maison ; cette connaissance était tout intérieure. Au même moment j'entendis une voix en mon âme : *Ne crains rien, ma fille, ma volonté est que tu sois ici. Les projets humains vont être contrecarrés et devront se conformer à ma volonté* » (PJ 1180). Sœur Faustine écrivait qu'elle allait se reposer, mais qu'elle serait « transférée dans une autre maison », sauf que l'origine de ce transfert avait dû probablement être le changement de climat. Ce qui est curieux, c'est que, lorsque la mère Irena en a informé Faustine, celle-ci voulut y partir tout de suite. « Je ne devais y aller qu'après le 5 août, mais j'ai prié la mère supérieure qu'elle m'autorise à m'y rendre dès maintenant, a-t-elle écrit le 20 juillet. […] La mère supérieure s'est un peu étonnée que je veuille partir si vite, je ne m'en suis cependant pas justifiée et je n'ai rien expliqué. Cela restera un secret pour l'éternité » (PJ 1198). Nous ne saurons jamais pourquoi elle voulait partir à Rabka – ou plutôt quitter Łagiewniki – avant la date prévue. On sait en revanche que son séjour y sera bref et que tout se réalisera comme Jésus le lui avait dit : « *Les projets humains vont être contrecarrés et devront se conformer à ma volonté.* » Et quelle était cette volonté ? « *Ma volonté est que tu sois ici* » (PJ 1180), avait dit Jésus.

Sœur Faustine vint à Rabka le 29 juillet 1937. Elle prit le train à Cracovie et, par la fenêtre, elle admirait « de jolis paysages et la montagne ». Descendue à la gare ferroviaire de Rabka , elle a dû tout de suite remarquer les tours élancées de l'église néogothique Marie-Madeleine et peut-être aussi un monument situé derrière elle, une extraordinaire église construite en mélèze en 1606. Un an avant l'arrivée de Faustine, on y avait ouvert le Musée Władysław Orkan abritant une grande collection de sculptures en bois représentant des personnages de saints.

Avant la guerre, le centre de Rabka était plein de vie. La ville offrait aux curistes non seulement des soins de haute qualité, mais aussi des distractions. Les amateurs des bains dans la rivière et des bains solaires avaient à leur disposition « la plage nouvellement aménagée et la piscine », les amateurs du sport pouvaient profiter des terrains de foot, de tennis, les enfants avaient leur aire de jeu spécialement aménagé. Les curistes pouvaient fréquenter aussi des restaurants, des pâtisseries, des cafés, un Café-Club moderne et élégant, regroupant un club et une salle de lecture de journaux, deux bibliothèques, un cinéma, etc. Dans le parc thermal il y avait en été un « excellent orchestre » et des troupes qui arrivaient occasionnellement et donnaient des concerts et des spectacles. Il paraît qu'à l'époque, les curistes avaient plus d'occasions de se distraire qu'aujourd'hui. Seuls les chemins de montagne, qui mènent du val de Rabka aux massifs de Beskid Wyspowy et Gorce, offrent immuablement les mêmes panoramas. Leurs sommets les plus hauts – Turbacz et Luboń Wielki – étaient parfaitement connus à Karol Wojtyła qui, en 1937, avait 17 ans et était collégien à Wadowice, situé à cinquante kilomètres de Rabka. On ne sait pas quelles étaient les impressions de Faustine quand elle est descendue du train. Mais les sœurs l'accueillirent chaleureusement, ce qu'elle n'a pas oublié de mentionner dans son *Petit journal*.

Le couvent, éloigné de deux kilomètres de la gare, est situé sur le bord d'une petite colline appelée Bania. La rue Słowackiego monte deux, trois cents mètres et se termine tout à coup. C'est là que se trouve le couvent des sœurs, au numéro 12. Quand en 1937 Faustine est arrivée ici, le bâtiment du couvent était appelé « Loretto » et il était sensiblement différent de celui d'aujourd'hui. Il était composé de deux parties. La partie plus ancienne et plus grande était construite en bois de mélèze, avec un toit en pente et de grandes vérandas au rez-de-chaussée et au premier étage. À côté, là où il y a actuellement l'entrée principale, se trouvait une autre partie, plus petite, liée à la partie principale par une annexe : elle était construite en brique avec un grenier habitable. Autour, il y avait un grand jardin avec des arbres fruitiers, des légumes et des fleurs.

En 1928, les sœurs de Łagiewniki avaient acheté le terrain pour y faire construire la maison. Un arpent de terrain, racheté au curé de Rabka, Jan Surowik, était situé derrière la villa Olszówka. Initialement, les sœurs voulaient y faire construire un bâtiment plus grand qui serait en partie un établissement hôtelier pour des personnes laïques. Le revenu de la location des chambres aurait pu permettre d'entretenir toute la pension. Mais ce projet n'a pas été accepté par le métropolite de Cracovie, le futur cardinal, l'archevêque Adam Sapieha. Les sœurs ont ainsi fait construire une maison plus petite et en bois, dont le coût de construction – comme l'a noté la chroniqueuse de « Loretto » – s'élevait à quinze mille zlotys. Le 9 juillet 1931, la maison fut bénie par l'évêque Stanisław Rospond, l'ami de la congrégation. Avec le temps, l'agrandissement de la maison s'est avéré nécessaire. Les sœurs – il y en avait deux ou trois qui y habitaient en permanence – ont commencé à accueillir des filles, et particulièrement des orphelines et des filles des montagnards pauvres. Elles leur apprenaient à lire et à écrire, à compter. Les sœurs assuraient aussi des cours d'histoire, de géographie, de couture, de broderie et de tricotage. La construction d'un atelier s'est avérée très vite indispensable. La maison en brique avec trois fenêtres au rez-de-chaussée et une lucarne couverte de toit en pente fut terminée un an avant l'arrivée de Faustine, en mai 1936. Sur de vieilles photos, on voit des filles faisant de la couture. Les sœurs étaient ouvertes à des nouveautés techniques ; elles avaient déjà une machine à perforer et le téléphone qui facilitait le contact avec les clientes. La couture, la broderie et les produits de la petite ferme fournissaient l'essentiel des revenus indispensables pour faire fonctionner la maison. En 1934, les sœurs ont fait construire derrière la maison une petite étable où logeaient deux vaches, deux cochons et des lapins.

Quand le 29 juillet 1937, Faustine est arrivée à Rabka, la maison avait déjà été agrandie. Vingt filles et deux ou trois sœurs y habitaient probablement. Il n'est pas exclu qu'il y eût aussi d'autres sœurs venues ici pour se reposer. Malheureusement, la santé de Faustine s'est détériorée à tel point que non seulement elle ne pouvait pas travailler, mais elle devait rester au lit : « Je ressens d'étranges douleurs aiguës dans toute la cage thoracique, je ne peux même pas remuer le bras. Une nuit j'ai dû demeurer couchée sans pouvoir bouger, car il me semblait que si je bougeais, tout se déchirerait dans mes poumons. Cette nuit m'a paru sans fin, je me suis unie à Jésus crucifié et j'ai prié le Père céleste pour les pécheurs. On dit que la maladie pulmonaire ne provoque pas de souffrances aussi aiguës et pourtant, j'éprouve sans cesse ces souffrances aiguës. Ma santé s'est tant aggravée ici, que je dois garder le lit et Sœur N. a dit que je ne me porterai pas mieux ici, car de Rabka n'est pas bon pour tous les malades » (PJ 1201).

« Ici, dans cette chambre, il y avait le lit de Faustine », annonce Sœur Wacława Siemienik, la supérieure du couvent de Rabka, ouvrant la porte d'une pièce au rez-de-chaussée. Elle invite à entrer dans pièce que les sœurs appellent « *Faustynka*[1] », située à gauche de l'entrée principale. Les poutres de mélèze ont été couvertes de boiserie claire. Feu Waleria Zielińska a retenu qu'il y avait dans la chambre un lit en bois de couleur blanche. On ne sait pas comment cette chambre était nommée autrefois, car chacune d'elles portait ici un nom : Sacré-Cœur, Sainte Famille, Vierge Marie de Częstochowa, saint Joseph, saint Michel, saint Antoine.

Sœur Otylia Kondraciuk a rencontré Faustine à Rabka. Elles se sont connues quelques années auparavant pendant

1 « Petite Faustine » [ndt].

la troisième probation à Varsovie. Ici, à Rabka, Faustine lui a raconté comment elle s'imaginait Jésus – « d'âge mûr, marchant à travers le monde, plein de pitié et de miséricorde pour les gens », ce qui veut dire qu'elle L'imaginait comme Il était sur le tableau.

D'après Sœur Otylia Kondraciuk, « elle [Faustine] était pleine d'amour pour autrui, simple et naturelle dans les relations, sans exagération ni étrangeté ». Elle ajoute : « Un jour, dans une circonstance particulière, elle m'a dit qu'une religieuse devait se garder de lécher les bottes à d'autres sœurs. »

On ne sait pas si son état de santé permettait à Faustine de sortir du couvent pour aller se promener dans le jardin ou dans la forêt de pins qui se trouvait à proximité. (Dans cette forêt, quelques années plus tard, pendant la guerre, les Allemands fusilleront des Juifs de Rabka et de la région de Nowy Targ.) Est-elle allée au parc thermal, vaste de quarante-quatre hectares ? A-t-elle été dans les thermes pour goûter de l'eau thermale ? A-t-elle prié dans la chapelle thermale Sainte-Thérèse-de l'Enfant-Jésus et dans l'église paroissiale Sainte-Marie-Madeleine décorée de belles polychromies de l'époque de la Jeune Pologne ?

En principe, Faustine n'était pas obligée d'aller à l'église paroissiale de Rabka ou à la chapelle thermale, car « Loretto » avait sa propre chapelle. Néanmoins, faute de prêtres, jusqu'en 1936, les messes n'y étaient pas régulièrement célébrées. Les sœurs allaient à la chapelle thermale, qui fut construite en 1928. À « Loretto », les messes pour les sœurs et les pensionnaires étaient habituellement célébrées par des prêtres qui venaient à Rabka pour se reposer. C'était, entre autres, le cas du père Józef Andrasz. Depuis 1936, des bénédictins venus de Belgique – trois Polonais et trois Belges – célébraient les messes tous les jours. Dans la villa Jaworzyna, ils dirigeaient un internat pour les garçons du Collège Masculin du Sanatorium du docteur Jan Wieczorkowski. La chroniqueuse des sœurs cite les prénoms de deux moines : le père Wojciech Matusewicz, qui célébrait une messe à « Loretto » chaque jour, et le père Jacek, qui y venait pour les offices du soir. Il en fut ainsi jusqu'en juin 1939, année où les moines sont partis pour le couvent de Tyniec. Les bénédictins ont alors regagné leur abbaye qu'ils avaient perdue un siècle avant, lors des partages de la Pologne, en vertu d'une décision de l'empereur austro-hongrois.

En été 1937, Faustine s'est confessée chez l'un des moines – le père Wojciech ou le père Jacek. C'était une période difficile pour elle. Elle souffrait beaucoup physiquement – à tel point qu'elle ne pouvait pas se lever du lit et aller à la chapelle. Elle souffrait aussi au sens spirituel – elle vivait à nouveau la nuit obscure. Le confesseur reconnaissait ce qui se passait avec elle. Faustine a bien retenu ces paroles : « tu es sur le bon chemin, mais il se peut que Dieu ne te rende pas l'ancienne lumière et que Dieu puisse laisser ton âme jusqu'à la mort dans ces ténèbres et ce déclin de l'âme – mais abandonne-toi en tout à la volonté divine » (PJ 1205).

Elle vivait très mal la séparation de Dieu, le manque de Sa présence dans son cœur. Malgré la bienveillance dont les sœurs l'entouraient, elle désirait la solitude. « Je n'exige rien des créatures ; je ne les fréquente qu'autant que l'exige la nécessité. [...] Mes relations sont avec les anges » (PJ 1200). Un jour, elle entendit le chant d'un ange : « [Il] chanta le chant de toute ma vie, tout ce qu'elle contenait. Je m'en suis étonnée mais également fortifiée » (PJ 1202), a-t-elle noté.

Pendant cette période où elle se sentait abandonnée, Faustine a fait une retraite d'un jour qu'elle a appelée retraite de la souffrance. « Ô Jésus, en ces jours de souffrance, je ne suis capable d'aucune prière, l'accablement du corps et de l'âme est accru. Ô mon Jésus, Tu vois bien que Ton enfant est dans l'impuissance. Je ne fais pas beaucoup d'effort, mais je soumets plutôt ma volonté à celle de Jésus » (PJ 1204). À Rabka, Sœur Faustine avait le sentiment d'être protégée par saint Joseph qui jouissait d'une grande vénération dans la congrégation. Il lui demanda une prière spéciale adressée à lui et lui promit de l'aider à réaliser l'œuvre que Dieu lui avait confiée. Dans le couvent de Rabka, Sœur Faustine initia la neuvaine avant la fête de l'Ascension du 15 août. Elle priait dans trois intentions : pour qu'elle puisse rencontrer l'abbé Sopoćko, pour que Dieu accélère la réalisation de l'œuvre que Jésus lui avait confiée et pour la patrie. Faustine priait beaucoup pour la Pologne. « Tous les jours – écrivait-elle en juillet de cette année – je prie pour ma patrie. »

Elle quitta Rabka le 10 août 1937. Elle y avait passé onze jours à peine.

Cracovie Prądnik Biały

« Les saints ne transmettent pas de maladies »

1936-1937, 1938

À quelques dizaines de mètres de la chapelle de l'hôpital Jean-Paul II de Cracovie il y avait autrefois un pavillon en bois abritant le service de traitement de la tuberculose. À la fin de l'année 1936 et au début de 1937, le service reçut Sœur Faustine Kowalska. L'hôpital était à l'époque spécialisé dans les maladies infectieuses et épidémiques, et recevait notamment des patients atteints de tuberculose et de scarlatine. Il portait aussi un autre nom : Établissements sanitaires municipaux et sanatorium pour tuberculeux. C'était un des meilleurs centres de ce type en Europe. Le pavillon, où Sœur Faustine passa quatre mois, était encore là bien après la Seconde Guerre mondiale. Il fut démoli en 1963. Sœur Faustine passera encore presque cinq mois, en 1938, dans un pavillon attenant. Elle quittera le lieu trois semaines avant sa mort.

C'est le 19 septembre 1936 que Sœur Faustine est arrivée pour la première fois à Prądnik Biały dont la partie où se trouvait l'hôpital appartenait depuis un quart de siècle à la ville de Cracovie. Accompagnée d'une sœur infirmière, elle y vint pour un examen médical. Le médecin qui la reçut était Adam Silberg, âgé de 42 ans et spécialiste des maladies infectieuses. Dans le bâtiment attenant à la chapelle, où se trouve actuellement la direction de l'hôpital, il y avait avant la guerre un foyer pour les malades atteints de tuberculose. Au rez-de-chaussée il y avait un appareil de radiographie. C'est probablement ici que le docteur Silberg a fait à Faustine une radiographie des poumons. Il attesta que Faustine était atteinte de tuberculose et ordonna aux supérieures du couvent de la séparer des autres religieuses pour qu'elle ne leur transmette pas la maladie. Après avoir quitté le cabinet du médecin, Faustine se dirigea immédiatement vers la chapelle. Là, elle entendit dans son intérieur les paroles suivantes : « *Mon enfant, encore quelques gouttes dans le calice ; bientôt.* » « Mon cœur s'attendrit et il y eut un moment où mon âme plongea toute dans l'océan de la miséricorde divine ; j'ai ressenti que ma mission commençait pleinement. La mort ne détruit rien de ce qui est bon » (PJ 694), écrivait-elle.

Ce jour-là Sœur Faustine est revenue dans sa cellule à Łagiewniki, mais peu de temps après elle était à nouveau à Prądnik Biały, éloigné de dix kilomètres. En voyant que Faustine était de plus en plus faible, les supérieures l'envoyèrent pour un traitement. Sœur Faustine y arriva le 9 décembre 1936, accompagnée de la sœur infirmière Chryzostoma Korczak. L'établissement occupait plusieurs hectares de terrain planté d'arbres conifères. Ses bâtiments se trouvent aujourd'hui à côté d'un hôpital ultramoderne. Composé de trois pavillons en bois, l'ancien sanatorium pour tuberculeux était un service à part, séparé du reste de l'établissement par des arbres. Le traitement de la tuberculose consistait autrefois à isoler les malades et à les laisser se reposer dans un climat propice. Dans chaque pavillon il y avait quarante-deux lits. Au total, le service comptait cent vingt-six places (le service de traitement de la scarlatine disposait, lui, de cent vingt places). Dans deux pavillons il y avait des malades atteints de tuberculose pulmonaire (les hommes et les femmes étaient séparés) ; dans un troisième pavillon – des patients souffrant de tuberculose osseuse et articulaire.

Sur les photos d'avant-guerre, que le photographe Alfred Lipnicki garde soigneusement dans les archives de l'hôpital, on voit des pavillons de plain-pied où étaient placés des tuberculeux. À l'intérieur une grande salle, parfaitement rangée, avec quelques dizaines de lits disposés en deux rangs les uns à côté des autres. Sur certaines photos on peut voir des infirmières en habits religieux : c'étaient des sœurs de la congrégation des Servantes du Sacré-Cœur de Jésus. Dans les pavillons on a aménagé des locaux sanitaires, des pièces pour les médecins et pour les infirmières, une petite cuisine et des chambres d'isolement. C'est dans une salle de ce type-là qu'a été placée Sœur Faustine, le 9 décembre. « J'ai une chambre séparée pour moi toute seule, je ressemble complètement à une carmélite » (PJ 798), a-t-elle noté. Après onze années passées au couvent, où elle partageait les chambres avec d'autres sœurs, c'était pour elle un grand changement. Du coup elle s'est sentie comme dans un ordre contemplatif. Seule, elle pouvait désormais passer son temps à prier et à s'unir à Dieu. Mais ce n'était qu'une première impression. En réalité, comme les parois des pavillons étaient minces, la chambre n'était pas isolée des bruits autour.

> Ma chambre est voisine de la salle des hommes ; je ne savais pas que les hommes étaient de tels bavards ; dès le matin, jusque tard dans la nuit, conversations sur différents sujets ; c'est beaucoup plus tranquille dans la salle des femmes, a-t-elle noté. [...] Il m'est difficile de me concentrer sur ma prière, à cause de ces rires et de ces plaisanteries. Ils ne me gênent pas quand la grâce de Dieu me prend totalement, car alors je ne sais pas ce qui se passe autour de moi (PJ 803).

Le sanatorium pour tuberculeux était situé dans une forêt de conifères. Entre les arbres, du côté sud, il y avait deux vérandas en bois où se reposaient régulièrement les malades. « L'après-midi j'étais pour la première fois sous la véranda » (PJ 816), a noté Faustine le 12 décembre. Ce jour-là, elle a eu aussi la visite de Sœur Felicja Żakowiecka qui avait apporté du couvent de petites choses dont Faustine avait besoin. La date est importante parce que c'est sous cette date-là que Faustine a noté qu'elle avait dit pour la première fois le chapelet à la Miséricorde divine auprès d'un mourant, et que Jésus lui a fait savoir que cette personne-là avait bénéficié de la Miséricorde divine.

L'agonie de cette personne-là, dont on ne connaît pas le nom, a commencé le 11 décembre. Sœur Faustine a noté : « Dans la nuit, je fus soudain réveillée et je compris qu'une âme me demandait de prier pour elle et qu'elle avait grand besoin de prières. Brièvement, mais de toute mon âme, je priai le Seigneur de lui accorder Sa grâce (PJ 809). Le lendemain, après midi, en entrant dans la salle, je vis une personne mourante et j'appris que l'agonie avait commencé pendant la nuit » (PJ 810), a-t-elle noté.

C'était au moment où, dans son intérieur, on lui avait demandé de prier : « Tout à coup, j'entendis dans mon âme une voix : *Dis ce chapelet que je t'ai appris*. Je courus chercher mon chapelet et je m'agenouillai près de l'agonisante et je commençai avec toute l'ardeur de mon esprit à dire ce chapelet. Soudain la moribonde ouvrit les yeux, elle me regarda et je n'eus pas le temps d'achever le chapelet qu'elle était morte dans une étrange paix. Je priais ardemment le Seigneur te tenir la promesse qu'Il m'avait faite pour la récitation de ce chapelet. Le Seigneur me fit connaître que cette âme avait reçu la grâce que le Seigneur m'avait promise. » Faustine a ajouté aussi : « Cette âme était la première qui ait obtenu la promesse du Seigneur. Je sentais comment la force de la miséricorde entourait cette âme » (PJ 810).

Quand elle est revenue de la grande salle à sa chambre d'isolement, elle a entendu dans son intérieur : « *À l'heure de sa mort je défends comme ma propre gloire chaque âme qui récite ce chapelet elle-même, ou bien si d'autres le récitent près de l'agonisant – l'indulgence est la même. Quand on récite ce chapelet auprès de l'agonisant, la colère divine s'apaise, la miséricorde insondable s'empare de son âme les entrailles de ma miséricorde sont émues par la douloureuse passion de mon Fils* » (PJ 811).

Désormais Sœur Faustine entendait souvent dans son intérieur que quelqu'un était en train de mourir et lui demandait de prier pour lui. « Je sens cet esprit qui me demande la prière vivement et distinctement. Je ne savais pas qu'il y avait une telle union entre les âmes, et souvent mon Ange Gardien me parle » (PJ 828), a-t-elle noté. Ailleurs, elle expliquait : « Ma vision est purement spirituelle, par une soudaine lumière qu'en cet instant Dieu m'accorde. »

Réveillée au milieu de la nuit, elle priait donc pour les mourants, et puis le matin elle apprenait que justement à cette heure-là commençait l'agonie de quelqu'un : « J'ai une montre et je regarde l'heure ; le lendemain, quand on me parle de la mort de telle personne, je demande l'heure, qui s'accorde exactement en ce qui concerne l'agonie » (PJ 835). Elle disait le chapelet jusqu'au moment de la mort d'une personne donnée, ou elle terminait plus tôt quand elle ressentait la paix dans l'âme. Elle priait pour que les agonisants aient confiance en la Miséricorde divine. Elle priait pour la grâce du salut. « La miséricorde divine atteint parfois le pécheur au dernier moment, d'une manière étrange et mystérieuse », notait-elle. « À l'extérieur – écrivait-elle – c'est comme si tout était perdu, mais il n'en est pas ainsi ; l'âme éclairée par un puissant rayon de la grâce suprême, se tourne vers Dieu avec une telle puissance d'amour, qu'en un instant elle reçoit de Dieu le pardon de ses fautes et de leurs punitions, et à l'extérieur elle ne nous donne aucun signe de repentir ou de contrition, car elle ne réagit plus aux choses extérieures. Oh ! que la miséricorde divine est insondable. Mais horreur – il y a aussi des âmes, qui volontairement et consciemment rejettent cette grâce et la dédaignent. [...] Dieu miséricordieux donne à l'âme ce moment de clarté intérieure, et si l'âme le veut, elle a la possibilité de revenir à Dieu. Mais parfois il y a chez les âmes un tel endurcissement qu'elles choisissent consciemment l'enfer » (PJ 1698).

Faustine récitait le chapelet non seulement pour les mourants du pavillon où elle était placée, mais aussi pour ceux des autres pavillons. « Le prêtre s'en va vite et les malades sont privés de service, mais il se fait que, moi, je suis d'habitude auprès des mourants et j'en suis très heureuse », disait-elle un jour à Sœur Serafina Kukulska. Elle priait aussi pour les mourants loin de Prądnik, pour les sœurs de la congrégation, pour les membres de la famille. Son esprit, et plus tard aussi son corps, se montraient dans ces endroits.

Faustine préparait de nombreux malades à la confession et à la communion. Les patients qui sentaient qu'elle était proche de Dieu cherchaient auprès d'elle de l'assistance spirituelle. Ils cherchaient du réconfort et de l'espérance. Ils rendaient compte des chemins tortueux de leurs vies. Faustine leur parlait de la miséricorde de Dieu. Certains d'entre eux n'arrivaient pas à comprendre comment une personne elle-même malade trouvait des forces pour écouter leurs plaintes et doléances. Il y avait aussi ceux qui se moquaient de cette conduite de Faustine. « J'ai le cœur toujours ouvert aux souffrances d'autrui et je ne le fermerai pas aux souffrances des autres, même si pour cela l'on m'appelle ironiquement, la pelle à poussière, c'est-à-dire que chacun jette sa douleur dans mon cœur » (PJ 871), écrivait-elle, en expliquant que chacun avait sa place dans son cœur comme elle avait sa place dans le Cœur de Jésus. Voilà, cela faisait partie de sa mission : parler de la Miséricorde divine aux malades du corps et de l'âme, à ceux qui étaient désespérés, à ceux qui allaient bientôt mourir. Elle priait pour eux, offrait pour eux ses souffrances, ses jeûnes.

En lisant dans son *Petit journal* les passages concernant les pratiques de la pénitence qu'elle a entreprises pour le carême en 1937, on peut – doit – parler d'héroïsme. Comme elle était surveillée par les infirmières, elle leur expliquait qu'il s'agissait de petites choses : « dormir sans oreiller, avoir un peu faim, chaque jour réciter le chapelet que le Seigneur m'a appris, les bras en croix, parfois prier avec les bras en croix pendant un temps indéterminé sans formuler ma prière. L'intention : obtenir aux pauvres pécheurs la miséricorde divine et aux prêtres la puissance de briser les cœurs pécheurs » (PJ 934).

Vu l'état de santé de Faustine, il ne lui était pas recommandé de se lever souvent dans la nuit pour aller voir les malades ou de veiller longuement auprès des lits des mourants. Ainsi, à un moment donné, les supérieures et le médecin lui interdirent d'aller voir d'autres malades. Désormais, Sœur Faustine restait liée aux mourants par voie spirituelle. Elle priait pour eux dans sa chambre d'isolement, quand elle prenait l'air sur la véranda, dans la chapelle. Celle-ci sert aux malades incessamment depuis 1917. Elle a été rénovée il y a quelques années. De l'époque où venait prier ici Sœur Faustine – son portrait se trouve aujourd'hui dans le presbytère – il reste le retable en bois avec une statue de la Vierge Marie, le carrelage du sol et probablement le confessionnal. Chaque jour, Faustine tâchait de participer à six heures du matin à la messe. Parfois, elle n'avait pas les forces pour aller à la chapelle qui se trouvait à quelques dizaines de mètres de son pavillon. Parfois, pendant quelques jours, elle ne pouvait pas se lever et le médecin lui interdisait de quitter son lit. Mais elle n'était pas pour autant privée de sacrements. Lorsque le quatrième jour après son arrivée à l'hôpital elle eut le remords de n'avoir pas pu se confesser depuis trois semaines, c'est le père Andrasz qui vint dans sa chambre d'isolement. « Tout d'abord nous n'avons pas échangé un seul mot. Je me réjouis extrêmement car je désirais beaucoup me confesser. Comme toujours, j'ai découvert toute mon âme. Et le père me donna une réponse à chaque menu détail. Je me sentais étrangement heureuse de pouvoir tout dire ainsi. [...] Tout à coup une grande lumière se mit à rayonner de sa personne, et je m'aperçus que ce n'était pas le père Andrasz, mais Jésus. Ses vêtements étaient blancs comme la neige et Il disparut aussitôt » (PJ 817).

Ce n'était pas la seule fois que Jésus, avec qui Faustine demeurait dans son âme, lui était apparu dans sa chambre d'isolement. Elle eut une autre vision de Jésus le 14 janvier 1937 : « Vêtu d'une robe claire, ceint d'une ceinture d'or ; une grande majesté rayonnait de toute Sa personne. » Il lui avait dit qu'Il ne la laisserait pas seule lors de la réalisation de sa mission : « *Fais ce que tu peux dans cette affaire, moi j'accomplirai tout ce dont tu es incapable ; tu sais ce qui est en ton pouvoir – fais-le* » (PJ 881). Faustine expliquait qu'elle n'avait plus beaucoup de visions comme celle-ci. Elle était déjà très avancée sur la voie de la vie mystique, et atteignait presque ses plus hauts sommets. « [Je] suis souvent – écrivait-elle – en relation avec le Seigneur de façon plus profonde. Les sens restent assoupis, et quoique ce soit imperceptible, les choses sont pour moi plus réelles et plus claires que si je les voyais de mes yeux. En un instant l'esprit discerne plus que durant de longues années de réflexions approfondies et de méditations, en ce qui concerne l'essence de Dieu, de même en ce qui concerne les vérités révélées ainsi que la connaissance de ma propre misère » (PJ 882). C'était au moment de l'union d'une âme aimant Dieu à Dieu qui se donne charitablement à l'âme élue.

Faustine était consciente du poids de sa mission, « maintenant et dans l'éternité », consistant à proclamer la miséricorde divine et à prier pour la miséricorde pour le monde entier. Et pourtant elle savait que « cette œuvre était en quelque sorte en seconde position, parce qu'elle découlait de ce qu'il y avait de plus important dans sa vie : l'union étroite à Dieu ». À la première place, il y avait toujours « Dieu et une union à Lui par un amour de plus en plus pur et de plus en plus profond », écrivait-elle à l'abbé Sopoćko le 20 décembre 1936. Cet amour pur en lequel elle était en train de se transformer la conduirait à des expériences mystiques nouvelles, inconcevables pour les âmes « ordinaires », expériences qu'elle avait décrites dans son *Petit journal*.

Durant son séjour à l'hôpital de Prądnik Faustine a rempli le deuxième cahier – des six qui auront composé le *Petit journal* – et a commencé à rédiger le troisième. Elle écrivait de plus en plus et, paradoxalement, c'est sa maladie qui le lui permit. Elle avait aussi le temps de faire ce que l'abbé Sopoćko lui avait dit, à savoir « mettre de l'ordre dans les deux cahiers » et souligner les paroles de Jésus. « Si je n'avais pas été malade, je n'aurais pas eu le temps de le faire », écrivait-elle dans une lettre du 24 mars 1937, c'est-à-dire peu avant de quitter l'hôpital. Sœur Faustine souligna les paroles de Jésus avec un crayon, délicatement, au moyen de lignes pointillées. Elle savait très bien ce qui venait de Dieu. « Ces paroles étaient si puissantes et si claires que j'aurais donné ma vie pour attester qu'elles viennent de Dieu. Je les reconnais d'après une quiétude profonde que j'éprouvais à ce moment-là et que j'éprouve encore. Cette quiétude me donne une telle puissance et une telle force que toutes les difficultés, souffrances, tous les contretemps ne sont rien, même la mort », écrivait-elle.

À cette époque-là, on voit dans les notes de Faustine de plus en plus de formes en vers. Faustine n'avait pas de talent poétique, et la forme des vers ne témoigne pas d'une qualité exceptionnelle. Elle les écrivait comme elle faisait ses notes : spontanément et sans corrections. Mais ce n'est pas de la forme qu'il s'agit, mais du contenu et celui-ci n'est autre que la souffrance, la mort et surtout un grand amour pour Dieu, pour Sa charité et Sa miséricorde.

La fête de Noël en 1936, Sœur Faustine la passa avec les sœurs au couvent de Łagiewniki. Elle était venue de Prądnik juste pour trois jours et le 27 décembre elle était à nouveau au sanatorium. C'est Sœur Damiana Ziółek qui la reconduisit à l'hôpital de Prądnik. À l'aller elles s'arrêtèrent à l'église Saint-Joseph à Pogórze où elles déposèrent une femme avec un nourrisson. Quelques jours auparavant, quelqu'un avait laissé ce nourrisson à l'entrée du couvent de Łagiewniki. Les sœurs trouvèrent une nouvelle maman pour le bébé et c'est cette femme-là qui se rendait ce jour-là à l'église de Pogórze pour baptiser l'enfant. Il ressort du livre des baptêmes de la paroisse que la femme s'appelait Paulina Aksak, mariée à Stanisław, habitante de Łagiewniki, au numéro 141. Au baptême, le curé Tadeusz Siepak donna au bébé les prénoms Barbara et Maria.

La nouvelle année commença pour Faustine par de nouvelles souffrances, mais aussi par de nouvelles et plus profondes expériences mystiques. Après une purification passive de l'esprit et après « des purifications en cours de certaines imperfections » – remarque le père professeur Stanisław Urbański – les apparitions divines étaient de plus en plus intenses. Elles permettaient à Faustine de voir le Seigneur pour ainsi dire « sans voile ». Et comme l'activité des sens était suspendue, Faustine pouvait « s'enfoncer en Dieu » pour plus longtemps. « Le Seigneur me conduit dans un monde qui m'est inconnu, Il me fait connaître Sa grande grâce, mais moi, j'en ai peur et autant qu'il me sera possible, je ne me soumettrai pas à Son influence jusqu'à ce que je me sois assurée auprès du directeur de mon âme de ce qu'est cette grâce » (PJ 910) – écrivait Faustine fin janvier, début février 1937. Elle était donc consciente des dangers qui pouvaient se trouver sur son chemin spirituel et elle était sans doute effrayée par ce que Jésus lui avait dit ce jour-là.

Cela commença par une contemplation infuse qui se transforma en une union de l'âme à Dieu. Lorsque « la présence de Dieu transperça » Faustine et que son esprit fut « étrangement éclairé en ce qui concerne Son Essence », elle connut, en un éclair de la lumière de Dieu, le mystère de la Sainte Trinité, ce qui était alors l'objet de réflexion des théologiens depuis des siècles : « J'ai vu en esprit les Trois Personnes, mais Leur Essence est une. Il est seul, seul et unique, mais en trois Personnes, aucune d'Elles n'est ni plus petite ni plus grande, il n'y a de différence ni en beauté, ni en sainteté, car Elles sont un. [...] Lorsque j'étais unie à une Personne Divine, j'étais également unie à la seconde, et à la troisième ; car lorsque nous nous unissons à une, par là même nous nous unissons également aux deux autres – de la même façon qu'à une. Une est Leur volonté, un Dieu, quoiqu'en Trois Personnes. [...] En ces moments, mon âme a éprouvé de si grands délices divins qu'il m'est difficile de l'exprimer » (PJ 911).

À la fin Faustine entendit des paroles qui l'ont beaucoup surprise. Jésus lui dit : « *Je veux t'épouser.*. Elle ne savait rien de la mystique en dehors de ce qu'elle avait vécu elle-même. Elle se demandait donc ce que cela voulait dire. En effet, depuis cinq ans, depuis ses vœux perpétuels, elle se sentait épouse de Jésus, son Bien-aimé. « Je m'interroge sans cesse, que veut dire tout ceci ; je sens et je pénètre que c'est une grâce exceptionnelle » (PJ 912), écrivait-elle.

L'âme de Sœur Faustine était déjà purifiée, débarrassée de tout ce qui était humain, de ce qui éloignait de Dieu ; ainsi elle pouvait s'unir à Dieu – son Bien-aimé, dont elle n'était séparée que par « un voile terrestre ». L'acte d'union s'accomplira graduellement.

D'abord, le 18 mars 1937, elle vécut « des épousailles intérieures de l'âme avec Dieu », c'est-à-dire une union transformante. C'est « un pur acte intérieur de l'âme avec Dieu » – écrivait Faustine. Et même si elle regrettait de n'avoir pas pu décrire son essence, elle a néanmoins fait une tentative : « Cette grâce m'a entraîné dans l'ardeur même de l'amour divin, j'ai connu Sa Trinité et l'absolue Unité de Son Essence » (PJ 1020). Par la lumière d'une connaissance intérieure, Dieu « fait connaître Sa grandeur et Sa sainteté […] ; Il me fait connaître exclusivement Son amour envers moi […] ; Il me fait connaître qu'Il se communique à l'âme, suspendant toutes les lois de la nature » (PJ 1019). À cette date, Faustine ajoute aussi : « Je ne saurais vivre sans le Seigneur ; dans cet isolement, souvent Jésus me rend visite, m'enseigne, me calme, me réprimande et me rappelle à l'ordre. Il façonne Lui-même mon cœur selon Ses souhaits et Ses désirs divins, mais toujours plein de miséricorde et de bonté. » Elle termine cette description par les paroles suivantes : « nos cœurs ne font qu'un » (PJ 1024). Que s'était-il passé à ce moment-là ?

« L'acte d'union transformante – écrit le père professeur Urbański – peut être caractérisé par un très grand amour de l'homme dans l'union avec la Sainte Trinité. [Dès ce moment-ci], le mystique désire Dieu avec une soif que rien ne peut assouvir ; désormais chaque pensée, chaque parole, chaque action n'est rien d'autre qu'un moyen de se donner encore plus pleinement à Dieu et d'être de plus en plus proche de Lui. […] L'âme rentre de plus en plus profondément en elle-même et atteint les niveaux où habite Dieu, où il se produit l'unité la plus étroite avec Lui. » Comme l'a écrit saint Jean de la Croix, il s'y produit un substantiel, un essentiel « contact entre l'âme et Dieu dans une union divine ». Dans cet acte où l'âme rentre le plus profondément dans son esprit, elle s'unit à Dieu dans l'amour.

Le point culminant de cette union eut lieu le vendredi saint 26 mars 1937, à onze heures. Sœur Faustine avait déjà vécu des épousailles mystiques, connues uniquement par un petit nombre de mystiques. « Il me fit entrer dans une si étroite union avec Lui, et mon cœur épousa Son Cœur avec amour – écrivait Sœur Faustine – et je ressentais Ses plus légers frémissements et Lui les miens. Le feu de mon amour, une fois créé, fut uni au feu de Son amour éternel. Cette grâce, par son immensité, dépasse toutes les autres. Sa qualité Trine m'envahit toute et je suis entièrement plongée en Lui, c'est comme si ma petitesse luttait avec ce Puissant immortel. Je suis plongée en un inconcevable amour et en un inconcevable supplice à cause de sa Passion. Tout ce qui touche à Son Essence se transmet également à moi » (PJ 1056).

Même si elle a rendu dans cette brève description l'essentiel des épousailles mystiques, on ne peut s'empêcher de penser que, comme le regrettait Faustine elle-même, les paroles qui appartiennent à l'univers des sens ne peuvent rendre pleinement ce qu'elle a vécu dans son monde spirituel. Le lecteur ne peut qu'en avoir un pressentiment. Il peut faire une comparaison avec un amour de deux personnes qui vivent l'une dans l'autre, qui se traversent l'une l'autre, qui se donnent l'une à l'autre au moyen d'amour réciproque. Comme l'a écrit Ludmiła Grygiel, cette « unité amoureuse des cœurs » qui s'est produite à ce moment-là entre Jésus et Sœur Faustine, cette union spirituelle des « deux amours » est le signe de la plus grande intimité et de la plus étroite unité. Maria Tarnawska la décrit d'une façon directe : depuis ce moment-ci, « le Seigneur Jésus la traverse jusqu'à tel point que s'efface la distinction perceptible entre ce qui relève d'elle, Faustine, et ce qui relève de Dieu qui demeure en elle ». Le père Urbański précise qu'il n'est pas question, dans cette union, de transformation substantielle, c'est-à-dire de changement de nature humaine en nature divine. Il s'agit d'une « profonde transformation spirituelle et d'une métamorphose de l'intérieur de l'homme par l'acte d'amour ». Et on peut ajouter après saint Jean de la Croix que cette union dans l'amour se produit entre une âme transformée et toute la Trinité, ses Trois Personnes, et que cela se passe au moyen d'un souffle d'amour « que le Père inspire au Fils, le Fils au Père, et qu'est l'Esprit saint lui-même ».

Depuis les épousailles spirituelles, Faustine restera dans une union amoureuse avec Dieu, comme dans une extase permanente, que les événements extérieurs, quels qu'ils soient, ne seront pas en mesure de troubler. Son âme ne connaîtra plus de tourments, de peurs, d'insensibilité, de chagrins amoureux. Rien ne bouleversera plus sa quiétude dont la source est le fait de « posséder » Dieu.

Le lendemain des épousailles mystiques, Faustine quitta l'hôpital. Cette première cure – l'une des deux qu'elle aura faites à Prądnik – aura duré quatre mois. Initialement, Faustine devait rester ici jusqu'au 3 mars, mais, comme elle en a informé l'abbé Sopoćko, son séjour s'est prolongé.

Elle est revenue à Łagiewniki le samedi saint 27 mars 1937. La chroniqueuse de la maison a noté que Faustine était arrivée « pour de bon, avec de meilleurs résultats médicaux ». En effet, « les résultats médicaux » étaient meilleurs, mais son retour n'était pas en revanche « pour de bon ».

***

Un an après Sœur Faustine était à nouveau à Prądnik. C'était le jeudi 21 avril 1938, juste après Pâques. Elle devait rester au sanatorium deux mois, peut-être un peu plus. Elle y est finalement restée cinq mois.

La veille de l'arrivée, le 20 avril, elle écrivait : « Je m'affligeais beaucoup d'être dans une salle commune et d'être exposée à différentes choses. » Elle fit part de ses inquiétudes à Jésus qui lui dit d'être calme : « *Tout est prêt, j'ai donné l'ordre à ma manière que l'on te prépare une chambre individuelle* » (PJ 1674).

Sœur Felicja Żakowiecka raconte :

> Quand nous sommes arrivées, la chambre d'isolement était déjà préparée pour Sœur Faustine ; les sœurs y avaient même mis deux bouquets de fleurs. Nous étions bien surprises. Il s'est avéré que trois heures plus tôt un tuberculeux était soudainement mort. Tranquille et souriante, Sœur Faustine m'a dit tout bas : « Que le Seigneur Jésus est bon, Il m'a entendu. »On voyait dans ses yeux un étonnement joyeux.

Trois infirmières – sœurs de la congrégation des Servantes du Sacré-Cœur de Jésus – sont venues accueillir Faustine : Dawida Cedro, infirmière dans le service où était placée Faustine, et deux autres qui sont venues d'autres services – Alana Wilusz et Medarda Podrazik. Le docteur Silberg confirma que l'état de santé de Faustine était très grave. Elle écrivit : « Je sentais un calme si profond que si la mort était venue à ce moment-là je ne lui aurais pas dit – attends, car j'ai encore des affaires à régler. Non, mais je l'aurais salué avec joie, car je suis prête à la rencontre du Seigneur, non seulement aujourd'hui, mais depuis le moment où j'ai mis toute ma confiance en la miséricorde divine, m'en remettant complètement à Sa sainte volonté pleine de miséricorde et de pitié » (PJ 1679).

Le lendemain de l'arrivée s'est produit un événement qui, pour Faustine elle-même, était étonnant. La veille au soir Sœur Dawida avait prévenu qu'elle n'irait pas à la chapelle le lendemain matin parce qu'elle « se sentait très fatiguée ». Le matin Faustine a pourtant fait sa méditation et attendait en toute confiance la sainte communion. « Quand mon désir et mon amour arrivèrent au plus haut degré, je vis soudain près de mon lit un séraphin, qui me donna la sainte communion, en prononçant ces paroles : "Voilà le Seigneur des anges." Après avoir reçu le Seigneur, mon esprit se plongea dans l'amour divin et l'étonnement. Cela se répéta pendant treize jours » (PJ 1676). Plus loin, elle écrit : « Une grande clarté entourait Le séraphin, la divinité et l'amour divin se reflétaient en Lui. » L'ange a apporté aussi la communion à Faustine le premier dimanche après Pâques, c'est-à-dire le jour que Jésus avait choisi pour instituer la fête de la Miséricorde divine. Ce jour-là Faustine décida de se sacrifier en tant qu'« offrande immolée pour les pécheurs » (PJ 1680) et aussi dans l'intention de propager l'œuvre de la miséricorde dans le monde entier. Peu après, elle a noté dans son *Petit journal* : « Malgré la méchanceté de Satan, la Miséricorde divine va triompher sur le monde entier et être adorée par toutes les âmes » (PJ 1789).

Cette fois-ci, plus souvent que lors de son premier séjour à l'hôpital de Prądnik, Faustine reçut des visites des sœurs de Łagiewniki.

Pour Sœur Felicja Żakowiecka, « c'étaient des conversations pleines de cordialité, le plus souvent sur des sujets spirituels ».

Sœur Serafina Kukulska, elle aussi, se souvient de ces visites : « Je la laissais toujours toute sereine, voire joyeuse, parfois en quelque sorte rayonnante, mais elle n'a jamais rien dit sur son bonheur. À Prądnik elle se sentait heureuse, elle ne s'est jamais plainte de ses souffrances. [...] Chaque fois que je lui rendais visite, j'étais comme sous l'effet d'un charme ; je ne comprenais pas cela, mais je n'arrivais pas à engager une conversation sur des sujets spirituels parce que j'avais, à cause d'autres sœurs, une opinion préconçue sur elle. Maintenant je vois combien on peut mal juger une âme avec laquelle le Seigneur Jésus même est si amoureusement lié. »

La mère Irena Krzyżanowska s'en rappelle aussi : « Ces visites me donnaient une joie spirituelle. C'est Dieu qui était le cadre de nos conversations. Quand je passais avec elle plus de temps, je sentais la présence de Dieu. »

C'est lors de telles visites que Faustine a annoncé à plusieurs sœurs qu'une guerre allait éclater. Elle racontait qu'elle serait à grande échelle, longue et épouvantable. Elle avait une vision de grands dégâts, exterminations, persécutions du clergé. Elle avait dit à l'abbé Sopoćko que la Pologne « vivrait des moments très durs. Elle voyait des compatriotes déportés vers l'est et vers l'ouest ». Faustine priait chaque jour pour la Pologne, offrait pour elle ses souffrances. « Pologne, ma chère Patrie, si tu savais combien d'offrandes et de prières j'adresse à Dieu pour toi » (PJ 1038), écrivait-elle.

La dernière année de sa vie, elle entendit en elle ces paroles de Jésus : « J'aime particulièrement la Pologne, et si elle obéit à ma volonté, je l'élèverai en puissance et en sainteté. D'elle sortira l'étincelle qui préparera le monde à mon ultime venue » (PJ 1732).

Ces paroles ont trouvé des interprétations diverses. Aujourd'hui il n'y a pratiquement pas de doute que c'est le message sur la Miséricorde divine qui est cette « étincelle » pour le monde.

Transformée par l'Amour, ayant vécu sa théosis, Sœur Faustine approchait doucement du moment où elle serait plongée en Dieu pour l'éternité. « Depuis six mois déjà je me sens comme si j'étais dans l'éternité », disait-elle au printemps 1938 à Sœur Damiana Ziółek. L'état de santé de Faustine était très grave, mais le docteur Silberg ne lui défendait plus d'aller, en fonction de ses forces, à la chapelle. Il la voyait marcher à la chapelle en s'appuyant contre le mur. « Quelqu'un d'autre n'aurait pas fait cela, mais je ne pouvais pas le lui interdire », disait Silberg qui, lui aussi, venait voir Faustine pour converser sur des sujets spirituels. « Parfois leurs conversations étaient si sérieuses qu'en allant voir la malade je n'osais pas les déranger », se rappelait Sœur Alfreda Pokora qui, le 8 juin 1938, remplaça au poste d'infirmière Sœur Chryzostoma Korczak qui était plutôt mal disposée à l'égard de Faustine.

À propos du docteur Adam Silberg, on sait très peu de choses parce que, pendant la guerre, les archives de l'hôpital, dont il était directeur depuis 1937, ont complètement brûlé. On sait seulement qu'il était un converti et qu'il avait un fils en bas âge portant le prénom Kazimierz. On ne dispose pas d'informations sûres concernant son sort ou celui de sa famille après la guerre durant laquelle il est mort.

« Quand j'allais voir Faustine à Prądnik, je la voyais toujours en train d'écrire. Un jour, je lui ai dit, en plaisantant, qu'elle serait promue au rang de sainte. "Pourquoi ?, m'a demandé Sœur Faustine — Parce que vous êtes en train d'écrire votre histoire de vie, lui ai-je répondu. — Comment le savez-vous ? a-t-elle ajouté en souriant », se souvient Sœur Alfreda Pokora.

Dans sa chambre d'isolement, c'est Jésus qui était le visiteur le plus important. Elle partageait avec Lui une telle intimité qu'elle Le traitait comme un ami très proche. En témoigne cet échange entre Jésus et Faustine, qui eut lieu en mai 1938 dans le jardin de l'hôpital. Sœur Faustine était allée au jardin le matin, toute de suite après la messe de six heures. À cette heure-ci il n'y avait pas encore de patients, alors elle n'était pas dérangée par qui que ce soit dans ses méditations sur les « faveurs divines ». Faustine écrit : « mon cœur s'enflammait d'un amour si fort qu'il me semblait que ma poitrine allait exploser. Soudain Jésus se tint debout devant moi et dit : *Que fais-tu si tôt ici* ? » Faustine lui a répondu : « Je pense à Toi, à Ta miséricorde et Ta bonté pour nous. » Après quoi, elle lui a demandé d'une manière très naturelle : « Et Toi, Jésus, qu'est-ce que tu fais là ? » Et Jésus a répondu qu'Il était venu à sa rencontre pour la « convier à de nouvelles grâces » (PJ 1705). Voilà un échange entre deux cœurs qui s'aiment.

Au début de juin 1938, avant la Pentecôte, Faustine faisait sa dernière retraite. Elle dura trois jours et c'est Jésus lui-même qui la prit en charge. Il donnait à Faustine des fragments d'Évangile à lire et des sujets de méditation ; Il donnait des conférences dont Faustine prenait des notes : sur la lutte spirituelle, le sacrifice et la prière, sur la miséricorde. Le premier jour Jésus lui enseigna, ou plutôt rappela comment elle devait franchir des difficultés dans la vie de tous les jours (*« N'aie jamais confiance en toi-même, mais abandonne-toi complètement à ma volonté »* [PJ 1760]) ; le deuxième jour, ce fut sur la façon dont elle devait sauver les âmes des pécheurs (*« Je veux te voir comme l'offrande de l'amour ardent qui, seul, a de la puissance à mes yeux.* [...] *Toute sa puissance est contenue dans la volonté »* [1767]) ; le troisième jour, Il lui rappela le caractère de sa mission (*« je désire que ton cœur soit la demeure de ma miséricorde. Je désire que cette miséricorde se répande sur le monde entier par ton cœur »* [1777]).

Le 17 juin 1938, le premier vendredi après la Fête-Dieu, l'état de santé de Sœur Faustine se détériora brusquement, probablement à cause d'une hémorragie. « Je me suis sentie si mal que je croyais que le moment désiré approchait. Une forte fièvre me prit et la nuit j'ai eu un grand crachement de sang. [...] Dans l'après-midi, ma température tomba soudain à 35,8. J'étais si faible que je sentais comme si tout mourait en moi. Cependant, lorsque je me suis plongée dans une profonde oraison, j'ai compris que ce n'était pas encore le moment de la délivrance, mais un appel plus proche du Bien-Aimé » (PJ 1786). Faustine se plaignait à Jésus d'être leurrée, parce que d'un côté elle voyait déjà « la porte du ciel ouverte » et de l'autre elle restait encore sur terre. Jésus lui fit une promesse : *« il n'y en a plus pour longtemps. »*

Les derniers mois de la vie de Sœur Faustine furent remplis de bonheur qui venait d'une union à Dieu dans l'amour. « Mon âme – c'est un hymne de louanges à Ta miséricorde. Je T'aime, mon Dieu, pour Toi-même » (PJ 1794), – écrivait-elle dans une de ses dernières notes. « Les moments les plus agréables pour moi sont que je passe en conversation avec le Seigneur dans mon propre intérieur. Je tâche de mon mieux de ne pas Le laisser seul, Il aime être toujours avec nous ... » (PJ 1793).

Peu après l'hémorragie du 17 juin, Sœur Faustine arrêta d'écrire le *Petit journal*. Elle était trop faible pour continuer. Il se peut aussi qu'elle ait noté tout ce qu'elle avait à transmettre au monde sur la miséricorde divine. Elle s'attendait à ce que ses notes soient éditées « pour la consolation des âmes ». Ainsi, au début juin, elle laissa la consigne suivante : « Personne ne peut lire ces notes et brouillons – avant que le père Andrasz ou l'abbé Sopoćko ne les regardent, – parce que ce sont des secrets de la conscience qui y sont écrits. C'est la volonté de Dieu que tout cela soit communiqué aux âmes pour leur consolation. Quant aux brouillons, il ne faut pas laisser les sœurs les lire – excepté les Supérieures – avant qu'ils ne soient édités. »

Une des dernières notes du *Journal* portait sur le don de bilocation. Jésus avait informé Faustine qu'elle irait chez un pécheur agonisant qui mourait dans le désespoir. Elle devait dire le chapelet par lequel elle obtiendrait pour lui la confiance. « Soudain je me suis trouvée dans une chaumière inconnue où un homme âgé agonisait déjà dans de terribles supplices. Autour du lit, il y avait une multitude de démons et la famille qui pleurait. Dès que j'ai commencé à prier, les esprits des ténèbres se sont dispersés avec un sifflement et en me menaçant ; cette âme se tranquillisa et pleine de confiance se reposa dans le Seigneur. À cet instant, je me suis retrouvée dans ma chambre. Comment cela arrive-t-il – je ne le sais pas » (PJ 1798).

Faustine a très probablement terminé de rédiger son *Petit journal* avant le 24 juin. D'où vient cette hypothèse ? Premièrement, les notes après le 17 juin sont très peu nombreuses ; en tout deux pages et demie de texte imprimé. Deuxièmement, Faustine ne fait aucune mention de son état de santé – comme elle l'a fait le 17 juin – qui s'est à nouveau brusquement détérioré le 24 juin justement. Alertée, la mère Irena Krzyżanowska est arrivée ce jour-là de Łagiewniki. Le lendemain, un confesseur est venu pour donner à Faustine l'extrême-onction.

Sœur Alfreda Pokora se souvient de ce moment :

> Quand j'ai vu que la malade était dans cet état grave, je lui ai demandé si elle souhaitait revenir à la maison, pour qu'elle puisse mourir dans le couvent. D'abord, elle a souri sans rien dire et puis, après un moment de réflexion, elle a dit : « Je ne vais pas mourir maintenant, alors vous pouvez me laisser ici, parce que ma présence peut créer des problèmes à la congrégation, parce qu'il faudrait qu'une des sœurs soit toujours auprès de moi » ; et après un moment elle a ajouté : « Mais faites ce qui vous semble nécessaire et ce que souhaitent les supérieurs. »

En juillet, à l'occasion d'une visitation canonique du couvent de Łagiewniki, c'est la mère Michaela Moraczewska qui a rendu visite à Faustine. À ce moment-là Sœur Faustine se sentait un peu mieux ; elle sortait même à l'extérieur pour prendre l'air et fréquentait la chapelle. La mère Michaela a bien vu que Faustine était diminuée par la maladie, mais, selon elle, « elle ne donnait pas l'impression d'être grièvement malade ».

La mère Moraczewska raconte :

> Cette dernière rencontre m'a laissé un bien agréable souvenir. Sœur Faustine était tellement contente. Elle m'a raconté d'une façon très vive différents épisodes de sa vie à l'hôpital et cette petite heure que j'avais entre deux autobus est passée comme un éclair. On n'a pas spécialement parlé de ses affaires intérieures. Seulement à la fin, elle a glissé sans cacher sa joie : « Mère, quelles choses merveilleuses me dit le Seigneur Jésus » et, en montrant ses notes, elle a ajouté : « Vous allez lire tout cela. »

Vers la fin du mois d'août, Faustine a écrit une lettre d'adieux à la mère générale : « Je fais entièrement confiance à Dieu et à Sa sainte volonté. Ma nostalgie de Dieu est de plus en plus grande, la mort ne me fait pas peur, mon âme est pleine de quiétude. » Elle remerciait pour le bien reçu, demandait pardon pour les imperfections et les manquements. La lettre se terminait par les paroles suivantes : « Au revoir, Très Chère Mère, on se reverra au ciel, aux pieds du trône de Dieu. Et maintenant que la Miséricorde divine soit louée en nous et par nous. »

En août la mère Michaela savait que l'état de Faustine s'était aggravé. Le 24 août, Sœur Kamila Sosnowska qui également était à l'hôpital téléphona au couvent pour dire que Sœur Faustine allait très mal. La mère Krzyżanowska arriva immédiatement et passa toute la nuit près du lit de Faustine. Le lendemain, c'est l'aumônier Teodor Czaputa qui vint de Łagiewniki pour écouter la confession de la malade et lui donner l'extrême-onction. Faustine reçut ce sacrement avec piété, mais elle a dit à une des sœurs : « Je savais que je ne mourrais pas. »

Fin août et début septembre c'est l'abbé Sopoćko qui vint voir Faustine plusieurs fois. Il était venu à Cracovie pour un congrès de théologiens. Il écrira plus tard : « C'est une âme étroitement unie à Dieu qui Lui seul la dirige et la perfectionne dans la souffrance. Elle a une connaissance profonde des vérités divines et une profonde intuition sensible de l'enseignement catholique. » Ils parlèrent pendant une heure et demie, entre autres de la nouvelle congrégation qui a tellement occupé Faustine ces dernières années. Sopoćko a estimé que tout ce qu'elle disait à propos de cette nouvelle congrégation relevait probablement d'une illusion. Faustine promit d'en parler à Jésus et de lui donner une réponse lors de la prochaine rencontre. Le lendemain l'abbé Sopoćko célébrait la messe en priant spécialement pour Faustine. Et pendant cette messe une pensée lui vint à l'esprit : « Tout comme elle ne savait pas peindre ce tableau – mais elle avait indiqué comment – elle ne saurait pas non plus fonder une nouvelle congrégation, mais elle en donnerait les grands traits. »

Lorsque le 2 septembre, lors d'une nouvelle visite, il demanda à Faustine ce qu'elle pouvait lui dire à propos de la congrégation, elle répondit qu'elle ne devait rien dire parce Jésus l'avait déjà éclairé pendant la messe. Cela marqua l'abbé Sopoćko : « Cette réponse a bouleversé mon esprit, parce que Sœur Faustine ne connaissait pas ces pensées que j'avais eues pendant la messe. »

En revanche, Faustine lui dit plusieurs choses importantes auxquelles il devait s'en tenir dans le futur. Avant tout, il ne devait pas cesser de proclamer le culte de la Miséricorde divine, mais il devait aussi tout faire pour instituer sa fête le premier dimanche après Pâques. Elle lui dit aussi qu'à cause de cela, il rencontrerait beaucoup d'ennuis, même des persécutions, mais qu'il ne devait jamais cesser de propager le message de la miséricorde. « Le monde n'existera plus longtemps et Dieu veut, encore avant sa fin, donner aux hommes des grâces pour que personne ne puisse dire lors du jugement qu'il ne savait rien à propos de Sa miséricorde », dit-elle à l'abbé Sopoćko.

Quant à la nouvelle congrégation, il devait « être plutôt neutre », ne pas s'en occuper trop, parce qu'il reconnaîtrait d'après certains signes qui doit s'en charger et comment. Elle le prévint de ne pas accepter de personnes « venant d'autres congrégations, où elles avaient déjà pris certaines habitudes, et surtout de ne pas inciter à changer de congrégation pour ne pas attirer la colère des supérieurs de ces congrégations ». Elle annonça : « Dieu seul amènera la personne du monde, qui aura des signes à reconnaître pour savoir qu'il s'agit bien d'elle. »

Cela se passa comme elle l'avait annoncé. Quelques années plus tard, s'est créé à Vilnius un groupe de six femmes qui, le 11 avril 1942, ont prononcé leurs vœux privés devant l'abbé Sopoćko. Ce sont elles qui ont donné naissance à la congrégation des Sœurs de Jésus Miséricordieux, dont la date officielle de création est le 25 août 1947.

« Elle m'a dit aussi – se rappelait Sopoćko – qu'elle voyait la maison de la première congrégation : une maison grande, pauvre, mais avec un grand esprit qui y régnait ; à côté se trouvait une église ... Quand en 1947 je suis venu dans la nouvelle maison de la congrégation à Myślibórz, près de Gorzów, j'ai constaté qu'elle était justement comme ça. »

Sœur Faustine, elle qui a d'abord mené une lutte intérieure liée à la création d'une nouvelle congrégation, et qui a ensuite activement agi dans ce sens-là, a compris vers la fin de sa vie quel était son rôle. Comme l'a bien remarqué Maria Tarnawska, Jésus a d'abord demandé à Faustine un grand sacrifice : quitter son couvent pour créer une nouvelle congrégation, mais finalement Il ne l'a pas permis. « Il ne voulait pas l'acte, mais la disposition à l'exécuter. » Faustine a écrit un jour dans son *Petit journal* : « Ce n'est pas l'importance du travail qui sera récompensée, mais l'importance de l'effort. Ce qui est accompli par amour n'est pas petit » (PJ 1310).

Sœur Faustine pressentait que c'était sa dernière conversation avec son directeur spirituel. « Elle a fait ses adieux et a promis de prier ici et après la mort », a noté l'abbé Sopoćko. Il a quitté la chambre de Faustine, mais est vite revenu sur ses pas parce qu'il s'est aperçu qu'il avait oublié de lui laisser des brochures avec des prières à la Miséricorde divine. Quand il a entrouvert la porte, il a vu Sœur Faustine dans l'extase : « Je l'ai vue plongée dans la prière, assise, mais presque lévitant au-dessus de son lit. Ses yeux étaient fixés sur un objet invisible, les prunelles sensiblement agrandies. » Faustine ne s'est pas aperçue de l'entrée du prêtre qui voulait se retirer. « Mais peu après – notait l'abbé – elle a retrouvé ses sens, m'a aperçu et s'est excusée de n'avoir pas entendu mon frappement à la porte et mon entrée. » Elle a pris congé avec l'abbé Sopoćko en disant : « Au revoir au ciel. »

L'abbé Michał Sopoćko raconte : « Je sentais une grande douleur et une grande amertume dans l'âme, parce que j'étais obligé de dire adieu à cette personne extraordinaire, parce que je me sentais abandonné par tous. Mais j'ai réalisé que je devais avant tout faire confiance à la Miséricorde divine. »

Sœur Faustine allait mourir. La supérieure du couvent décida de la transporter à Łagiewniki pour qu'elle puisse mourir à la maison. Sœur Faustine quitta Prądnik le samedi 17 septembre. Quand elle partait, le docteur Silberg lui demanda de lui laisser la petite icône de sainte Thérèse de l'Enfant-Jésus qui se trouvait près de son lit – comme témoin de « toutes ses souffrances ».

Sœur Alfreda Pokora dit :

> Quelques jours après la mort de Sœur Faustine j'étais dans l'appartement du docteur et j'ai vu que la petite icône était accrochée au mur dans la chambre de son fils de 6 ans. Inquiète, j'ai posé la question à propos de la désinfection de la petite icône. Le docteur m'a répondu : « Je n'ai pas peur de contamination, car […] Sœur Faustine est une sainte, et les saints ne transmettent pas de maladies. »

Cracovie Łagiewniki III

La mort
le 5 octobre 1938

Le samedi 17 septembre 1938, plusieurs jours avant la mort de Faustine, la sœur infirmière Alfreda Pokora l'a transportée en charrette de l'hôpital de Prądnik au couvent de Łagiewniki : un trajet de dix kilomètres.

« Le voyage fut éprouvant, se rappelait après des années Sœur Alfreda. Par moments je pensais qu'elle n'arriverait pas vivante à la maison. Elle s'est évanouie plusieurs fois et j'étais donc très inquiète. Souffrante, Sœur Faustine m'a pourtant dit : "Ne vous inquiétez pas, je ne vais pas mourir en cours de route." » Les sœurs de « Józefów », qui n'avaient pas vu Faustine depuis cinq mois, étaient effrayées par son état physique. « Visage diminué, changé, jaune, yeux très grands, enfoncés, orbites bleuâtres, vue profonde, perçante, pénétrante », telle était la description de Faustine faite par Sœur Stella Kozłowska. Sœur Chryzostoma Korczak, ancienne infirmière, autrefois dans de mauvaises dispositions à l'égard de Faustine, éclata en pleurs en la voyant : « Ma sœur, vous ressemblez à un squelette » – ces paroles, transmises de bouche à oreille, ont été notées par le père Andrasz.

Sœur Faustine fut placée dans une chambre d'isolement dans le bâtiment principal, destinée à des sœurs très malades. « Elle est très, très faible. Elle ne peut plus se lever et ne mange pratiquement plus. Résignée et édifiante, elle attend ce moment où elle s'unira au Seigneur Jésus. Elle n'a nullement peur », notait la chroniqueuse de la maison. Deux sœurs s'occupaient de Faustine : l'infirmière Alfreda Pokora et Amelia Socha qui elle-même était atteinte de tuberculose du poignet. D'autres sœurs venaient aussi voir Faustine ; en même temps les supérieures recommandaient de prendre des mesures de précaution pour ne pas s'exposer à la contagion. Ce sont notamment les sœurs les plus jeunes qui étaient concernées par ces mesures. Faustine elle-même ne leur permettait pas de s'approcher trop d'elle en disant : « Petite sœur, prenez garde. »

Lors d'une visite comme celles-ci, Sœur Faustine dit à Sœur Anna et à Sœur Klemensa qu'une grande et terrible guerre éclaterait et qu'elle durerait longtemps. Elle dit par ailleurs à Sœur Klemensa que les sœurs resteraient dans le couvent de Łagiewniki, mais qu'elles devraient prier ardemment. Toutes les deux avouent qu'elles ne prenaient pas au sérieux ce que leur avait dit Sœur Faustine, en tout cas jusqu'au moment où, un an plus tard, la Seconde Guerre mondiale commença et lorsque, dès 1940, les Allemands tentèrent à trois reprises de déloger les sœurs de leur maison de Łagiewniki.

Sœur Stella Kozłowska évoque ces visites : « Aucune des sœurs qui lui avaient rendu visite n'a jamais entendu de plaintes de sa part ; elle ne parlait pas d'elle ; le sujet des conversations c'était toujours le Seigneur Jésus. Parler la fatiguait, alors elle se bornait le plus souvent à répondre à des questions et répétait : “D'ici peu, d'ici peu.” »

Sœur Alfreda Pokora raconte : « Les dernières semaines de la vie de Sœur Faustine étaient pour nous très édifiantes. Elle montrait tellement de gentillesse, de patience, sans jamais demander quoi que ce soit pour elle-même. Quand on lui posait la question de savoir si elle souffre, elle répondait : “Oui, énormément, mais je suis bien comme ça.” »

C'est dans les mêmes termes qu'elle parlait aussi de sa maladie à la mère Irena Krzyżanowska, en ajoutant que la congrégation en « tirerait un grand réconfort ». La supérieure de la maison de Cracovie a remarqué qu'à cette époque-là Faustine s'était libérée de l'inquiétude concernant le développement du culte de la Miséricorde divine. Elle était entièrement rassurée. « Il y aura une fête de la Miséricorde divine, je vois cela, je ne veux que l'accomplissement de la volonté divine », disait-elle.

Un jour, Sœur Klemensa Buczek lui demanda si elle avait peur de mourir. « Pourquoi devrais-je avoir peur ? lui a-t-elle répondu d'une vive voix. Tous mes péchés et toutes mes imperfections brûleront comme une paille dans le feu de la Miséricorde divine. »

La mère Irena Krzyżanowska se rappelle :

> Peu avant sa mort, quand je suis venue voir Sœur Faustine, elle s'est levée sur son lit, m'a demandé de s'approcher et m'a dit : « Le Seigneur Jésus veut m'élever et faire de moi une sainte. » J'ai vu qu'elle était très sérieuse ; elle avait ce sentiment étonnant qu'il s'agissait là d'un don de la Miséricorde divine et elle accueillait ce don sans aucune trace d'orgueil. Je suis sortie de chez elle émue, sans me rendre très bien compte du poids de ces paroles.

Le jeudi 22 septembre, conformément à la tradition, Sœur Faustine demanda pardon à toute la congrégation pour tous ses manquements. Trois jours plus tard, le 25 septembre, elle vit pour la dernière fois l'abbé Michał Sopoćko (celui-ci donne la date du 25 septembre dans *Moje wspomnienia o śp. Siostrze Faustynie* [*Mes mémoires sur Sœur Faustine*], alors que dans *Dziennik* [*Journal*], il donne une autre date, celle du 26 septembre). Il s'était arrêté à Łagiewniki en se rendant à Częstochowa pour participer au congrès de l'Association catholique de la jeunesse. Au même moment une réunion plénière de la conférence des évêques avait lieu à Częstochowa. L'abbé Sopoćko voulait profiter de cette occasion pour remettre aux évêques des lettres avec une demande d'instituer une fête de la Miséricorde divine. Sœur Faustine apprit cette nouvelle avec joie. Ils ne se sont pas parlé longtemps. « Elle ne voulait plus converser avec moi, ou plutôt elle ne pouvait plus, car elle m'a dit : "Je suis occupée à être auprès du Père Éternel." », se souvenait Sopoćko, pour qui Sœur Faustine donnait l'impression d'être « quelqu'un de l'au-delà ». Il se rappelait qu'elle lui avait dit à ce moment-là qu'elle mourrait neuf jours plus tard. Après cette dernière rencontre, il était plus que jamais convaincu de la véracité du message proclamé par Sœur Faustine. Il n'avait plus de doutes que ce qu'elle avait écrit à propos du séraphin, qui lui avait donné la communion à l'hôpital de Prądnik, « correspondait à la réalité ».

Sœur Amelia Socha passait beaucoup de temps auprès du lit de Faustine. « Les deux sœurs s'aimaient bien et se comprenaient à merveille », se souvenait Sœur Alfreda Pokora. Une semaine avant la mort de Faustine, Sœur Amelia lui avait dit : « Que le Seigneur Jésus est bon en vous laissant mourir si jeune, si lucide ; moi aussi je voudrais être atteinte de tuberculose pulmonaire et mourir un an après vous. » Atteinte de tuberculose osseuse, Amelia s'inquiétait réellement d'être un fardeau pour la congrégation, une fois qu'elle serait handicapée. Faustine comprenait les motifs de ses craintes, c'est pourquoi elle lui fit une promesse : « Si j'ai quelques faveurs auprès du Seigneur Jésus, je Lui demanderai qu'Il vous prenne un an après moi. » Sœur Amelia est décédée un peu plus d'un an après la mort de Sœur Faustine, le 4 novembre 1939, à cause d'une tuberculose pulmonaire.

La chambre d'isolement de Faustine se trouvait au premier étage du couvent. La fenêtre de la chambre donnait sur la cour de l'établissement pour filles et sur la chapelle. Aujourd'hui quand on va à la chapelle du sanctuaire il suffit de regarder vers le haut, à droite, pour voir cette fenêtre. Il est impossible de se tromper parce que l'endroit où est morte sainte Faustine est signalé par une plaque. La chambre, elle, se trouve dans la partie close du couvent et elle est donc inaccessible aux pèlerins.

Plutôt petite, la chambre d'isolement était séparée du couloir principal par une antichambre où était posé un lit pliable pour la sœur de garde. La dernière nuit, du 4 au 5 octobre, c'est une certaine Sœur J. (on ne connaît pas son nom) qui était de garde et qui a vu Faustine seulement deux fois dans sa vie.

D'après Sœur Stella Kozłowska, « Faustine ne voulait pas que les sœurs assurent une permanence auprès d'elle ; dès lors, quand elle a vu entrer une sœur de garde, elle a dit tout bas : "Mon Dieu, peut-être d'ici peu les sœurs ne seront plus obligées de se fatiguer à s'occuper de moi ; elles ont tellement de travail." »

Mourante, Sœur Faustine demanda à la sœur de garde d'aller se coucher et elle lui promit de sonner au cas où elle aurait besoin de quelque chose. La nuit, la sonnette appela la sœur de garde à plusieurs reprises. Faustine voulait boire, mais elle ne put pas boire une seule goutte. La soif lui brûlait les entrailles. « J'aurais bu un seau tout entier », disait-elle un peu plus tôt à la mère supérieure. Mais consumés par la tuberculose, son intestin et son œsophage ne lui permettaient plus de boire du tout. Elle demanda aussi de la faire tourner dans son lit. La sœur de garde disait plus tard qu'elle « ne sentait pas le corps [de Faustine] au toucher, mais juste les os » et que la malade poussait des cris de douleur quand elle la touchait.

Le matin, mercredi 5 octobre, s'annonçait très beau à Cracovie. Sœur Amelia venait de prendre son tour de garde auprès de la malade quand Faustine lui demanda de chantonner un chant religieux. Mais comme Amelia ne voulait pas chanter en disant qu'elle manquait de voix, c'est Faustine qui chanta en murmurant : « L'œil n'a jamais vu, l'oreille n'a jamais entendu, ce qui attend la vierge au paradis. »

À quatre heures de l'après-midi, le père Andrasz arriva pour donner à Sœur Faustine la dernière absolution et l'extrême-onction. Faustine était consciente. Elle souffrait énormément. Quelques heures avant sa mort, elle lui demanda de lui donner un sédatif, mais au bout d'un instant elle y renonça. Elle offrait cette douleur à Dieu.

Le soir, l'agonie commença. « Aujourd'hui Jésus m'emmènera avec Lui », annonça-t-elle.

« Durant le dîner, nous avons entendu la sonnette. Nous savions que c'était Faustine qui était en train de mourir. Nous avons tout laissé et nous sommes toutes allées la voir », se souvient Eufemia Traczyńska, jeune professe à Łagiewniki à l'époque. Elle ajoute : « Dans l'infirmerie, il y avait déjà notre aumônier [le père Teodor Czaputa] et quelques sœurs. » Les autres étaient en train de prier dans le couloir. C'étaient des prières pour les mourants. « À un moment donné, Sœur Faustine a fait signe et la mère supérieure s'est immédiatement approchée d'elle ; elle lui a dit que le moment de sa mort n'était pas encore venu, mais lorsqu'il viendrait, elle leur ferait savoir. Et les sœurs sont parties. Elles sont allées directement à la chapelle. […] Après les prières, il n'y a eu aucun signal, donc elles sont parties s'occuper de leurs tâches », poursuit-elle. Seule Sœur Ligoria Poznańska resta auprès de Faustine. Lorsque l'agonie commença, elle courut pour réveiller Sœur Amelia, mais elle réveilla par erreur Sœur Eufemia qui voulait être auprès de Faustine au moment de sa mort. Elles étaient donc deux – Eufemia et Amelia – près de Sœur Faustine quand elle est morte. Sœur Ligoria était à ce moment-là en train de réveiller encore quelqu'un, mais il est certain qu'il ne s'agit pas de la mère supérieure Krzyżanowska qui, lors du procès de béatification, a dit qu'elle avait appris la mort de Sœur Faustine le lendemain matin.

Sœur Eufemia Traczynska raconte ces instants : « C'était vers onze heures du soir. Quand nous sommes venues, Sœur Faustine a légèrement ouvert les yeux et elle a souri, puis elle a incliné la tête et voilà… Sœur Amelia disait qu'elle était probablement morte, qu'elle était décédée. […] Nous avons continué de prier. Le cierge est resté allumé. »

Sœur Marie Faustine Kowalska est morte le 5 octobre 1938 à 22 h 45. Le lendemain, le 6 octobre, les sœurs ont transporté la dépouille mortelle dans la crypte. Jusqu'à l'enterrement, le cercueil est resté ouvert.

D'après le père Józef Andrasz, « dans le cercueil, elle avait retrouvé la fraîcheur et la beauté ; elle était bien plus belle que lorsqu'elle était en vie ».

Dans le souvenir de la mère Irena Krzyżanowska, « aucune des sœurs n'avait peur de la morte, comme c'était d'habitude le cas. Le visage de la défunte exprimait la quiétude ».

De très nombreuses personnes sont venues à la crypte : les sœurs, les pensionnaires de l'établissement, les gens qui travaillaient à la ferme. Deux jours plus tard, le 7 octobre, le jour du Rosaire, a eu lieu la sépulture. À Łagiewniki sont venus des pères jésuites : Teodor Czaputa, Władysław Wojtoń, Tadeusz Chabrowski. Après les matines, à 8 h 30, a commencé la messe funéraire. Au lieu d'habits noirs, les prêtres portaient des habits liturgiques blancs. Le père Wojtoń célébrait la messe à l'autel principal – avec l'icône de Notre-Dame de la Miséricorde dans le retable – et le père Chabrowski à l'autel du Cœur du Seigneur Jésus, c'est-à-dire là où se trouvent aujourd'hui le tableau de Jésus Miséricordieux et les reliques de sainte Faustine.

Après la messe le cortège funèbre, conduit par le père Czaputa, s'est dirigé vers le cimetière du couvent, au fond du jardin. Porté par les sœurs, le cercueil avec le corps de Faustine a été mis dans la tombe commune des sœurs.

Aucun membre de la famille d'Helena-Faustyna Kowalska n'est venu assister à sa sépulture. Faustine ne voulait pas que sa famille vienne à son enterrement parce que le voyage coûtait cher. Mais sa Sœur Natalia Grzelak, qui habitait à Łódź, savait que Faustine allait mourir avant que la nouvelle parvienne de Łagiewniki. Une nuit, Natalia avait vu sa sœur dans sa chambre :

Blanche comme du pain azyme, tellement mince, avec les mains jointes, elle me disait : « Je suis venue te dire adieu, parce que je m'en vais. Que Dieu te bénisse. Ne pleure pas, il ne faut pas pleurer. » Elle m'a embrassé sur la joue, et moi je n'arrivais pas à prononcer un mot, je me suis juste blottie contre mon oreiller. Quand elle est sortie, j'ai fondu en larmes […]. À ce moment-là, la porte s'est ouverte encore une fois et j'y ai vu ma sœur, toute blanche, qui me disait : « Je t'avais dit de ne pas pleurer, et toi tu pleures. Il ne faut pas pleurer, je t'en prie : ne pleure pas ! »

Le matin, Natalia est partie avec son mari à Głogowiec : « J'arrive sur place et là, tout le monde pleure. La nouvelle venait d'arriver : Faustine est morte. »

Dans « Le livre des morts » du couvent de Łagiewniki on a noté : « Dans sa relation avec Dieu, feu Sœur Faustine est parvenue à une union complète à Lui par l'amour, par le fait de voir dans chaque événement ou ordre des supérieurs la volonté de Dieu. »

Elle avait 33 ans. Elle avait vécu treize ans au couvent.

La mission de Sœur Faustine continue 1938-2002

« Je te remercie, chère Sœur Faustine ... », « Sainte Faustine, je te remercie beaucoup pour tout ... », « Chère, Bien-aimée, sainte Sœur Faustine – Protectrice de tous les pécheurs et de tous ceux qui ont besoin de ton aide ... » – voilà des exemples de phrases qui remplissaient le livre commémoratif que les sœurs avaient mis à la disposition des visiteurs du couvent de Łagiewniki le 15 août 2011. Ce jour-là, pendant que les basiliques de Cracovie exposaient leurs trésors, les sœurs de la congrégation de Notre-Dame de la Miséricorde montraient au grand public le *Petit journal* de sainte Sœur Faustine Kowalska. C'est la toute première fois qu'on présentait l'original des cahiers de notes d'une des plus grandes mystiques de l'histoire. Le public qui voulait voir l'original du *Petit journal* formait une longue queue qui n'avait pas diminué durant les sept heures de l'exposition.

Six cahiers lignés et carrés, de différentes épaisseurs, étaient placés dans une vitrine. Le premier était ouvert à la page où Faustine avait décrit l'apparition de Jésus, du 22 février 1931 à Płock. Le sixième était ouvert à la dernière page. Devant la vitrine le public se tait, les têtes s'inclinent en silence pour un moment de méditation, d'émotion et presque toujours d'étonnement. Une belle et droite écriture ne laisse pas deviner que son auteur n'avait que trois classes d'école primaire derrière elle. Ce n'est que dans le dernier cahier, rédigé quelques mois avant la mort de Faustine, que l'écriture change : écrites avec une main tremblante, les lettres deviennent plus grandes, mais même là – comme sur toutes les quatre cent soixante-dix-sept feuilles – il n'y a ni suppressions de texte, ni corrections.

« Le manuscrit est dans un très bon état, il n'est pas endommagé. Il ne manque qu'une page – arrachée par un inconnu ce qui a été clairement mentionné dans la version imprimée du *Petit journal* », signale Sœur Elżbieta Siepak.

La plupart de ceux qui sont venus voir l'original du *Petit journal* connaissaient bien son contenu. L'exposition a surtout été pour eux l'occasion d'exprimer leur amour et leur reconnaissance à l'égard de Faustine. Dans d'autres vitrines, les sœurs ont exposé quelques dizaines de traductions du *Petit journal* en langues étrangères, dont certaines bien exotiques. Personne, pas même Sœur Elżbieta Siepak qui connaît parfaitement le culte de la Miséricorde divine, n'est capable de dire quel est le nombre exact de langues dans lesquelles le *Petit journal* a été traduit. Une chose est sûre et certaine : c'est l'ouvrage polonais dont les langues de traduction sont les plus nombreuses.

***

Quelques années avant sa mort, Sœur Faustine écrivait : « Je sens bien que ma mission ne se terminera pas avec ma mort, mais qu'elle commencera. » Elle était rassurée. Elle savait que, malgré de très grandes difficultés, le culte de la Miséricorde divine perdurerait et se développerait. « Un jour viendra – notait-elle – où cette œuvre tant recommandée par Dieu paraîtra presque totalement détruite – et alors Dieu commencera à agir avec une grande force qui témoignera de sa vérité .»

Moins d'un an après la mort de Sœur Faustine, la Seconde Guerre mondiale, que la religieuse avait annoncée à quelques personnes, a éclaté. C'est à ce moment-là, quand le mal semblait triompher, que les gens ont commencé à chercher l'assistance dans la Miséricorde divine. Très vite, d'une façon spontanée, s'est mis en place le culte selon les visions de Sœur Faustine. Le centre de ce culte a d'abord été situé à Vilnius. Mais avec la migration de la population, le culte s'est répandu dans d'autres pays. Devant l'icône de Jésus Miséricordieux, placée depuis avril 1938 dans l'église Saint-Michel, se réunissaient de plus en plus de personnes. Les adorateurs de Jésus Miséricordieux suspendaient de plus en plus d'ex-voto en signe de reconnaissance pour les grâces obtenues. Le culte de la Miséricorde divine a été inlassablement propagé par l'abbé Michał Sopoćko qui faisait des homélies dans les églises de Vilnius et distribuait des brochures avec des prières à la Miséricorde divine. De Vilnius – ville occupée d'abord par les Allemands puis par les Russes –, le message sur la Miséricorde divine a été emmené à l'est par la population déportée par les Soviétiques et sur différents fronts de la Seconde Guerre mondiale par les soldats. Ainsi le texte du chapelet à la Miséricorde divine est d'abord arrivé en Sibérie et au Kazakhstan, ensuite, avec les soldats de l'armée du général Władysław Anders, au Proche-Orient et en Italie. En Amérique, le message sur la Miséricorde divine s'est propagé pendant la guerre grâce aux Pères marianistes de l'Immaculée Conception, notamment le père Józef Jarzębowski. Ce dernier considérait que la fin heureuse de son long périple qui l'avait mené de Varsovie jusqu'aux États-Unis, en passant par Vilnius – où il avait rencontré le père Sopoćko –, la Sibérie et le Japon, était une grâce de la Miséricorde divine. Aux États-Unis, il y avait aussi l'abbé Walter Pełczyński qui, en 1942, a créé à Stockbridge le premier Apostolat de la Miséricorde divine, existant d'ailleurs encore aujourd'hui. Les Pères marianistes, notamment l'abbé Julian Chróściechowski, étaient aussi de grands propagateurs du culte de la Miséricorde divine en Grande-Bretagne, alors qu'en France ce rôle a été joué par les Pallottins.

Quant au rôle joué par Sœur Faustine dans la mise en place de nouvelles formes du culte de la Miséricorde divine, c'est le père Sopoćko qui en a parlé pour la première fois en public. C'était dans la cathédrale de Vilnius, pendant le carême de 1940, où il a fait une série d'homélies sur la Passion. C'est ainsi que les gens ont appris que le tableau vénéré à Vilnius avait été peint selon les indications faites à Faustine par Jésus. La nouvelle s'est vite répandue parmi les adorateurs de la Miséricorde divine et dans les maisons de la congrégation des Sœurs de Notre-Dame de la Miséricorde. Les sœurs dans leur grande majorité étaient surprises. Elles ne savaient rien sur ce lien étroit qui unissait Sœur Faustine et Jésus. Seules quelques supérieures étaient au courant des apparitions, notamment la mère générale Michaela Moraczewska et la mère Irena Krzyżanowska. Quant à la mère Borgia Tichy et la mère Róża Kłobukowska, elles en avaient juste des éléments. Certaines religieuses soupçonnaient que la vie spirituelle de Sœur Faustine avait un caractère extraordinaire, mais seulement maintenant elles comprenaient mieux ses paroles et ses conduites. Durant les visitations canoniques des maisons de la congrégation en 1940 et 1941, la mère Moraczewska a confirmé les informations qui étaient déjà arrivées par d'autres canaux dans les couvents.

Sœur Beata Piekut en parle : « La mère générale a réuni toutes les sœurs et nous a officiellement informées que probablement – je souligne : *probablement* – tout cela avait eu lieu. À la fin elle a dit : "Sachez cela, mais ne dites rien à personne." »

L'information sur les visions de Sœur Faustine a fait que de plus en plus de personnes, notamment de Cracovie et de ses environs immédiats, arrivaient à Łagiewniki pour se recueillir sur sa tombe qui se trouvait au cimetière du couvent. Les sœurs de la maison de Łagiewniki elles-mêmes venaient auprès de la tombe de Faustine prier la Miséricorde divine pour le couvent et pour ses habitantes.

La mère Irena Krzyżanowska se souvient : « Trois fois on a couru le grand danger d'être chassées de la maison par les Allemands. À ces moments-là, toutes les sœurs se rendaient près de la tombe de Sœur Faustine pour prier par son intermédiaire la Miséricorde divine pour qu'on nous laisse en paix. »

La première petite icône de Jésus Miséricordieux, fidèle au tableau de Vilnius, est apparue dans la chapelle de Łagiewniki encore du vivant de Sœur Faustine. Elle a été placée sur un autel latéral consacré à saint Joseph par la mère Irena Krzyżanowska. C'était vers la fin de l'année 1937 ou au début de 1938. Cette petite reproduction faisait partie d'un lot imprimé par la société Cebulski. Sous la date du 6 février 1941, la chroniqueuse de la maison de Łagiewniki a noté que le père Józef Andrasz, aumônier de la maison, avait béni deux tableaux de Jésus Miséricordieux qui avaient été accrochés dans les classes de l'établissement pour filles. À cette occasion-là, le père Andrasz a parlé aussi des visions de Sœur Faustine. Hélas, la chroniqueuse ne donne pas le nom de l'auteur de ces tableaux. On peut supposer qu'ils aient été peints par un peintre amateur qui a copié la figure de Jésus Miséricordieux telle qu'on la voit sur les reproductions – de piètre qualité – de 1937, et selon la description faite par Sœur Faustine dans son *Petit journal*. Il est en effet très peu probable que, dans le contexte de la guerre, l'auteur ait vu le tableau de Kazimirowski à Vilnius. Ces deux petits tableaux, dont la qualité artistique laisse à désirer, sont conservés dans le couvent de Łagiewniki. L'histoire du tableau d'Adolf Hyła, accroché au mur de la chapelle du couvent en mars 1943, est toute différente. Dès le début de la guerre, la chapelle était ouverte au public. Les sœurs l'avaient rendue accessible à cause de la guerre et à cause d'un intérêt croissant que portaient les adorateurs de la Miséricorde divine au lieu où avait vécu et était morte Sœur Faustine.

Adolf Hyła, enseignant d'arts plastiques au Collège public August Witkowski de Cracovie, âgé de 42 ans, venait aussi à la chapelle de Łagiewniki. Adolf Hyła a passé cinq ans au noviciat des jésuites ; il a aussi été inscrit à la faculté de philosophie et de droit, mais il n'a jamais terminé ces études ; il a suivi des cours de dessin et de peinture chez Jacek Malczewski – un peintre très connu de l'époque. Enfin il a fait certifier ses connaissances en dessin par une commission nationale pour pouvoir enseigner dans le secondaire. Après que la ville de Cracovie ait été occupée par les Allemands, Hyła a perdu son emploi et son logement du centre-ville et il s'est installé avec sa femme et sa famille à Łagiewniki dans un petit appartement situé au 36, rue Urocza, non loin du couvent des Sœurs de Notre-Dame de la Miséricorde. Depuis son installation à Łagiewniki, il a commencé à pratiquer la peinture comme un vrai métier, alors que jusqu'ici il la traitait plutôt comme un passe-temps agréable. Il peignait surtout des tableaux à caractère religieux, des paysages et des portraits. En novembre 1942 il a proposé aux sœurs de peindre un tableau pour la chapelle, qui serait son ex-voto pour les grâces obtenues. Il voulait notamment remercier Dieu pour avoir sauvé sa famille (le 9 novembre 1939, la Gestapo avait arrêté neuf enseignants du collège où il enseignait). La mère Irena Krzyżanowska, supérieure de la maison à l'époque, et le père Józef Andrasz ont commandé à Hyła un tableau de Jésus Miséricordieux. Ils lui ont fourni le fragment du *Petit journal* comportant la description de l'apparition de Jésus à Faustine à Płock en 1931, ainsi qu'une reproduction de la copie du tableau de Kazimirowski réalisée par Łucja Bałzukiewicz, peintre et élève d'Olga Boznańska, qui jusqu'en 1946 a habité à Vilnius.

L'histoire de l'icône de Jésus Miséricordieux peinte par Adolf Hyła est décrite en détail par le père Andrzej Witko. Le tableau était déjà prêt vers la fin de 1942, mais la mère Krzyżanowska et Sœur Kaliksta Piekarczyk ne l'ont pas accepté. Elles considéraient que le tableau tel qu'il était « ne convenait pas au culte public ». D'autres personnes ont alors exprimé leurs opinions : Sœur Felicja Żakowiecka, Sœur Klemensa Buczek, le père Józef Andrasz et le père Teodor Czaputa, aumônier de la maison. Ayant pris en considération les critiques, le peintre a apporté au tableau des corrections et dès le 7 mars 1943 le tableau a été béni par le père Andrasz. Le lendemain, l'icône de Jésus Miséricordieux a été accrochée au mur de la chapelle, à droite de l'entrée, à la place d'un confessionnal qui avait été déplacé à côté de l'entrée latérale. Sept mois plus tard, le 6 octobre les sœurs ont reçu un autre tableau de Jésus Miséricordieux peint par un artiste de Lviv Stanisław Kaczor-Batowski. Le tableau avait été commandé par la mère générale Michaela Moraczewska. En effet, à la maison de la congrégation de Varsovie, rue Żytnia, il y avait déjà un tableau de Kaczor-Batowski et comme il plaisait beaucoup aux sœurs, elles avaient décidé d'en commander un autre pour l'offrir à la chapelle de Łagiewniki. Les sœurs de Cracovie ont alors été obligées de décider, à savoir quel tableau mettre à la chapelle : celui de Hyła ou celui de Kaczor-Batowski. Le problème a finalement été résolu par le cardinal Adam Sapieha, évêque de Cracovie, qui, après avoir regardé les deux, a dit : « Puisque le tableau de M. Hyła est un ex-voto, alors qu'il reste à la chapelle. »

Cependant, en raison de ses dimensions, le tableau de Hyła ne se prêtait pas à l'emplacement prévu dans le retable latéral où, lors des cérémonies consacrées à la Miséricorde divine, les sœurs avaient accroché une icône de Jésus. Le peintre a donc été obligé de peindre un autre tableau. À cette occasion, les sœurs lui ont demandé d'apporter des modifications à la figure de Jésus telle qu'elle se présentait sur le premier tableau : « physionomie sémitique, cheveux noirs, tunique transparente, regard sévère ». Hyła a pris en considération les demandes des sœurs et sur le deuxième tableau Jésus a donc reçu des traits différents. Le premier tableau de Hyła est finalement arrivé au couvent de Wrocław où il se trouve encore aujourd'hui. Sur le fond du tableau de Wrocław il y a des champs et des prés. Sur le fond du deuxième tableau, il y a un paysage de Łagiewniki – un pré fleuri. C'est ce tableau-ci qui a été béni par le père Andrasz le 16 avril 1944 – le premier dimanche après Pâques – et exposé au culte public dans la chapelle de Łagiewniki. Il a été placé dans le retable latéral, dans l'aile gauche de la chapelle. Au début, le tableau y était accroché seulement le premier dimanche après Pâques et le troisième dimanche de chaque mois lors des cérémonies consacrées à la Miséricorde divine. Les autres jours, le tableau restait accroché à un mur au fond de la chapelle.

Le jeune Karol Wojtyła a vu ce tableau et il y a peut-être prié devant quand il venait à la chapelle de Łagiewniki pendant la guerre. À cette époque-là, il travaillait dans l'entreprise chimique Solvay qui se trouvait non loin du couvent.

« Je me souviens toujours de ce chemin qui menait de Borek Fałęcki à Dębniki. Chaussé de sabots, je faisais ce chemin chaque jour, à différents moments de la journée, en fonction de l'équipe », se rappelait quelques dizaines d'années plus tard Jean-Paul II quand il est venu au sanctuaire de Łagiewniki en 2002. Très ému, il a dit : « Qui aurait pu imaginer que cet homme, chaussé de sabots, viendrait un jour consacrer la basilique de la Miséricorde divine de Łagiewniki. »

Un tel scénario ne pouvait être, en effet, que l'œuvre de Dieu. Quand il travaillait chez Solvay et venait à la chapelle du couvent de Łagiewniki, Karol Wojtyła étudiait en même temps au séminaire clandestin de Cracovie. Il ne savait pas grand-chose sur Sœur Faustine, mais les circonstances de la vie ont fait que déjà au début de son chemin ecclésiastique il a croisé le culte de la Miséricorde divine dont il est devenu avec le temps le plus grand partisan.

Déjà pendant la guerre et surtout après celle-ci, c'est Łagiewniki qui est devenu le centre du culte de la Miséricorde divine. D'abord à cause du déplacement des frontières de la Pologne, qui a fait que la ville de Vilnius a été annexée à l'Union soviétique, mais surtout grâce au fait que c'est à Łagiewniki que se trouvait la tombe de Sœur Faustine et que c'est là – dans la chapelle du couvent – que se trouvait le tableau peint selon les visions de Faustine. Chaque troisième dimanche du mois, on célébrait dans la chapelle une messe avec des homélies sur la Miséricorde divine, et une semaine après Pâques on fêtait le dimanche de la Miséricorde divine. En 1951, l'évêque de Cracovie, le cardinal Adam Sapieha a rattaché le dimanche de la Miséricorde divine à l'indulgence plénière.

Le culte de la Miséricorde divine se développait parmi les fidèles d'une façon spontanée. En Pologne et à l'étranger, on accrochait dans les églises des tableaux de Jésus Miséricordieux avec l'inscription « Jésus, j'ai confiance en Toi », on disait le chapelet, la neuvaine et la litanie à la Miséricorde divine. Des fragments du *Petit journal* de Sœur Faustine étaient copiés à la main et distribués parmi les fidèles. Comme il s'est avéré plus tard, cette spontanéité a fait que le message sur la miséricorde transmis par Sœur Faustine a souvent été interprété assez librement, parfois même déformé, tout comme le culte lui-même. Malheureusement, dans les premières années d'après-guerre il manquait d'études théologiques expliquant le sens du culte transmis par Sœur Faustine. Le culte de la Miséricorde divine a aussi été propagé par les deux pères spirituels de Sœur Faustine. Le père Józef Andrasz a édité un petit livre intitulé *Miłosierdzie Boże… ufamy Tobie !* [Miséricorde divine… nous faisons confiance en Toi !] qui a été traduit en douze langues. L'abbé Michał Sopoćko a publié des brochures, des études et un traité en latin. Les deux prêtres avaient des approches fort différentes quand il s'agissait de la façon dont ils traitaient le sujet. Le père Andrasz diffusait le culte de la Miséricorde divine sous des formes qui restaient fidèles à ce que Sœur Faustine avait transmis elle-même. Le père Sopoćko a en revanche considéré que pour le bien du culte il fallait se concentrer non sur les visions de Sœur Faustine, mais sur la miséricorde de Dieu telle qu'elle est présentée dans la Bible.

Le culte se développait ainsi parmi les fidèles, mais il n'était toujours pas reconnu par l'Église. En septembre 1946, la Conférence des évêques de Pologne, présidée à l'époque par le cardinal August Hlond qui était favorable au culte de la Miséricorde divine, a commencé des démarches dans cette direction. L'Épiscopat polonais a adressé à la congrégation pour la Discipline des Sacrements du Vatican une demande portant sur l'institution de la fête de la Miséricorde divine le premier dimanche après Pâques. Une réponse positive arrivera au bout d'un demi-siècle.

En avril 1948, c'est-à-dire deux ans après l'initiative de l'épiscopat, ce sont les membres de l'Association théologique – au congrès de laquelle avait participé l'abbé Sopoćko – qui ont adressé au Vatican une demande allant dans le même sens. Le cardinal Hlond a prévenu les théologiens que d'après les informations qui lui étaient parvenues du Vatican, la congrégation [pour la discipline des Sacrements] « n'avait pas coutume d'instituer des fêtes qui célébraient des attributs particuliers de Dieu, parce que seule la Personne Divine pouvait être l'objet du culte ». Vu cela, les théologiens n'ont finalement pas envoyé au Vatican leur demande. Imperturbable dans ses résolutions, l'abbé Sopoćko s'est alors adressé, avec la supérieure de la congrégation des Sœurs de Notre-Dame de la Miséricorde, la mère Róża Kłobukowska, au cardinal Sapieha en lui demandant de préparer un procès en béatification de Sœur Faustine et de nommer un postulateur de sa cause. Mais le cardinal n'a rien fait dans ce sens-là. En revanche, c'est le recteur général des Pallottins qui, à la demande de la mère Kłobukowska, a nommé un postulateur et un vice-postulateur pour le procès. Les sœurs ont commencé à recueillir des informations sur Faustine, à noter des témoignages de religieuses, de la famille, de personnes qui connaissaient Faustine. C'est à cette époque-là, en 1948, que Sœur Bernarda Wilczek a pour la première fois rendu visite à la famille d'Helena Kowalska à Głogowiec pour noter les témoignages de ses proches.

L'Épiscopat polonais attendait toujours la réponse du Vatican. Pendant ce temps-là, le culte de la Miséricorde divine se développait spontanément parmi les fidèles. Dans cette situation, la Commission générale de l'Épiscopat a demandé, en 1951, à l'archevêque Romuald Jałbrzykowski de donner son avis sur les nouvelles formes du culte de la Miséricorde divine. Évêque de Vilnius, Jałbrzykowski a été obligé de quitter Vilnius après la guerre et a dû s'installer à Białystok. Très critique à l'égard des visions de Faustine, Jałbrzykowski a donné un avis négatif : « J'adore la Miséricorde divine et j'en demande toujours à Dieu, mais quant au culte de la Miséricorde divine proposé à partir des apparitions-visions de Sœur Faustine, mes vues sont très négatives », a-t-il écrit dans l'introduction de l'avis qu'il avait fourni. Il a fait référence à des régulations du droit canon qui imposaient une grande prudence quand il s'agissait de reconnaître de nouvelles prières, pratiques religieuses, icônes. Il s'est référé en outre à un des décrets du Saint-Office qui interdisait d'introduire de nouvelles formes de culte et de piété. Il a écrit aussi que « la façon dont ce culte était propagé n'était pas conforme à l'esprit de la sainte Église ». L'archevêque Jałbrzykowski a ainsi décidé d'interdire ce culte dans son diocèse. D'après certains auteurs, l'opinion et la décision de l'archevêque pouvaient être influencées aussi par le fait qu'il n'appréciait pas trop l'abbé Sopoćko.

Deux ans plus tard, l'Épiscopat s'est occupé de la question des tableaux de Jésus Miséricordieux qu'on accrochait dans de nombreuses églises. C'était en septembre 1953, lors de la dernière réunion de l'Épiscopat, avant l'arrestation du cardinal Wyszyński. Plus tôt, le 14 mai 1953, le Saint-Office avait donné une opinion négative quant à la création d'une fête consacrée à la Miséricorde divine. Le relateur du Saint-Office, le père D. Hudal, avait émis des réserves à l'égard des visions de Sœur Faustine – même si lui-même n'y avait rien trouvé qui soit contraire à la foi – et surtout à l'égard du tableau de Jésus Miséricordieux. Les réserves concernaient probablement – et Hudal en a parlé quelques années plus tard – le fait qu'on attachait au culte du tableau une foi trop grande, voire illimitée, en sa puissance, sans prendre en considération la confiance en la Miséricorde divine. Il recommandait donc que le tableau ne soit pas accroché dans les églises et que la vénération de ce tableau ne soit pas encouragée.

Quatre mois plus tard, en septembre 1953, c'est l'évêque de Przemyśl Franciszek Barda – membre de la Commission générale de l'Épiscopat – qui, lors de la réunion de celui-ci, a donné une opinion négative à propos du tableau de Jésus Miséricordieux. Il a désapprouvé l'œuvre de Hyła aussi bien du point de vue liturgique que du point de vue artistique. Ces deux avis : celui de l'expert du Saint-Office – l'archevêque Jałbrzykowski – et celui de l'évêque Barda ont incité l'Épiscopat à recommander aux prêtres de retirer des églises les tableaux de Jésus Miséricordieux, qui à l'époque étaient déjà bien nombreux. Adolf Hyła, lui-même, avait réalisé de très nombreuses copies de son œuvre. Au total, comme le rapporte le père Piotr Szweda, Hyła, jusqu'à sa mort en 1965, a peint deux cent trente tableaux de Jésus Miséricordieux. À chaque fois il changeait uniquement le fond : celui-ci reflétait le paysage propre au lieu où se trouvait l'église qui commandait le tableau.

En quoi consistaient les critiques que l'évêque Barda avait émises par rapport au tableau de Hyła ? On n'en sait rien, mais on peut supposer qu'elles n'étaient pas éloignées de celles faites par l'abbé Sopoćko. On reprochait notamment au tableau de Hyła que la représentation qu'il donnait de Jésus n'était pas fidèle à la description de l'événement qu'on trouvait dans le fragment de l'Évangile selon saint Jean, lu le premier dimanche après Pâques. Jean décrit le moment où, le huitième jour après sa résurrection, Jésus est apparu aux Apôtres au Cénacle. Il y est entré malgré la porte fermée, Il a salué ses disciples en leur montrant les plaies sur ses pieds et sur ses mains, et Il leur a donné le pouvoir de pardonner ou de ne pas pardonner les péchés. Dans une lettre du mois d'août 1968, adressée à l'abbé Julian Chróściechowski, l'abbé Sopoćko a écrit que le tableau de Hyła n'avait pas de caractère liturgique pour une série de raisons. D'abord, le fond du tableau était un paysage de la région de Beskidy, ce qui allait à l'encontre de l'universalité du message qu'il était censé transmettre. Ensuite, le regard de Jésus devrait être celui de la Croix, donc dirigé vers le bas, comme l'avait décrit Faustine, et non, comme chez Hyła, « droit dans les yeux du spectateur ». Enfin, selon l'abbé Sopoćko, la main de Jésus devrait être levée juste à la hauteur de l'épaule, comme lors de l'absolution, et non à la hauteur du front.

Jésus avait dit à Sœur Faustine d'instituer dans l'Église une fête de la Miséricorde divine le premier dimanche après Pâques, mais Il n'avait pas dit que le tableau devait être fidèle à la description donnée par saint Jean. « Mon regard sur ce tableau est celui de la Croix » (PJ 326), – disait Jésus à Sœur Faustine. On peut concilier le regard porté par Jésus de la Croix avec celui porté vers les disciples après être entré au Cénacle, parce qu'à l'époque on mangeait en position semi-couchée. Mais qu'en était-il de la main ?

L'abbé Sopoćko a dit que la main devait être levée à la hauteur de l'épaule : comme pour l'absolution, comme il l'a écrit dans sa lettre, dont il est question ci-dessus, ou comme pour la bénédiction, comme il l'a écrit dans ses mémoires, ce qui est d'ailleurs fidèle à la vision de Faustine. On peut en déduire que les deux gestes étaient effectués de la même façon. La façon dont étaient effectués les gestes liturgiques était par ailleurs décrite d'une façon très précise dans les régulations portant sur la liturgie tridentine. Le prêtre joignait d'abord les deux mains à la hauteur de la poitrine et bénissait ensuite les fidèles avec le signe de la croix. Dans cette position, la main n'était pas levée plus haut que l'épaule. On peut supposer que l'abbé Sopoćko avait donné des instructions précises à Kazimirowski pour qu'il peigne la main de Jésus de cette façon-là. Mais Sœur Faustine avait-elle vu la main de Jésus ainsi ? Peut-être était-ce comme sur le tableau de Hyła ? Aujourd'hui les régulations liturgiques ne sont pas aussi précises qu'à l'époque du Concile Vatican II, et les prêtres, lors de la bénédiction, lèvent la main plus haut.

Sopoćko avait peur que le manque de reconnaissance par l'Église des visions de Sœur Faustine risque de nuire au développement du culte de la Miséricorde divine, alors il faisait d'une façon très conséquente une nette distinction entre les deux. Il soulignait notamment que le tableau de Jésus Miséricordieux était conforme à l'Évangile selon saint Jean, alors que le père Andrasz, lui, propageait les visions de Sœur Faustine selon le *Petit journal*.

L'abbé Sopoćko n'était pas d'accord avec l'interprétation que donnait du tableau le père Andrasz dans sa brochure *Miłosierdzie Boże… ufamy Tobie !* [*Miséricorde divine… nous faisons confiance en Toi !*] de 1947. Le jésuite y a écrit que sur le tableau Jésus était vêtu en blanc « comme un médecin à l'hôpital, Il marchait à travers le monde en soignant les hommes malades ». C'est pourquoi Hyła représentait Jésus « sur divers fonds où l'on voit la mer, la montagne, des fleurs, des usines, etc., ce qui n'est pas conforme à la vision de Sœur Faustine » – cette opinion de l'abbé Sopoćko a été rapportée par le père Antoni Mruk, postulateur dans le procès de béatification et de canonisation de Sœur Faustine.

Pressé par des voix critiques, Adolf Hyła a modifié le fond du tableau de Jésus Miséricordieux dans la chapelle de Łagiewniki. Il a recouvert le pré et les fleurs originaux avec de la peinture foncée et il a peint un carrelage sous les pieds de Jésus. D'après certaines sources, il a modifié le tableau en 1952, d'après d'autres – en 1954. Cette dernière date est plus probable. En effet, s'il avait apporté des modifications plus tôt, son œuvre n'aurait pas été accusée d'être non conforme à la liturgie – critique émise à la fois par l'évêque Barda et par la commission artistique de l'archidiocèse de Cracovie. Cette dernière était chargée en juin 1954 d'évaluer la qualité des peintures présentées lors d'un concours organisé par l'abbé Sopoćko et l'archidiocèse de

Cracovie. À propos d'un des tableaux – en l'occurrence celui de Tadeusz Okoń – la commission disait qu'il ressemblait au tableau de Hyła – « modèle qui, par principe, était à éviter ». Le rôle que s'était fixé la commission était de desserrer le lien entre les visions de Sœur Faustine et la figure de Jésus sur le tableau. En critiquant le tableau de Hyła, Sopoćko ajoutait qu'il fallait « l'écarter à cause de son caractère féminin – chose inadmissible dans les tableaux de culte – et à cause d'un manque de lien avec la liturgie du premier dimanche après Pâques, avec laquelle il aurait dû s'harmoniser ».

Une opinion bien différente à propos du tableau de Hyła sera exprimée quelques années plus tard par l'abbé professeur Ignacy Różycki. Selon lui, le tableau de Hyła « n'était pas conforme à la vision de Jésus Miséricordieux [de Sœur Faustine] sur un seul point : le second rayon peint par Hyła était blanc. Mais il est très difficile de représenter au moyen de la peinture un liquide aqueux et un rayon lumineux pâle. Même si pour le bien du culte il fallait essayer d'y arriver, on pouvait s'attendre à ce que le Seigneur Jésus accepte le fait que l'œuvre ne corresponde pas sur ce point à nos attentes, ni à celles du peintre ».

L'abbé Sopoćko, très critique vis-à-vis du tableau de Hyła, était en revanche de tout son cœur pour le développement du culte de la Miséricorde divine. C'est pourquoi il était très inquiet à cause des recommandations qui visaient à retirer les tableaux de Hyła des églises. Il a alors commencé à expliquer aux évêques que le tableau de Jésus Miséricordieux ne devait pas être nécessairement lié aux visions de Sœur Faustine – qui n'étaient toujours pas reconnues par l'Église – et qu'il se laissait interpréter indépendamment de ces visions. Selon lui, une des solutions consistait à faire peindre un nouveau tableau, fidèle cette fois-ci à la description évangélique de saint Jean de la rencontre entre Jésus et ses disciples au Cénacle. Il a ainsi persuadé l'évêque Barda – qui n'était pas contre le culte de la Miséricorde divine – qu'il fallait organiser un concours et choisir un nouveau tableau. Trois artistes se sont présentés à ce concours : Tadeusz Okoń, Antoni Michalak et Ludomir Sleńdziński. Hyła a refusé d'y participer à cause du compromis au moyen duquel on voulait concilier la scène de l'apparition de Jésus Ressuscité au Cénacle et les visions de Sœur Faustine. La commission a choisi le travail de Ludomir Sleńdziński comme celui qui a rendu le mieux la scène de l'Évangile selon saint Jean. Comme le rapporte l'abbé Henryk Ciereszko, la commission a déclaré : « Vu les rayons signifiant le sang et l'eau qui symbolisent l'Église qui naît du côté du Christ transpercé, avec les sacrements qui purifient l'âme (baptême et pénitence) et ceux qui donnent la vie (Eucharistie et les autres), on peut regarder le tableau de Sleńdziński comme un commentaire présentant la liturgie du premier dimanche après Pâques. »

Adolf Hyła a réagi dans une lettre du 31 juillet 1954 adressée au père Sopoćko. Il y écrit :

> Comme résultat de ce compromis, il y a un tableau qui ne représente pas la scène de l'Évangile et qui restreint la signification de la Miséricorde divine. En effet, selon l'Évangile (J 20, 19-24), le Seigneur Jésus, après être entré par la porte fermée, a salué les disciples avec les paroles : « Que la paix soit avec vous ! » Il a montré les plaies sur les mains et sur le côté, Il a soufflé l'Esprit saint sur eux et Il a dit les paroles instituant le sacrement de la pénitence. De tout cela il y a sur le tableau un carrelage et la porte du Cénacle, alors que le Christ Lui-même fait autre chose : Il montre les rayons du Sang et de l'Eau qui jaillissent de Son côté et Il bénit. De plus, ce tableau restreint la signification de la Miséricorde divine telle qu'elle est présentée dans la vision de Sœur Faustine, car il la limite à une miséricorde qui s'exprime dans le sacrement de la pénitence.

Quoi qu'il en soit, l'avis de la commission artistique – favorable à l'œuvre de Sleńdziński – a été repris par la Commission générale de l'épiscopat qui a accepté que des copies peintes selon le tableau de Sleńdziński puissent être accrochées dans les églises. La seule condition imposée : les tableaux ne pouvaient pas être placés dans des autels. Dans les années suivantes l'abbé Sopoćko s'engagera fortement à ce que l'icône de Jésus telle que peinte par Sleńdziński soit copiée et accrochée dans des églises en Pologne et à l'étranger. Cependant, force est de constater que ni le tableau de Sleńdziński, ni un autre tableau commandé par les Pères marianistes et peint par Adam Styka en 1957 n'ont jamais été aussi populaires que le tableau de Hyła. Ce fait est intéressant dans la mesure où les toiles de Sleńdziński et Styka – moins littérales – rendent mieux, du point de vue artistique, le caractère insaisissable de la spiritualité. Mais l'icône de Jésus peinte par Hyła correspond probablement mieux à la piété populaire. Il se peut que sa popularité est la preuve de ce que Jésus avait dit à Sœur Faustine : « *Ce n'est ni dans la beauté des couleurs, ni dans celle du coup de pinceau que réside la grandeur de cette image, mais dans ma grâce* » (PJ 313).

Contrairement aux recommandations de l'Épiscopat, les fidèles « ne se sont pas détournés » du tableau de Hyła, qui était déjà populaire à l'époque, mais ils continuaient de l'accrocher dans les maisons et dans les églises. Ils le vénéraient et obtenaient par son intermédiaire des grâces. Ainsi se réalisaient les paroles de Jésus qui, au moment où Il demandait à Sœur Faustine de peindre le tableau lui disait : « *Je désire qu'on honore cette image, d'abord dans votre chapelle, puis dans le monde entier* » (PJ 47).

Avant d'être connue dans le monde, l'icône peinte par Adolf Hyła était depuis 1943 vénérée dans la chapelle du couvent de Łagiewniki. Mais le tout premier tableau de Jésus Miséricordieux a été accroché dans la chapelle de la maison des Sœurs de Notre-Dame de la Miséricorde à Płock. C'était déjà en 1939. Un peu plus tard, dès 1940, une copie du tableau de Kazimirowski, peinte par Łucja Bałzukiewiczówna, a été placée dans la chapelle de la congrégation à Vilnius. Ce tableau a été offert aux sœurs de Vilnius par l'abbé Sopoćko. Mais le tableau qui est devenu célèbre est celui de Hyła et il se trouve là où a été enterré le corps de sainte Faustine.

Mis à part le culte de Jésus Miséricordieux par l'intermédiaire de son icône, d'autres formes de culte de la Miséricorde divine se développaient en parallèle et d'une façon spontanée. Les adorateurs de la Miséricorde divine copiaient et distribuaient des fragments du *Petit journal* de Sœur Faustine, dont une partie a même été éditée à Paris. L'abbé Michał Sopoćko savait parfaitement – comme le souligne le postulateur dans son procès en béatification, l'abbé Henryk Ciereszko, – que sans la reconnaissance officielle par l'Église du caractère surnaturel des visions de Sœur Faustine, il était imprudent de s'en servir dans la propagation du culte de la Miséricorde divine. En effet, se référer à des visions non reconnues officiellement pouvait nuire au culte lui-même. Il abordera cette question dans une lettre adressée à la mère Irena Krzyżanowska, quelques jours après la mort de Faustine : « Le cas du culte de la Miséricorde divine est pareil à celui du culte du Cœur de Jésus, dont il ne peut être d'ailleurs séparé. L'autre culte a attendu plus de deux cents ans avant d'être reconnu et il n'a pas été institué parce que sainte Marguerite le voulait, mais parce que l'Église l'a reconnu comme conforme aux écritures et salutaire dans ses effets. La même situation peut se répéter avec le culte de la Miséricorde divine. En effet, les révélations publiques sont terminées depuis l'époque du Christ. Toutes les autres sont privées et n'obligent personne tant qu'elles ne sont pas officiellement reconnues par l'Église qui peut le faire, mais toujours de sa propre initiative et en se fondant sur la Bible et la tradition. C'est pourquoi il faut être prudent dans les démarches de ce type-là et ne pas lier le culte avec la sainteté d'une personne, à moins que Dieu ne l'exige clairement par un signe. Autrement on risque de nuire au projet ou de provoquer son report dans le temps, comme c'était le cas du culte du Cœur de Jésus. » Ainsi, l'abbé Sopoćko ne faisait pas référence dans ses publications aux révélations de Sœur Faustine, ne faisait pas appel à la sainteté de sa vie, mais montrait les bases bibliques, théologiques et pastorales du culte de la Miséricorde divine. Il soulignait le caractère – comme il l'a écrit dans sa lettre – « approprié, juste, salutaire, voire nécessaire de ce culte ». Il a confié à la mère Krzyżanowska que, lors d'une conversation avec l'archevêque, il avait fait une seule fois appel aux révélations de Sœur Faustine : « Je le regrette, parce que c'est probablement à cause de cela qu'il a renoncé à appuyer le projet. » Il considérait que lorsque « Dieu voudrait bien octroyer des grâces plus particulières par l'intermédiaire de Sœur Faustine – la congrégation pouvait et devait prier pour cela – on pourrait alors joindre ce motif au dossier, mais il ne serait pas décisif ». L'abbé Michał Sopoćko est mort en 1975. Il a consacré la grande majorité de ses deux cents publications, brochures et livres à mettre en évidence les bases bibliques du culte de la Miséricorde divine.

Indépendamment de ce que disait et écrivait l'abbé Sopoćko, un autre courant du culte de la Miséricorde se développait, qui, lui, mettait l'accent sur les révélations de Sœur Faustine. Malheureusement ces dernières étaient parfois interprétées d'une façon erronée. Des années après, l'évêque Paweł Socha écrivait que les erreurs dans le culte étaient dues à un certain type de piété populaire qui « cherchait souvent de l'extraordinaire et s'efforçait d'interpréter certaines promesses des révélations privées d'une façon trop mécanique, ou de leur attacher une importance plus grande qu'à la révélation publique du même contenu dans l'Église ». En l'occurrence c'est « l'interprétation de la mission et des promesses liées surtout à l'observation de la fête de la Miséricorde divine » qui était erronée, ainsi que l'interprétation du tableau – « trop larmoyante et féminine », et, dans certains milieux, « nationaliste ; les couleurs rouge et blanche des rayons jaillissant de la poitrine de Jésus devant symboliser, dit-on, le drapeau de la Pologne ». Sœur Faustine parlait bien entendu dans son *Petit journal* de la couleur pâle, non de la couleur blanche, qui symbolisait l'eau qui avait jailli du côté de Jésus transpercé sur la croix.

Le Vatican lui-même s'est occupé du culte spontané de la Miséricorde divine. En janvier 1957 le Saint-Office a demandé au cardinal Stefan Wyszyński – libéré depuis trois mois à peine de la prison par le pouvoir communiste – de recueillir les opinions des évêques sur la question. Dix-sept évêques ont fourni des informations dans cette enquête. « Le culte est assez répandu parmi les fidèles en Pologne. Mais jusqu'ici il n'a jamais été officiellement approuvé par les évêques », écrivait au Vatican le primat de Pologne en mai 1957. Il ajoutait aussi qu'il recevait depuis quelques semaines de nombreuses lettres dans lesquelles des milliers de fidèles demandaient d'instituer une fête de la Miséricorde divine. D'après les informations envoyées au Vatican, il ressort que le culte de la Miséricorde divine était le plus répandu dans le diocèse de Tarnów : sur 320 églises, le culte privé a été noté dans 143 d'entre elles, dans 18 églises on a noté le culte public, et dans 143 églises il y avait des tableaux de Jésus Miséricordieux. Dans les diocèses de Gdańsk, Łódź, Łomża et dans celui de Siedlce, le culte de la Miséricorde divine était peu répandu, et dans le diocèse de Poznań pas du tout. Le primat Wyszyński a joint aussi l'opinion écrite en 1951 par l'archevêque Jałbrzykowski, déjà mort à l'époque. Tous les évêques étaient d'accord pour dire que le culte de la Miséricorde divine était bon en lui-même, mais que ce qui posait problème était sa forme, notamment la question des révélations de Sœur Faustine. Leurs avis quant au développement du culte divergeaient.

Il y avait des évêques qui étaient clairement contre (diocèse de Białystok), d'autres étaient réservés et attendaient surtout l'opinion du Saint-Siège (diocèse de Płock), et d'autres encore se montraient tolérants et permettaient temporairement d'exposer le tableau dans les églises (diocèse de Tarnów). L'opinion a été envoyée en mai 1957, c'est-à-dire le mois où le primat Wyszyński a annoncé à Częstochowa le début de la Grande Neuvaine : un programme pastoral de neuf ans ayant pour objectif de préparer les Polonais au millénaire du baptême de la Pologne. Ce n'était un secret pour personne que dans cette situation le primat n'était pas spécialement favorable au développement d'un culte autre que celui de la Vierge, qui était le noyau dur de la Neuvaine.

Avec les opinions des évêques, le primat a envoyé au Vatican le *Petit journal* de Sœur Faustine. Il ne s'agissait pas de l'original, mais d'une copie dactylographiée quelques années plus tôt et traduite en italien. Dans les années 1950-1952, la curie de Cracovie avait attesté à trois reprises que cette copie était conforme au texte source. Malheureusement, elle comportait de nombreuses erreurs. Le *Petit journal* avait été mal copié et mal traduit. La copie avait été faite à la demande de la mère Moraczewska et c'est Sœur Ksawera Olszamowska qui l'avait dactylographié et qui, avec le père Andrasz, avait numéroté les pages. « Sœur Ksawera – écrit l'abbé Andrzej Witko – en est venue à modifier le texte, à ajouter ou à supprimer certains mots, voire à omettre des fragments d'une certaine longueur. Certaines formulations frôlaient ainsi l'hérésie. » L'abbé Jerzy Mrówczynski a écrit dans l'introduction à la première édition critique du *Petit journal* que « le nombre d'erreurs correspondait à plusieurs pages dactylographiées ». Il s'agissait notamment d'omission de phrases entières, d'omission de pages de texte, d'un grand nombre de mots changés, remplacés, omis ou ajoutés. Une des erreurs consistait aussi à ne pas signaler quelles phrases appartenaient à Sœur Faustine et quelles phrases étaient celles de Jésus. Sœur Faustine passait souvent, à l'intérieur d'une même phrase, de ses propres paroles aux paroles prononcées par Jésus, qu'elle n'a souligné que plus tard avec un crayon. Ne pas faire la distinction entre les deux risquait de conduire à des interprétations erronées. Un exemple : « À la page 161 du manuscrit on lit : "Dieu a promis une grande grâce particulièrement à toi et à tous ceux qui proclameront Ma grande miséricorde." Sans souligner les paroles de Jésus, cette phrase risque d'être pour le moins peu claire, mais elle peut être comprise aussi de telle façon que Dieu a promis une grande grâce à ceux qui proclameront la grande miséricorde de l'auteur, ce qui relève bien entendu de l'hérésie », écrivent les sœurs de la congrégation de Notre-Dame de la Miséricorde.

Dans les années 1950, les relateurs du Saint-Office contestaient avant tout le fait que le culte du tableau de Jésus Miséricordieux, ainsi que la fête de la Miséricorde divine et le chapelet à la Miséricorde divine recevaient apparemment dans les révélations de Sœur Faustine un pouvoir autonome illimité. Comme quoi il aurait suffi de vénérer le tableau et de propager son culte pour pouvoir obtenir la vie éternelle.

> Cependant, déchiffrer le *Petit journal* n'est simple qu'en apparence – souligne Sœur Elżbieta Siepak qui connaît parfaitement bien le manuscrit. – Sœur Faustine avait une belle écriture, mais elle utilisait très peu la ponctuation, recourait à des abréviations et en écrivant souvent vite elle omettait des lettres ou simplement faisait des fautes. Elle soulignait les paroles de Jésus avec un crayon, mais ces soulignements ne sont pas toujours visibles et on peut y passer outre par inadvertance.

Selon Sœur Siepak, dans les premières copies du *Petit journal* il s'agissait seulement de rendre compte de l'essentiel. On ne peut donc les traiter comme des éditions critiques. C'est dans cette perspective qu'il faut regarder les omissions ou les modifications censées « perfectionner » les notes de Faustine opérées par les auteurs des copies.

Le dossier « Sœur Faustine » a souffert aussi à cause d'une lettre écrite par l'évêque de Poznań, Antoni Baraniak, qui a été rendue publique en mars 1958. Ancien secrétaire du cardinal Hlond, l'archevêque Baraniak a clairement contesté le fait que le cardinal, décédé en 1948, ait été l'auteur d'une prière pour la béatification de Sœur Faustine. Cette prière a été publiée en 1949 à Londres dans un livre de l'abbé Sopoćko intitulé *Miłosierdzie Boże – jedyna nadzieja ludzkości* [Miséricorde divine – la seule espérance pour les hommes]. La réaction de l'archevêque Baraniak a donc apparu neuf ans après la publication du livre. Il protestait contre « toutes les insinuations et affirmations » dans les traductions italiennes des livres de Sopoćko, qui, selon lui, laissaient entendre que le cardinal Hlond soutenait les nouvelles formes du culte de la Miséricorde divine énoncées par Sœur Faustine. Le père Sopoćko s'est retrouvé dans une situation très délicate. Il expliquait que la prière pour la béatification de Sœur Faustine lui avait été transmise par Sœur Ksawera Olszamowska qui, elle-même, lui a dit sous serment que cette prière lui avait été transmise par le cardinal Hlond. Il n'y a aucune raison de mettre en doute ses propos. Quant à l'archevêque Baraniak, il n'était probablement pas au courant. On sait en revanche que le cardinal Hlond était loin d'être contre le développement du culte de la Miséricorde divine puisque c'est bien lui qui a financé en 1947 l'édition d'un traité en latin sur la Miséricorde divine écrit par l'abbé Sopoćko.

Enfin, le 19 novembre 1958, le Saint-Office a adopté un décret concernant les visions et les révélations de Sœur Faustine. Le document n'a cependant été publié que quatre mois plus tard, le 6 mars 1959. Les deux versions sont loin d'être identiques. Le document du mois de novembre 1958 comporte cinq points Le Saint-Office y affirme « qu'il ne faut pas s'obstiner en faveur du caractère surnaturel des révélations de Sœur Faustine », c'est-à-dire il a *de facto* affirmé qu'elles n'avaient pas de caractère surnaturel. Les autres points découlent du premier : il ne faut pas instituer la fête de la Miséricorde divine, il est interdit de divulguer des icônes et des brochures propageant le culte dans les formes transmises par Sœur Faustine. Le Saint-Office a par ailleurs laissé « à la sagacité des évêques » le soin de retirer des autels d'églises les tableaux peints selon les visions de Sœur Faustine et de les remplacer éventuellement par d'autres qui « d'une façon conforme montrent la conception de la Miséricorde divine ». Le cinquième et dernier point est un avertissement grave (*gravissimum monitum*) adressé par le Saint-Office à l'abbé Sopoćko, à qui on a ordonné de « cesser de défendre et de propager ces révélations et ce culte ». Le décret a été envoyé au cardinal Wyszyński qui, à son tour, en a fait part aux évêques des diocèses, à la mère générale de la congrégation de Faustine et à l'abbé Sopoćko.

Mais pour qu'un document de ce type entre en vigueur, il doit, selon le droit canon, être rendu public. Son contenu a été publié sous forme de notification le 6 mars 1959 dans *L'Osservatore Romano*. La version publiée était nettement moins catégorique que celle adoptée le 19 novembre 1958. Comme l'a dit l'abbé Sopoćko, la notification « a presque annulé le décret ». Elle se limitait à deux points : le Saint-Office interdisait de divulguer les tableaux et les brochures propageant le culte de la Miséricorde divine dans les formes transmises par Sœur Faustine et laissait « à la sagacité des évêques » le soin de retirer de tels tableaux exposés au culte public. C'est tout.

Le Saint-Office a donc retiré son jugement quant à la véracité des révélations de Sœur Faustine et ne prenait pas de position vis-à-vis de la fête de la Miséricorde divine. Quant à la recommandation concernant les tableaux, elle a été transmise aux évêques sous une forme si souple qu'ils pouvaient décider soit de retirer les tableaux, soit de les laisser dans les églises.

Que s'est-il passé pendant les quatre mois séparant l'adoption du décret et la publication de la notification ? Qu'est-ce qui a fait fléchir la position du Saint-Office ? C'est probablement dans les archives du Vatican que se trouvent des réponses à ces questions.

L'abbé Sopoćko a accepté la position du Vatican avec calme. « Ce décret n'était pas pour moi une surprise – écrivait-il dans son *Journal* – parce que le culte de la Miséricorde divine avait pris un tour qui n'était pas bon. Les Sœurs de Notre-Dame de la Miséricorde, et dans leur sillage les Pères marianistes et les Pallottins, avaient mis plus l'accent sur les révélations de Sœur Faustine et sur sa béatification que sur la justification dogmatique, liturgique et psychologique du culte. Et surtout l'image elle-même de Jésus notre Sauveur Miséricordieux avait été déformée… Vu cela, le décret du Saint-Office devait y mettre un terme et favoriser ainsi des études plus approfondies sur ce culte. » L'évêque Socha a tiré plus tard des conclusions pareilles : « L'interdiction du Saint-Siège visait non le culte de la Miséricorde divine, mais ses égarements consistant à le propager dans des formes dépourvues de véritable contenu théologique, et parfois entachées d'interprétations superficielles et erronées des révélations. »

Il n'empêche que la notification a semé le trouble. Les tableaux de Jésus Miséricordieux étaient retirés de nombreuses églises en Pologne et dans le monde. Les prêtres ont cessé de célébrer des offices à la Miséricorde divine et de distribuer des petites icônes de Jésus Miséricordieux. Le culte s'est mis au ralenti, mais il ne s'est pas arrêté. Les adorateurs de la Miséricorde divine continuaient de prier en privé avec le chapelet et avec d'autres prières laissées par Sœur Faustine.

Les tableaux de Jésus Miséricordieux n'ont pas disparu de toutes les églises. Il y en avait toujours un dans la chapelle des Pallottins à Częstochowa. À Łagiewniki, la toile d'Adolf Hyła non seulement est restée accrochée dans la chapelle du couvent, mais elle était placée dans un autel. Comment ? L'information à propos du décret du Saint-Office est parvenue aux sœurs samedi, juste avant le troisième dimanche du mois lorsque le tableau était comme d'habitude retiré du mur et inséré dans le retable d'un autel latéral. Le lendemain, on devait y célébrer un office à la Miséricorde divine. Lundi, les sœurs Imelda Wróbel et Beata Piekut sont allées voir l'archevêque Eugeniusz Baziak, administrateur apostolique de l'archidiocèse de Cracovie. Leur question était : que faut-il faire avec le tableau ? L'archevêque leur a répondu qu'il fallait le laisser là où il était, c'est-à-dire dans le retable. Lorsque Sœur Imelda, visiblement surprise, a fait remarquer que de cette façon-là on cachait un autre tableau, celui du Cœur de Jésus, l'archevêque Baziak a répondu : « Mais ce Jésus Miséricordieux n'a-t-Il pas de cœur ? » Le tableau est donc resté dans le retable et il s'y trouve aujourd'hui encore.

Même si le temps n'était pas favorable aux adorateurs de la Miséricorde divine, le père Sopoćko semblait rassuré : « Quant à l'avenir, je suis tranquille, parce que Sœur Faustine a bien prévu tout cela », écrivait-il dans une lettre. Il était convaincu que ça ne durerait qu'un temps et qu'après « l'action de Dieu se produirait avec une grande force qui témoignerait de la vérité » du culte.

Quand, en mars 1937, Sœur Faustine avait vu dans une vision intérieure sa béatification, elle avait aussi remarqué de nombreux obstacles sur cette voie : « Soudain des prêtres que je ne connais pas ont commencé à m'interroger et à m'humilier, ou plutôt ce que j'ai écrit, mais j'ai vu que Jésus me défendait et leur faisait comprendre ce qu'ils ne comprenaient pas » (PJ 1045). L'abbé Sopoćko devait se rappeler à son tour ce que Faustine lui avait dit avant sa mort, à savoir qu'il devait être préparé « aux plus grandes difficultés et à la solitude ; à des échecs, à l'ingratitude, à des persécutions ». Il devait être prêt à affronter des insuccès en série, l'amertume, la tristesse et l'abandon par tous. « Quand je me tourne vers Dieu dans ma prière, je n'y trouve pas de réconfort, mais un vide dans l'âme et le silence. Et comme ça jusqu'à la mort », notait-il, rapportant les paroles de Faustine.

Après la publication de la notification du Saint-Siège, les théologiens qui étaient convaincus du caractère surnaturel des révélations de Sœur Faustine ont dû s'attaquer à deux grandes tâches, dont parle entre autres le père Antoni Mruk. En premier lieu, ils devaient présenter une justification théologique du culte de la Miséricorde divine sans se référer aux révélations de Faustine. En second lieu, ils devaient fournir une interprétation théologique des nouvelles formes du culte que Faustine avait transmises. Les Pallottins et l'abbé professeur Ignacy Różycki ont, ici, joué un grand rôle. Les Pallottins ont créé à Częstochowa un Centre de la Miséricorde divine qui s'est chargé des études et des recherches sur la Miséricorde. Le centre organisait entre autres des colloques théologiques : le premier avait eu lieu en 1966 à Częstochowa ; un autre, deux ans plus tard, à Ołtarzewo près de Varsovie ; d'autres colloques ont été organisés dans les années 1970. Parallèlement aux activités de recherche, dont l'objectif était de fournir une justification théologique du culte de la Miséricorde divine dans de nouvelles formes, c'est le dossier « béatification de Sœur Faustine » qui a été remis sur les rails.

Il y a sûrement une personne qui n'a jamais douté de la sainteté de Sœur Faustine, ni du caractère surnaturel de ses révélations, – c'est Karol Wojtyła, cet ouvrier de chez Solvay qui pendant la guerre venait en sabots à la chapelle de Łagiewniki. Des années plus tard, en 1958, il est devenu évêque, d'abord auxiliaire, puis évêque ordinaire en charge du diocèse de Cracovie. L'évêque Wojtyła s'est sérieusement penché sur la question de la notification du Saint-Office et se demandait comment la faire révoquer. On ne sait pas si c'est lui-même qui a trouvé la solution, mais on sait qu'il a finalement décidé de ne pas tenter de faire annuler la notification, mais d'essayer d'abord de démontrer la sainteté de Sœur Faustine. Une éventuelle approbation de la béatification de Sœur Faustine aurait automatiquement eu comme conséquence la reconnaissance du caractère surnaturel de ses révélations et la confirmation du culte de la Miséricorde divine dans des formes telles que Faustine les avait transmises. Après des années, il s'est avéré que cette direction-là était la bonne.

Déjà en automne 1963, lors de la deuxième session du Concile Vatican II, l'évêque Wojtyła a demandé au cardinal Alfredo Ottaviani – à l'époque, le secrétaire du Saint-Office – s'il était possible, malgré la notification, de commencer le procès en béatification de Sœur Faustine. Le cardinal lui a répondu : « Commencez le plus vite possible, tant qu'il y a des témoins en vie. » C'était quatre ans à peine après la publication de la notification. Lorsque Sœur Beata Piekut, qui a repris le dossier « Faustine » après Sœur Olszamowska, a rendu visite à l'évêque Wojtyła après son retour de Rome, elle a entendu que le secrétaire du Saint-Office non seulement « n'avait pas interdit, mais qu'il avait même poussé » à commencer le procès en béatification. Sœur Piekut a retenu aussi d'autres paroles concernant le procès en béatification, que l'archevêque avait prononcées à ce moment-là : « Si vous l'aviez tout de suite commencé, Faustine aurait déjà été béatifiée. Tout le monde aurait su d'où venaient le tableau et le culte de la Miséricorde dans une nouvelle forme, mais vous avez commencé par la fin. » Or, on sait que ce n'était pas tout à fait comme cela. L'abbé Sopoćko et la mère générale Róża Kłobukowska se sont adressés en 1948 au cardinal Sapieha pour qu'il mette en route des préparatifs au procès en béatification, mais celui-ci n'a rien fait.

L'archevêque Wojtyła a demandé à Sœur Piekut d'agir vite : retrouver des témoins, recueillir des preuves et mettre en place un tribunal chargé de béatification. Lorsque, le 21 août 1965, l'abbé Sopoćko a parlé à l'archevêque du procès, il a entendu : « Ce dossier est pour moi le plus important ; on va peut-être commencer le procès cette année. » En effet, le procès d'information, auquel l'archevêque Wojtyła a délégué l'évêque Julian Groblicki, a commencé le 21 octobre 1965. Il a été bref : il n'a duré que deux ans. Un franciscain, le père Izydor Borkiewicz, était le postulateur à l'étape du diocèse. Un tribunal de béatification, dirigé par l'abbé Józef Szczotkowski, s'est réuni soixante-quinze fois. Lors des sessions, le tribunal a entendu quarante-cinq témoins. Il a collecté les écrits de Sœur Faustine, a attesté l'absence de son culte publique, ce qui, dans le procès, est une condition nécessaire, et l'existence d'un culte privé nécessaire. C'était un procès introductif, lors duquel on a recueilli des informations sur la vie et les vertus de la candidate. L'archevêque savait très bien qu'il fallait garder une extrême prudence quand il s'agissait des révélations de Sœur Faustine et du culte de la Miséricorde divine. « Actuellement, on marche comme sur la glace », allait-il dire aux sœurs de Łagiewniki, en leur demandant de cesser de célébrer des messes auprès de l'autel de la Miséricorde. Il fallait en effet faire tout pour « ne pas donner la moindre impression de propager le culte selon la forme de Sœur Faustine, parce que cela pouvait nuire au dossier », écrivait l'évêque Paweł Socha. Le procès dans l'archidiocèse de Cracovie s'est terminé le 20 septembre 1967. Ce jour-là, Karol Wojtyła, nommé cardinal en juin de la même année, est venu dans la chapelle de Łagiewniki pour prier auprès de la tombe de Sœur Faustine. Pendant le procès, on a en effet transféré la dépouille mortelle de Sœur Faustine du cimetière à la chapelle du couvent. Cela a eu lieu le 25 novembre 1966.

Le 31 janvier 1968, au sein de la congrégation pour les causes des saints, à laquelle l'archidiocèse de Cracovie a envoyé la documentation du procès de Sœur Faustine, on a ouvert une étape suivante du procès de béatification. Cette étape a duré nettement plus longtemps. Le père Antoni Mruk a été nommé postulateur et le père Izydor Borkiewicz vice-postulateur du procès. « Dès le début, la congrégation a agi avec une grande prudence – se souvenait le père Mruk – et a, plus d'une fois, demandé l'opinion de la Congrégation pour la doctrine de la foi, ainsi que l'opinion des évêques polonais. » En 1969, le consulteur de la Congrégation pour la doctrine de la foi – c'est-à-dire de l'ancien Saint-Office – a affirmé que le procès dans la Congrégation pour les causes des saints pouvait être poursuivi à condition d'être séparé de la question des visions et des révélations de Sœur Faustine. Pour que le procès puisse donc continuer, la conférence de l'Épiscopat polonais a publié, le 30 avril 1970, son nihil obstat, pour notifier son manque d'opposition.

La tâche la plus importante pour la Congrégation était d'analyser le *Petit journal* de Faustine. Puisqu'une copie erronée et une traduction erronée en italien du *Petit journal* avaient été évoquées comme des causes de la publication de la notification du Saint-Office, le père Antoni Mruk a demandé de réaliser « une édition critique de ce document ». Encore en 1967 on a fait une nouvelle copie de l'original du *Petit journal* (ce travail a été effectué par Sœur Beata Piekut et le père Izydor Borkiewicz) et on l'a traduite en français. Le père Mruk a demandé aussi à la Congrégation pour les causes des saints à ce que l'un des censeurs des écrits de Sœur Faustine soit Polonais, et cela pour prendre en compte « la spécificité de la spiritualité polonaise, parfois peu lisible pour les théologiens occidentaux ». C'est l'abbé Ignacy Różycki qui a ainsi été nommé censeur. L'autre était un Italien.

L'abbé Różycki s'est défendu pendant longtemps de s'engager dans le procès de Sœur Faustine. Des années après il a dit que « plus d'un quart de siècle il éprouvait une profonde méfiance à l'égard de la sainteté héroïque d'Hélène-Faustine, et surtout à l'égard de ses révélations ». Il considérait qu'elle était « victime d'une hallucination due à l'hystérie, alors non seulement ses révélations présumées étaient dépourvues de toute valeur religieuse, mais aussi le caractère héroïque de sa vie était caduc ». C'est pour cette raison-là – écrivait-il – qu'il a refusé de participer au procès de béatification de Sœur Faustine, initié en 1965. Et pourtant, un jour, « faute d'avoir autre chose à faire », il a commencé à feuilleter le *Petit journal*. Il l'a lu dans son intégralité. Et c'est à ce moment-là qu'il en est arrivé à affirmer que « la chose valait la peine d'effectuer un travail de recherche sérieux ». En conséquence, il a complètement changé d'avis. Il a affirmé que « la sainteté d'Hélène-Faustine était véritablement héroïque et [que] ses révélations possédaient toutes les caractéristiques de l'origine surnaturelle ».

On sait que l'abbé Różycki a participé au procès dès 1967, parce que son nom apparaît dans une anecdote racontée par Sœur Beata Piekut. Selon cette anecdote, dont le héros principal est le cardinal Karol Wojtyła, l'abbé Różycki a demandé un jour à Sœur Piekut de lui fournir l'original du *Petit journal*.

> Le cardinal Wojtyła a interdit de donner à qui que ce soit le *Petit journal*, même sa copie. Je suis allée le voir pour demander ce que je devais faire. J'ai entendu : « Que l'abbé professeur se rende à Łagiewniki et qu'il lise tout sur place. Il ne faut pas que vous voyagiez avec le *Petit journal*. » Et il a ajouté en souriant : « Imaginons que vous vous rendiez avec le *Petit journal* chez l'abbé Różycki et que le tramway déraille. Si vous mourez, ce n'est pas grave, vous

allez au paradis. Mais que le *Petit journal* se perde, c'est la pire des choses qui puissent arriver. »

L'original du *Petit journal* est soigneusement surveillé par les sœurs. Même la Congrégation pour les causes des saints n'a pas obtenu l'original. À la place de l'original, les sœurs ont envoyé à Rome des photographies de toutes les pages. « On a fait une photo de chaque page, et comme à l'époque il n'y avait pas de matériaux photographiques aussi délicats qu'aujourd'hui, le colis a finalement été très grand – racontait Sœur Piekut. – On a commencé à envoyer le tout par la poste en plusieurs parties, tout comme d'autres documents volumineux, et cela jusqu'au moment où une femme a trouvé, par miracle, un des paquets dans une poubelle de la municipalité ».

Dans la Pologne communiste, le courrier destiné à l'étranger était contrôlé par les services secrets, et celui envoyé par les institutions ecclésiastiques l'était d'office. Depuis ce moment-là, les documents destinés au procès étaient transportés par des prêtres qui voyageaient à Rome. C'est d'ailleurs le cardinal Wojtyła qui en transportait le plus souvent.

L'analyse théologique du *Petit journal* a pris à l'abbé professeur Różycki beaucoup de temps. Il n'a fini ce travail qu'en 1979. Son ouvrage comptait environ cinq cents pages. Selon le père Mruk, « ce travail lui a valu un grand respect dans la congrégation ». À titre de comparaison, l'analyse du second expert, terminée en 1970, compte à peine soixante pages. Les deux censeurs ont émis des avis positifs quant au caractère des révélations de Sœur Faustine. Tous les deux, ils ont confirmé leur véracité et leur caractère surnaturel.

L'analyse de l'abbé Różycki reste jusqu'à ce jour le fondement théologique du culte de la Miséricorde divine dans les formes transmises par Sœur Faustine. L'abbé professeur Różycki a analysé quatre-vingt-deux apparitions de Jésus décrites par Faustine. Il a décrit le sens des nouvelles formes du culte de la Miséricorde divine et a démontré leur conformité avec la tradition multiséculaire de l'enseignement catholique sur la miséricorde de Dieu. Il a notamment réfuté l'argument, souvent avancé par des théologiens ayant des positions critiques à l'égard des révélations de Sœur Faustine, que celles-ci propagent le culte d'un seul attribut de Dieu – sa miséricorde. Ainsi, l'abbé professeur Wincenty Granat, un des plus illustres théologiens de ce groupe-là, a écrit qu'il n'était pas « recommandé, et l'Église catholique ne le souhaitait pas et ne le pratiquait pas, de vénérer un seul attribut de Dieu », et donc d'instituer une fête de la Miséricorde divine. « La Miséricorde divine est un des attributs de Dieu et si nous l'avions vénéré à l'aide d'une fête distincte, il aurait fallu instituer d'autres fêtes pour vénérer les différents attributs de Dieu : une telle position aurait conduit à brouiller l'unicité de Dieu et aurait fait courir le risque de polythéisme. »

À cette argumentation de Granat, l'abbé professeur Różycki a répondu que l'adoration de la Miséricorde divine n'était pas un culte d'un seul attribut de Dieu, mais une vénération de Dieu unique dans la Trinité. L'enseignement révélé sur la nature de Dieu dit qu'Il est

> inconditionnellement simple, non composé, [qu'] il n'y a pas du tout de parties en Lui : tout ce qui est en Dieu l'est aussi dans Sa substance, est Dieu. Ainsi : Dieu est non seulement sage, mais Il est Sagesse ; non seulement Il est tout-puissant, mais Il est Toute-puissance ; à l'égard du monde, non seulement Il révèle sa Providence, mais Il est Providence : non seulement Il nous aime, mais Il est Amour ; non seulement Il est miséricordieux, mais Il est Miséricorde. Alors la Sagesse, la Providence, la Toute-Puissance, l'Amour et la Miséricorde, qui sont identiques à Dieu, ont, de notre part, droit à une vénération religieuse.

Różycki a expliqué aussi comment comprendre le fait que dans le *Petit journal* de Sœur Faustine la Miséricorde soit appelée attribut de Dieu. En plus, l'attribut le plus grand. Selon lui, on ne peut comprendre cela dans un sens strictement philosophique ou théologique, mais dans un sens biblique, comme il est décrit dans l'Ancien et le Nouveau Testament. Dans le premier sens, la Miséricorde est identique à la nature de Dieu : « Dans ce sens tous les attributs de Dieu sont Dieu, ils sont la seule et même chose. C'est pourquoi ils sont tous inconditionnellement égaux les uns aux autres : la miséricorde de Dieu est aussi parfaite que Sa sagesse ou Sa toute-puissance, car elle aussi est Dieu et elle est le même Dieu que la Sagesse de Dieu et la toute-puissance de Dieu. » Dans le sens biblique, explique Różycki, même si la Miséricorde est parfois appelée attribut, elle renvoie à « des preuves tangibles de l'amour de Dieu à l'égard de l'homme ». Dans l'Ancien Testament, c'est le fait que Dieu ait élu et guidé un peuple qui est la preuve de cet amour, et dans le Nouveau Testament, c'est la venue du Fils de Dieu et l'œuvre de la Rédemption. Selon l'abbé Różycki, la signification de l'énoncé « la Miséricorde est le plus grand attribut de Dieu » est – au sens biblique – la suivante : « Les effets de l'action de miséricorde-amour sont dans le monde les plus grands et, dans ce sens, la Miséricorde est supérieure à tous les autres attributs de Dieu. » Sœur Faustine a exprimé cette relation biblique entre amour et miséricorde avec des mots simples : « L'amour divin est la fleur – et la miséricorde est le fruit » (PJ 949).

Dans les révélations de Faustine, le mot *miséricorde* renvoie à amour, charité, bonté, à Jésus lui-même. Cette miséricorde – identique aux attributs de Dieu – est impénétrable, inexplicable, indicible, inépuisable. C'est une miséricorde infinie de Dieu unique dans la Trinité, celle de Dieu le Père, et le plus souvent celle de Jésus Christ. La Miséricorde de Dieu unique dans la Trinité est l'objet du culte, et Jésus comme la Miséricorde divine incarnée y occupe la place la plus importante, c'est pourquoi ce culte, selon l'abbé Różycki, peut s'appeler aussi bien culte de la Miséricorde divine que culte de Jésus Miséricordieux. Même le chapelet, adressé à la miséricorde de Dieu le Père – donneur de toutes les grâces liées à cette prière – parle de Jésus, car c'est Lui, comme le dit l'Évangile, qui est « le chemin, la vérité et la vie ».

À l'abbé Różycki on doit aussi la définition de ce que constitue l'essentiel du culte de la Miséricorde divine. C'est la confiance et la miséricorde à l'égard d'autrui. « Une confiance jusqu'à tel point que sans elle il n'y a pas de Culte que Jésus désirait ; sans elle, on ne peut, par des actes concrets quels qu'ils soient, obtenir les promesses liées à ce Culte. La confiance est l'acte principal et essentiel de ce Culte, et cela jusqu'à tel point qu'à elle seule, sans autres formes concrètes du Culte, elle garantit l'obtention de toutes les promesses générales que Jésus a liées à ce Culte. » Jésus a parlé à Faustine de la confiance pas moins de trente-quatre fois, et neuf fois de la confiance comme condition d'obtention des faveurs découlant du culte : « *Les grâces de ma miséricorde se puisent à l'aide d'un unique moyen et c'est la confiance* »

(PJ 1578). Il en résulte – comme le souligne l'abbé Różycki – qu'aucun acte extérieur du culte n'entraîne les effets promis par Jésus s'il n'exprime pas la confiance et s'il n'est pas réalisé avec confiance. « Vénérer la Miséricorde divine signifie pour Jésus s'adresser à Lui avec un acte de confiance. » La confiance seule – sans accomplir des formes concrètes du culte – « garantit l'obtention de tous les effets ordinaires du Culte ». Mais celui qui veut obtenir des effets extraordinaires, que Jésus a liés à certains actes du culte, doit non seulement faire confiance, mais doit aussi réaliser de tels actes. Par exemple : celui qui veut obtenir la rémission de tous les péchés et de toutes les peines doit, le jour de la fête de la Miséricorde, c'est-à-dire le premier dimanche après Pâques, communier. Qu'est-ce que la confiance dont parle Jésus ? Ce n'est pas un sentiment, mais une attitude. Dans la confiance il y a, selon l'abbé Różycki, la foi, l'espérance, l'humilité, la repentance. L'essentiel du culte est, à côté de la confiance, la miséricorde à l'égard d'autrui. « *Si l'âme ne fait aucun acte de miséricorde quel qu'il soit, elle n'obtiendra pas miséricorde au jour du jugement* » (PJ 1317), disait Jésus à Faustine. La miséricorde peut se manifester par une action, une parole ou une prière. Jésus exigeait que les adorateurs de la Miséricorde réalisent au moins un acte de miséricorde par jour. En bref, le culte de la Miséricorde divine enseigne à adopter une attitude véritablement chrétienne.

À partir du *Petit journal*, l'abbé Różycki a circonscrit cinq formes du culte de la Miséricorde divine : fête de la Miséricorde divine, le tableau avec l'inscription « Jésus, j'ai confiance en Toi », le chapelet à la Miséricorde divine, l'heure de la Miséricorde et la propagation de la vénération de la Miséricorde. Le critère qui distingue ces formes ce sont les promesses que Jésus a liées à ces formes et qui concernent tout le monde, et pas uniquement Sœur Faustine, comme c'est le cas de l'acte « Ô Sang et Eau … » ou de celui de la Neuvaine à la Miséricorde divine.

Après une conclusion positive de l'analyse des écrits de Sœur Faustine par les censeurs de la Congrégation pour les causes des saints, le préfet de celle-ci – le cardinal Pietro Palazzini – a signé un décret permettant de continuer le procès en béatification. La signature a eu lieu le 19 juin 1981. Ensuite on a lancé des travaux consistant à préparer le Summarium du procès de béatification (le Summarium était prêt en 1984) et à établir le caractère héroïque des vertus de Sœur Faustine. Elle allait être béatifiée non parce qu'elle était mystique ou parce qu'elle avait transmis au monde le message sur la miséricorde divine, mais parce qu'elle vivait des vertus chrétiennes d'une façon parfaite.

Cette partie du procès s'est déroulée lentement. En 1984, on a changé le rapporteur qui était chargé de préparer l'étude concernant le caractère héroïque des vertus de Sœur Faustine (le père Ambroży Eszer a été remplacé par le père Michał Machejek). Pendant ce temps-là, le développement du culte de la Miséricorde divine souffrait toujours à cause de la notification du Saint-Office. Lors de ses visites à Rome, le cardinal Karol Wojtyła tentait de s'informer pour savoir s'il y avait un moyen de révoquer cette notification. En novembre 1977, il a demandé officiellement à la Congrégation pour la doctrine de la foi s'il y avait une possibilité de revoir la notification de 1959. C'était déjà après la publication d'une opinion positive de l'un des censeurs dans le procès en béatification de Sœur Faustine, alors que le travail de l'abbé professeur Różycki était sur le point de se terminer. Dans cette situation, la Congrégation a encore une fois examiné la question du culte et le 15 avril 1978 elle a émis un décret (publié le 30 juin), dans lequel elle révoquait son avis d'il y a dix-neuf ans. L'interdiction de propager le culte de la Miséricorde divine dans les formes transmises par Sœur Faustine a donc été automatiquement annulée. La Congrégation a justifié sa décision par le fait qu'elle avait obtenu de nouveaux documents originaux, inconnus en 1959, par de nouvelles circonstances et par l'opinion des évêques polonais.

Les adorateurs de la Miséricorde divine dans le monde entier ont dû éprouver de la joie et du soulagement. Il est vrai que le culte dans les formes données par Sœur Faustine ne s'est pas arrêté pendant toutes ces années, mais l'interdiction du Vatican était un obstacle important à son développement. En outre, le fait qu'il n'y avait pas d'interprétation claire quant aux révélations de Sœur Faustine risquait de conduire à des déformations de la forme et du contenu du culte de la Miséricorde divine. Cette situation a duré presque vingt ans. « Un instant », comme l'a annoncé Sœur Faustine. Malheureusement, l'abbé Sopoćko n'a pas pu être témoin de la révocation de la notification. Il est mort le 15 février 1975. Mais il a pu mourir tranquille, parce qu'il avait un digne successeur – le cardinal Wojtyła – qui a pris le relais du développement du culte de la Miséricorde divine.

L'annulation de la notification est intervenue six mois avant le conclave de 1978 au terme duquel le cardinal Wojtyła a été élu pape. Là aussi, c'était une mise en scène de Dieu. Si la Congrégation pour la doctrine de la foi avait annoncé sa décision après le 16 octobre 1978, Jean-Paul II aurait été sans doute accusé de partialité en ce qui concerne les dossiers émanant de l'Église polonaise. On se serait demandé si les procédures avaient effectivement été respectées. L'élection de Jean-Paul II a été un moment important dans l'histoire du culte de la Miséricorde divine. On peut supposer que c'était justement à ce moment que, comme l'a écrit Sœur Faustine, « Dieu [commença] à agir avec une grande force qui [témoigna] de [la] vérité » (PJ 378) de sa mission.

Déjà en 1981, donc au cours de sa troisième année du pontificat, Jean-Paul II a avoué que porter le message de la Miséricorde divine était son devoir particulier. C'est lui qui a terminé le procès de béatification de Sœur Faustine, initié à Cracovie. C'est lui qui a mené le procès de sa canonisation. Enfin, c'est lui qui a institué la fête de la Miséricorde divine et a confié le monde entier à la Miséricorde divine.

Un an avant, le 30 novembre 1980, le pape a publié son encyclique *Dives in misericordia* – sur Dieu riche en miséricorde. C'était sa deuxième encyclique et sa première sur la Miséricorde divine. Ce qui est intéressant, c'est que le pape a rédigé le texte indépendamment des révélations de Sœur Faustine, auxquelles il ne fait pas référence. Il s'est avéré plus tard que lorsqu'il travaillait sur l'encyclique, il ne connaissait pas l'intégralité du *Petit journal*. Il l'a lu seulement après l'attentat du 13 mai 1981. C'est la preuve que sa conviction quant à l'importance du rôle de la Miséricorde divine mûrissait en lui indépendamment des révélations de Sœur Faustine.

Dans son encyclique le pape a fourni une explication théologique de ce qu'est la miséricorde. Il a présenté celle-ci comme un amour actif qui « se manifeste d'une façon particulière lorsqu'il touche la souffrance, l'injustice, l'indigence », lorsqu'il touche « la condition humaine » dans son histoire, qui révèle de diverses façons les limites et les faiblesses de l'homme, à la fois physiques et morales. La miséricorde, écrivait-il, est comme un deuxième prénom de l'amour et « une façon appropriée de sa manifestation et de sa réalisation en face de la réalité du mal qui existe dans le monde, qui touche et entoure l'homme, qui pénètre même dans son cœur et peut le "faire périr dans l'enfer" ». Un tel amour ne signifie pas l'indulgence envers le mal, l'injustice, la démoralisation ou l'offense qui exigent une réparation. Il n'annule pas la justice, mais il la dépasse. « Dans sa forme appropriée et complète, la miséricorde se révèle comme un mouvement valorisant, portant vers le haut, faisant remonter à la surface le bien enfoui sous toutes sortes de couches du mal qui est dans le monde et dans l'homme », écrivait le pape. Un tel amour – et c'est sa qualité importante – ne blesse pas la dignité de l'homme. Au contraire, en la gardant, il permet à l'homme de se voir dans la vérité. De là il n'y a qu'un pas vers la conversion, un pas pour faire marche arrière si l'on est sur le chemin du mal. Jean-Paul II souligne qu'en révélant la miséricorde de Dieu envers l'homme, le Christ exige que les hommes adoptent une attitude de miséricorde à l'égard d'autrui. « Heureux les miséricordieux, car ils obtiendront miséricorde », a dit Jésus dans son Serment sur la Montagne. « L'homme en arrive à atteindre l'amour miséricordieux de Dieu, à atteindre Sa miséricorde dans la mesure où il se transforme en lui-même dans l'esprit d'un amour pareil à l'égard d'autrui. »

Un an plus tard, en 1981, a vu le jour la première édition officielle du *Petit journal* de Sœur Faustine Kowalska. Ce texte, imprimé en polonais, a d'abord été présenté à Rome, et seulement ensuite en Pologne. L'édition a été préparée à partir de la deuxième copie conforme de l'original du *Petit journal,* qui a été réalisée pour le procès de béatification en 1967 et ensuite enrichie de notes de bas de page et d'index. Ce travail avait été fait par le père Jerzy Mrówczyński, vice-promoteur de la foi au cours du procès d'information, et Sœur Beata Piekut, à qui Sœur Faustine avait dit quelques dizaines d'années plus tôt qu'elle serait très utile à la congrégation. C'est cette première édition du *Petit journal* de 1981 qui reste jusqu'à ce jour la base de toutes les traductions de celui-ci en langues étrangères.

La version imprimée du *Petit journal* est-elle fidèle au texte original ? A-t-elle été censurée ? Voilà le genre de questions que posent des personnes qui avaient entendu parler d'une première copie inexacte du texte de Sœur Faustine. D'autres se lancent dans des spéculations comme quoi Sœur Faustine aurait décrit le drapeau de la Pologne avec l'icône du Cœur de Jésus, mais que le fragment aurait été supprimé.

« Ce sont des insinuations absurdes, dit Sœur Elżbieta Siepak à propos d'une description présumée du drapeau de la Pologne. Il n'y a pas et il n'y a jamais eu de texte [comportant une telle description] dans le *Petit journal.* » Le procès de béatification s'est terminé en 1992, vingt-sept ans après son début. Pendant un quart de siècle, le procès s'est déroulé à Rome. Le 7 mars 1992, Jean-Paul II a signé un décret portant sur le caractère héroïque des vertus de Sœur Faustine Kowalska. Et le 21 décembre de la même année, il a signé un décret portant sur un miracle qui avait eu lieu par l'intermédiaire de Sœur Faustine. Le miracle est un signe pour l'Église, un sceau qui confirme la sainteté du candidat à la béatification. On suppose que le préfet de la Congrégation pour les causes des saints, Pietro Palazzini, a obtenu un tel signe bien avant la fin du procès. En effet, la mère de Palazzini avait été guérie par l'intermédiaire de Sœur Faustine, comme le rapporte Sœur Piekut. Mais les procédures devaient être respectées. À la documentation du procès de béatification, la Congrégation a joint cent descriptions de guérisons et de grâces diverses obtenues par l'intermédiaire de Sœur Faustine jusqu'en 1966. Il ne s'agit là que des grâces choisies parmi des centaines d'autres dont les sœurs avaient été informées avant le début du procès diocésain. La Congrégation n'en a pourtant choisi aucune pour un examen détaillé. Elle a décidé d'analyser le miracle de la guérison de Maureen Digan des États-Unis. Cette femme a souffert pendant des années de lymphœdème. Jusqu'à l'âge de 25 ans, elle a subi une cinquantaine d'opérations chirurgicales. On lui a amputé une jambe et elle risquait l'amputation de l'autre. Contrairement à son mari Bob qui avait une foi robuste, Maureen a perdu la sienne. C'est Bob qui, après avoir vu un film sur Sœur Faustine et le message sur la Miséricorde divine, a commencé à croire que sa femme serait guérie par l'intermédiaire de Sœur Faustine. Le 28 mars 1981, il a emmené à Łagiewniki sa femme et leur fils de 8 ans souffrant de paralysie cérébrale. Auprès de la tombe de Sœur Faustine, Maureen a d'abord été transformée spirituellement, et ensuite elle a été guérie physiquement. La maladie a disparu d'une façon subite, durable et inexplicable d'un point de vue médical. Leur fils Bobby a également été guéri, mais il est mort trois ans et demi plus tard.

Le 18 avril 1993, le premier dimanche après Pâques, Sœur Faustine Kowalska a été béatifiée. La cérémonie a eu lieu place Saint-Pierre à Rome. Jean-Paul II a rappelé à cette occasion les paroles de Faustine : « Je sens bien que ma mission ne finira pas à ma mort, mais qu'elle commencera alors » (PJ 281). Et il a ajouté : « Et cela s'est passé justement comme cela. La mission de Sœur Faustine dure et apporte des fruits extraordinaires. C'est d'une façon étonnante que son culte de Jésus Miséricordieux se fraie un chemin dans le monde et gagne tant de cœurs humains ! Il n'y a aucun doute qu'il s'agit là d'un signe des temps – un signe de notre XXe siècle. Le bilan de ce siècle finissant, à côté de succès, comporte aussi une inquiétude profonde quant à l'avenir. Alors où le monde trouvera-t-il son salut et une lumière d'espérance, sinon dans la Miséricorde divine ? Les croyants le sentent parfaitement bien ! »

La béatification de Sœur Faustine signifiait automatiquement le commencement de son culte public. Localement, dans l'Église en Pologne, on pouvait désormais se souvenir de la bienheureuse Faustine Kowalska dans la liturgie du 5 octobre, le jour de son passage à la vie en Dieu. La béatification de Sœur Faustine a été une fête pour les adorateurs de la Miséricorde divine. Mais ceux-ci savaient pourtant que seule une canonisation permettrait d'élargir son culte au monde entier. Peu avant la béatification, les évêques polonais avaient adressé au pape une demande d'instituer pour l'Église en Pologne une fête de la Miséricorde divine le premier dimanche après Pâques. Une telle fête avait déjà été mise en place en 1985 dans l'archidiocèse de Cracovie grâce au cardinal Franciszek Macharski, un grand adorateur de la Miséricorde divine. La Congrégation pour la discipline des Sacrements a donné son accord en 1997. À partir de ce moment-là, la fête de la Miséricorde divine a pu être célébrée dans tous les diocèses de Pologne. De cette façon a été réalisé le postulat que l'Épiscopat polonais avait formulé et adressé au Vatican en 1946. Cette décision signifiait aussi que la fête de la Miséricorde divine allait être célébrée dans toute l'Église – ce n'était qu'une question de temps.

Entre-temps, en 1987, Jean-Paul II, lors de son sixième pèlerinage en Pologne, est venu dans la chapelle de Łagiewniki. Devant le tableau de Jésus Miséricordieux, devant lequel il venait prier pendant la guerre, et devant le petit sarcophage abritant la dépouille de la bienheureuse Sœur Faustine, il a dit que le message sur la Miséricorde divine lui avait toujours été proche et cher. « L'histoire a en quelque sorte inscrit ce message dans l'expérience tragique de la Seconde Guerre mondiale. Dans ces années difficiles, il a été un soutien et une source intarissable d'espérance, et cela non seulement pour les habitants de Cracovie, mais aussi pour tout le peuple. C'était aussi l'expérience qui était la mienne, que j'ai emportée au Vatican et qui modèle en quelque sorte ce pontificat. » La Miséricorde divine était nécessaire aux gens pendant la guerre, elle était une source d'espérance après la guerre et l'est toujours. Car à l'homme – comme l'a fait remarquer Jean-Paul II à Łagiewniki – « rien n'est aussi nécessaire que la miséricorde de Dieu – cet amour clément, compatissant, élevant l'homme au-delà de ses faiblesses vers les sommets immenses de la sainteté de Dieu ». C'est pourquoi, disait-il, « l'Église lit à nouveau le message de la miséricorde pour apporter efficacement à la génération de la fin du deuxième millénaire et aux générations futures une lumière d'espérance ».

Trois ans plus tard, l'année du Jubilé, Jean-Paul II rappellera ce message place Saint-Pierre, lorsque le 30 avril 2000, le premier dimanche après Pâques, il déclarera Sœur Faustine sainte. Conformément au droit de canonisation, il n'y avait pas besoin de mener un nouveau procès pour reconnaître le caractère héroïque de ses vertus, mais seulement un procès pour reconnaître un miracle obtenu par l'intermédiaire de la bienheureuse. La Congrégation a considéré comme miracle la guérison d'un prêtre aux États-Unis : l'abbé Ronald Pytel de Baltimore avait une grave maladie de cœur, une valve cardiaque et des pronostics qui lui donnaient quelques années de vie, à condition d'éviter tout effort. La guérison a eu lieu en 1995. Elle a été soudaine, durable et inexplicable d'un point de vue médical, comme l'a affirmé la Congrégation. Dans son homélie, le pape a dit que, par la canonisation de Sœur Faustine Kowalska, il voulait transmettre le message de la Miséricorde divine au nouveau millénaire : « Je le transmets à tous les hommes, pour qu'ils apprennent à connaître d'une manière de plus en plus complète la véritable face de Dieu et la véritable face de l'homme, disait-il. Cet amour devrait inspirer l'homme d'aujourd'hui, toute l'humanité, pour qu'elle puisse faire face à la crise du sens de la vie, relever les défis liés à différents besoins, et avant tout pour qu'elle puisse accomplir le devoir de défendre la dignité de chaque personne. » Grâce à la retransmission télévisée, les fidèles réunis à Rome et à Łagiewniki ont participé simultanément à la canonisation. En présence de plus de deux cent mille personnes, réunies dans ces deux endroits, et des millions qui ont suivi la cérémonie devant leur téléviseur, Jean-Paul II a institué la fête de la Miséricorde divine dans l'Église catholique, fête à célébrer le premier dimanche après Pâques. C'est ainsi que s'est accompli le souhait de Jésus, transmis à Sœur Faustine en février 1931 à Płock. Soixante-neuf ans plus tard.

Dans le souci de propager le message et le culte de la Miséricorde divine, il est difficile de sous-estimer le rôle de Jean-Paul II. Sans l'abbé Michał Sopoćko, Sœur Faustine n'aurait pas réussi à faire peindre le tableau de Jésus Miséricordieux. Sans le père Andrasz, on n'aurait pas réussi à propager le culte de la Miséricorde divine dans le monde. Enfin, sans engagement personnel de Jean-Paul II, dont le pontificat a porté le signe de la Miséricorde divine, celle-ci n'aurait pas été connue aux fidèles du monde entier. Connaissant la condition du monde et de l'homme d'aujourd'hui, le pape savait qu'on avait surtout besoin de se tourner vers la Miséricorde divine. Il le disait dans des centaines d'homélies, de discours, de lettres. Il appelait à recevoir la miséricorde et à la porter aux autres, au monde entier. Il considérait cela comme une des grandes tâches de l'Église dans le monde actuel, où il y a « tellement de mal, à la fois physique et moral », de dangers visant la liberté de l'homme, la conscience, la religion. Tout cela, soulignait-il, provoque chez l'homme et dans le monde une grande inquiétude concernant l'avenir de l'homme et du monde, le sens de l'existence de l'homme. La réponse à cela, disait-il, c'est la miséricorde de Dieu car c'est « dans la miséricorde de Dieu que le monde trouvera la paix, et l'homme le bonheur ». C'est pourquoi il a confié à la Miséricorde divine le monde entier. C'était en août 2002, lorsque, malade, le pape est encore venu à Łagiewniki. Alors que de nombreuses personnes lui déconseillaient ce voyage, il voulait consacrer personnellement la nouvelle basilique comme un centre mondial du culte de la Miséricorde divine. « Je suis persuadé que Dieu a spécialement élu cet endroit pour y laisser répandre la grâce de sa miséricorde », disait-il le 17 août 2002. « Je souhaite que le message sur l'amour miséricordieux de Dieu, proclamé ici par l'intermédiaire de Sœur Faustine, parvienne à tous les habitants de la terre et qu'il remplisse leurs cœurs d'espérance. Que ce message se répande de cet endroit [...] sur le monde entier. Que s'accomplisse la promesse engageante du Seigneur Jésus que c'est d'ici que doit partir "une étincelle qui préparera le monde à Son ultime venue" », disait le pape Jean-Paul II.

Le 8 mai 1938, Sœur Faustine avait eu une vision qu'elle avait décrite dans son *Petit journal* :

> J'ai vu aujourd'hui deux poteaux plantés dans la terre, très grands, j'en avais planté un, et une autre personne, S.M[1]., le second, par un effort inouï, avec peine et difficulté ; en plantant ce poteau, je m'étonnai moi-même d'où me venait une telle force. J'ai reconnu que je ne l'avais pas fait avec mes propres forces, mais par la force d'en haut. Les deux poteaux étaient aussi proches l'un de l'autre que la dimension de cette image, et j'ai vu cette image suspendue très haut sur ces deux poteaux. En un instant un grand sanctuaire se dressa sur ces deux poteaux en dedans et au-dehors. J'ai vu une main qui finissait ce sanctuaire, mais je n'ai pas vu la personne. Une multitude de gens était à l'extérieur et à l'intérieur de ce sanctuaire, et des torrents sortant du Cœur miséricordieux de Jésus se déversaient sur tous (PJ 1689).

Le tableau présenté dans cette vision, au-dessus duquel a été érigé le temple, est-il l'icône de Jésus Miséricordieux ? Le grand temple est-il la basilique de Łagiewniki ? « La main qui achevait ce temple » était-elle celle de Jean-Paul II ? Laissons ces questions sans réponse. Gardons à l'esprit que le plus grand fruit du pontificat de Jean-Paul II aura été la découverte de la Miséricorde divine par des millions de croyants. C'est grâce au pape polonais que le culte de la Miséricorde divine

1. Michał Sopoćko, [nda].

trouvera pleinement sa place dans le courant principal de la vie religieuse.

Marqué par la proclamation de la Miséricorde divine, le pontificat de Jean-Paul II pouvait-il se terminer autrement que la veille de cette fête, le 2 avril 2005 ? Ce n'est plus selon le plan de Dieu, mais selon le plan de l'homme que la béatification du pape a eu lieu le 1er mai 2011, jour de la fête de la Miséricorde divine. Ainsi, Jean-Paul II fera une fois de plus tourner le regard du monde vers Dieu qui est Miséricorde.

Le sanctuaire de Łagiewniki, où se trouvent le tableau de Jésus Miséricordieux et la tombe de sainte Sœur Faustine, est visité chaque année par environ deux millions de personnes de presque quatre-vingt-dix pays du monde. La mission de sainte Faustine n'est pas terminée. Elle continue.

Chronologie

25 août 1905
Dans la famille de Marianna et Stanisław Kowalski, au village de Głogowiec, est né un troisième enfant.

27 août 1905
L'enfant est baptisé par l'abbé Józef Chodyński dans la paroisse Saint-Casimir à Świnice Warckie. L'enfant prend le prénom d'Helena.

1912
La petite Helena vit sa première expérience de l'amour de Dieu à l'église paroissiale de Świnice Warckie. Elle est appelée à une vie plus parfaite.

1914
Helena Kowalska reçoit sa première communion à l'église de Świnice Warckie.

1917
Helena commence à fréquenter l'école primaire à Świnice Warckie.

1921
Helena Kowalska part à Aleksandrów Łódzki pour travailler comme aide domestique chez Kazimierz et Leokadia Bryszewski.

1922
Helena Kowalska revient à Głogowiec et fait part à ses parents de son intention d'entrer au couvent. Le refus de ses parents est sans appel.

Automne 1922

Helena part à Łódź pour chercher du travail. Elle fait un séjour chez son oncle Michał Rapacki, au 9 rue Krośnieńska. Elle travaille chez des tertiaires franciscaines.

2 février 1923

Helena commence à travailler chez Marcjanna Sadowska, propriétaire d'un magasin situé au 29 rue Abramowskiego à Łódź.

Juillet 1924

Helena part à Varsovie avec l'intention d'entrer au couvent.

Elle travaille chez Aldona et Samuel Lipszyc à Ostrówek, dans la commune de Klembów.

Helena rend une première fois visite à la maison de la congrégation des Sœurs de Notre-Dame de la Miséricorde. Elle est temporairement acceptée par la mère Michaela Moraczewska.

1er août 1925

Helena Kowalska entre à la congrégation des Sœurs de Notre-Dame de la Miséricorde, rue Żytnia, à Varsovie.

Août 1925

Helena, postulante, part à Skolimów où, dans une maison d'été appartenant à la congrégation, elle doit reprendre des forces.

1925

À la maison de la congrégation de Varsovie, Helena fait son postulat sous la direction de la mère Janina Bartkiewicz.

23 janvier 1926

Helena Kowalska vient à Cracovie pour terminer son postulat et pour faire ses deux années de noviciat sous la direction de la mère Małgorzata Gimbut et de la mère Maria Józefa Brzoza.

30 avril 1926

Helena prend son habit religieux. Désormais son prénom est Sœur Marie Faustine.

30 avril 1928
Sœur Faustine prononce ses premiers vœux religieux (chasteté, pauvreté, obéissance) pour un an, renouvelés chaque année pendant quatre ans jusqu'à ses vœux perpétuels.

31 octobre 1928
Sœur Faustine part travailler en cuisine au couvent de Varsovie.

21 février 1929
Sœur Faustine part à Vilnius pour remplacer Sœur Petronela Basiura, partie pour faire sa troisième probation.

11 juin 1929
Sœur Faustine revient à Varsovie (au couvent rue Żytnia).

Juin 1929
Sœur Faustine part pour une nouvelle maison de la congrégation, située à Varsovie, rue Hetmańska, dans le quartier de Grochów.

7 juillet 1929
Sœur Faustine part à Kiekrz pour remplacer dans la cuisine Sœur Modesta Rzeczkowska, malade.

Octobre 1929
Sœur Faustine fait un séjour dans la maison générale de la congrégation à Varsovie, rue Żytnia.

Mai-juin 1930-1932
Sœur Faustine fait un séjour au couvent de Płock ; elle travaille à la boulangerie et en cuisine.
Sœur Faustine fait un séjour à Biała, dans la filiale de la maison de Płock (située à 10 kilomètres de Płock).

22 février 1931
Sœur Faustine commence une mission de prophète. Elle a une première vision de Jésus Miséricordieux qui lui demande de peindre un tableau.

Février 1931

Jésus demande à Sœur Faustine que soit instituée une fête de la Miséricorde divine le premier dimanche après Pâques.

Novembre 1932

Sœur Faustine part à Varsovie pour faire sa troisième probation.

Retraite à Walendów. Sœur Faustine se confesse chez le père Edmund Elter, s.j., qui a été le premier à lui dire que ses visions avaient un caractère surnaturel.

1er décembre 1932

Sœur Faustine commence sa troisième probation sous la direction de la mère Małgorzata Gimbut.

18 avril 1933

Sœur Faustine arrive à Cracovie.

21 avril 1933

Sœur Faustine commence sa retraite de huit jours. Sa première confession chez le père Józef Andrasz.

1er mai 1933

Sœur Faustine prononce à Cracovie ses vœux perpétuels.

23 mai 1933

Sœur Faustine part à Vilnius. En chemin, elle s'arrête à Częstochowa.

24 mai 1933

Sœur Faustine a prié dans la chapelle de la Vierge Noire de Jasna Góra.

25 mai 1933

Sœur Faustine arrive à Vilnius. Elle travaille au jardin.

Juin 1933

Sœur Faustine rencontre pour la première fois l'abbé Michał Sopoćko qui sera son confesseur et directeur spirituel à Vilnius.

2 janvier 1934
Sœur Faustine fait une première visite à l'atelier d'Eugeniusz Kazimirowski. Elle sera toujours accompagnée par la mère Irena Krzyżanowska ou la mère Borgia Tichy.

29 mars 1934
Sœur Faustine rédige un acte dans lequel elle fait de sa vie une offrande pour les pécheurs, notamment ceux qui ont perdu confiance en la Miséricorde divine.

Juin 1934
Le peintre Eugeniusz Kazimirowski termine le tableau de Jésus Miséricordieux.

12 août 1934
Sœur Faustine a perdu conscience. On appelle l'abbé Sopoćko qui donne à Faustine l'onction des malades.

15 février 1935
Sœur Faustine part à Glogowiec pour rendre visite à sa mère qui est grièvement malade.

26-28 avril 1935
Le tableau de Jésus Miséricordieux est pour la première fois montré au public. Il est exposé à Vilnius à *Ostra Brama*.

Mai 1935
Sœur Faustine a une première vision concernant la fondation d'une nouvelle congrégation.

13-14 septembre 1935
Sœur Faustine a une révélation concernant le chapelet à la Miséricorde divine.

19 octobre 1935
Sœur Faustine part à Cracovie pour une retraite de huit jours.

4 novembre 1935
Après avoir fini sa retraite à Cracovie, Sœur Faustine retourne à Vilnius. En chemin elle s'arrête à Częstochowa.

8 janvier 1936
Sœur Faustine rend visite à l'archevêque Romuald Jałbrzykowski. Elle lui parle de la demande de Jésus concernant la fondation d'une nouvelle congrégation.

21 mars 1936
Sœur Faustine quitte Vilnius et va à Varsovie.

25 mars 1936
Sœur Faustine arrive à Walendów, puis à Derdy.

11 mai 1936
Sœur Faustine quitte Derdy et, accompagnée par Sœur Edmunda Sękuł, part définitivement pour Cracovie.

19 juin 1936
Lors de la Fête-Dieu, Sœur Faustine participe à une procession du Sacré-Cœur dans l'église des Jésuites de Cracovie.

19 septembre 1936
Sœur Faustine subit un examen médical à Prądnik près de Cracovie.

9 décembre 1936
Sœur Faustine part à l'hôpital de Prądnik.

24 décembre 1936
Sœur Faustine rentre au couvent pour la fête de Noël.

27 décembre 1936
Sœur Faustine retourne à l'hôpital de Prądnik pour continuer le traitement.

27 mars 1937
Sœur Faustine quitte l'hôpital et retourne au couvent de Łagiewniki.

13 avril 1937
L'état de santé de Sœur Faustine s'est fortement détérioré.

4 mai 1937
Sœur Faustine obtient de la part de la mère générale Michaela Moraczewska la permission de quitter la congrégation. À cause des ténèbres spirituelles, elle ne profite pas de cette permission ; elle est persuadée qu'il n'y a pas là de volonté de Dieu.

29 juillet 1937
Sœur Faustine part à Rabka pour rétablir sa santé.

10 août 1937
Sœur Faustine rentre à Cracovie.

12 août 1937
Sœur Faustine rencontre l'abbé Michał Sopoćko au couvent de Łagiewniki.

6 septembre 1937
Vu son état de santé, Sœur Faustine ne travaille plus dans le jardin. Elle sera désormais sœur portière.

27 septembre 1937
Accompagnée par la mère supérieure Irena Krzyżanowska, Sœur Faustine est allée à l'imprimerie J. Cebulski. Il était question d'imprimer de petites icônes de Jésus Miséricordieux. Après elle a prié dans l'église de la Vierge Marie, place du Marché.

Octobre 1937
Au couvent de Łagiewniki, Sœur Faustine a une révélation concernant l'heure de la Miséricorde.

21 avril 1938
Sœur Faustine est obligée de retourner à l'hôpital de Prądnik.

Juillet 1938
La mère générale Michaela Moraczewska rend visite à Sœur Faustine à l'hôpital de Prądnik.

25 août 1938
L'abbé Teodor Czaputa, aumônier du couvent de Łagiewniki, rend visite à Sœur Faustine à Prądnik et lui donne l'extrême-onction.

28 août 1938
L'abbé Sopoćko a plusieurs fois rendu visite à Sœur Faustine.

17 septembre 1938
Sœur Faustine quitte l'hôpital et retourne au couvent de Łagiewniki.

22 septembre 1938
Conformément à la tradition, Sœur Faustine a demandé pardon aux sœurs de la congrégation pour ses manquements involontaires.

26 septembre 1938
Sœur Faustine a vu pour la dernière fois l'abbé Sopoćko.

5 octobre 1938
Sœur Faustine est retournée au Seigneur (à 22 h 45).

7 octobre 1938
La sépulture de Sœur Faustine. C'est le premier vendredi du mois et le jour de Notre-Dame du Rosaire. Elle a été enterrée dans le cimetière du couvent de Łagiewniki.

6 mars 1959
Le Vatican émet une notification interdisant la propagation du culte de la Miséricorde divine dans des formes transmises par Sœur Faustine.

21 octobre 1965
Le début du procès d'information sur la vie et les vertus de Sœur Faustine au niveau du diocèse.

25 novembre 1966
La dépouille mortelle de Sœur Faustine est transférée du cimetière à la chapelle du couvent de Łagiewniki.

20 septembre 1967
Le cardinal Karol Wojtyła annonce la fin du procès d'information au niveau du diocèse et envoie la documentation à Rome.

15 avril 1978

Le Vatican annonce la révocation de la notification interdisant la propagation du culte de la Miséricorde divine dans des formes transmises par les révélations de Sœur Faustine (la révocation est publiée le 30 juin 1978).

1981

La première édition du *Petit journal* de Sœur Faustine Kowalska.

18 avril 1993

Sœur Faustine est béatifiée par le pape Jean Paul II, place Saint-Pierre à Rome.

Ses reliques sont exposées sur l'autel au-dessous du tableau de Jésus Miséricordieux au Sanctuaire de la Miséricorde Divine à Cracovie Łagiewniki.

7 juin 1997

Jean Paul II fait un pèlerinage au Sanctuaire de la Miséricorde Divine à Cracovie Łagiewniki. Il prie devant le tableau de Jésus Miséricordieux et auprès des reliques de la bienheureuse Sœur Faustine.

30 avril 2000

Sœur Faustine est canonisée par Jean Paul II, Place Saint-Pierre à Rome. La canonisation se déroule à la même heure à Łagiewniki via une transmission télévisée. La fête de la Miséricorde divine est instituée pour toute l'Église.

17 août 2002

Jean Paul II fait un deuxième pèlerinage au Sanctuaire de Cracovie Łagiewniki et, lors de la consécration de la basilique, confie le monde entier à la Miséricorde divine.

27 mai 2006

Le pape Benoît XVI vient au Sanctuaire de la Miséricorde Divine à Cracovie Łagiewniki. Il prie devant le tableau de Jésus Miséricordieux et auprès des reliques de sainte Sœur Faustine.

Remerciements

Je remercie de tout cœur tous ceux qui m'ont aidée pour que ce livre puisse voir le jour. Je remercie avant tout les sœurs de la congrégation de Notre-Dame de la Miséricorde, et tout particulièrement Sœur Elżbieta Siepak, porte-parole du sanctuaire de Łagiewniki et auteur d'ouvrages consacrés à Sœur Faustine. Je la remercie pour son soutien, sa bienveillance, ainsi que pour ses remarques et suggestions pertinentes. C'est grâce à l'amabilité des sœurs que j'ai pu visiter tous les couvents dans lesquels Sœur Faustine avait vécu. Pour m'avoir fait visiter tous ces endroits, je remercie les sœurs : Wacława Siemienik (Rabka), Senta Krajza (Walendów), Viannea Dąbrowska (Derdy), Joela Ślazyk (Kiekrz), Klawera Wolska (Płock), Tobiasza Wilkosz (Biała), Serafina Sałacińska (Częstochowa), Katarzyna Zakrzewska et Kordiana Szołtysek (Varsovie). Je remercie Sœur Amata Stryjewska, Sœur Urbana Trybocka et madame Kamila Maria Olszewska de Walendów pour avoir partagé leurs souvenirs qui m'ont été d'une grande utilité pour mon travail.

Mes remerciements vont également aux sœurs de la congrégation des Sœurs de Jésus Miséricordieux : Dominika Steć d'Ostrówek et Anna Młynarczyk de Vilnius.

Je remercie Maria Nowicka pour les longues heures de conversations passionnantes que j'ai eues avec elle. Son témoignage a été d'une grande importance en ce qui concerne les détails du séjour de Sœur Faustine à Varsovie en 1924. Un grand merci également à Mme Grażyna Musiałowska, pour m'avoir décrit la spécificité de la vie à Ostrówek, et à M. Włodzimierz Dudka, pour avoir partagé sa connaissance de la vie de Sœur Faustine à Głogowiec et à Świnice Warckie.

Pour leurs aide et amabilité, je remercie : l'abbé Jan Bednarczyk, directeur de la bibliothèque de l'université Jean Paul II de

Cracovie, Sœur Gregoria Burlikowska, responsable de la bibliothèque et des archives du Sanctuaire de la Miséricorde Divine de Łagiewniki, l'abbé professeur Jan Machniak, auteur d'ouvrages sur la spiritualité de Sœur Faustine, l'abbé Mieczysław Różański et Sœur Lucyna Witczak des archives de l'archidiocèse de Łódź, Petras Marcela du Centre de prière et de pèlerinage de Vilnius, Grażyna Kaniuk et Alfred Lipnicki de l'hôpital Jean Paul II de Cracovie, l'abbé professeur Józef Naumowicz, l'abbé Henryk Bartuszek, l'abbé Tadeusz Polak et l'abbé Mateusz Matuszewski.

Pour m'avoir éclairée sur des points obscurs de l'histoire et pour m'avoir fait connaître l'histoire des villes et villages dans lesquels a habité Sœur Faustine, mes remerciements vont à Tomasz Pietras, Krzysztof Klociński, Ryszard Bonisławski, ainsi qu'à l'équipe de passionnés de l'histoire de la ville de Rabka : Józef Szlaga, Grzegorz Moskal, Kamil Kowalczyk, Michał Rapta.

Je garde enfin dans ma mémoire tous ceux que je n'ai pas nommés ici et que j'ai rencontrés tout au long de mon travail sur cet ouvrage.

Sources des illustrations

Photographies 1, 2, 3, 4, 5, 7, 8, 9, 10, 12, 15, 18, 21, 24, 26, 27, 28, 29, 30, 31, 32 – © Congrégation de Notre-Dame de la Miséricorde, rue Żytnia 3/9, 01-014 Varsovie, Pologne..

Photographies 6, 16, 17, 19, 20, 22, 25 – © Iwona Podgórska/ Wydawniczy ZNAK, Cracovie, Pologne.

Photographies 13, 14, 23 – Archives de l'hôpital Jean-Paul II à Cracovie.

Photographie 11 – Archives de la Curie Métropolitaine de Białystok.

Table

Cet ouvrage a été composé
par Atlant'Communication
au Bernard (Vendée).

Achevé d'imprimer le 25 janvier 2017
sur les presses de
La Manufacture - Imprimeur – 52200 Langres
Tél. : (33) 325 845 892

N° imprimeur : 170057 - Dépôt légal : février 2017
Imprimé en France